教育哲学

主编 刘黎明

河南大学出版社
HENAN UNIVERSITY PRESS
·郑州·

图书在版编目(CIP)数据

教育哲学/刘黎明主编.--郑州:河南大学出版社,2021.6

ISBN 978-7-5649-4743-9

Ⅰ.①教… Ⅱ.①刘… Ⅲ.①教育哲学 Ⅳ.①G40-02

中国版本图书馆CIP数据核字(2021)第120914号

责任编辑　薛建立
责任校对　柴桂玲
封面设计　马　龙

出版发行　河南大学出版社
　　　　　地址:郑州市郑东新区商务外环中华大厦2401号
　　　　　邮编:450046
　　　　　电话:0371-86059750(高等教育与职业教育分公司)
　　　　　　　　0371-86059701(营销部)
　　　　　网址:hupress.henu.edu.cn
排　　版　河南大学出版社设计排版部
印　　刷　河南瑞之光印刷股份有限公司
版　　次　2021年6月第1版
印　　次　2021年6月第1次印刷
开　　本　787 mm×1092 mm　1/16
印　　张　20
字　　数　487千字
定　　价　49.00元

(本书如有印装质量问题,请与河南大学出版社营销部联系调换)

前　言

　　教育是国家昌盛、民族兴旺的基石，而教师则关乎这一基石是否坚实、稳固。因此，培养和造就高素质、高质量的教师队伍就显得尤为迫切和重要。教师作为学生发展的促进者以及教育实践的履行者，应该具备正确的教育理念和专业的实践能力。这就要求教师教育课程起到引导未来教师树立正确的儿童观、学生观、教师观、教学观等教育理念的作用，帮助他们掌握必备的教育知识与能力，从而有效地参与教育实践，获得丰富的专业体验。很显然，教育者的教育理念是支配其教育行为、统领教育实践的关键因素。

　　哲学是关于世界观的学问，是思维的科学。这意味着，学习哲学将有助于人们正确世界观的形成。如此而论，教育哲学的学习与掌握，必将有助于教育者正确教育理念的树立。作为高校师范类教师教育的核心课程——教育哲学，理应承担起培育学生正确教育理念的使命。为了履行这一使命，同时也为了更好地落实国家教育规划纲要，深化教师教育改革，规范和引导教师教育课程与教学，培养造就高素质专业化教师队伍，本教材立足哲学特有的性质与价值，紧紧围绕"教育理念"这一核心，力求从教育观念和教育思维两个层面，着力提升师范生的教育理论素养，进而达到培养高素质教师的目的。

　　既然哲学是关于世界观的学问，那么"教育哲学"理应就是教育观的学问。所谓教育观的学问，简言之，就是探寻作为一个教育者，应该具有什么样的教育理念？为什么要有这样的教育理念？什么样的教育理念才是正确的？怎样才能形成正确的教育理念？据此，本教材的基本构架就是把抽象化的"教育理念"，具体化为教育、教师、学生、课程、教学及教育价值这些有关教育的核心概念，在全面梳理和深入探讨相关理论知识的基础上，归纳概括出教育观、学生观、课程观、教学观、教师观及教育价值观等相应的教育理念。

　　教育理念是关于教育的理性认识，理性认识是关于事物本质、规律的认识。因此，对教育本质、规律的深刻理解和把握是教育理念形成的基础。本质、规律是事物存在、运动的本真状态，人们对事物的正确认识就是对事物本质、规律的揭示。从这一基本认知出发，本教材关于教育观、教师观、学生观、课程观、教学观及教育价值观的探讨，首先是对教育、教师、学生、课程、教学及教育价值等这些基本概念进行深入剖析，使学生从根本上真正理解什么是教育、教师、学生、课程、教学及教育价值等这些教育的基本理论问题；在此基础上引导学生明辨应该具有什么样的教育观、学生观、课程观、教学观、教师观和教育价值观，以及如何形成这些观念。同时，依据对相关教育理论知识的把握和理解，对古今中外已有的一些教育理念进行审视、分析和评判，一方面，强化学生对合理、正确教育理念的认识和坚信；另一方面，培养学生具有一定的教育思维能力与品质。

众所周知，教育理念的形成并非只是通过理论知识的学习就能完成的，而是还必须面向教育实践，在对教育实践经验的不断反思中逐步完成。因此，本教材的课堂教学要求把理论知识的讲授植根于现实的教育问题之中，培养学生从根本上审视、分析和思考教育问题的能力；并尝试进行不断的教学改革，变一言堂的课堂讲授教学模式为阅读经典、学术讨论、读书指导等多种教学方式。加强教学中的过程性评价，关注学生的学习体验，注重学生问题意识和独立思考能力的培养，进而达到书本知识的"教育理念"真正内化为学生个体的思想观念。

本教材由刘黎明主持编写。绪论，李妍妍撰写；第一章，刘黎明撰写；第二章，张务农撰写；第三章，王举撰写；第四章，蒋军营撰写；第五章，孟艳撰写；第六章，张鹏君撰写；第七章；杨飞云撰写。全书由刘黎明统稿。

本书作者力求在汲取国内外现有"教育哲学"教材精华的基础上，针对本科高校师范生培养的特殊需要，并依据"教育哲学"特有的学科性质及育人价值，编写出一本帮助学生树立起正确的教育理念以及良好的教育思维方式的"教育哲学"教材。因此，以"理念"和"思维"作为抓手布局全书，既是本教材特有的构架与思路，也体现出我们对"教育哲学"在提升师范生教育理论素养中特有价值的根本认知。然而，必须承认，由于我们的水平有限，成书未必能完全达到我们的预期以及读者的要求。因此，我们恳请各方人士不吝赐教，以激励我们在这一探索的道路上不断前行。

作　者
2021.5.16

目 录

绪论 /1
    第一节　教育哲学的产生与发展　/2
    第二节　教育哲学的范畴与价值　/9
    第三节　教育哲学的学习与研究　/13

第一章　教育哲学与教育理念　/17
    第一节　教育哲学的本质内涵及性质　/17
    第二节　教育理念及其意义　/28
    第三节　教育哲学与教育理念的关系　/36

第二章　教育本质与教育观　/43
    第一节　教育的原典精神探寻　/43
    第二节　教育的本质　/48
    第三节　教育目的与教育功能　/61
    第四节　教育观及其确立　/70
    第五节　古今中外教育观的分析与批判　/79

第三章　人的本质与学生观　/91
    第一节　教育对象的人性假设　/91
    第二节　人的身心发展与教育　/101
    第三节　学生的本质特点及经典学生观　/111
    第四节　基于人的本质的学生观　/120
    第五节　古今中外学生观的分析与批判　/129

第四章　知识性质与课程观　/140
    第一节　知识的性质与类型　/141
    第二节　知识与课程建构　/151

第三节　基于知识价值的课程观　/168
　　第四节　古今中外课程观的分析与批判　/174

第五章　教学本质与教学观　/186
　　第一节　"教学"概述　/187
　　第二节　教学过程的实质　/193
　　第三节　基于教学本质的教学观　/209
　　第四节　古今中外教学观的分析与批判　/217

第六章　教师职业与教师观　/226
　　第一节　教师职业性质与教师专业发展　/227
　　第二节　教师角色与存在状态　/240
　　第三节　教师职业信念与教师观的确立　/252
　　第四节　古今中外教师观的分析与批判　/257

第七章　价值教育与价值观　/267
　　第一节　价值理论概述　/268
　　第二节　价值教育及其意义　/284
　　第三节　学校教育中的价值观教育　/293

绪　　论

【名人名言】

在某种意义上,教育哲学与哲学的历史一样久远,涵盖了探求知识的本质、美好的生活、公正的社会,以及有关学习的一切明确或隐含的问题——涉及人们应该采取的行动和应该持有的价值观。①

——[英]N.Blake.,et al

【本章提要】

本章从教育哲学的产生与发展、研究范畴与价值以及学习和研究教育哲学的方法三个方面,对教育哲学这门课程进行阐述,进而对本课程形成总体性和一般性的认识,为接下来的各主题学习奠定基础。

【学习目标】

1. 了解教育哲学课程的性质、目标与学习要求。
2. 辨识教育哲学的研究对象,理解教育哲学的研究体系及学科价值。
3. 培养对于教育哲学学科学习的积极态度和初步的价值认同。

教育哲学作为应用哲学的一个分支,关注的是教育的本质和目的以及教育理论与实践所衍生出的其他哲学问题。由于教育实践活动涉及人类社会生活的方方面面,因此它的研究视阈极广,包括了道德、社会、政治、语言、认识论、形而上学等哲学范畴;研究对象极繁,既包括了基本的哲学问题,如教育所涉知识的本质、教育公平的特点等,又包括了特定的教育政策和实践,如课程与测试的标准化、学校经费的来源和构成依据、教学内容选取的决策原则等;以至于它的研究影响力也极其深远,包括促进教育研究者、政策制定者、实践者及其他利益相关者的教育观所涉概念清晰化、争论严谨化、利益平衡化、评价合理化等作用。

教育哲学作为教育学领域的一门基础性学科分支,自 1832 年在美国纽约州立大学作

---

① Blake, N., et al (2003) *The Blackwell Guide to the Philosophy of Education*. London: Blackwell Publishers Ltd.

为大学课程开始开设教育哲学讲座,并逐渐成为教师教育课程的核心基础课,以帮助所有的师范生在了解古往今来的教育哲学家如何认识教育基本问题的基础上,初步形成自己的教育观、学生观、教师观、教学观、课程观等基本认识。这一课程随着人类哲学和教育学科的发展也处于不断更新当中,总体来看,20世纪二三十年代,开始集中在以规范教育哲学为课程内容的阶段,主要包括进步主义、永恒主义、要素主义、改造主义、行为主义等;20世纪中期,开始分析教育哲学加入教育哲学课程并成为重要内容;20世纪70年代之后,随着存在主义和后现代主义哲学的兴起、马克思主义在社会主义国家的哲学领域占据主导地位、受德国法兰克福学派和英国文化研究中心的批判教育学的影响,教育哲学课程逐渐从抽象的哲学理论为主转为指向教育实践活动中的具体问题。

教育哲学究竟是怎样一门课程?下面就从教育哲学的产生与发展、研究范畴与价值以及学习和研究教育哲学的方法三个方面,对教育哲学这门课程进行阐述,进而对本课程形成总体性和一般性的认识,为接下来的各主题学习奠定基础。

第一节 教育哲学的产生与发展

在教育哲学作为一门学科产生之前,教育哲学的思想早已存在于人类的教育实践活动之中。教育哲学的发展史大体上分为思想史和学科史两个发展过程,学科史大致萌芽于19世纪中期的西方哲学界和20世纪20年代的中国哲学界。

"在某种意义上,教育哲学与哲学的历史一样久远,涵盖了探求知识的本质、美好的生活、公正的社会,以及有关学习的一切明确或隐含的问题——涉及人们应该采取的行动和应该持有的价值观。"[1][(英)N.Blake.,et al,2003]教育哲学的产生与发展不仅与哲学的产生和发展,而且与人类教育实践的产生与发展是密不可分的,它是人类的哲学观念建立与实践探索相互作用、相互影响的产物,教育实践是教育哲学思想产生的根本源泉和不竭动力,哲学观念是教育哲学思想形成的理论视角和路径工具。

本节将分别以西方教育哲学和中国教育哲学的产生与发展为线索对教育哲学由思想史到学科史的转变过程进行回顾,尝试从未来教师的视角认识教育哲学的历史进程。

一、西方教育哲学的产生与发展

根据弗兰肯纳(Frankena)基于对教育哲学领域的分析而总结出的三个主要传统:形而上学的传统、规范的传统、分析的传统[2][(英)C.J.Lucas,1969]。形而上学是用纯科学

---

[1] Blake, N., et al. (2003) *The Blackwell Guide to the Philosophy of Education*. London: Blackwell Publishers Ltd.

[2] Lucas, C.J. (ed.) (1969) *What is Philosophy of Education?* London: Macmillan.

的精神、批判和系统的分析方法研究存在的终极问题以达到理性的满足①[(英)A.E. Tylor,1961]。规范哲学是在形而上学研究结论的支持下,哲学家们试图为人类行为建立规范、标准或原则②[(美)D.C.菲利普斯,2011]。分析哲学在20世纪的哲学史中占据中心地位,是对某个领域的概念和理论在逻辑和语言上进行检验、厘清和"理性重构"的思想活动③[(美)I.E.McClellan.& B.P.Komisar,1962]。三个传统各自也包含了很多对立的思想,在教育哲学发展历程中相互交织、相互影响,统一构成了教育哲学传统的整体。以下将从西方教育哲学的渊源、形成和发展三个阶段追溯三大传统的产生和发展轨迹,初步了解西方教育哲学史的简要历程。

(一) 西方教育哲学的渊源

从人类教育实践活动产生开始,人类对教育哲学问题的思考便已萌芽,之后从未停止。哲学家们的教育哲学思想则可以追溯到古希腊时期,以苏格拉底、柏拉图、亚里士多德等为代表的哲学先贤们对于教育哲学问题的论述和在教育实践中体现出的哲学智慧都成为后来西方教育哲学发展的重要源头,其中包括了有关善恶、真理、正义、道德、人性、知识等方面。

特别是从苏格拉底开始,希腊哲学开始关注"自然哲学"以外与人类社会更直接相关的领域,特别是人类伦理问题,如什么是正义与非正义、什么是勇敢与怯懦、什么是诚实与虚伪、智慧与知识是怎样得来的、什么是国家、具有什么品质的人才能治理好国家、治国人才应该如何培养等等,即被后人称之为"伦理哲学"的领域,使哲学"从天上回到了人间"。然而像孔子一样,苏格拉底没有写下只言片语,他的思想后人主要从柏拉图等的记录中得知。《理想国》中曾记录了苏格拉底有关教育的很多重要思想:教育应培养国民哲学家的智慧,即探究事理和理性评估的能力,以指导他们的想法、行为和决断;教育应让国民"对自己的朋友和熟人温文尔雅,这样他们的天性必然喜好智慧和知识";"对孩子们早期的教育应该是从美好的道德思想熏陶开始";"吸收知识是每一个人的灵魂里都能具备的一种能力";"真正追求知识的人总是追求知识的本质,这是他的爱知识的本性所决定的";"人的灵魂之美德好像贴近于身体的优点,但身体的优点则不是身体本来就固有的,而是通过后天的努力训练或习惯的养成而移植过去的"④[(古希腊)柏拉图,2014]。

在古希腊之后,西方哲学家也从未中断对于教育哲学问题思考的传统,并形成了重要的教育相关著作,对后来的教育思想和实践活动至今仍产生着深刻的影响。例如,夸美纽斯在《大教学论》(1632)中提出"把一切的知识教给一切的人"和开办基于班级授课制的

---

① Tylor, A.E.(1961) *Elements of Metaphysics*. London: Methuen& Co Ltd.
② [美]D.C.菲利普斯等.教育大百科全书——教育哲学[M].石中英,译.重庆:西南师范大学出版社,2011:28.
③ McClellan, I.E.& Komisar, B.P. (1962) Preface to the American edition. In: Hardie, C.D. *Truth and Fallacy in Educational Theory*. New York: Teachers College Press.
④ [古希腊]柏拉图.理想国[M].唐译,译.长春:吉林出版集团有限责任公司,2014:159,163,208,220.

平民学校;洛克在《教育漫话》(1693)一书中有关于"白板说"和绅士教育的论述;卢梭在《爱弥儿:论教育》(1762)一书中阐述了自然主义的儿童教育和公民教育思想;康德的实践理性学说在儿童道德教育中的运用在《康德论教育》(1803)中体现;赫尔巴特在《普通教育学》(1806)等著作中以实践哲学和教育心理学为基础构建了系统的哲学教育学体系等,均推动了西方教育哲学作为一门独立学科的正式形成和发展。

(二) 西方教育哲学的形成

关于西方教育哲学形成的标志,在目前出版的教材中说法不完全一致。1832年美国纽约州立大学所开设的教育哲学讲座是教育哲学作为美国大学课程的开始。1886年布莱克特(Brackett,A.C.)将洛森克兰兹(Rosenkranz,J.K.F.)在1848年出版的《Pädagogik als System》翻译为英文时,改名为《Philosophy of Education》,这被认为是"教育哲学"这门学科名称的由来①(石中英,2008)。"公认的教育哲学诞生标志是1916年美国哲学家约翰·杜威(Dewey,J.)出版的《民主主义与教育——教育哲学导论》"②(于伟,2018)。20世纪上半叶,随着教育哲学的专著的出版、学术组织的创建和学术会议的召开,以两个重要事件为里程碑:1941年"美国教育哲学学会"(Philosophy of Educuation Society in United States)的创立、1951年《教育理论》(Educational Theory)的创办,西方教育哲学才真正作为一门学科得以建立③(J.S.Kaminsky,1993)。

(三) 西方教育哲学的发展

西方教育哲学产生后,经历了一个世纪的漫长发展历程,期间出现了众多的教育哲学流派及其理论思想。20世纪20年代至30年代,哲学家们从不同的哲学视角讨论教育现实问题,阐明了各自对于教育价值、目的、原则、方法等基本问题的独特认识。规范教育哲学也被称为"传统教育哲学",因为其论述在逻辑上是各种经验、信念和建议的"大杂烩",但也为后来分析教育哲学家们进行概念分析的提供了丰富的哲学思想和基本范畴④[(美)D.C.菲利普斯,2011]。下面仅大致上对有代表性的、影响力较大的几类进行概括性地介绍,包括实用主义教育哲学、分析教育哲学、存在主义教育哲学、后现代教育哲学等,以期了解西方哲学发展的主要脉络及主要流派的哲学思想。

1. 实用主义教育哲学

实用主义诞生于19世纪的美国,皮尔士(Peirce,C.S.)和詹姆斯(James,W.)被称为实

---

① 石中英.教育哲学[M].北京:北京师范大学出版社,2008:50.
② 于伟.教育哲学[M].北京:北京师范大学出版集团,2018:11.
③ Kaminsky,J.S.(1993) *A New History of Educational Philosophy*.New York:Greenwood Press.
④ D.C.菲利普斯等.教育大百科全书——教育哲学[M].石中英,译.重庆:西南师范大学出版社,2011:28.

用主义之父,杜威(Dewey,J.)则被普遍认为是实用主义的代言人①[(美)D.C.菲利普斯,2011]。实用主义的科学方法是经验的,经验包括我们所做、所想、所感的一切,是有机体与客体之间的一种相互影响,杜威称其为"交互行动"②(《教育哲学》编写组,2019)。他相信,只有通过经验和有目的的行为,人类对世界的理解力才有可能被习得、应用、改变,并丰富未来的经验,在持续的经验改造过程中,主观与客观、理论与实践、工具与目的二元论得到消解,问题得到解决,智慧赖以建构。

美国实用主义作为一门系统的哲学,强调科学在人们认识世界中的作用,为实用主义教育哲学的发展奠定了基础。杜威把教育过程看作一种"经验不断的重组、重建和转变",是个体的"成长"③(J.Dewey,1916)。20世纪20年代到30年代,杜威的教育哲学思想除了对美国的进步主义教育运动产生了深刻的影响,还在日本、中国、土耳其、墨西哥、苏联等国通过他在各国的讲学活动得到广泛的传播,对当地的教育实践产生了重大的影响。20世纪末期,新实用主义出现,最主要的代表人物是罗蒂(Rorty,R.)、伯恩斯坦(Bernstein,R.)等,杜威在哲学史上的地位再次得到肯定,他的教育思想重新被关注、讨论和运用到教育实践当中。

2. 存在主义教育哲学

最具有存在主义色彩的观点莫过于"存在先于本质",存在主义者反对一切先于人类本质的思想。存在主义者抛弃了传统哲学的主题,如实在、知识、真理、形而上学的假设等,转向研究生命永恒的主题,个性、主观性和自由是存在主义思想的重要主题。然而,存在主义与其他流派一个最大的差异,在于存在主义者本身即反对流派这一概念,因为他们认为他们的观点之间往往也存在着巨大的差异,因此他们拒绝将自己定义为"存在主义者"或去构成任何普遍体系的一部分。存在主义哲学的代表性人物包括克尔凯郭尔(Kierkegaard,S.A.)、尼采(Nietzsche,F.W.)、海德格尔(Heidegger,M.)、雅斯贝尔斯(Jaspers,K.T.)、萨特(Sartre,J.-P.)、布伯(Buber,M.)等。例如,对于个人和他人的关系,就存在着各有不同的见解:萨特说,"他人即地狱";马塞尔认为,了解我要从他人开始,由他人之眼带来反省;雅斯贝尔斯认为,承认他人的存在,才会引起爱和相互参与,而爱与参与是获得自由人格的真正途径。

存在主义的观点对教育理论和实践也产生了重要的影响。卡夫卡认为家庭是对于儿童自我认同的最大威胁,因为"父母对孩子的爱是动物似的、盲目的,很容易把孩子与他们自己混淆起来"④[(美)F.Kafka,1977]。布伯认为教师是学生在实现自我的旅途中提供

---

① D.C.菲利普斯等.教育大百科全书——教育哲学[M].石中英,译.重庆:西南师范大学出版社,2011:28.

② 《教育哲学》编写组.教育哲学[M].北京:高等教育出版社,2019:31.

③ Dewey,J.(1916) *Democracy and Education:An Introduction to the Philosophy of Education*.New York:Macmillan.p.50.

④ Kafka,F.(1977) *Letters to Friends,Family and Editors*.New York:Schocken Books.p.296.

帮助的人,教育让师生相会,是"我"与"你"的关系,是心灵的相遇、交流、对话和成长①[(德)马丁·布伯,2015]。存在主义认为学校应面向每一位学生,营造更加多样化的、适合于每一个学生健康成长的个性化学习环境;在学科建设方面,重视人文学科;在课程设置方面,重视促进人自由发展的知识而非客观化的知识;在教学组织方面,认为学生具有绝对的自由,要让学生学会选择并且学会承担后果②(《教育哲学》编写组,2019)。

3. 分析教育哲学

分析教育哲学在20世纪40年代到70年代的兴起和发展始于英国分析哲学运动,深受当时众多先锋思想影响的一部分哲学家们开始关注教育问题,对教育目的和方法等基本概念进行了规范性反思,并很快地出版了一系列的经典著作,如哈迪的《教育理论中的真理与谬误》(1942)、奥康纳的《教育哲学导论》(1957)等,以此开启了教育哲学发展的一个全新时代,以分析性为主导的特征推动教育哲学产生了较大的影响力。英国分析教育哲学也受到美国分析教育哲学发展的影响,50年代中期美国教育哲学界有关教育哲学的哲学性和必要性的大讨论引发了人们对这一学科合法性的深刻反思,其中具有代表性的人物包括布劳迪(Broudy,H.S.)、普莱斯(Price,K.)、维尔德(Wild,J.)、谢弗勒(Scheffler,I.)、布拉梅尔德(Brameld,T.)等。教育哲学不再被看作教育在意识形态上的基础,而是认识论上的基础:在教育领域作为判断事物价值和意义的标准和运用恰当的理论解释人类行为的仲裁③[(英)N.Blake.,et al,2003]。分析哲学通过引入语言学和分析哲学中严谨的学术规范和中立的意识形态,致力于实现教育理念和实践统一的和系统的理性化。

分析教育哲学对教育中所使用的语言进行了重新地规范与定义,主要集中在教学活动上,教学主要用语言来进行,教师的语言影响学生的思考。分析教育哲学家认为,只有澄清了教育中的概念、口号等,教师才能明确知道要教什么,才会用更加清晰的语言来教学。因此,他们大量的工作是对教育理论与实践中所用到的术语进行逻辑分析和定义,以澄清这些概念的内涵、外延、条件、行动指向等,但并没有给出任何用于指导教育实践的新观点④(《教育哲学》编写组,2019)。后期的分析教育哲学更趋于技术性的语言层面的概念分析,掩盖了概念的价值或文化内涵。分析教育哲学也随之不再成为英美教育哲学界的一种支配性范式而式微。

4. 后现代主义教育哲学

20世纪中叶以来,后现代主义作为具有共同理论和价值主张的一些思想的统称,从人类文明的几乎各个领域批判了现代主义的世界观、知识观、价值观,包括了反人类中心主义、反理性主义、反科学主义、反本质主义、反基础主义、反普遍主义、反世俗主义、反技

---

① 马丁·布伯.我与你[M].北京:商务印书馆,2015.
② 《教育哲学》编写组.教育哲学[M].北京:高等教育出版社,2019:33.
③ Blake, N. et al. (2003) *The Blackwell Guide to the Philosophy of Education*. London: Blackwell Publishers Ltd.
④ 《教育哲学》编写组.教育哲学[M].北京:高等教育出版社,2019:35.

术形而上学、反消费主义等。后现代主义倡导生态主义的世界观,强调自然本身的权利;限定理性、科学、本质、基础等的绝对性,强调它们的假设性、相对性、文化性以及不稳定性,要求人类在理智上更加谦逊、认识上更加民主、知识形态上为地方性真理(local truth)留出位置;更侧重文化主张,批判文化生活中的二元结构,如普遍-特殊、中心-边缘、神圣-世俗、客观-主观、个人-集体等,尊重"多样性"、"互为主体性"、"复杂性"、"关系中的自我"等①(《教育哲学》编写组,2019)。后现代主义思想家主要包括利奥塔(Lyotard,J.F.)、福柯(Foucault,M.)、德里达(Derrida,J.)等,研究视角包括性别、种族、阶级多元文化、女权主义、后结构主义等。

20世纪60年代以来,后现代主义思想在教育领域产生很大的影响,首先解构现代教育元叙事,对科学、理性、真理、知识等要素的深刻分析,挑战现代教育的基本价值主张的合理性,力图恢复教育空间中知识传统的多样性;强调"社会批判能力"、"生态意识"、"内部平和"等素质的培养为教育目的;对现代学科制度和课程知识的认识论进行批评,反思科学课程的客观性、普遍性与价值中立性,提倡科学课程应该包括对竞争性理论、边缘知识和相异观点的讨论;在教学过程中强调融入学生个性化和特殊性的文化背景和社会经验;在师生关系方面鼓励多元、尊重差异,提倡对话和交流②(石中英,2002)。有代表性的后现代主义教育哲学思想主要来自福柯(Foucault,M.)、佛莱雷(Freire,P.)、吉鲁(Giroux,H.)、麦克莱伦(Mclaren,P.)、阿普尔(Apple,M.W.)等。

二、中国教育哲学的产生与发展

中国有着悠久的教育哲学思想传统,许多古代思想家都从各自的哲学立场出发,对教育问题发表过自己的见解。例如,早在《中庸》中就有"天命之谓性,率性之谓道,修道之谓教",将对教育本质的理解与天命论、人性论结合起来,极具中国传统哲学特色。然而,现代的教育哲学学科在中国的建立,是以西方教育哲学的学科分类体系和学科发展历史为依托,在大量地翻译和整理外文学科研究资料的基础上,将这一学科引入我国的学术领域和教师教育体系,进而发展成为当前教师教育课程的一门必修的基础课。

(一)中国教育哲学的渊源

中国古代的教育哲学思想在传统儒家、传统道家和传统佛家中都可以找到历史渊源和发展线索。例如,传统儒家以"天人感通"的天道观为教育论述的总根据,基于人性论提出"以善养性"的教育个人价值论,旨在化民兴邦倡导"政教合一"的教育社会价值论、一以贯之崇尚"修己安人"的教育目的论;传统道家提出"教以为道"的教育目的论,主张"归根复命"的教育价值论,提倡"见素抱朴"的修养工夫论;传统佛家基于"众生悉有佛性"的佛性说,采用"悟性成佛"的方法论和"顿悟见性"的修行方法③(《教育哲学》编写

---

① 《教育哲学》编写组.教育哲学[M].北京:高等教育出版社,2019:36-37.
② 石中英.教育哲学导论[M].北京:北京师范大学出版社,2002:26.
③ 《教育哲学》编写组.教育哲学[M].北京:高等教育出版社,2019:18-25.

组,2019)。

(二) 中国教育哲学的初创

作为现代学科的教育哲学在中国初创于 20 世纪,从引入西方教育哲学学说开始,包括邀请杜威来华讲学、出版他的教育哲学著作,因此初创时期及之后的教育哲学学科都深受美国实用主义教育哲学的影响。

20 年代开始西方教育哲学著作开始陆续翻译引入,大学开始开设教育哲学课程,国内学者开始写作和出版自己的教育哲学著作,包括范寿康《教育哲学大纲》(1923)、李石岑《教育哲学》(1925)、萧恩承《教育哲学》(1926)、瞿世英《教育哲学 ABC》(1929)、陆人骥《教育哲学》(1931)、姜琦《教育哲学》(1933)、王慕宁《教育哲学思潮概论(现代西洋各派)》(1932)、范锜《教育哲学》(1933)、姜琦《教育哲学》(1933)、吴俊升《教育哲学大纲》(1935)、张怀《教育哲学》(1935)、傅统先《教育哲学讲话》及《教育哲学》(1947)、林砺儒《教育哲学》(1947)、张栗原《教育哲学》(1949)等。

1927—1937 十年间教育哲学发展聚焦在本土化问题上[①](于伟,2018),学术界提出"我们所需要的教育哲学是具体地、正确地反映中国的历史条件和当前的社会环境的教育哲学[②]"(张栗原,2008)、"中国教育哲学务以能挽救民族危难为最高任务[③]"(梁瓯第,1938)。然而,1949 年中华人民共和国成立之后,高校学习苏联学制取消了教育哲学学科,教育哲学学科经历了三十年的停滞时期。

(三) 中国教育哲学的恢复

直到 20 世纪 70 年代末,教育哲学的研究和教学开始重新恢复,1978 年教育部修订高师教育系课程计划,列入教育哲学课程;1979 年教育部召开全国教育科学规划会议,规划教育哲学教材建设。以黄济的《教育哲学初稿》(1982)、《教育哲学》(1985)和傅统先和张文郁的《教育哲学》(1986)为代表的马克思主义教育哲学专著出版。1986 年中国教育学会教育学分会教育哲学专业委员会成立。1980 年北京师范大学率先开设教育哲学课程,教育哲学成为教育类专业的必修课程为标志,我国教育哲学恢复并日渐成为一门独立的学科分支。

(四) 中国教育哲学的新发展

21 世纪的教育哲学以马克思主义为指导,融合中国传统教育哲学思想传统,引入多元的研究视角,得到了国家有关部门、高校和科研管理部门的高度重视,大力促进了教育哲学科研和教学的发展。一方面,教育哲学的研究开始逐步实现学科细分,按照研究领域、研究阶段、研究学科等标准完善学科建设,实现了教育哲学学科发展的进一步延伸;另一方面,教育哲学的研究开始逐步拓展,与其他学科分支相融合,从不同的学科视角重新

---

① 于伟.教育哲学[M].北京:北京师范大学出版集团,2018:14.
② 张栗原.教育哲学[M].福州:福建教育出版社,2008:219.
③ 梁瓯第.非常时期中国教育哲学的趋向[J].教育研究,1938(81):23-36.

审视教育哲学问题,关注跨学科的多元研究领域,尝试基于实证的研究方法吸取量化和质性研究范式的优缺点。"教育哲学"课程在高校教育类人才培养方案中被作为必修课程普遍开设,2011年被纳入教师继续教育课程体系,体现了教育哲学学科在教育人才培养中的基础性地位。同时,参与国际教育哲学的境内外交流活动,增进教育哲学研究和教师队伍的专业化、国际化水平。

三、教育哲学发展的趋势

从全球范围来看,信息化时代带来的经济一体化、文化多元化、政治去中心化等变化,使得21世纪以来教育哲学的发展表现出以下几种趋势:

第一,学科的哲学性与教育性的融合越来越紧密,凸显了该学科的思辨性与实践性二元合一的特色。教育哲学像其他人文学科一样,在经历了学科规范化的漫长发展时期,在新世纪面临到时代变迁带来的教育实践快速革新的巨大挑战,教育哲学的基本问题和既有理论框架面临着重新反思和建构,才能稳固学科的合法性地位。因此,研究者们开始扎根教育实践,让学科重新焕发生机。

第二,学科的研究视角日趋多元,打破了学科内部既有的流派之分。人类社会发展和文明进步面临的新课题以及这些课题的综合性和复杂性为学科交叉与融合提供了契机,教育哲学内部也必须打破原有的流派之分,在学科传统所关注的研究领域以外,关注新现象,面对新问题,拓宽了学科边界。

第三,学科的研究方法创新,寻求跨学科的思想和技术合作。随着学术界对于实证研究的普遍推崇,教育哲学家们也开始逐步尝试吸收和采纳其他学科的新理念和新方法,提升学科研究队伍的实力,加强与跨学科学者的合作,创新思想和研究成果让学科发展呈现出全新的局面。

第二节 教育哲学的范畴与价值

在回顾了教育哲学的发展历史之后,本节将重点讨论教育哲学的范畴和价值,即教育哲学研究什么以及研究教育哲学的目的和作用是什么。正如哲学与其他领域的交叉领域一样,教育哲学是一门教育学与哲学的交叉研究领域,它的研究对象必然涉及这个交叉领域,可是如何定义这个领域,而研究这个领域能够为人类文明进步带来什么影响,教育哲学家们在教育哲学发展的各个阶段的认识都不尽相同。因此,在学习本节内容时,要关注到认识的嬗变和多样性,从而培养批判性地学习和研究的能力。

一、教育哲学的研究对象

教育哲学研究什么?这是这门课程初学者最为关心的问题之一。在目前市面上的很多教材中,这个问题被简单地做出了解答,如"教育哲学是研究教育领域中带有哲学意味的一般问题和根本问题的"①(《教育哲学》编写组,2019)。然而,纵观教育哲学家们在讨论教育哲学的研究对象时所述内容,却仍存在着众多的分歧,其中也包含了什么是"一般问题"或"根本问题"的争论。

从第一节中所讨论的教育哲学的发展过程来看,教育哲学是建立在现代西方哲学的历史转向基础之上的,教育哲学的研究对象也在各个时期随之切换关注点。如果将20世纪的教育哲学进行笼统地划分,哲学家们通常区分为"传统教育哲学"和"现代教育哲学"两个阶段。前一阶段教育哲学将自身定位为"教育科学的概括和总结,要为教育科学研究提供'方法论基础'",相应地,教育哲学的研究对象前者为教育的基本问题、基本假设、基本概念与命题等"教育一般问题"。正如法兰肯纳(Frankena,W.K.)所总结的,"作为教育学科的一部分,教育哲学涉及教育或教育过程的目的、形式、方法或结果。作为元学科,教育哲学涉及教育学科的概念、目的和方法"②[(美)法兰肯纳,1981]。"现代教育哲学"阶段则为"通过概念分析为教育理论'扫清地基'"。后者为教育理论涉及的概念、定义、口号和隐喻。我国学者更多认同第一阶段的观点,认为教育哲学的研究对象是"教育中的根本理论问题"③④(李石岑,1925)(黄济,1998)、"教育中的基本、总括性问题"⑤⑥⑦⑧(刁培萼,丁沅,1987)(崔相录,1990)(王为农,郑希晨,1990)(王坤庆,1996)、"教育理论和教育实践中的一些根本问题"⑨(顾明远,1998)。

"21世纪初的西方教育哲学处于一个没有标准定义和主流派别的时代"⑩(石中英,2002)。教育哲学的研究对象不再执意去寻找"根本问题"、"一般问题",而是将教育实践中的现实问题、"具体问题"作为研究的出发点,研究所有的教育问题⑪(石中英,2002)。因此在这一阶段,"教育实践"⑫[(英)约翰·怀特,1992]而非"教育概念"或"教育理论"⑬[(英)威尔弗雷德·卡尔,1998]被认为是教育哲学分析的出发点,同时对于教育哲学研究对象的认识还存在着不同的观点,如"教育历程,以及影响教育历程的社会历程和人生历程⑭"(吴俊升,1934)、"教育领域中思维与存在的关系"⑮(桑新民,1988)等。

---

① 《教育哲学》编写组.教育哲学[M].北京:高等教育出版社,2019:3.
② [美]法兰肯纳.关于教育哲学的一般看法[J].张家祥,译.外国教育资料,1981(2):62-65.
③ 李石岑.教育哲学[M].上海:上海商务印书馆,1925:4.
④ 黄济.教育哲学通论[M].太原:山西教育出版社,1998:318.
⑤ 刁培萼,丁沅.马克思主义教育哲学[M].上海:华东师范大学出版社,1987:3.
⑥ 崔相录.二十世纪西方教育哲学[M].黑龙江:黑龙江教育出版社,1990:2.
⑦ 王为农,郑希晨.教育哲学[M].黑龙江:黑龙江出版社,1990:1.
⑧ 王坤庆.现代教育哲学[M].武汉:华中师范大学出版社,1996:46.
⑨ 顾明远等.教育大辞典[Z].上海:上海教育出版社,1998:794-795.
⑩ 石中英.教育哲学导论[M].北京:北京师范大学出版社,2002:18.
⑪ 石中英.教育哲学导论[M].北京:北京师范大学出版社,2002:24.
⑫ [英]约翰·怀特.再论教育目的[M].李永宏,等译.北京:教育科学出版社,1992:8.
⑬ [英]威尔弗雷德·卡尔.新教育学[M].温明丽,译.台北:台湾师大书苑,1998:115.
⑭ 吴俊升.教育哲学大纲[M].上海:商务印书馆,1934:33-35.
⑮ 桑新民.当代教育哲学[M].昆明:云南人民出版社,1988:23.

因此,到目前为止已有研究对教育哲学的研究对象并无统一的定论,但包括了从教育理论到教育实践、从教育一般问题到教育具体问题、从教育理念到教育历程等方方面面的教育问题,体现了教育与哲学二个学科属性充分融合的特征。

二、教育哲学的体系

教育哲学的体系依据前面所讨论的对于教育哲学研究对象的认识不同而大致包括两种分类方法:一个是依据教育学的学科知识体系划分,即教育实践的类型和要素划分;另一个是依据哲学的学科知识体系划分。

(一) 基于教育实践的体系

教育体系按照教育实践开展的层级不同,可以分为学前教育、初等教育、中等教育、高等教育、成人教育;按照人才培养的目的不同,可以分为学术教育和职业教育;按照教育活动开展的地点和环境的不同,可以分为家庭教育、学校教育和社会教育;按照教育活动参与对象的特征不同,可以分为普通教育和特殊教育;按照教育实践所涉及的要素不同,包含教育政策、学校管理、课程建设、教学实施、教育评价、教师教、学生学等。

相应地,基于实践的教育哲学体系也可以按照以上不同的标准划分为不同的分支领域。例如,按照教育实践开展的层级不同,教育哲学可以分为学前教育哲学、初等教育哲学、中等教育哲学、高等教育哲学、成人教育哲学;按照人才培养的目的不同,可以分为学术教育哲学和职业教育哲学;按照教育活动开展的地点和环境的不同,可以分为家庭教育哲学、学校教育哲学和社会教育哲学;按照教育活动参与对象的特征不同,可以分为普通教育哲学和特殊教育哲学;按照教育实践所涉及的要素不同,包含教育政策哲学、学校管理哲学、课程建设哲学、教学实施哲学、教育评价哲学、教师教的哲学、学生学的哲学等。

(二) 基于哲学知识的体系

哲学的知识体系包含了形而上学(Metaphysics)、认识论(Epistemology)、价值理论(Value Theory)三个主要领域。形而上学是研究事实的本质的一个哲学分支,如回答"除了物质和能量之外,世界还由什么其他东西构成吗?如果只有物质和能量,这些物质和能量又从哪里来?上帝真的存在吗?是上帝创造了它们吗?上帝又是什么样的?人的本质是什么?人的灵魂存在吗?人死了以后还会留下什么无形的精神存在吗"等问题。认识论是研究知识的本质和领域的一个哲学分支,如回答"真实的世界和我所认为的世界是一样的吗?什么是真实的?科学是最好的探寻事实真理的途径吗?有没有科学以外的其他途径呢?我怎么知道我是对的还是错的?我能确切地知道什么吗"等问题。价值理论(Value Theory)研究人的行为及其意义,包括伦理学(Ethics)和美学(Aesthetics)。伦理学是研究人与人之间应该如何相处,如回答"我应该如何生活?我应该因为某种原因而区别对待我爱的人和陌生人吗?如果有的话,为什么我应该这样做?谁来做这个判断和决定?究竟是什么系统决定人们行为的善恶对错呢"等问题。美学是研究美的艺术,如回答"美是什么?美是否存在?如何定义一种客观的正确"等问题。

相应地,基于哲学知识的教育哲学体系也可以分为教育形而上、教育认识论、教育价值理论三个主要领域。其中,教育价值理论包括了教育伦理学和教育美学两个主要分支。形而上的教育哲学探讨教育的本质、教育中的人的本质等问题;教育认识论研究教育的性质、目的、作用等问题;教育价值理论关注教育的价值、评价、方法等问题。除此之外,哲学的一个重要领域是逻辑,它较之哲学的三个主要领域更关注于如何回答问题,为哲学提供方法论。教育哲学相应地也包括方法论领域,为如何回答教育哲学三大领域提出的问题提供标准和工具。

三、教育哲学的价值

教育哲学之于教育中的利益相关者的价值,如同哲学之于人类的价值一样,是一种基础性、导引性的存在,除了对于个人而言,增进其理性智慧、促使其德行增长、帮助其价值判断与选择之外,还起到促进一个地区、国家或民族的文明进步、制度优化、社会发展的作用。

（一）教育哲学对教育者的价值

教育者包括学校教育中的教师和其他教育活动组织者、教育管理者和行政人员、其他辅助教学活动顺利开展的工作人员等。教育活动因其复杂性和重要性,要求每一位直接或间接参与到教育活动中来的教育者都需要具备教育理性,对于教育的本质、目的、价值等基本问题有自己相对成熟的思考,积累了一定的教育经验并对之进行过较为深刻的批判性反思。

因此,教育哲学是每一位教育者的必修课,学会对教育问题或现象进行哲学思考是教育者的"基本功"。教育哲学可以帮助教育者认识到自我职业价值的崇高性,增进教育者的理性自觉,引导教育者的教育反思,帮助教育者处理好理想和行动的关系,促使教育者形成前瞻性的教育观。

（二）教育哲学对教育研究者的价值

这里的教育研究者专门针对专门从事教育研究的科学家,他们专注于教育知识的产生、传播和应用,并对其进行专门、深入的系统性反思。每一位教育研究者的专业训练都是从教育哲学的学习开始的,而且这一学习必然贯穿教育研究者的研究生涯始终。教育哲学为教育研究者对于教育理论和实践的思考提供了思维框架和逻辑基础,训练了思维能力和反思习惯,提供了对话体系和交流空间。

教育学因其独特的学科属性,研究范围涉及教育相关的人、事和关系,这就对教育研究者的哲学抽象和思维能力提出了很高的要求,教育学研究在很大程度上依赖于教育研究者的抽象概括和逻辑推理来实现教育理念的高度提炼和发展,而教育哲学恰恰是对教育研究者进行思维训练的有力途径。同时,教育哲学的分析哲学基础为教育研究者进行教育概念的澄清与解析提供了语言工具,其逻辑严谨性的要求也成为教育研究质量的有力保障。

(三) 教育哲学对政策制定者的价值

教育政策制定者面临的经典难题通常包括国家本位与个人本位、功利取向与人文取向、集权与分权、公平与效率、平等主义与精英主义、自主与控制、标准与特色等关系的平衡①(《教育哲学》编写组,2019)。尽管在历史不同时期和世界上的不同国家和地区表现形式各不相同,但这些难题均关切到政策制定者个人和集体哲学观念的争执与博弈。

政策的制定、宣传、执行、评估、检验、修正等环节也都离不开教育哲学的帮助,使得政策制定者能够澄清和检验教育政策的价值基础、知识基础、文化基础。因此,纵观世界各国曾出台过的教育政策,其实施效果和政策影响绝大程度上反映了该国在该阶段的文明程度,特别是政策制定者的哲学认识水平。

(四) 教育哲学对社会公众的价值

除了教育者、教育研究者和教育政策制定者之外,教育同时对社会公众和每一个家庭也都一直产生着普遍而深刻的影响。教育现象是一类复杂的社会现象,教育者的教育实践活动、教育研究者的学术研究成果和教育政策制定者推动的教育改革都引领着社会公众个体的教育理性成长和群体的集体价值观念进步。

即使不从事教育工作,每一位大学生都将面临家庭中由教育问题引发的各类思想观念的冲撞和矛盾,而教育哲学的学习和研究有助于在价值观和认识论上奠定知识和思维基础,从而更好地帮助理解和解决实践问题。因此,教育哲学对于每一位社会成员而言都是一种邀请,邀请参与对教育相关问题进行一次严肃的思想旅行,并因此让这个思想之旅作为一个信念支柱,一直伴随接下来的人生旅程。

第三节 教育哲学的学习与研究

通过前面两节的学习,教育哲学这门学科的概貌已然呈现,然而对于未来教师而言,如何去学习和研究教育哲学,从而通过这门课程的学习帮助自己建立起基本的教育哲学观,以增强作为未来教师对学生、家庭、社会的积极影响力呢?本节提供以下三点建议。

一、培养批判性思维能力

哲学的本质特征之一就是对于既有思想、社会现实、自我认知的批判性。作为一名学习者,培养批判性的思维能力是关键。培养批判性思维能力就教育哲学这门课而言,可以从以下三个方面入手。

---

① 《教育哲学》编写组.教育哲学[M].北京:高等教育出版社,2019:8-9.

（一）对教育问题的敏感性

不管是作为在校大学生还是未来教师，同时有一个重要的身份就是公共知识分子，尤其是急剧变革、日新月异的当今社会，如果扮演好一名公共知识分子的角色，对于人类发展和文明进步起到积极的推动作用，首先要培养并维持对于社会问题，尤其是教育相关问题的敏感性。

正如从事教师职业的初心一般，对于社会问题的敏锐是出于关心和爱，关心人类终将走向的未来、社会各阶层随之变换的命运、年轻一代人要面对的挑战，爱自己、爱家人、爱孩子，爱世界上的每一个生命和存在，因此基于关心和爱的这份敏锐是一种发自内心的、充满同情心和责任感的、终其一生持续不间断的，同时也是无法逃避与割舍的一种深沉的本能。出于这种本能我们应时刻检视自己的敏感性，积极主动地关心世界动态、人类命运、百姓生活，并将他们通过思考和行动与教育联系在一起，时刻思考如何通过教育去改善这一历史变革进程，通过教师这一社会角色所不可替代的力量去推动公平与正义、道德与伦理、平等与自由等社会公义的维护与建设，从而实现世界和平和人类团结的伟大福祉。

（二）对事实观点的批判性

高等教育带给大学生的一个标志性影响应是培养其自我学习和独立探究的能力。在信息爆炸和知识互联的时代，一方面，多元的观点和纷繁的现象迅速地同时曝光于公众视野之中；另一方面，传统文化与现代文化的混杂使得判断是非对错的标准日益复杂模糊。未来教师的价值观建构，除了影响自己的人生，更为重要的是，还会对将来面对的众多学生产生深远影响，通过影响学生而影响到更大范围的人群和社会，因此如何透过现象看清事物的本来面目，能够冷静、清晰并成熟地做出判断和选择，依赖于其批判性思维习惯的建立。

如果说学习能够帮助我们认清世界中的真善美，那么哲学学习至少能够带领我们从寻真开始，让未来教师们形成自己独有的、深刻的、坚定的信念，教育哲学则是这些信念在教育问题上的表现，基于这些信念萌生和不断升华教师对于自身职业的自豪感和敬畏感。

（三）对自我认知的反思性

人是不断发展的存在，区别于动物的一个重要特征即是可以有意识地做出选择，而每一次的选择是否基于理性、道义，则取决于事后对于选择结果的认识和判断，因此人基于过去人生中的选择而对未来做出的一次次选择，形塑了自己的价值判断以及之后更多选择的依据，而这一形成过程有赖于对自我认知的持续性反思。"哲学的反思好比概念语词的'化学反应'，只有交流、表达才能构建起系统而深刻的认识，生成新的观念成果。通过反思和表达，教师才能真正具有教育哲学的公共知识和话语平台。"[①]（于伟，2018）

教师由于其职业的特殊性，在教学实践中拥有丰富的表达机会，然而师生关系中教师

[①] 于伟.教育哲学[M].北京:北京师范大学出版集团,2018:25.

的专业权威性常常局限了教师反思的开展,使之囿于教师中心的教学观和限制自我发展的桎梏中。因此,对于未来教师而言,通过这一课程的学习培养自我认知的反思性思维能力尤为关键。

二、积累教育实践经验

从第一节对教育哲学发展历程的回顾可以看到,教育哲学逐渐从哲学逻辑推理转而关注教育实践活动,引导人们从中反思其知识和价值基础,理解教育的内在价值和意义,从而为如何培养未来人类和创造未来世界提供思想基础。

教育实践经验的获取对于未来教师而言,主要来源于自身和他人的教育工作和生活经验,包括开展教育活动的经验和接受教育的经验。积极地关注和投身于教育实践活动中,在获取经验材料后,能够选择典型的材料作为分析对象,完整地再现教育场景并分析其中的关系,从中抽象出理论,并在接下来的实践中检验和审视自己的分析和理论,从而修正和形成自己深入的教育哲学思考和理解。同时,教育哲学思考应与教育以外的其他社会生活的经验也紧密关联起来,进行总体的分析和思考,从而共同构建自己的一般哲学观。

教育哲学的学习和研究将伴随教师的职业生涯,随着未来教师们在校期间专业课程的学习和专业能力的提升、实习期间的教学经验初探以及入职后真正教学职业之路的开启、教学经验的积累,在教师教育哲学观的形成、发展、成熟过程中的重要作用将愈加显著。

三、提高哲学研究素养

要实现教育哲学研究素养的提升,除了需要培养批判性思维能力和积累教育实践经验之外,不断地开展思想的对话,通过阅读哲学著作与历史上的经典教育哲学思想对话,通过独立思考与自己对话,通过积极参与交流与其他的学习者和研究者对话。

(一)阅读哲学著作

为帮助未来教师们在学习和研究的初始阶段产生对教育哲学的兴趣和对社会现实的思考,以下主要纳入了经典的教育哲学著作,供选择阅读。其包括柏拉图(Plato)《理想国》(The Republic)(约公元前4世纪)、洛克(Locke)《教育漫话》(Some Thoughts Concerning Education)(1693)、卢梭(Rousseau)《爱弥儿》(Émile, ou De l'éducation)(1762)、杜威(Dewey, J.)《民主主义与教育》(Democracy and Education)(1916)、彼得斯(Peters, R.)《伦理学与教育》(Ethics and Education)(1966)、弗莱德(Freire, P.)《被压迫者的教育学》(Pedagogy of the Oppressed)(1970)、伊里奇(Illich, I.)《非学校化社会》(Deschooling society)(1971)等。

(二)学会独立思考

哲学研究素养的提升还有赖于个人哲学思考的长期、深入开展,因为它归根结底是一件在个人的内在精神世界所开展的活动,这就意味着独立开展哲学思考是每位学习者和研究者必须要进行的自我训练。

独立思考是大部分人所具备的一种天赋潜能,但对于不同的人而言是否转换为真正的习惯和能力,源于是否具备了对于外界获取的知识和信息持开放、学习的态度,并结合自己的经验、理性和感受进行综合思考与判断,更重要的是不断地进行自我总结和反思的能力。

(三) 积极参与交流

基于以上两点,未来教师们还应积极地与外界交流,对象可以包括专门从事教育哲学研究的学者、从事教学实践的一线教师、参与教育活动的师生员工、公共知识分子以及其他社会人士。

教育关系到社会的方方面面,对教育的深刻哲学思考也应结合社会实际,统观历史,放眼未来,以着眼全世界的持续发展为视角,以关切全人类的文明进步为己任,树立起崇高的人生理想和学习目标,培养尊贵的人格尊严和道德操守。通过学习教育哲学课程这扇门,开启一段纯净美好又脚踏实地的学术之旅,并将它纳入到自己的生命成长轨迹当中,使它成为自己教师职业和人生道路的一块坚实的基石。

复习与思考

1. 教育哲学的研究对象是什么?
2. 教育哲学的价值主要体现在哪些方面?
3. 试着举出一个你自己所关心的教育具体问题,并对该问题进行深入分析,试着发现它们背后的哲学思考过程。思考哲学分析如何才能有助于对这个问题的深刻理解。

阅读参考资料

[1] Blake, N., et al. (2003) *The Blackwell Guide to the Philosophy of Education*. London: Blackwell Publishers Ltd.

[2] [美]D.C.菲利普斯等.教育大百科全书——教育哲学[M].石中英,译.重庆:西南师范大学出版社,2011:28.

[3] [古希腊]柏拉图.理想国[M].唐译,译.长春:吉林出版集团有限责任公司,2014:159,163,208,220.

[4] 石中英.教育哲学[M].北京:北京师范大学出版社,2008:50.

[5] 于伟.教育哲学[M].北京:北京师范大学出版集团,2018.

[6]《教育哲学》编写组.教育哲学[M].北京:高等教育出版社,2019:31.

[7] Dewey, J. (1916) *Democracy and Education: An Introduction to the Philosophy of Education*. New York: Macmillan. p.50.

[8] 黄济.教育哲学通论[M].太原:山西教育出版社,1998:318.

第一章 教育哲学与教育理念

【名人名言】

"教育哲学"并非把现成的观念从外面应用于起源与目的根本不同的实践体系;教育哲学不过是就当代社会生活的种种困难,明确地表述培养正确的理智的习惯和道德的习惯的问题。所以,我们能给哲学下的最深刻的定义就是,哲学就是教育理论的最一般方面的理论。

——[美]约翰·杜威

【本章提要】

教育哲学是关于教育观的学问,具有实践性、反思性、批判性和价值性的特质。教育理念是指人们在对教育本质理解基础上,所形成的有关教育的理性认识,也可以说是有关教育的各种观念。教育哲学与教育理念有着渊源的内在关联,二者相辅相成。教育哲学的重要使命就在于帮助教育者形成正确的教育理念。

【学习目标】

1. 深刻理解哲学、教育哲学的本质内涵。
2. 充分认识教育理念对于教育实践的意义。
3. 明确教育哲学与教育理念的内在关联。

教育哲学是探索教育领域中的一般问题和根本问题,以形成人们有关教育的各种理念的科学;教育理念则是人们基于对教育根本性质及规律的认识所形成的观念,是一切教育实践的指针和方向,支配和规范着教育活动的展开与实现。因此,帮助教育者树立正确的教育理念,是教育哲学的根本使命和职责。

第一节 教育哲学的本质内涵及性质

从"绪论"中我们得知,教育哲学是研究教育的"一般问题"和"根本问题"的,而为什么是"一般"、"根本"问题,不是"具体"、"特殊"问题?这是由教育哲学的本质内涵和根本性质决定的。

一、哲学与教育

很显然,教育哲学与哲学有着不可分割的内在关联。因此,要想认识教育哲学的本质内涵与性质,就必须首先了解哲学的内涵与性质。

(一) 什么是哲学

最早的哲学(philosophia)一词源于希腊语,拉丁语为"philosophia",由"philo"和"sophia"组合而成,前者意为"爱",后者意为"智",二者合意为"爱智慧",这也是哲学的原初含义:热爱智慧,追求真理。对智慧与真理的热爱与追求,便催生了哲学这一知识体系,这是一种高度概括并具有普遍意义的知识体系。"哲学最初是一门普遍的科学。它主要包括:自然、人类、道德、国家、艺术以及为了正确思考的规则等学科。……哲学把关于世界的理论和关于一种美好生活的理论(如自然和道德)合并起来。"①随着时代的发展,哲学的内涵也在不断丰富和演变。根据所追求的具体目的,至少有五类陈述系统可能被看作"哲学":(1) 世界观或观念学哲学或作为一个"宗教的观念学代替品";(2) 作为一个"为了掌握生活的规则系统"或对生活起指导作用的哲学;(3) 作为理论陈述系统的哲学,这些理论陈述是独立于科学和世界观的结果而构思出来的;(4) 作为一种总结独立性科学的结果的统一景象的哲学;(5) 作为对基本原则的调查,作为一种理论和对知识的评论的哲学。②纵观各种"哲学"涵义的解读,可以归纳、概括为两种对哲学理解的基本方式。

1. 作为学术意义的"哲学"

所谓学术意义的"哲学"是指,把哲学看作"一系列专门的概念、范畴、命题及话语方式构成的知识体系"③,亦即理论陈述系统的哲学。这是一种静态的理解方式,是把哲学作为一门高深的学问,需要人们有较深厚的知识底蕴、较强的思辨能力以及良好的思维品质才能认识和把握的知识体系。在此意义上的哲学是高深莫测的,是凌驾于人们日常生活之上的独立的、专门的知识范畴,也是一般人不可轻易触及的领域,诸如分析哲学、认识论哲学、本体论哲学、实践哲学、道德哲学、政治哲学、科学哲学等等。很显然,这种哲学只是一门少数人才能学习的学科,只有经过专门训练的人才能掌握的知识体系。

---

① 沃尔夫冈·布列钦卡.教育知识的哲学[M].杨明全,宋时春,译.上海:华东师范大学出版社,2006:164.
② 沃尔夫冈·布列钦卡.教育知识的哲学[M].杨明全,宋时春,译.上海:华东师范大学出版社,2006:.165.
③ 石中英.教育哲学[M].北京:北京师范大学出版社,2019:5

2. 作为生活意义的"哲学"

所谓生活意义的"哲学"是指,把哲学看作"一种思维方式、一种寻根问底和不断反省的思想态度"。这是一种动态的理解方式,是把哲学作为源于人们日常生活的深入思考。无论是智者对"我是谁？我从哪里来？我到哪里去"的质疑,还是寻常百姓对"我为什么活着"的询问,都属于哲学的范畴。如此而论,哲学就是每个人都可能拥有的一种思维方式,是与人们的日常生活密切相关的学问。事实上,哲学是源于生活的,即正是由于人们为了追求更美好的生活,才有了对生活的哲学思考。然而,"西方自柏拉图之后,中国自先秦以降,哲学就逐渐地与生活脱离,成为一门借助于专门的范畴来穷尽世界'本质'的专门学问。此时,哲学也就不再是'智慧之学',而成为一种'知识之学'"①。显而易见,这在一定程度上背离了"哲学"的初衷。生活意义的"哲学"就是要回归哲学的本意,认为哲学是与每一个普通人息息相关的,是能够规范人的行为、提高人的生活品质的智慧之学。

把哲学看作一种思维方式和思想态度,并不是否认其作为一种知识体系的存在。事实上,哲学的确是以这两种形态存在着的。只是长期以来人们更加关注知识形态的哲学,而忽略了观念、思维形态的哲学,使得哲学成为一种"玄学",令大多数人望而生畏,进而失去了哲学应有的价值和意义。

基于上述认识,在此我们可以把哲学理解为:哲学就是关于世界观的学问,是思维的科学,是理论化、系统化的世界观和方法论。

世界观是人对自然、社会及自身的总体看法。众所周知,人类对真理的追求促发了科学的产生。例如,以天地万物大自然为研究对象产生了自然科学;以人类所构成的社会为研究对象产生了社会科学;以人本身为研究对象产生了人文科学。哲学则是用最普遍的概念、最一般的范畴和具有普遍性的规律来把握世界,即它是对自然、社会及人文的整体认知,而非具体问题的理解。因此,哲学是系统化、理论化的世界观。

方法论是研究人、社会、自然的方法取向,是方法的理论基础,是方法合法性和适用性的理论依据。自然科学、社会科学及人文科学均以其特有的方法探索各自领域的本质和规律;而哲学对真理的探求则体现为以什么观念、什么方式认识自然、社会及自我。故在一定意义上可以说,哲学是思维的科学,是人们认识自然、社会及自身的方法论。如果说自然科学、社会科学及人文科学是认识世界的科学,那么哲学就是如何认识世界的科学,也就是一切科学研究最根本的方法论。

(二) 哲学的基本属性

哲学的内涵极其丰富,且随着时代的发展而不断发展变化。古今中外,人们往往基于不同的视角和认识解读哲学,定义哲学,故迄今为止并没有一个"哲学是什么"的统一答案。尽管如此,我们却可以从各种不同的哲学界定中,归纳出哲学的一些基本属性,并从这些哲学属性中进一步理解"哲学是什么"。

---

① 石中英.教育哲学[M].北京:北京师范大学出版社,2019:6

1. 惊讶与好奇

惊讶与好奇是引发哲学活动的动因。人是由于对事物的好奇或惊讶而产生哲学活动的。"惊讶,这尤其是哲学家的一种情绪。除此之外,哲学没有别的开端"①。人的本性中有"好奇"的天性,求知欲是人之为人的本性。好奇心意味着对未知的事物感到奇怪,进而想要有所探究。因此,没有好奇心就难能有真正的哲学活动;也只有对万事万物保持一种好奇的状态,才能让我们真正步入哲学的殿堂。

2. 爱智慧

爱智慧是哲学概念的本源意蕴。如前所述,哲学原初的含义就是追求、热爱智慧。作为一种活动,哲学是通过追问智慧的问题使人变得有智慧的精神活动;作为一种学科,哲学是通过追问智慧的问题使人智慧地生活的学问。智慧不同于知识,知识(knowledge)是人们通过观察、实验、推理、判断等手段所获得的对大千世界的认知,并且是被证明为真的陈述和表达,是人类理性认识的结果,是人们对于事物本质的反映。智慧(wisdom)是个体所具有的基于知识、经验、实践等形成的高级综合能力,包括感知、理解、记忆、分析、判断、情感、创造思维等。智慧不同于一般意义上的"智力",智慧表达智力器官的综合终极功能,与"形而上之道"有异曲同工之处;智力则谓"形而下之器",是生命的一部分技能。智慧不能像知识那样通过传授和学习获得,而是在不断习得知识、追求真理的过程中逐渐形成。因此,知识可以占有,且具有功利性;而智慧只能是热爱,即只有勤于思考,崇尚质疑,却不计名利,才能真正拥有智慧。

3. 质疑与批判

质疑与批判是哲学的精神所在。如前所述,爱智慧是哲学的本源意蕴,而爱智慧的根本体现就是对万事万物始终保持质疑和批判的态度与思维。"批判性思维的起源可以追溯到苏格拉底、柏拉图以及孔子、孟子等人,表现为他们对一些信念和知识的质疑、检讨和对自身认识有限性的反思。"②这意味着,质疑与批评是一种态度旨趣,也是一种思维品质,更是一种科学精神。哲学作为世界观的学问、方法论的科学,其根本要旨就是对人类的各种认识进行前提性批判,即追本溯源、寻根究底。体现为:哲学一方面要揭示、彰显暗含或隐匿在人们日常所拥有的各种常识、成见或理论背后的根本性假定;另一方面则是对这些假定的合理性进行质疑、批判和拷问。"一直以来。哲学的功能之一是对当时一些理智上的争论进行批判性检验,并提供新的思考方向。"③正如德国学者汉斯·波塞尔所指

---

① [古希腊]柏拉图.柏拉图全集(第2卷)·泰阿泰德篇[M].王晓朝,译.北京:人民出版社,2003:670.
② 石中英等.教育哲学[M].北京:高等教育出版社,2019:121.
③ [美]奥兹门,克莱威尔.教育的哲学基础[M].石中英,邓敏娜,等译.北京:中国轻工业出版社,2006:4.

出的:"引导科学发展的是提出问题,保证科学中找出正确结果的是科学批判。"①而科学批判正是哲学的精髓所在。

4. 反思

反思是哲学的认识方式。人类认识世界的方式有多种,如科学、艺术、宗教、哲学等。哲学作为世界观的学问、思维的科学,是一种最具普遍意义的把握世界的方式,而这种方式的基本特征就是反思。黑格尔曾经指出:"哲学的认识方式只是一种反思——意指跟随在事实后面的反复思考。""要获得对象的真实性质,我们对它进行后思,唯有通过后思才能达到这种知识。"②不过,我们这里所说的反思,不仅仅指活动后的反思,还包括对活动前提假设的省思以及活动过程中的反复思考。反思就是对一切问题进行前瞻性和反省性思考,从而对人们通常未加省察和批判就加已接受的一切成见、常识等进行批判性省察,质疑其合理性根据和存在权利。反思的目的是为了更好地引导未来。

(三) 哲学与教育的关系

教育是一种以人的培养为宗旨的社会实践活动,是一种现实的、具体的存在形式;哲学则是一门以探求世间万事万物本源、真谛为旨归的学问,是一种抽象的、思辨性存在形式。二者看似一个地下、一个天上,但彼此却有着不可分割的内在关联,表现为如下方面。

1. 哲学是教育的一般理论

哲学虽以抽象、思辨的形式存在,但却是深深植根于现实之中的。正是由于有了人类对现实生活的反思,对自身具体行为合理性的质疑,以及对生命存在及其价值的追寻,才促发了哲学的产生。因此,哲学是一门抽象的学问,更是引领、规范人们生活和行动的理论。

教育是人类社会的一项实践活动,在某种意义上也是人类生活的一部分。教育活动由一系列具体环节所组成:备课、上课、布置作业、学习成绩考评、课外活动等;而所有这些教育活动都必须有一定的理论支撑,才能够达到预期目标。例如,要想上好一节课,不仅要深谙所教学科知识,还有掌握教育学、心理学、社会学等相关理论知识;其中,哲学则是最具普遍指导意义的理论。这是由于哲学不是指导解决具体教育问题的理论,而是对一切指导解决教育问题的理论的有效性、合理性进行反思、质疑和批判的理论。"如果我们愿意把教育看作塑造人们对于自然和人类的基本理智和情感的倾向的过程,哲学甚至可以理解为教育一般性理论。"③

因此,对于现实的、具体的教育实践活动而言,哲学有其不可或缺、独特的价值。正如美国学者耐勒(Kneller, G.F.)所指出的:"哲学解放了教师的想象力,同时又指导着他的理智。教师追溯各种教育问题的哲学根源,从而以比较广阔的眼界来看待这些问题。教师

---

① [德]汉斯·波塞尔.科学:什么是科学[M].李文潮,译.上海:上海三联书店,2002:240.
② [德]黑格尔.小逻辑[M].贺麟,译.北京:商务艺术馆,1980:242,74.
③ [美]约翰·杜威.民主主义与教育[M].王承绪,译.北京:人民教育出版社,2001:347.

通过哲学的思考,致力于系统地解决人们已经认识清楚并提炼出了的各种重大问题。那些不能用哲学去思考问题的教育工作者必然是肤浅的。一个肤浅的教育工作者,可能是好的教育工作者,也可能是坏的教育工作者——但是好也好得有限,而坏则每况愈下。"①这就是说,哲学作为教育的一般理论,可以提高教育工作者的理解力,指引他们从事教育活动的方向,并帮助他们深入反思各种教育观念、教育制度以及教育行为的合理性等。

2. 教育是哲学的实验室

哲学是以思辨的形式反映对宇宙万物的认识,因此不可避免带有个人的主观意识和价值取向,进而产生不同的哲学观。例如,人之初究竟是性本善,还是性本恶?人的本质是自然性,还是社会性?这些争执本身在一般人看来并无明显的现实意义,但若放在教育中便获得了最为直接、实际的意义——事关教育的人性假设及教育活动的一系列方案制定。也就是说,如果我们在教育活动中假设人性本善,那么教育的目的就是充分挖掘和发挥人之善性,所有的教育行为都应以此为基础展开;相反,如果我们在教育活动中假设人性本恶,那么教育的目的就是要抑制和扼杀人之恶性,进而一切教育活动也就以此为宗旨展开。正是在此意义上,杜威指出:"教育乃是哲学上的分歧具体化并受到检验的实验室。"②

二、教育哲学的含义

哲学是关于世界观的学问,是思维的科学;哲学与教育有着密不可分的关系。那么,教育哲学是什么?这需要对教育哲学的本质内涵及根本性质进行深入分析。

(一)"教育哲学"的界定

从"教育哲学"的发展历程中可知,作为一个学术概念,"教育哲学"的内涵也是不断发展变化的;而且,由于不同的学者基于不同的知识背景、学科立场、观念意识、思维方式等,对"教育哲学"的理解更是不尽相同。

1. 国外学者关于"教育哲学"的界定

美国著名教育家、哲学家杜威指出:"教育哲学不过是就当代社会生活的种种困难,明确地表述培养正确的理智的习惯和道德的习惯的问题,而我们能给哲学下的最深刻的定义就是,哲学就是教育的最一般理论。"③

美国现代教育哲学家耐勒(G.F.Kneller)认为:"正如普通哲学企图用最一般的系统方式解释实在,以达到从整体上了解实在一样,教育哲学则力图用指导选择教育目的与政策

---

① 陈友松等.当代西方教育哲学[M].北京:教育科学出版社,1982:135.
② [美]约翰·杜威.民主主义与教育[M].王承绪,译.北京:人民教育出版社,2001:348.
③ [美]约翰·杜威.民主主义与教育[M].王承绪,译.北京:人民教育出版社,2001:350

的一般概念来解释教育,以达到人们从整体上理解教育。"①

英国教育哲学家彼得斯(R.S.Peters)指出:"近代教育哲学"完全被认为是"利用已建立的哲学分支,用与教育有关的方法将它们融合在一起"。②

日本学者细谷俊夫提出:"教育哲学是教育学领域中的哲学部分,是对教育问题进行哲学探讨的学科。"另一位日本学者下程勇青则进一步指出:"教育哲学是以哲学态度和哲学方法来考察教育的基本概念与基本原理,从而对教育现实以及教育科学的各个领域从根本上加以整体把握的一门'原理'性学科。"③

《简明不列颠百科全书》对"教育哲学"的定义是:"教育哲学是一门审问、慎思、明辨、致用的学问,它应用哲学方法来研究各种教育问题。"④

分析教育哲学家朗特里在其所著《英汉双解教育词典》中提到:"教育哲学词条被如下解释:'哲学的一个分支,其内涵一是建立有关知识、认识和制度化社会活动的教育的思想体系;二是澄清教育概念的含义。'"⑤

德国学者布列钦卡在梳理、分析大量教育文献中有关"教育哲学"的讨论的基础上,归纳概括出"教育哲学"的八种陈述:(1)"教育哲学"是一种关于教育的科学经验性的陈述——规范性陈述所不能充分讨论的陈述。(2)"教育哲学"偶尔也被理解为一种普遍性的科学,比如,被看作是经验性教育科学、规范性形而上学和分析——认识论哲学的结合体。(3)有时"教育哲学"这种表达用来指一种教育的实践理论。例如,赫尔巴特就认为教育学是一种实践科学,且是哲学的一部分——教育目的必须从伦理学中衍生出来;杜威也曾指出,"哲学是作为一种审议建构的实践的教育理论"。(4)"教育哲学"这种表达也可以指陈述系统,它处理哲学教义施加在教育理论上(因此可能也在教育实践上)的影响。(5)"教育哲学"研究可被看作从教育学的观点来解释哲学文本——根据教育问题进行哲学研究或对哲学家的教育理论文本进行研究。(6)"教育哲学"也可表述为分析或认识论哲学意义上的陈述系统——这种陈述并不是与教育有关的,而是与涉及教育或教育理论的陈述有关。(7)"教育哲学"可以被称为教育的世界观哲学(world-view philosophies of education)的陈述系统——这种陈述系统更多是在教育者中宣布和传播一种世界观,而不是为教育行动提供一个具体的规范基础。(8)"教育哲学"这一术语或相关表述非常普遍地用来指一种规范性教育哲学——"教育哲学"的目的在于为教育家和政治家提供经验性教育科学所不能提供的规范和价值。⑥

上述关于"教育哲学"的陈述表明,教育哲学的内涵既可表达为一种经验的、实践的科学,也可表达为一种规范的、思辨的科学;既可以是从哲学的立场对教育的解读,也可以

---

① 陈友松等.当代西方教育哲学[M].北京:教育科学出版社,1982:28.
② 于伟等.教育哲学[M].北京:北京师范大学出版社,2015:16.
③ 黄济.教育哲学通论[M].太原:山西教育出版社,2006:318.
④ 中美联合编审委员会.简明不列颠百科全书(中文版)第4卷[Z].北京:中国大百科全书出版社,1985:353.
⑤ 于伟等.教育哲学[M].北京:北京师范大学出版社,2015:17.
⑥ [德]沃尔夫冈·布列钦卡.教育知识的哲学[M].杨明全,等译.上海:华东师范大学出版社2006:169-174.

是从教育的角度对哲学的诠释。这不仅说明教育哲学内涵的丰富性,同时也说明"教育哲学"是一个仁者见仁、智者见智的不确定性概念。

2. 我国学者关于"教育哲学"具有代表性的界定

我国教育哲学的先驱范寿康先生认为:"研究教育学的假定的哲学,我们叫他做'教育哲学'。教育哲学是应用哲学的一种,与经济哲学、政治哲学及法律哲学一样,是必要的而且是可能的。"①

我国当代著名学者傅统先认为:"教育哲学是一门用哲学来探讨教育的理论和实践诸方面问题的学科。它是根据一定的哲学观点,并用历史的、逻辑的和比较的方法来进行研究的,它与哲学、教育学、心理学以及其他的一切科学有相互交错的联系,它是一门与多种学科相关的边缘学科"②。

我国当代另一位著名学者黄济先生对教育哲学的认识是:"教育哲学就是用哲学的观点和方法来分析和研究教育中的根本理论问题。"③

学者桑新民认为:"从定义来看,教育哲学是哲学的应用学科,又是教育的基础理论。哲学是世界观和方法论,教育哲学是教育观和教育研究的方法论。"④

石中英主编的《教育哲学》中指出:"教育哲学是研究教育领域中带有哲学意味的一般问题和根本问题的,以便教育工作者从总体上形成正确的教育观、教育价值观和教育方法论"⑤

在顾明远主编的《教育大辞典》中,把"教育哲学"定义为:"教育哲学(Education Philosophy;Philosophy of Education)是教育科学分支学科,是教育科学中一门具有方法论性质的基础学科。对教育理论和教育实践中的一些根本问题进行哲学探讨,以为教育理论和教育实践的指导。"⑥

此外,《中国教育大百科全书》也提出:教育哲学是"运用哲学基本原理和方法研究教育问题,或者从教育基本问题总结出哲学问题的一门学科"⑦。

虽然我国学术界关于"教育哲学"界定也是各抒己见,但从中不难看出,在其基本含义上还是有着一些共识的,如:"第一,教育哲学是从哲学的高度研究教育的一门学问;第二,教育哲学是研究教育的根本问题或根本假设的,其目的是探究教育的一般原则或规律;第三,教育哲学是一门应用哲学;第四,教育哲学是教育学的深化、概括和总结,是教育学研究的方法论。"⑧而这些共识在一定程度上也构成了我国教育哲学的传统。

---

① 宋恩荣.范寿康教育文集[M].杭州:浙江教育出版社,1989:6.
② 傅统先,张文郁[M].济南:山东教育出版社,1986:2.
③ 黄济.教育哲学通论[M].太原:山西教育出版社,2006:318.
④ 桑新民.当代教育哲学[M].昆明:云南人民出版社,1988:23.
⑤ 石中英等.教育哲学[M].北京:高等教育出版社,2019:3.
⑥ 顾明远等.教育大辞典[Z].上海:上教育出版社,1998:794—795.
⑦ 顾明远等.中国教育大百科全书[Z].上海:上教育出版社,2013:1016.
⑧ 石中英.教育哲学[M].北京:北京师范大学出版社,2019:15.

3. 本书关于"教育哲学"的界定

综合国内外学者关于"教育哲学"的探讨,本书将"教育哲学"界定为:教育哲学是关于教育观的学问;是研究教育理论与实践问题的方法论。对此可做如下理解:

第一,由于哲学是世界观的学问,故教育哲学理应成为教育观的学问。所谓教育观的学问,就是如何通过对教育本质及其规律全面、深刻的把握,以形成对教育正确理解的知识与思考。观念支配行动,教育哲学可以帮助教育工作者树立正确的教育观,进而使其教育行为更加合理与有效。

第二,由于哲学是思维的科学,是普遍的方法论,故教育哲学就是教育问题研究的方法论。也就是说,教育哲学是一种系统、整体,并具有根源性思考和考察教育问题的学问。正如我国学者陈桂生先生所指出的:教育哲学"从根本上讲,它应是对教育问题进行独特的哲学思考的产物。这种思考是从独特的视角考察教育问题,并对教育实践或教育理论陈述提供指导,同时它又是借关于教育的特殊研究对某种哲学思想加以检验"①。

因此,教育哲学不仅意在帮助人们树立合理、正确的教育观,而且还是人们思考和考察教育问题的方法论。

(二) 教育哲学的时代转向

教育哲学不仅是一个仁者见仁、智者见智的概念,还是一个随着时代发展不断变化的概念。时光进入21世纪,伴随着哲学内涵的诸多转向,教育哲学也发生了一系列重大时代转向,表现为如下方面。②

从定义上看,20世纪的教育哲学往往被看作是从"哲学的高度"来研究教育基本问题、基本假设、基本概念与命题,从而为教育理论与实践提供一般的指导原则和方法论基础。在此意义上的教育哲学是以"高级教育知识"的获得为根本目的的。21世纪的教育哲学则把自己看作是从"哲学的角度"帮助教育者对任何教育问题的理论进行批判与反思,其目的是为了唤醒和促使教育者更好地理解与他们密切相关的教育生活,进而获得重建教育生活的意识、知识、能力与信念。这是一种从"以教育知识为核心"转变为"以教育实践或教育生活为核心"的教育哲学转向。这种转向的最终目的是要提升人们的教育智慧,而不仅仅是增加人的教育知识。

从研究对象上看,20世纪的教育哲学研究"教育一般问题"或"教育根本问题",以区别"教育具体问题"或"教育特殊问题",从而使教育哲学研究抽象化、概念化,游离于真实、具体的教育生活之外,无法解决真正的教育问题。21世纪的教育哲学则以所有的教育问题为研究对象,也就是说,任何一个真实的、具体的教育问题都可以作为教育哲学的研究起点。这是一种由"抽象教育问题"到"具体教育问题"的教育哲学转向。这种转向的目的是提示人们更加关注现实的教育生活,而不只是空泛的理论分析。

从学科性质上看,20世纪的教育哲学具有思辨性、规范性、概括性、综合性和交叉性

---

① 陈桂生."教育哲学"辩[J].教育评论,1995(5):5-8.
② 参见石中英.教育哲学[M].北京:北京师范大学出版社,2019:23-26.

等特点。所谓思辨性,就是教育哲学通过哲学基本概念和教育的基本概念直接的思辨关系,来揭示教育的一般规律。所谓规范性,是指教育哲学把提供教育的一般目的和原则、指导教育科学和教育实践作为治学宗旨。所谓概括性、综合性,是指由于哲学是科学的科学,是对各门具体科学的概括和总结,故教育哲学也就是各门教育科学知识的概括和总结。所谓交叉性,是指教育哲学是哲学与教育科学的交叉学科或边缘学科。

教育哲学的这些特点到了21世纪,随着哲学研究以及教育哲学研究的不断深入,发生了重大转向,即教育哲学不再只是思辨的学问,而是真正触及教育生活的理论;教育哲学不仅仅限于从理论上为教育科学和实践提供一套规范法则,还应针对教育实践的现实问题给出评判和引导;教育哲学作为教育观的学问、教育思维的科学,有其独特的使命与价值,不应"沦为"各门教育科学知识的总结与概括,也不是简单的哲学与教育科学的交叉学科。总之,21世纪的教育哲学伴随着时代的发展以及人们认识水平的提高,其内涵呈现出了诸多重大转变。

三、教育哲学的基本性质

根据哲学及教育哲学的本质内涵以及教育哲学内涵在21世纪的转向,可将教育哲学的基本性质概括为实践性、反思性、批判性和价值性。①

(一)教育哲学的实践性

实践性是教育哲学的首要特征。教育哲学的实践性主要是指教育哲学在其性质上是一门"实践哲学"。实践哲学有广、狭义之分。广义的实践哲学是指人们从事具有历史性的社会活动的哲学;狭义的实践哲学就是"伦理学"。教育哲学作为实践哲学,是一种广义的实践哲学,即教育活动是一种历史性的社会活动,对这种活动进行理性思考、价值判断,便形成了教育哲学。

教育哲学实践性中的"实践"并非简单地指教育实践,还包括社会实践和个体的生活实践。因为教育是个体社会与社会生活的一部分,教育哲学对教育活动的认识与理解,只有深入到个体社会与社会生活中去,才能真正感知教育实践,破解教育问题,领悟教育真谛。

强调教育哲学的实践性,并不是要贬低其学术性。事实上,丰富的教育实践以及广泛的个体社会与社会生活实践,才是教育哲学真正的学术根基。"任何一门学科,思想的反思只是前人思想的继续,生活的反思、实践的批判才能开启人类知识和生活的新篇章。"②不仅如此,只有明确了教育哲学的实践性,才不至于使教育哲学"沦为"哲学的附庸,而真正成为一门独立的、有着特殊价值的学科。

---

① 参见石中英.教育哲学[M].北京:北京师范大学出版社,2019:26-32.
② 石中英.教育哲学[M].北京:北京师范大学出版社,2019:28.

（二）教育哲学的反思性

反思性是教育哲学研究过程中最关键的特征，也是教育哲学重要的思想方式。教育哲学的反思性是指人们对教育认识和行为的根源、性质、前提假设等进行深入思考，从而使这种认识和行为更具合理性。

教育哲学的反思性特别强调两层含义：一是指教育哲学的研究不是价值中立的，也不追求价值中立，而是以研究者自身的立场和思想关注和评判教育问题，在思维方向上是一种由"内"而"外"的思考路径。二是指教育哲学的知识不是一种操作性、描述性知识，而是一种体现着研究者立场的"反思性知识"。操作性知识是指可以直接改变人的行为的知识；描述性知识是指直接增加人们对事物认识的知识；反思性知识的作用在于：唤醒人们被程序化了的意识，使之重新审视自己的认识框架和行为模式，为新的生活实践提供思想前提。这种知识发生效用的前提就是人们的自我反思。

教育哲学研究与教育科学研究最大的不同在于：教育科学研究是建立在主—客二分的认识论基础上的，即研究主体与研究对象是分离的，研究目的是为了获取价值中立的客观知识；而教育哲学则是超越主—客二分的认识论模式的，研究对象在一定程度上就是研究者主观意识的产物，且研究过程和结果均具有较强的价值取向，即研究者始终是以自身的立场、旨趣、甚至利益思考和评判教育问题。因此，教育哲学要想充分体现其应有的价值，并发挥对教育实践的积极推动作用，就必须强化研究者与学习者的反思意识。"如果说，哲学是对事物寻根究底的反思，那么教育哲学就是对教育问题的寻根究底的反思，其目的是不断提高教育者对教育生活的感受力、理解力和判断力。"[1]

（三）教育哲学的批判性

批判性是教育哲学的根本特性。从中、外词源学意义看，"批判"一词基本含义是"解读"或"识别"、"讨论"或"批注"、"评价"或"判断"。因此，"批判"实际上就是一种通过学习凸显学习对象的意义，并使批判者自身价值立场和认识框架呈现的过程，而这一过程也是思想者的交流与对话的过程。事实上，学术界如果缺乏了真正的思想交流与对话，也就不可能有知识的不断更新和学术进步。

教育哲学的反思总是一种批判性反思，表现为对教育理论和实践中的各种概念、观点、知识等进行解读、识别、判断和评价。具体表现为：

第一，通过批判，使教育生活中潜在的知识基础和价值观念显现出来，模糊的知识基础和价值观念清晰起来，零碎的知识基础和价值观念系统起来，从而帮助教育者从常识和陈规陋习中解放出来，更加理性地从事教育工作。

第二，通过批判，指出教育生活中原有的知识基础和价值观念形成的历史过程及其所处的社会背景，将思想的触角深入到社会实践，从而拓宽和加深教育者的思想视角及思维深度。

第三，通过批判，对教育生活中已有的知识基础和价值观念在当代社会中的适应性进

---

[1] 石中英.教育哲学[M].北京:北京师范大学出版社,2019:29.

行评价和判断,并根据当代社会发展的要求和条件,重构教育生活的知识基础和价值观念,以此引导教育者与时俱进。

此外,教育哲学的批判性还包括对不同教育哲学流派的解读与评判,一方面要充分汲取各流派的真知灼见和智慧,另一方面也要切实认识的它们的不足与弊端,以促进教育哲学的学术交流与对话,使教育哲学的批判性得以真正实现并充分发挥应有的作用。

(四) 教育哲学的价值性

价值性是教育哲学的本源性特质。所谓教育哲学的价值性是指,任何教育哲学活动都不是"价值无涉"或"价值中立"的,而是在一定的价值取向和价值原则指导下进行的。教育哲学尽管是一种追求教育真理的思想活动,但并非是一种单纯的理智活动,而是渗透着研究者一定的价值立场并追求着特定的价值理想的活动。事实上,任何一种教育哲学知识,都体现着教育哲学家个人的价值立场、价值观念和价值取向。

教育哲学的价值性认识来源于后现代哲学关于知识性质的认识。现代哲学认为:"知识是人类'镜式'地反映外在事物的结果,是一种纯粹的认识成果,与人类的价值偏好或利益欲求无关。"①客观性、普遍性和中立性是现代知识的三个最基本的特征。后现代哲学在批判现代哲学关于知识性质认识的基础上,提出了后现代知识性质的主张,即知识作为人类对世界万事万物的认识成果,是与认识者的兴趣、利益、价值观念、生活环境等密切相关的。而且,认识的对象往往是由认识主体和社会的价值需要共同建构的,而非客观世界自行给定的,故任何知识都不可避免地带有个体与社会的价值倾向。所以说,不存在绝对客观、普遍和价值中立的知识。

教育哲学作为教育观的学问,毫无疑问,其价值性更加突出。教育哲学的价值性告诫我们,任何一项教育哲学内容的研究都必然体现着一定的社会或个体的价值观。

教育哲学的四种基本性质相辅相成,融为一体。忽视实践性和价值性,教育哲学就"沦为"空洞的说教;忽视反思性和批判性,教育哲学就会失去"哲学味",不能将自身与其他教育学科相区别。

第二节 教育理念及其意义

教育哲学是教育观的学问。这里所说的"教育观",即指教育理念。何为教育理念?教育理念对于教育实践及其教育者意味着什么?这就是本节所要探讨的主要内容。

一、教育理念的界定

我们知道,每个人都有自己的生活方式,所谓不同的生活方式,是由我们每一个人的

---

① 石中英.教育哲学[M].北京:北京师范大学出版社,2019:31.

不同的关于生活的理念认知而形成的。理念是经验的提升和淬炼。理念对人们的行动起到了提纲挈领、纠偏反馈、评价完善的积极作用。教育活动需要教育理念,合理完善的教育理念会对教育实践的启动、发展和总结起到重要的引领作用。

（一）理念

理念,就是人们对大千世界、万事万物的认识所形成的思想、观念。

人类对事物的认识分为感性认识和理性认识。感性认识是通过人们的各种感官对事物表面现象的感知和认识,因此也可称之为现象认识;理性认识则是通过人们的理解、推理、分析等思维活动,透过现象对事物本质的认识,故也称之为本质认识。感性认识是理性认识的前提和基础,理性认识是感性认识的升华和提炼;二者相辅相成,共同达成人们对世界万事万物的完整认识和深刻把握。

理念所体现的是理性认识,即人们对事物的本质认识,而非现象认识。"'理念'是基于理性认识而形成的洞见、理想与信念,体现着对人类事物之本质的深刻洞察与对行动的明确指引。它不同于普通的观念或意见,因为它需要有系统的理论思考的支撑。理论是对思想的系统论述,理念则是思想的集中表达,二者是合而为一的。"① 如此说来,理念不仅仅体现为理性认识,还包含理想与信念——对真理的不懈追求。

（二）教育理念

理念是关于世界的理性认识;教育理念就是关于教育的理性认识。具体讲,教育理念是指人们在对教育本质理解基础上,所形成的有关教育的理性认识,也可以说是有关教育的各种观念。然而,作为教育理念不仅限于教育观念,更进一步说是教育的信念。因为,作为对教育的理性认识,不只是体现为对教育本质和规律的把握,还体现为对这种认识的坚信不疑和执着追求。

我国学者陈桂生先生关于教育理念的理解十分具有远见和深度。他在《"教育学视界"辨析》一书中指出,在教育学陈述中出现了教育概念"泛化"现象,这种现象的产生主要是由于教育"理念"与教育"概念"的混淆,尤其是以教育理念代替了教育"概念"的混淆。在他看来,教育"概念"是按逻辑规则下的定义,是科学概念,作为反映对象本质属性的思维形式,其内涵只能是根据它所指称的对象的"实然状态"的规定,即对既成事实的概括,而教育理念则是关于"教育的应然状态"的判断,是渗透了人们对教育的价值取向或价值倾向的"好教育"观念。②

毫无疑问,陈桂生先生关于教育理念的这一认识,已经抓住了"教育理念"的灵魂性的东西,即教育理念作为对教育本质的理性认识,其中包含着人们对教育的价值判断和理想追求。

---

① 王有升.理念的力量:基于教育社会学的思考[M].北京:教育科学出版社,2007:2.
② 参见陈桂生:《"教育学视界"辨析》[M].上海:华东师大出版社,1997:4-12.

（三）本书关于教育理念的构成

本书的出发点是通过教育哲学的学习和研究，培养师范生正确的教育理念。因此，本书所说的教育理念主要是围绕学校教育的一些基本要素提出的，包括对教育、教师、学生、课程、教学及教育价值等的理解和认识，并由此所形成的教育观、教学观、课程观、教师观、学生观和教育价值观等。

需要说明的是，我们这里所说的"观"，就是指的"理念"，主要是基于"教育哲学是教育观的学问"的前设以及叙述的方便，我们把"教育"这一核心概念以及主要构成要素的理念表述为教育观、学生观、课程观、教学观、教师观及教育价值观等，这也是本书的基本框架。

二、教育理念的形成

由于教育理念作为对教育诸要素的本质认识，需要大量、细致的分析、推理、思辨等思维活动，且依赖于人们较扎实的理论基础、良好的思维品质以及较高的思想觉悟等。因此，教育理念的形成不是一蹴而就的，而是一个长期、反复的累积与渐进的过程，着重需要通过以下几个方面完成。

（一）明确教育目的的导引

教育目的是教育理念形成的方向。人是有目的性的物种，人类对大千世界的认识都是以达成某种目的为前提的。

目的，根据《辞海》的解释，为"意欲所达之境"、"实践之目标"，抑或"人们对某种对象的需要在观念上的反映"、"人们在行动之前在观念上为自己设计要达到的目标"。如此释义表明，目的是指作为主体的人在从事某种活动时所要达到的目标。在此，"目的"（end）与"目标"（aim）有着基本一致的内涵，只是"目的"往往用于较抽象的事物，而"目标"则更多地用于比较具体的事物。所以，目标可以测量，而目的则无法测量。

目的有两个重要的属性：第一，目的是主观意识的产物。因此，目的是属人的，即任何目的都是作为某种活动的主体的人的目的。同时，这也意味着，在一个涉及多个主体参与的活动中，由于不同主体的主观意识不同，就将产生不同的目的。第二，目的是内在于人的实践活动之中的。人类的任何实践活动都是有目的性的，而目的不仅是对实践将要产生的结果所做出的预设，并且还作为一种重要的内驱力随时作用于整个实践过程。同时，目的的实现并不意味着"目的"消失，而是以实践活动结果的形式存在着。从这个意义上说，人类的任何实践活动都应目的而产生，为实现目的而存在，最终复归于目的。

由此推论，教育目的就是指：教育主体对从事教育活动所要达到的总目标或预期的结果。需要特别强调的是，作为一种"预期"，教育目的是人们主观意识的产物，具有主观性。人类活动的一个基本特征就是具有意识性、目的性，即人在活动之前，其活动所要取得的结果就已经在人的头脑中预先存在了。因此，所谓教育目的，实际上就是人们对于教育活动所要达到结果的一种主观愿望，是一种存在于人的头脑中的观念意识。人类的各种活动正是凭借这种主观愿望、观念意识,才更具有明确的指向性、严密的系统性和实际的有效性。同样,人类的教育活动也必须首先建立这种主观愿望,才能更加有序和有效。

同时,教育目的虽然是主观的,但却必须是以客观现实为基础的。作为教育活动结果的主观意愿,教育目的并非人随心所欲的主观臆断,而是依据一定的客观现实产生出来的,人们对教育活动结果的预期,既要符合社会发展的现实需要,又要符合个人发展的现实需要。不仅如此,人们在观念中设定了目的,就意味着必然采取一定的手段作用于客观现实,使之产生符合人们的主观愿望的结果,从而使主观的目的变为客观的结果,所谓主观目的的客观化。所以说,教育目的不仅是主观的,而且还是客观的,是主观见之于客观的。[①]

教育理念作为对教育的理性认识,在一定程度上首先取决于教育者以一种什么样的预期或意愿去认识教育、理解教育,即希望通过教育活动达成一个什么结果。因此,教育理念的形成首先取决于教育者对自己所从事的教育活动有无明确的目的。只有目的明确,才会有意识地积极探索教育活动的本质和规律,进而也才可能形成有关教育的各种理念。

(二) 对教育本质、规律的深刻理解

对教育本质、规律的深刻理解是教育理念形成的基础。本质、规律是事物存在、运动的本真状态,人们对事物的正确认识,就是对事物本质、规律的揭示。

本质是指事物的根本性质,是一事物区别于他事物的质的规定性,也就是一事物所独有的特性。规律是指事物发展过程中的本质联系和必然趋势,具有普遍性、重复性等特点。规律是客观的,是事物本身所固有的,人们不能创造、改变和消灭规律,但能认识规律。科学的任务就是要揭示客观规律,并用来指导人们的实践活动。也就是说,只有真正抓住了事物的本质和规律,才是对该事物真正的把握和认识;而只有真正把握和认识了该事物,才能使事物的运作与发展达到我们的预期。

毫无疑问,教育本质是教育的根本性质所在,对教育本质的揭示,就是要回答教育是什么。然而,由于教育的复杂性,很难有一个关于"教育是什么"的确定的、唯一的答案。因此,对教育本质的揭示,实际上是一个对教育本真内涵不断探寻的认识过程,通过这一过程逐步加深对"教育是什么"的理解。同理,教育规律所反映的是教育发展过程中特有的本质联系,但这种本质联系也不是一成不变的,故对教育规律的揭示,同样也是一个对教育运作与发展过程不断探索的认识过程,通过这一过程逐步加深对教育如何运作、如何发展的理解。

如前所述,理念即人们对事物的理性认识,而理性认识则是透过现象对事物本质、规律的认识。那么,教育理念也就必然是对教育本质、规律的认识。换言之,作为主观状态的教育理念,并不是人们的主观臆想,而是通过对教育本质和规律的真正理解,形成对教育的理性认识。正是在此意义上我们说,对教育本质、规律的深刻理解,是教育理念形成的基础。

[①] 参见王北生.当代教育基本理论论纲[M].北京:人民教育出版社,2012:160-161.

(三) 对教育经验的反思

教育经验是教育理念形成的原材料。教育理念虽是一种理性认识,但绝非是空中楼阁,想当然;而是建立在大量教育经验基础之上的。

教育经验源于教育实践,是人们通过教育实践获得、积累的有关教育的初级认识。这种认识虽然只是对教育表面现象的认识,甚至具有一定的局限性、偶然性和局部性,但却是构成人们对教育更高级认识不可或缺的元素。"教育是在经验中、由于经验和为着经验的一种发展过程,愈是明确地和真诚地坚持这种主张,对于教育是什么应有一些清楚的概念就愈加显得重要。"①这充分说明了教育经验对真正理解教育本真的重要性。当然,并非所有的教育经验都具有积极的正向功能。"相信一切真正的教育是来自经验的,这并不表明一切经验都具有真正的或同样的教育的性质。不能把经验与教育直接地彼此等同起来。"②也就是说,人们对教育的认识必然要来源于经验,但经验并不直接构成教育的理性认识,而是需要人们通过反思和研究,将其抽象与升华为思想乃至理论,才是对教育的理性认识。

既然事物的本质只能通过对其现象的认识才能获得;理性认识也只能是感性认识积累到一定阶段的产物。那么教育理念的形成也就必然是教育经验积累到一定程度的结果。当然,教育经验不能直接形成教育理念,而是需要通过人们的分析、概括、归纳和推理等思想活动,即对教育经验的反思。所以说,教育经验是教育理念形成的原材料。

(四) 良好思维品质的形成

思维品质是教育理念形成的重要保障。无论是对教育本质、规律的把握,还是对教育经验的反思,都必须依赖人们的思维活动。

思维品质是指人们在思维过程中所表现出来的各自不同的特点,如敏捷、灵活、系统、深刻等;而良好的思维品质往往体现为思维的广阔性和深刻性、独立性和批判性、逻辑性与严密性等,尤其是思维的辩证性。

人类的思维发展经历了形象思维、普通思维和辩证思维三个阶段。"形象思维是以形象为主要思维材料的思维,也就是说,它主要是通过大脑中不同事物形象的联结进行的。……形象思维与非形象思维(包括普通思维和辩证思维)的根本差别就在于前者以形象为思维材料,后者以概念为思维材料;前者的思想交流主要依靠手势,后者的思想交流主要依靠语言(用语词表达概念)。"③形象思维是一种具体思维,虽然也属于认识的理性阶段,但却是对事物的比较外在的一般特性的反映。普通思维,也称抽象思维,如前所述,是以概念为主要思维材料的思维,即通过语词表达而非事物的形象进行思想交流。普通(抽象)思维的本质在于:"它是反映事物的相对稳定性和质的规定性的规律,反映事物

---

① [美]约翰·杜威.我们怎样思维.经验与教育[M].姜文闵,译.北京:人民教育出版社,2005:250.
② [美]约翰·杜威.我们怎样思维.经验与教育[M].姜文闵,译.北京:人民教育出版社,2005:248.
③ 马佩.辩证思维研究[M].开封:河南大学出版社,1999:2.

的因果条件规律,不自觉或自觉地按照事物的这种规律认识世界的思维。"①所以说,普通思维是对事物内在本质属性的反映,它不再表现为一定的形象而是思想。辩证思维是反映和符合客观事物辩证发展过程及其规律性的思维,其特点是从对象的内在矛盾的运动变化中,从事物各个方面的相互联系中进行考察,以便从整体上、本质上完整地认识对象,突出地表现为在联系和发展中把握认识对象,在对立统一中认识事物。很显然,辩证思维是人类思维的高级阶段,亦是人类认识的高级阶段。只有达到辩证思维,才能真正实现由感性认识到理性认识的飞跃,进而对真理的掌握。

人类的思维阶段,代表着人类的认识水平;而人类认识水平的高低,又决定着人类实践能力的强弱。这足以显见思维的重要价值。正如杜威所说:"思维能力被看作是把人同低等动物区别开来的机能。……它使我们从单纯冲动和单纯的一成不变的行动中解脱出来。"②这表明,思维能力是人们理性认识和行动的重要保障。然而,思维是有品质的,只要达到辩证思维的水平,才能确保人的认识是合理、正确的,也才是良好的思维品质。

毋庸置疑,良好思维品质不是先天具备的,也不是自然而然形成的,而是借助一些天赋的力量,如良好的遗传素质、好奇心、求知欲等,通过引导和训练精心培育的。"思维需要细心而周到的教育的指导,才能充分地实现其机能。"③因此,教育过程中对思维的训练与培育就显得尤为重要。

总之,教育理念既是对教育的理性认识,就必然需要良好的思维品质做支撑;而人的良好思维品质的形成,又必须要求教育对思维品质培育的高度重视。

三、教育理念的意义

教育理念的本质内涵表明,真正与教育内在本质及时代精神相契合的教育理念,对于教育实践具有不可估量的推动力量,它能给人们以思想的启迪和精神的感召,并指引着教育事业发展的方向。进一步说,教育理念作为一种观念或精神形态,引导和推动着全部教育实践活动的展开。其主要体现在以下几个方面。

(一) 教育理念是教育实践的指针

教育理念虽然不等同于教育的实践活动,却是人们从事教育实践活动的指针。教育实践是指:"人们以一定的教育观念为基础展开的,以人的培养为核心的各种行为和活动方式。"④这就意味着,任何教育实践活动都是基于一定的教育观念意识展开的。教育理念作为教育的理性认识和理想追求,对于教育实践而言具有思想导向的特性。它以一种文化氛围、一种精神力量、一种价值期望、一种理性目标的形式,引领和激励着教育者的教育行为,并对其产生潜移默化的影响,从而引导着教育实践的方向。

---

① 马佩.辩证思维研究[M].开封:河南大学出版社,1999:10.
② [美]约翰·杜威.我们怎样思维·经验与教育[M].姜文闵,译.北京:人民教育出版社,2005:23.
③ [美]约翰·杜威.我们怎样思维·经验与教育[M].姜文闵,译.北京:人民教育出版社,2005:27.
④ 郭元祥.教育理论与教育实践关系的逻辑思考[J].华中师范大学学报(人文社科版),1999(1).

例如,国家所倡导的素质教育理念就是一种以促进每一个学生身心全面发展为宗旨的教育认知。素质教育是针对当前我国学校教育中以考试为中心,一味追求升学率,忽略学生身心健康与可持续发展等弊端提出的。可以说,素质教育理念所体现的是教育的本质追求与本体价值,即教育要以人为本,一切为了人更好地生存与发展。这一理念一旦被人们所认同和掌握,就将成为茫茫大海中的一座灯塔,指引着教育实践沿着一定的航线前行,如教育目标的设定、课程体系的设置、教学方法的运用、教学评价标准及形式的厘定等,都应紧紧围绕"以学生为本"、"一切为了学生的发展"这一主旨,且都要以践行这一主旨为其运作的大政方针。事实上,自我国推行素质教育理念以来,已出现了许多学校教育整体转型与变革的案例。

当然,素质教育是国家倡导和大力推行的教育理念,借助国家权力和行政力量可以得到广泛呼应,以尽显其引领我国教育事业发展方向的作用。然而,在现实中,不乏存在有大量的个体理念,如一校之长对教育的认知所形成的教育理念、一位普通教师对教育的认知所形成的教育理念。毫无疑问,这些教育理念对于一所学校的运作与发展、教师个人所有的教育行为,均起着积极的定向与引领作用。所以说,教育实践需要教育理念的引导;而教育理念只有通过教育实践才真正具有意义。

(二)教育理念是教育制度的思想基础

教育理念不是教育的制度,却是教育制度的思想基础。教育制度是指一个国家的教育组织结构及其正常运行的各种规则体系的总和。也就是说,教育制度作为一种规范体系,是以规则的形式限定和规范着各级各类教育机构与组织的基本关系,使之有序化和组织化,以确保教育机构与组织充分发挥其应有的育人功能。因此,一个教育机构或组织的教育活动是否卓有成效,在一定程度上取决于其制度是否完善。换言之,完善的教育制度是有效教育的重要支撑体系和可靠保障。

毫无疑问,教育理念不是教育制度本身。这是因为教育制度是实践性、规约性的东西,故必然扎根于教育实践活动之中,不能脱离教育实践而单独存在;但教育理念则是思想层面的东西,当它没有被人们接受之前,是不具有实践性和规约性的。然而,不能否认,任何教育制度都是在一定的教育理念支配下形成的。事实上,每一种教育制度的形式都体现着人们特定的教育理念。甚至可以说,教育制度是教育理念的物化形式。众所周知,学校组织这一教育制度的核心构成,学校教育制度的形成、演变与变革的过程,无不是伴随着时代的发展、社会的变迁及知识的增长,人类教育理念不断更新与完善的过程。例如,在"制器"教育理念支配下,就会生成一种偏重知识的传输和技能训练的学校教育制度;在"育人"教育理念的支配下,则会生成一种以人为本、关注学生全面发展的学校教育制度。所以说,教育理念作为一种思想准则,它对一所学校的发展方向、运行机制、系统构成等具有一定的强化说明和规范作用。

教育理念作为教育制度的思想基础,二者有着同生互助的关系。"任何一种学校教育体制与制度的建立与维系都需要特定的教育理念作为内在支撑,任何一种教育理念在社会中的真正实现也都需要特定的体制与制度形式予以保障。"①然而,需要明确的是:"新教育理念的形成与出现是飞跃式的、激进式的,学校教育体制的形成与发展则相对缓慢,并且有很强的惯性与连续性,激进式的体制与制度变革只能带来混乱与破坏。学校体制的变革一方面应考虑在现行体制之下因新教育理念的激发与唤起而使之充满活力并作局部的改良与调整,另一方面应探讨新的可能的体制与制度形式,使新教育理念得以更大程度地实现。"②

（三）教育理念是个体教育行为的基本准则

教育理念不是个体的具体教育行为,却是每一个体教育行为的基本准则。从理论上讲,有什么样的教育理念,就有什么样的教育活动。众所周知,观念支配行动。17世纪英国哲学家洛克曾指出:"任何人从事任何事项,都依据某种看法作为行动的理由。不论他运用哪种'官能'(faculties),它所具有的理解力(不论好坏),都不断地引导他;所有的活动能力,不论真伪,都受这种看法的指导。"③这表明,任何一位教育者的言行举止都是在其一定的思想观念支配下发生的。因此,作为个体教育行为的基本准则,教育理念的意义主要体现为以下几个方面。

1. 引导教育者的实践经验反思

教育理念是关于教育的理性认识,而这种认识的根源就是对教育实践经验的反思。所谓理性认识来源于感性认识,感性认识则源于实践经验。如前所述,教育理念形成的一个重要方面就是对教育经验的反思。同时这也说明,人们教育理念的形成过程,也就是对教育实践经验不断反思的过程。所以说,教育理念可以引导、强化教育者的教育实践经验反思。

实践经验之于教育者的教育行为有着特殊的意义。如前所述,教育经验是人们对教育的初级认识,是构成对教育更高级理性认识的基础与元素。但是,有初级的感性认识上升为高级的理性认识,并非一个自然而然的过程,而是一个多种因素共同作用的结果。其中,对经验的反思是其最为重要的一个方面。反思是有意识地去发现我们所做的事情与其结果之间的内在关联,以明确应该如何行事。进一步说,反思"是把我们经验中的智慧的要素明显地表现出了。它使我们有可能行动有目标。它是我们所以有各种目的的条件"④。这表明,反思不是简单的胡思乱想,而是有意识、有期许的逻辑思考,即一定理念支撑的思维活动。

教育理念作为对教育的理性认识和理想追求,很显然必将启发、引领和激励教育者对教育经验的反思,进而使自己的教育行为更加合理而有效。

---

① 王有升.理念的力量:基于教育社会学的思考[M].北京:教育科学出版社,2007:76.
② 王有升.理念的力量:基于教育社会学的思考[M].北京:教育科学出版社,2007:76-77.
③ [美]约翰·杜威.我们怎样思维·经验与教育[M].姜文闵,译.北京:人民教育出版社,2005:27.
④ [美]约翰·杜威.民主主义与教育[M].王承绪,译.北京:人民教育出版社,2001:160.

2. 构筑教育者的教育理想

理想,是对未来事物的美好想象和希望,也比喻对某事物臻于最完善境界的观念。理想是人们在实践过程中形成的、有实现可能性的、对未来社会和自身发展的向往与追求,是人们的世界观、人生观和在奋斗目标上的集中体现。理想作为一种精神现象,是人们对未来的一种的想象,是人生的奋斗目标。但理想既不同于幻想,也不同于空想和妄想,它具有客观性和社会性。理想的客观必然性是指作为一种想象,理想能够正确反映客观实际,正确反映现实与未来的关系,合乎事物变化和发展的规律,且经过努力是可以实现的。理想的社会性是指理想虽然以个体想象的形式而存在,却不是离开一定的社会关系和背景孤立存在的个人的随意想象;真正得以实现的理想,一定是能够体现时代精神和社会发展需要的理想。毫无疑问,理想对于人生以及人们的各种活动具有定向、条款和内在驱动作用。

教育是关乎人的事业,是以促进人的发展为直接目标的社会实践活动,理应体现更强的人文关怀和对人的未来的美好期待。尤其是在如今瞬息万变的时代,教育更加凸显出面向未来的性质,"现在,教育在历史上第一次为一个尚未存在的社会培养新人"①。因此,教育活动一方面与其他社会活动一样,需要教育者充满理性、科学行事;另一方面,更需要教育者在从事教育活动时首先构筑起一个教育理想,即对教育活动所产生结果的设想和预定,从而使自己的教育行为目标明确,并得以不断地驱动和激励。

如前所述,理念是基于理性认识而形成的洞见、理想与信念,体现着对人类事物之本质的深刻洞察与对行动的明确指引。因此,教育理念不仅体现为人们有关教育之本质的深刻洞见,而且体现为对教育发展的美好想象和希望。教育者一旦具备了一定的教育理念,就可以设定自己的奋斗目标和努力方向,也就是树立起一种教育的理想,以鞭策自己的教育行为。所以说,教育理念对于教育者的教育理想具有构筑功能。

第三节 教育哲学与教育理念的关系

教育哲学作为教育观的学问,与教育理念有着不可分割且相辅相成的关系,具体体现在以下几个方面。

一、哲学与理念的内在渊源

哲学在某种程度上是关于理念的理论体系。人的认识不断深入,层层推进,就会形成关于人生、世界和自然的观念认知。这种观念认知不断地提取、淬炼和完善,就会形成人

---

① 联合国教科文组织国际教育发展委员会.学会生存——教育世界的今天和明天[M].华东师范大学比较教育研究所,译.北京:教育科学出版社 1996:36.

的相关理念而固定下来,对人的行动予以指导。因此,教育哲学与教育理念有着渊源的内在关联。

(一)"理念"是一个哲学术语

如前所述,我们把理念概括为:人们对大千世界、万事万物的认识所形成的思想、观念。事实上,从词源学的意义上来看,理念属于哲学术语。例如,《辞海》中是这样解释的:理念,旧哲学名词。柏拉图哲学中的"观念"通常被译为理念,康德、黑格尔等人的哲学中的观念是指理性领域内的概念,有时也译作"理念"。

此外,在各个哲学流派中,理念的内涵主要关乎英国经验派哲学和德国客观唯心主义哲学。例如,柏拉图的"理念说"认为,事物不过是理念的"影子"或"摹本";为此,所谓理念,事实上是把人从个别事物中抽象而得的普遍概念加以绝对化,并把它说成是事物的原型。这种永恒不变的理念的总和构成理念世界。康德的《纯粹理性批判》中也曾指出,观念亦称"纯粹理性的概念",指从知性产生而超越经验可能性之概念,多被译为"理念"。

在西方文化领域中,有一最古老的哲学体系称为"理念论"(idealism),其核心内涵就是强调观念(idea)是唯一的真实的存在,主要代表人物有世界著名的哲学家柏拉图、奥古斯丁、笛卡尔、贝克莱、康德、黑格尔等。不仅如此,绝大部分的理念论者都对教育表现出极大的关注,并都致力于把理念论的原则应用于教育理论与实践中。[①]

上述表明,理念的内涵先天包含着哲学的意蕴。

(二)理念的形成过程也就是践行哲学的过程

哲学是一种知识存在、理论存在。"哲学"一词自首次出现到延续至今,一直是作为一种理论陈述系统。"哲学"最早被理解为具有自身价值的知识,之后演变为关于世界和美好生活的理论,再之后成为一种宗教教义,到如今我们称之为世界观的学问、方法的科学等。虽然迄今为止,人们无法赋予"哲学"唯一、确切的内涵界定,但可以肯定的是"哲学"始终是作为一种知识状态、理论形态存在的。哲学无论是作为静态的知识体系,还是作为动态的思维方式,必须内化为人的思想观念,才能真正体现其应有的价值。

理念是一种观念存在、思想存在。作为人们基于理性认识所形成的观念和理想,理念的形成是需要有一定的理论系统做支撑的。而哲学,作为世界观的学问和方法论,是理念形成最直接、最重要的理论支撑。体现为哲学以其追求真理、好奇、质疑、批判、反思等基本性质,启发和指引着人们去探索事物的本真;并以其思辨的方法特征,帮助人们提升理性,升华意识。从理念的概念及其形成过程的分析可知,理念的形成实际上就是人们的认识由感性上升为理性的过程,而哲学作为思维的科学,所要达到的就是帮助人们形成抽象思维,获得理性认识。因此可以断言,理念的形成过程就是践行哲学的过程。

[①] 参见[美]奥兹门,克莱威尔.教育的哲学基础[M].石中英,邓敏娜,等译.北京:中国轻工业出版社,2006:13-45.

(三) 理念和哲学所揭示的都是事物的本质而非现象

理念和哲学的内涵及性质告诉我们,二者虽然有完全不同的存在状态,但它们所体现的都是理性化的认识、理性化的思维活动模式或理性化的看法和见解,这说明它们都是客观事物的本质性反映,是客观事物内在本质的主观表征。无论是作为思想存在的理念,还是作为理论存在的哲学,毫无疑问都是人类意识和知识的较高级形态,而"高"就高在它们不是事物现象的描述,而是对事物本质的揭示。由此进一步证明理念与哲学的内在关联性。

二、教育哲学与教育理念的多元共生关系

根据哲学与理念的相关溯源与追踪,可以看出教育哲学与教育理念具有多元的共生关系,具体表现在以下几个方面。

(一) 教育哲学与教育理念都是历史和时代的产物

教育哲学的产生与发展,首先是伴随着人类历史发展的进程而逐步呈现的。从最初源于人类教育实践活动的教育哲学观念的出现,如:教育应该传授什么知识?以什么方式进行传授?通过传授知识达到什么目的?到借助哲学的发展,逐渐形成诸如有关教育目的的辨析、教育的人性假设、各种教育观念的厘定以及各种教育方式的审视等教育哲学体系。毫无疑问,教育哲学的演变过程,无不深深打上历史的烙印,即每一种教育哲学思想流派,都是其所处社会政治、经济、文化等发展的产物,也都有着一定的历史继承性。不仅如此,教育哲学还是时代的最强音。教育哲学在一定意义上是一种实践哲学,实践哲学的主要价值就在于为当下人类的实践活动提供思想和思维的理论支撑。所以,真正有价值的教育哲学,一定是体现时代精神并反映时代要求的。

教育理念是人们关于教育的理性认识和理想追求,其形成过程同样也反映出强烈的历史性和时代性。一方面,任何教育理念都是在特定的历史条件下产生的,且需要时间和经验的积累;另一方面,教育理念必须反映时代脉搏,体现时代精神,才能发挥其导向和引领作用。

(二) 教育哲学和教育理念都以教育实践为源泉和检验标准

教育哲学和教育理念,无论是作为理论体系还是作为思想观念,均以教育实践为原点和归依,并接受教育实践的检验。

教育哲学是对教育问题的思考和反省,而教育问题是源于人们的教育实践活动中的。也就是说,只有在教育实践活动中,才会产生"教育的本质是什么?教育要培养什么样的人?什么知识最有价值?道德可教吗"等问题,也才能引发人们对这些问题的省思和追问,进而形成教育哲学理论。如前所述,实践性是教育哲学的首要特征,教育哲学的实践性是指教育哲学在其性质上是一门"实践哲学",即人们从事各种社会实践活动的哲学。"实践哲学"与"思辨哲学"相对应,后者是为知识而知识的形而上学问,前者则是对现实

问题的思考,为行为和社会的改变而探求知识。教育活动作为人类社会实践活动其一,毫无疑问,需要理论的引领,更需要对理论的辨析、辩护和省思。"在教育思想史上,随处可见的是,不同的教育思想流派有着不同的哲学基础,不同的哲学派别也往往形成了不同的教育观和教育方法论。所以伟大的教育思想家对哲学问题都有着深入的研究,他们的教育智慧在很大程度上来自于他们深邃的哲学思考。一个时代哲学基础或立场的变化也必然会带来教育理论的革新,从而间接然而却是非常有力地影响到教育实践。"①

如此说来,教育哲学是深深植根于教育实践的,并且对于教育实践的展开与变革起着引领和推动作用。不仅如此,作为教育的观念意识和思维方式的教育哲学,是否合理以及能否发挥应有的作用,只能是通过具体的教育实践活动加以检验和证明。

教育理念是基于教育的理性认识所形成的思想、观念。如前所述,教育理念的形成一方面来自人们对教育本质的深刻理解,另一方面则是对教育经验的反思。前者即为教育的理性认识,而马克思主义认识论告诉我们,理性认识来源于感性认识,感性认识则源于实践。教育经验是人们对教育的初级认识,这种认识是直接通过教育实践获得的。由此不难理解,教育理念并非人们的遐思空想,而是通过对教育实践活动的体验、感悟,并经过思辨进行抽象和升华所形成的思想观念。这种观念一旦形成,便成为人们从事教育活动的行动指南和推动力量,引领着教育实践的发展方向。

所以说,教育理念与教育哲学一样,都是源于教育实践,并为了教育实践的。毫无疑问,教育理念的合理性也必须接受教育实践的检验,因为只有被实践者真正接受并内化的教育理念,才能引发他们的教育行为,进而也才能推动教育实践的变革。

（三）教育哲学与教育理念相辅相成

教育哲学与教育理念虽然是不同的两种构成系统和存在形态,但彼此却有着无法剥离的内在关联,具体表现为以下几个方面。

1. 内容上的相互构成

教育哲学是教育观的学问,这意味着教育哲学的核心内容其实就是教育理念的概括和总结。教育理念不同于一般的观念,它需要有系统的理论支撑。所谓理论支撑,就是依据一定的理论,使观念条理化、系统化、深刻化,而这恰恰是教育哲学的使命所在。因此,在一定意义上可以说,对教育理念的系统阐述和提升便形成了教育哲学。

教育理念是关于教育的理性认识和理想追求,这表明教育理念本身也就是对教育问题的哲学思考,即教育理念不是指向直接解决教育问题的,而是对解决问题的思想进行考察和深究。在这一意义上我们又可以说,教育理念的内涵包含着教育哲学的成分。

因此,教育哲学与教育理念在内容上相互构成。

2. 形式上的相互依托

教育哲学作为世界观的学问、方法论的科学,很显然是人类较高级的理论体系,或者

---

① 石中英.教育哲学[M].北京:北京师范大学出版社,2019:4.

可以说,是人类各种理论的高度概括和抽象。如上所述,教育理念需要理论的支撑,而教育哲学便是其不可或缺的理论支撑,具体表现为教育哲学是教育主体形成其教育理念的重要理论基础和思想来源。

教育理念作为有关教育的理想和信念,是教育主体进行教育实践活动的具体行动指南,而教育理念又包含着教育哲学的成分,这就意味着教育主体一旦拥有了一定的教育理念,也就预示着他必然将在教育实践中践行着一定的教育哲学理论,从这个意义上说,教育理念是教育哲学在教育实践中得以具体应用的依托和保证。

3. 价值上的相互支撑

教育理念既然必须依赖理论的支撑才能达到完善并产生其应有的价值,教育哲学便理所当然地成了教育理念自我评价的重要衡量标准之一;反之,教育哲学要想真正发挥其对教育实践及其变革的理论支撑作用,就必须内化为实践者的观念意识。因此,教育理念客观上促进了教育哲学与教育实践的有效融合,并进而达成了教育哲学的价值实现。

三、教育哲学之于教育理念的意义

通过对教育哲学、教育理念及其相互关系的分析,不仅可以清晰地看出教育哲学与教育理念的密切相关,而且也能在一定程度上使我们认识到,教育哲学的一个重要使命就是:形成人们一定的教育理念。对此,可以从以下几个方面加以说明。

(一) 教育哲学的研究主题指向教育理念的形成

"教育哲学"一词最早是由美国教育家布莱克特(A.C.Brackert)提出的,即"Philosophy of Education"。由于英语中"education"是个多义词,既指具体的教育活动,也指"教育学"的学术体系。因此,教育哲学就有了双重研究主题:教育活动的哲学(philosophy of educating)和教育学的哲学(philosophy of educology)。"'教育活动的哲学'是对'教育活动中的问题'或简称'教育问题'作出根本性的寻根究底的反思,以便为'教育活动'提供一些根本性的实践原则或'教育观'。……'教育学的哲学'是对'教育学活动中的问题'或简称'教育学问题'进行根本性的寻根究底的反思,以便为'教育学'研究提供一些根本性的指导原则或'教育学观'。"[①]需要特别强调的是,这里所说的"根本性原则"并非指教育行为或教育学研究的规范、准则和方法,而是规范、准则、方法的原理、基础或根据。

上述表明,教育哲学的研究主题最终是指向人们的教育理念的形成的,而教育理念既包括人们的教育观,也包括人们的教育学观。事实上,"教育活动的哲学与教育学的哲学是不矛盾的,因为任何一个人的教育观和教育学观都是分不开的,是具有内在关联的"[②]。对于任何一个教育者而言,学习和掌握教育哲学的最根本的意义就在于,帮助他们树立起正确的教育理念,从而使自己的教育行为合理、合法并有效。

---

① 石中英.教育哲学的责任与追求[M].合肥:安徽教育出版社 2007:55.
② 石中英.教育哲学的责任与追求[M].合肥:安徽教育出版社 2007:65.

（二）教育哲学实则是人们哲学观在教育领域的体现

如前所述，教育哲学是一个仁者见仁、智者见智的不确定性概念，而之所以如此，是因为"影响教育哲学定义的关键因素是各位教育哲学家们的'哲学立场'或'哲学观'"[①]。例如，持"哲学是科学的科学"立场或观念的学者，就会把教育哲学看作是对教育一般原则和规律的研究，是教育科学的概括和总结；持"分析哲学"的立场或观念的学者，就会把教育哲学看作是对教育的概念、命题、口号等的分析和澄清，是与教育理论直接相关的哲学研究；持"哲学是一门有关价值的学问"的立场或观念的学者，就会把教育哲学看作是根据价值论探讨教育价值的学问；持"实践哲学"的立场或观念的学者，就会把教育哲学看作是一种实践哲学，把"教育实践"而不是"教育概念"或"教育理论"作为教育哲学研究的出发点，如此等等。

上述表明，教育哲学都是建立在一定的哲学观基础之上的。这也意味着学习和掌握教育哲学，就是基于一定的哲学立场审视、分析和探究教育问题。从这个意义上说，教育哲学首先体现为不同哲学观在教育领域中的渗透和运用，而这一渗透和运用最直接的结果，就是人们教育理念的形成。

（三）教育哲学作为一种思想工具有助于教育理念的厘定

哲学不仅是世界观的学问，还是方法论的科学。这是因为，一部哲学史也就是人类的思想史。"一直以来，哲学的功能之一是对当时一些理智上的论争进行批判性检验，并提供新的思考方向。"[②]也就是说，哲学是我们理解事物、澄清认识、整理观念的重要思想工具。

教育理念作为观念形态引领和支配着教育实践。然而，"教育者要想在教育实践过程中明智地行动，就需要哲学的帮助——理解思想的过程和观念的性质，理解人们所使用语言、批评文化和社会传统，明了上述因素是如何影响教育实践的。对教育者来说，哲学应该是一种专业的工具"[③]。凭借这一工具，教育者一方面可以练就广阔的视野和深刻的洞察力；另一方面可以养成合理的思维方式，即以全面、系统、辩证及批判的思维方式认识和理解教育的各种问题，进而形成一定的教育理念。

本章小结

1. 纵观各种"哲学"含义的解读，可将其概括为两种意义上的哲学：一是学术意义的"哲学"，即把哲学看作一系列专门的概念、范畴、命题及话语方式构成的知识体系；二是

---

① 石中英.教育哲学[M].北京：北京师范大学出版社，2019：18.
② [美]奥兹门，克莱威尔.教育的哲学基础[M].石中英，邓敏娜，等译.北京：中国轻工业出版社，2006：4.
③ [美]奥兹门，克莱威尔.教育的哲学基础[M].石中英，邓敏娜，等译.北京：中国轻工业出版社，2006：4.

生活意义的"哲学",即把哲学看作"一种思维方式、一种寻根问底和不断反省的思想态度。因此,可将哲学理解为世界观的学问和思维的科学。如此而论,教育哲学就是教育观的学问及教育研究的方法论。教育哲学具有实践性、反思性、批判性和价值性等基本性质。

2. 理念是关于世界的理性认识;教育理念就是关于教育的理性认识。作为对教育的理性认识,不只是体现为对教育本质和规律的把握,还体现为对这种认识的坚信不疑和执着追求。教育理念作为一种观念或精神形态,引导和推动着全部教育实践活动的展开,对教育实践具有重要的指导意义。

3. 教育哲学作为教育观的学问,与教育理念有着不可分割且相辅相成的内在关联,二者存在着多元共生关系。教育哲学的重要使命就是形成人们正确的教育理念。

复习与思考

1. 为什么说教育哲学是关于教育观的学问?
2. 教育哲学的基本性质是什么?
3. 什么是教育理念?
4. 教育理念之于教育实践有何意义?
5. 教育哲学与教育理念的关系如何?
6. 如何理解教育哲学的重要使命?

阅读参考资料

[1] 石中英等.教育哲学[M].北京:高等教育出版社,2019.

[2] 于伟等.教育哲学[M].北京:北京师范大学出版社,2015.

[3] 石中英.教育哲学[M].北京:北京师范大学出版社,2019.

[4] 王有升.理念的力量:基于教育社会学的思考[M].北京:教育科学出版社,2007.

[5] [美]奥兹门,克莱威尔.教育的哲学基础[M].石中英,邓敏娜,等译.北京:中国轻工业出版社,2006.

[6] [德]沃尔夫冈·布列钦卡.教育知识的哲学[M].杨明全,等译.上海:华东师范大学出版社2006.

[7] [美]约翰·杜威.我们怎样思维.经验与教育[M].姜文闵,译.北京:人民教育出版社,2005.

[8] [美]约翰·杜威.民主主义与教育[M].王乘绪,译.北京:人民教育出版社,2001.

第二章　教育本质与教育观

【名人名言】

真正的教育应先获得自身的本质。教育须有信仰，没有信仰就不成其为教育，而只是教学的技术而已。教育的目的在于让自己清楚当下的教育本质和自己的意志，除此之外，是找不到教育的宗旨的。因此，我们常听到一些教育口号并没能把握到教育的本质，诸如学习一技之长、增强能力、增广见闻、培养气质和爱国意识、独立的能力、表达能力、塑造个性、创造一个共同的文化意识等。

——[德]雅思贝尔斯

【本章提要】

本章从对"教育原典精神"的探寻出发，进而对教育的本质进行研究，在分析对教育内涵、教育本质不同理解的基础上，总结出了当前关于教育本质的共识，并在新时代的社会语境中把握了教育的一般本质和特殊本质。在深刻认识和把握教育本质的基础上，探讨了教育的目的与功能、基于教育本质的教育观，并据此对古今中外教育观进行了分析和评判。

【学习目标】

1. 帮助学生从教育的历史发展中归纳出教育的原典精神。
2. 启发学生从教育的丰富内涵中提炼出教育的本质所在。
3. 指导学生明确教育目的和对教育理想的追寻。
4. 培养学生在理解教育本质的基础上对各种教育观分析、批判的能力。

第一节　教育的原典精神探寻

对教育起源和历史发展的追溯能让我们更深入地思考教育是因何而产生的，也能让我们看到教育的原初含义以及教育在后来的发展中其意义是如何被社会建构的，从而更好地把握教育的原典精神。

一、教育的起源

由于考察教育起源问题的哲学基础、学科视野不同,对教育起源问题的回答也不同。代表性的观点主要有以下几种:

(1) 教育的神话起源说。这是一种宗教神学的教育起源论。在宗教神学中,人们认为是神创造了世间的一切,因此教育与其他万事万物一样,都是由人格化的"神"创造的,因而教育目的和价值也依附于神或者上天的意志。这是一种客观唯心主义的教育起源论。神话起源说根本上看是人借助于"神"的视角为教育立说,并以此构建了一套教育目的论、价值论以及相应的教育规范。在一定历史阶段和一定意义上神话起源说也发挥了积极作用,但从现代科学发展和认识水平来看,它是根本错误的。

(2) 教育的生物起源说。教育的生物起源说认为教育的起源是人的生物进化的结果。其代表人物是法国的哲学家和社会学家利托尔诺以及英国的教育家沛西·能等。生物起源说以达尔文的生物进化论为依据,认为教育活动不仅存在于人类社会之中,而且存在于人类社会之外,存在于动物界,因而教育起源于动物的本能,是种族延续和发展的本能需要。动物界的确存在着诸如生存技能的学习,但这种观点的根本错误在于没有把握人类教育的目的性和社会性,从而区分出人类教育行为与动物养育行为之间质的差别,把教育的起源问题生物学化。

(3) 教育的心理起源说。教育的心理起源说代表人物是美国的孟禄等,认为教育起源于原始社会中儿童对成人行为的"无意识模仿"。当前,一些生物学家仍然热衷于研究动物的学习现象,甚至观察到一些聪明的猴类能够使用简单的工具来获取食物,仍然坚持认为教育存在于动物界。这种学说离生物起源说不远,因为这种无意识模仿是本能的,而不是文化的和社会的。但与生物起源说相比较它的进步是,认为这种本能是人类的类本能,而非动物的类本能。

(4) 教育的劳动起源说。教育的劳动起源说也叫教育的社会起源说,认为教育起源于生产劳动。主要观点包括四方面:第一,教育产生于劳动和劳动过程中的需要;第二,教育是一种社会活动,因而是人类社会特有的;第三,人类语言和意识是教育产生的重要条件;第四,教育的职能是传递劳动过程中形成的生产和生活经验。该学说的主要代表人物包括苏联的教育家米丁斯基、凯洛夫等。劳动起源说是在直接批判生物起源说和心理起源说的基础上,在马克思主义历史唯物主义的理论指导下形成的,因而是最科学、合理的教育起源说。总之,劳动起源说认为教育是人类社会的特有现象,是人类社会生产和人的存在的重要条件:"人离开动物越远,他们对自然界的作用就越带有经过思考的、有计划的、向着一定的和事先知道的目标前进的特征。"[①]

---

① 恩格斯.自然辩证法.马克思恩格斯选集(第三卷)[M].北京:人民出版社,1972:516.

二、教育的发展

尽管教育传递生产、生活经验的功用一直未变,但教育在不同历史阶段也展现出不同的特征。这些变化能勾画出教育在不同的历史阶段承担的任务、使命和意义,也能够从历时的角度揭示教育的"变"与"不变"。

(一)原始社会的教育

在漫长的原始社会阶段,教育也呈现出一定的变化,原始社会早期教育和晚期教育具有明显的差别,早期的教育较为单一,主要服务于生产劳动,但后期的教育开始具有多方面性,逐渐与社会生活联系并服务与社会生活①。但总的来看,原始社会的教育具有未独立性、原始性和同一性特点:第一,原始社会的教育没有阶级性。由于原始社会没有阶级划分,每个人的地位平等,因此全体社会成员都享有同等的受教育机会,受教育机会完全是根据当时社会生产生活需要来确定。第二,原始社会的教育主要是为生产劳动服务的。由于当时生产力水平低下,教育主要是为了满足人的生存服务。第三,原始社会的教育是在社会生产和生活中进行的,没有专门的教育机构,因此也不存在教学和生产劳动的分离。第四,原始社会的教育手段是极端原始的。教育内容主要是生产和生活经验,教育手段和方法主要是现场口耳相传。

(二)古代社会的教育

在原始社会后期,由于生产力的发展,氏族公社开始解体,阶级和私有财产开始出现,教育开始被少数特权阶层独占。少数特权阶层开始脱离生产劳动,专门从事智力活动,大多数人专门从事生产劳动,很难享有受教育机会。教育活动开始从生产生活中脱离出来,产生了专门的教育场所。在漫长的古代社会里,尽管教育也得到了很大发展,不同阶段具有不同特点,不能一概而论,但也存在一些共同特点:第一,专门的教育机构和专职教育人员的出现。学校系统开始慢慢形成并逐步完善,出现了教师这一阶层。第二,总体看来教育具有鲜明的阶级性和严格的等级性。尽管也有"有教无类"这样的教育思想,但受制于生产力发展水平和生产关系的限制,大多数人很难享有受教育机会。第三,教育内容逐渐丰富但与生产劳动相分离。教育与社会生活和社会秩序建构的联系日益密切。由于阶级分工教育开始走上了与生产劳动想分离的道路。第四,教育方法崇尚呆读死记与体罚。古代社会教育为了维护社会的等级秩序,注重权威、教化和顺从,因而形成了呆读死记和体罚的教育方法。第五,形成了官学与私学并行的教育体制。在我国古代社会的教育中,官学和私学随着封建王朝对社会控制力量的变化而此消彼长。第六,教学组织形式主要是个别施教或集体个别施教。由于受教育者数量相对少,使得教师有条件对学生进行个别施教。

---

① 王天一等.外国教育史[M].北京:北京师范大学出版社,1993:13.

(三) 现代社会的教育

在生产力发展、民主化思潮的推动下,现代社会的教育发生了根本性变化。从生产力发展来看,尽管现代社会仍然强调社会分工,但对劳动者的素质要求越来越高。工业化生产要求掌握一定现代技术的劳动者,这促进了基础教育的普及。当前,随着工业革命的不断推进,生产生活领域已经逐步迈入以5G技术为代表的信息化发展阶段,高等教育已经步入普及化阶段。从教育民主和人的自由发展来看,现代教育强调教育公平、平等以及人的全面自由发展。因此,现代教育展示了与以往教育阶段完全不同的特征:第一,培养全面发展的人逐步由理想走向实践。随着生产力的发展,人们有了更多可以自由支配的时间,因而可以去追求自己的兴趣和爱好。第二,教育与生产劳动结合日趋密切。教育与生产劳动的分离是由于产生了一个劳心的闲暇阶层,然而在现代社会里从事生产劳动的阶层,尤其是掌握先进科学技术的阶层和精通现代生产管理的阶层有更大的社会影响力,教育开始追求实用和财富创造,教育逐步和生产劳动融为一体。第三,教育普及制度化,教育形式、手段多样化。为了提升科技竞争力和社会竞争力,国家开始注重将教育普及作为制度建设来推进,并促进教育形式的改革,鼓励新技术的应用。第四,教育实施的法制化和民主化。为了使教育和社会同构并致力于构建一个和谐稳定的社会,先进的教育理念需要法制化和民主化来保证。第五,人文教育与科学教育携手并进。科学技术的大发展以及由此而来的对科技的崇拜一定程度上威胁到了教育在人的存在中的价值,作为一种对现代社会教育的纠偏,人文教育与科学教育的协调成为当代教育发展的主要任务之一。第六,教育日益显示出开放性和整体性。教育的开放性主要表现为学校向社会的开放,以及教育在地区之间、国家之间的交流。这不仅促进了学校教育与社会的联系,而且促进了知识的交流与创新,并直面文化多元化、价值多元化问题。教育的整体性体现在知识的整体性、人的德智体美的整体性发展和教育系统的完整性、生态性发展等方面。

(四) 当代世界教育发展趋势

就当代世界教育发展的趋势来看,其主要发展趋势包括以下几个方面:

教育向全民化和终身化发展的趋势明显。在义务教育普及的基础上,中高等教育的普及化率将进一步提升,教育将向着满足所有人的教育需求的方向发展。对于我国而言,尽管人们对高质量教育的需求与优质教育供给不足的矛盾仍然十分突出,但未来会逐步去解决这一问题。从终身教育的发展来看,教育的对象将多元化,任何年龄段的人在合适的时间都可以接受合适的教育,教育的形式也将更加灵活,正式的与非正式的、短期的与长期的、标准化的与个性化的教育形式并存,学校也将更加向社会开放,教育的目的不仅为了获取知识,也为了娱乐、消遣、享受、健康、社交、文学艺术和创造等。

教育现代化与信息化发展趋势。教育的现代化包括教育理念和制度的现代化,也包括教学手段和教学技术工具的现代化。而教育的信息化发展,既是教学手段的变革过程,也涉及教育理念、方法、模式和目的的转变。因此,就教育信息化的发展趋势来看,新一代互联网和5G技术将改变在线教学的知识传输模式,为在线教学人员创造虚拟真实的学习场景。远程控制技术甚至允许一个学生通过远程操作利用学校实验仪器做实验,这种类似科幻的技术事实上已经存在①。人的主体性、人的存在形态也可能被智能化教学工具改变,从而引起新的教育哲学问题。

教育发展的国际化趋势。在全球一体化和人类命运共同体建构的过程中,教育的国际化趋势将更加明显。在国际化趋势发展中,人类共同价值观教育与多元文化教育、民族认同教育将互相影响,最终在全球范围内形成一个兼容并包、互相理解的全球教育体系。尽管就当前来看,国家合作与国家冲突、文化多元与文化冲突之间的矛盾依然存在,尤其是当前在全球化过程中出现了明显的逆全球化过程,狭隘的国家主义、民族主义明显抬头,影响了教育全球化的正常发展,但总体来看,未来教育的发展将朝这一方向不断前进,为全人类的幸福做出应有贡献。

三、教育的原典精神

所谓教育的原典精神,是指教育原初的、与之俱来的且最能体现教育根本性质的寓意。由于"事物的起源也就是它的性质的本原",所以,教育的原典精神就蕴涵于教育的起源之中。通过对教育起源的揭示以及对教育发展历史的梳理,我们可以概括出教育的原典精神至少体现在以下两个方面。

(一)教育是人的生存需要

教育是人的生存的需要,主要有几方面的含义:第一,教育要给人以生存的技能。从教育的历史溯源来看,教育正是为了人类的生存和延续而产生的,其主要的功能是传递生产技能和生活知识。第二,教育的目的是为了使人成为人的存在,而不是制造一种器具。只有人成为主动的存在、主体性的存在,人才能真正地生存。第三,教育的作用在于帮助人成为全人。一个人只有全面发展而不是片面地发展才能更好地存在。第四,教育促进人的发展是为了使人成为"类人",使人成为类的存在,"教育的使命就是帮助人们在各个不同的民族中找到共同的人性"②。总之,教育的作用在于帮助人去"修道",通过长善救失,引导人向善发展,形成人类的理性和共同价值观,从而实现人类的生存。

另外,教育在满足人的需要时,要处理好生存与生活的关系。首先,生存是生活的基础,人只有健康地生存下来,才可以不断地追求美好生活。另外,生存和生活是不可分离的,生存的教育不仅指向当下的生活,也指向未来的生活。因此,生存的教育不能与当下的生活隔离开来,使教育成为考试工厂。教育当然也不能同未来隔离开来,教育要立足当下,着眼未来。教育应当对人类社会的未来发展和对人才的需求状况给予研判,并提前做好准备。教育培养的人是十年后或二十年后的人才,因此不能完全以当前的社会需要来规划教育。

---

① 张务农,贾保先."人"与"非人"——智慧课堂中人的主体性考察[J].电化教育研究,2020(1).
② 联合国教科文组织教育发展委员会.学会生存[M].华东师范大学比较教育研究所,译.北京:教育科学出版社,2005:191-192.

（二）教育是为了人和社会更好地发展

教育从本质上看是培养人的活动，培养人是教育的本体价值，但教育同样要满足社会的需要，促进社会的发展。促进人的发展和社会的发展是教育的两大基本功能。关于这两大功能之间的关系，外国教育史上存在着个体本位论与社会本位论的争论，而且这种争论仍然存在。个体本位论认为，教育应当把人的培养而不是社会的需要作为教育的出发点和教育制度设计的依据。而社会本位论则相反，认为教育应当首先关注社会的需求，个人的发展需求应当服从于社会的需求。这两种观点显然都是片面的，但却具有一定的社会历史根源。在原始社会，教育与生产劳动是相结合的，个人的教育需求与社会对教育的需求是一致的，但到了阶级社会，社会分工开始出现，教育逐渐与生产劳动脱离，教育也具有了鲜明的阶级性和等级性，个人对教育的需求和社会对教育的需求的矛盾十分尖锐。在这种背景下，个体本位论能够体现人们对社会现状不满足、急于改造社会现状的理想。而社会本位论尽管寄希望于通过一种完美的社会制度来演绎教育应当如何，但由于社会分工和教劳分离的现状，就很容易在具体教育事件中忽视个人的发展。不过随着社会生产力的进一步发展，教育与生产知识、生产技能的结合日益紧密，为教育同时满足人的发展需要和社会需要创造了空前的物质基础。

案例

柯林·博尔在向联合作经济合作与发展组织（OECD）提交的报告《学会关心：21世纪的教育圆桌会议报告》中提出了21世纪新的教育哲学观念——未来的人都应具有三本"教育护照"：第一本是学术性的"教育护照"——反映其学术能力；第二本是职业性的"教育护照"——反映其职业能力；第三本是创业性的"教育护照"——证明其事业心和开拓技能。这三本护照反映了人们想要在未来社会中应变自如地生存所必须具备的条件。过去的教育重视的是人的学术能力的培养，职业能力的培养重视不够，尤其是忽视了第三种能力的培养。后两种能力的培养涉及更广泛的内容，例如，人的思维、规划、合作、交流、组织、解决问题等方面的能力；对自己优势和弱点的判断能力，与群体合作共事、规划时间的能力；解决问题、调解冲突、应付压力和紧张局势的能力等。请查阅相关资料，并根据你对教育原典精神的理解，阐述一下如何在当前的形势下阐释教育的原典精神。

第二节 教育的本质

"本质"是事物比较深刻的、一贯的和稳定的方面，也是一事物区别于他事物的根本性质所在。故教育本质就是教育之所以是教育的根本规定性。对教育本质的探索和揭示，可以帮助我们从根本上理解教育是什么。

一、教育的内涵

对教育本质的探索,首先需要从教育的定义、词义、寓意等方面深入分析其特有的内涵。

(一) 教育的定义方法

下定义是用简明的语言对事物的本质做出概括与说明,因而定义是揭示事物本质的一种途径。给事物下定义一般要遵从一定的逻辑原则,不再赘述。国内外的思想家和教育家都试图通过下定义的方式来阐明自己的教育主张,但由于他们的哲学基础、社会立场和价值取向各不相同,就形成了各种不同的教育定义。谢弗勒在《教育的语言》中曾经对各种教育的定义进行了考察,总结出了三种教育定义的类型:约定型定义(stipulative definition)、叙述型定义(descriptive definition)和计划型定义(programmatic definition)①。

其中,约定型定义是作者所赋予的定义,是作者本人在特定语境中所使用的定义;即无论别人对教育的理解如何,都将以此方式来理解教育,并在整个演讲、整篇著作或整篇研究报告中遵从此定义。叙述型定义也叫描述型定义,它通过叙述的方式阐释被界说的术语,或者说明该术语被使用的方式、方法。词典中通常用描述性的方法来解释相关概念或术语。与约定型定义所谓的"我对教育的暂且理解"不同,与叙述型定义所说的"教育实际是怎样"也不同,计划型定义更像是二者的混合②。通过计划型定义,人们不仅能够对教育的特征进行详细描述,而且提供了一种计划,对教育应当具体如何去做也做出了说明。因此,计划型定义有"指引实际行动的效果,而不只是在表达适当条件下促成的前提而已"③。

谢弗勒认为,三种定义各有妙处,约定型定义利在沟通,即促进讨论活动的进行;叙述型定义利在说明,即重在厘清词语的正确用法;计划型定义利在行动,即促进行动计划的执行。但无论是哪一种定义,都不可能是对教育行业完全客观的描述,而是渗透着下定义者对教育行为价值、目的、规范等的主观判断。

(二) 教育的词源学含义

概念的词源考察是人们理解教育原典精神的另一条重要线索。最原初的表达概念的词语能够反映当时的人们是如何建构对教育的理解的,甚至能够帮助我们弄清楚不同文化语境中人们对教育理解上的差异。

1. 中文的"教育"词源

中国古代文献中并没有在完整的意义上使用"教育"一词,但不缺乏对"教"的理解和

---

① [美]伊士列尔·谢弗勒.教育的语言[M].林逢祺,译.台北:桂冠图书股份有限公司,1994:18.
② 石中英等.教育哲学[M].北京:高等教育出版社,2019:58.
③ [美]伊士列尔·谢弗勒.教育的语言[M].林逢祺,译.台北:桂冠图书股份有限公司,1994:18.

对"育"的理解。通过对两个字的分别考察我们便能理解我国古代文字表达中是如何理解教育的。

甲骨文中的"教"字如图 2-1 所示,形象地展示了教的微观场景和意蕴,从词的构型上来看,教的过程具有明显的从外到内的过程特征。

图 2-1　甲骨文中的"教"字

中国古代典籍中关于"教"的论述也比较多,但概括起来教的含义主要有以下几种:教育;教导,指点;告诉;教练,训练;政教,教化;通"效",相仿。从这些文献的阐述来看,对教的理解也是一个偏向于从外到内的过程。中国古代典籍关于"育"的论述也有很多,其主要的含义包括:生育;抚养;培养,教育;生长,成长……。可以看出,古人在对育的理解上与对教的理解有明显不同,育既是一个抚养的过程,但也是一个生长、成长的过程。

2. 西文的"教育"词源与词义

西文中的教育,无论是英文的 education,还是德文的 erziehung,均出自拉丁文 educere 一词。因此,educere 就可以被视为西文"教育"的词源。从构词来看,educere 这个词是由 e 和 ducere 两个部分构成,e 通常指指从某个地方出来,ducere 是引导,二者合起来就是引导或启发之意。

西文相关文献中对"教育"一词的用法,也可以大致归纳为下列方面:教育、教学工作;培养、教养;训练、教导;教育程度、教育水平;正规学校教育;受到的教育;通过教育所获得的知识、学识、学问、才能、才智等;教育学、教授法;通过学校、学院或大学等教育机构的学习而使人的智力得以发展的过程;连接工作或研究与教学的一般领域;抚养、养育。

从上述词源上看,我国古代对教育的理解更强调教的一面,但也没有忽视"育"的作用,但总体看来,比较重视从外到内的教育过程,外烁的教育观念根深蒂固;西方文化中对教育的理解更偏重于从内到外的过程,但也没有忽视教育从外到内的过程,在西方的教育观念中,内引之说源远流长。

(三)"教育"概念的隐喻分析

1. 柏拉图的"洞穴"隐喻

柏拉图的洞穴隐喻也称"囚徒隐喻",它具有丰富的教育意蕴。洞穴隐喻描述了一副这样的景象:被囚禁于洞穴中的一群囚徒,被锁链束缚着,他们只能面对洞穴内部的墙壁。洞外的光透射进来,囚徒们也只能看到墙壁上自己的影子。长此以往,在囚徒的认识中,整个世界就是他们面对的洞穴的墙壁以及墙壁上自己的影子。因此,这一隐喻与中国文化中对"井底之蛙"的描述具有一定的相通性。长期禁闭于洞穴中的囚徒会习惯洞穴中的生活和洞穴中的世界。假如有一天一个囚徒逃出出了洞外,当他遇到刺目的阳光时会很不适应,他只有通过一段时间的调节才会重新适应洞穴外部的世界。然而,当他返回洞穴告诉洞穴中的囚徒洞穴外面的景象,并鼓励他们也逃出去的时候,其他囚徒就不会相信,甚至认为那个逃出去的囚徒是在胡言乱语。

柏拉图通过洞穴隐喻说明了自己对"受过教育的人"和"没有受过教育的人"的不同看法:受过教育的人就是那些逃出洞穴的人,而没有受过教育的人就是那些洞穴中的囚徒。柏拉图认为,教育活动是一种理性活动,是一种心灵的转向,帮助人们从现象世界转向理念世界,从意见世界转向知识世界,从黑暗转向光明①。这一转变的过程就是从"洞穴中的人"转变为"洞穴外的人"的过程。柏拉图关于教育的理解,其哲学立场是错误的,不符合马克思主义的立场,但他有关"教育乃心灵转向"的观点却具有重要的指导意义,其对教育的本质和作用的阐释也值得认真思考和借鉴。

2. 杜威的"生长"隐喻

杜威关于教育本质的观点可以用他提出的三个重要观点来概括,即"教育即生长","教育即生活","教育即经验的不断改造"。杜威的生长隐喻就是从这三句话中提炼和概括出来的。第一,杜威从生物化心理学理论出发,认为儿童的心理内容主要是以本能活动为核心的习惯、情绪、智慧等天生心理机能不断生长的过程;第二,杜威又从教育即生长出发,从教育与社会生活关系的视角提出教育本质上就是生活;第三,从获取知识的角度看,杜威又把教育的本质看作"经验的改造与重新组织"②。

在对教育目的的论述上,杜威认为教育除了促进个体生长这一过程之外,不存在其他教育的目的。同时,杜威对生长也做出了具体的说明:"朝着后来结果的行动的累积运动,就是生长的含义。"③。当然,这一"后来的结果"并非预先设定的结果或者目的,而是自然生长的结果。通过"生长"隐喻,杜威在教育哲学的层面实现了教育目的与教育过程的融合统一,且认为两者之间关系是不可分割的。同时杜威也认为,人的未成熟状态具有积极的教育意义,它预示着生长的可能性。最后,教育既然是生长过程,那么教育的作用就在于促进人的生长,为人的生长创造条件,而不应以任何手段阻碍人的生长。

3. 叶圣陶的"农业"隐喻

叶圣陶说:"教育是农业,不是工业。"农业是有生命力的,而工业是无生命的。农业的生产是一个自然而缓慢的过程,而且农作物的生长状态也千差万别;工业生产则追求标准化、生产效率和效益。农业是一个精心的栽培过程,农作物的生长过程是生命力的展现过程,遵从生物生长的特点和习性,其生长的力量来自于农作物的内部。工业品的生产是外部设计、规划的过程,而农作物的生长只能因地制宜、因时制宜。农作物的生长需要考虑不同的季节,而工业品的生产则试图通过技术来改变一切。因此,农业隐喻说明教育应当遵从人的身心发展规律,为儿童的成长营造良好的环境,而不能把学校办成"考试工

---

① 石中英等.教育哲学[M].北京:高等教育出版社 2019:59.
② 王天一等.外国教育史[M].北京:北京师范大学出版社,1993:204-208.
③ 约翰·杜威.民主主义与教育第二版[M].王承绪,译.北京:人民教育出版社,2001:49.

厂"或者"劳动力生产工厂"。

农业隐喻与杜威的生长隐喻具有相通之处,教育就是要"顺木之天,以致其性",不能"拔苗助长"。从另一方面看,农业的生长需要满足一定的条件,需要构建一定的生态环境。因此,教育的作用在于为学生的成长创造适宜的环境,从而让儿童有一个自由快乐成长的空间。农业隐喻具有重要的现实教育意义:自近现代以来,随着工业的发展,工业化的生产模式对教育产生了深刻的影响,追求大规模的人才生产,追求教育的标准化、统一化,成为教育挥之不去的特点。因此,农业隐喻能为当今教育的各种标准化建设、标准化评估和学习评价提供批判反思的视角。

(四)"教育"与相关概念的辨析

1. 教育与学习

从哲学的意义上看,学习包含着不同层面的含义。在中国传统文化中,学习的目的即"尊德行"和"道问学"。其中,"尊德行"强调从内到外的学习过程,主张通过发扬自身天性了解外部世界。"道问学",则强调从外到内的学习过程,主张通过人与人、人与自然的沟通达到学习的目的。而西方古典哲学则主张通过学习获得自由和智慧。主要的学习过程是通过一般文化修养的课程来促进人的智慧、道德和身体等多方面的自由发展[①]。主张实施博雅教育,强调尊重儿童的天性,反对机械化和专业化的训练。而现代学习心理学则认为,学习是由经验引起的行为、能力和心理倾向的持久变化,学习是人类生存的必备手段和机体适应环境的手段[②]。总之,学习的目的一方面要顺从儿童的天性,要保证自由发展,另一方面,学习也要与外部的自然和社会建立联系,使人作为自然的人能正确处理人与自然的关系,以及人作为社会的人能遵从一定的社会规范并掌握一定的生存技能。可见,人类的生存和发展都依赖与学习,学习也是教育的目的。具体来看,教育与学习的关系可以做出如下概括:

教育目的是为了引发学生的学习,学生的学习活动是教育活动意在引发、维持和更新的对象。教育的目的就是为了通过引导学习的发生使人成之为人,使人具有一定的德行,掌握一定的技能,学会做人,学会生存,学会生活,最终自由发展。教育引导人超越自然的人又关照自然的人,教育引导人适应社会的规范又追求人的自由发展。因此,教育为学习服务,主要是通过培养学习者良好的学习品质,提升儿童的学习质量,增进儿童学习的目的性、自觉性、批判性、合作性和反思性等。教育相对于学习而言,教育是手段,学习是目的。不能激发真正学习的教育不能称之为教育。

尽管教育和学习之间存在密切联系,但教育与学习并非完全等同。这是因为,通过任何途径获取知识、改变态度、习得技能和能力、影响人生价值观和信念的行为都可以称为"学习"[③]。人类有目的有意识的教育活动只是学习的一种环境,在没有教育的环境中学

---

① 顾明远等.教育大辞典[Z].上海:上海教育出版社,1990:46.
② 施良方.学习论[M].北京:人民教育出版社,1994:2.
③ 石中英等.教育哲学[M].北京:高等教育出版社,2019:62.

习也会发生,如行为主义心理学所揭示的行为训练导致的行为能力的持久变化,这种学习不仅存在于日常生活等非教育环境中,甚至存在于动物界。例如,让牛学会犁地和让狗学会破案也是学习的结果。另外,社会学习理论解释的模仿学习也可以是在无意识的条件下发生的。即便是从认知主义心理学的学习理论和建构主义的学习理论来看,学习也可以离开教育而单独发生。只不过有意识的教育有助于理解这些学习过程,并据此引导学生,如果方法得当,就能够促进学习的过程;反之,教育甚至会抑制学习的发生。

在互联网时代,学习的场景则更加复杂。人工智能、大数据、5G 技术、物联网等技术的应用正在改变人类的学习形式和学习形态,泛在学习社会正在来临。智能算法技术对个性化学习材料的推送、高速传递的知识信息流、分布式的知识存储方式等都改变了学习的形式。这种变化凸显了"正规教育之外非正规教育和非正式学习经验的重要性"①。

2. 教育与教学

教育和教学在理论上是不可分割的。对此,赫尔巴特提出了一个著名的论断:"我得立刻承认,不存在'无教学的教育'这个概念,正如反过来,我们不承认有任何'无教育的教学'一样。"②在这里,教育就是道德教育,在赫尔巴特看来,道德教育是教育的目的,而教学则是教育的手段。因此,如果没有教学,教育的目的也不可能实现。具体来看,道德教育或教育遵循的是知、情、意、行的过程,道德品质形成的基础是"知",就是对事物有正确的认识和分析分辨能力。而知正是教学的任务,正确的知或科学的知有助于儿童形成正确的价值判断和价值遵行;或者说,正确的知本身就指向了教育。正确的认识在情感、意志和践行的作用下,就会形成良好的道德;而错误的认知在情感、意志和践行的作用下必将导入歧途。可见正确的知本身就是德育过程的一个阶段,教学本身就具有教育性,但教育又不完全等同于教学。教学中的知,也可能终结于形成一定的常识性、伦理性或者科学性认知范畴以及相应的思维范畴,即仅遵从教学的逻辑,但不必然导向完整的道德。在教学的基础上实现教育的效果,还要遵从道德的形成逻辑,即从知、情、意、行的发展路线进行针对性教育。鉴于教育和教学既在紧密关联下又有不同的规律,在实际上教书与育人未必统一。

首先,教学的中心偏重于"教",知的教学过程遵从的阶段包括对知识的记忆、理解、应用、分析、综合、评价的过程,形成的是一种知识的能力。遵从这一过程,儿童可以在专业知识学习领域得到发展,成为某一专业领域的专家,甚至通过知识创新发展知识,但不一定形成相关的专业道德。例如,一个在生物工程领域卓有建树的人懂得如何编辑新生儿童的基因,而且也能能够通过科学技术实现人类的基因编辑,但如果没有道德教育的因素在里面,他就会不知道在何种情况下基因编辑技术是不允许被使用的,即便他知道这一些,也不能保证他在任何情况下能坚守这一道德原则。因为教育不仅要告诉人们是什么、为什么、如何做,而且告诉人们要坚持什么样的价值原则,而且能够通过道德意志在具体践行中坚持必要的价值原则。

---

① 石中英等.教育哲学[M].北京:高等教育出版社,2019:62.
② [德]赫尔巴特.普通教育学·教育学讲授纲要[M].李其龙,译.北京:人民教育出版社,1989:12.

其次，教育所包摄的内容要大于教学的内涵。通常我们所说的教育包括德、智、体、美、劳五育，也包括日常的教育管理工作，而教学往往与智育密切相关。从该角度来看，教学与教育又是部分与整体的关系。

最后，教育是目的，教学是手段。事实上，上述提到的德、智、体、美、劳等方面的教育都是以知为起点的，都是以教学为前提的，但这种知只有在合乎道德的前提下对人的存在和发展才是有意义的，即所有的知识教学都应指向善，都应遵循教育的原则。

总之，教学与教育关系密切，又不等同。现实中的各种教学并不必然具有教育性，尤其是不同学科教学的教育性存在较大差异，这种现象值得我们通过课程思政方面的研究逐步改进。同时要注意的是，对儿童进行教育的途径也不仅仅局限于教学，校外的人和校外的机构也可以承担教育的任务。简单把教育等同于教学或者把教学等同于教育的现象都是值得深思的。

3. 教育与训练

训练与人的行为学习有比较密切的关系。行为主义心理学认为，人的学习过程是"由练习或者经验引起的行为的相对持久的变化"。基于这一理解，学习的手段主要是通过强化，也就是通过反复的练习建立刺激和反应之间的联结，教育被理解为对人的行为的塑造，有效的教学或训练就是分析强化的效果以及设计精密的强化过程。根据行为主义学习理论，不同的强化方式会产生不同的学习效果，如：连续强化比间歇强化习得速度快，但消退速度也快，因此在学习新行为时最有效果；间歇强化习得效果好，消退慢，因此经常用于巩固旧知识。把教育理解为行为的训练有其自身的优势，如可以根据行为的结果设计精密的目标教学，引导学生形成积极的学习行为，以及开发设计程序教学法等。

在一定条件下，训练作为一种教育或学习的手段具有不可替代的作用。训练指有计划、有步骤地通过反复练习和强化刺激使学生产生某种稳定的生理、心理反应模式，从而帮助学生掌握某种技能，提高他们的某种特定素质和能力的活动。事实上，一些学习必须通过训练来获得，技能和技巧的获得就必须通过大量反复的练习才能掌握。例如，一个学习游泳的人即使把游泳的知识和操作要领娴熟于心，他也不可能跳进水里就会游泳，还是要经过大量训练。再如，一个学汽车驾照的人，在掌握了基本的操作要领之后，也必须经过大量的练习才能作为一个实习司机上路驾驶。

因此，训练具有其独特作用，是培养人的一种手段，甚至在一定情景下不可替代，但不能把训练等同于教育。教育包含着训练，但也并不是所有的训练都能称之为教育。将训练的手段进行无节制的推广，应用于不适用的领域，训练就不是教育，而是教育的异化。例如，应试教育中不重视启发学生的思维，而是教一些具体的解题技巧，通过题海战术加以强化，这种训练就与教育的目标背道而驰。

另外，教育是一个转化的过程，是一个道法自然的过程，试图通过训练违背学生身心发展规律摘取早熟的果子是不可取的。一些专业化的人才培养也不可能通过短期训练达成。例如，一些商业公司通过短期培训培养护士和学前教育教师的做法就是不合理的，一个专业岗位的专业人员的培养目标不可能通过几周乃至几个月的时间来达成。

教育和训练存在着根本的区别，一个受过教育的人和一个只受过训练的人存在着很大的不同。一个受过训练的人在它身上达成的只是一些有限的外在目标,而教育不仅蕴含着教育的使命和信念,也体现为一个教育生活和个人生长的过程,而训练很难说是一种生活,也很难说是一个生长的过程。另外,训练培养的是受训者掌握某种特定的技巧和技能,而教育除了使受教育者掌握知识、形成技能、技巧之外,还包括将受教育者往良善的方向导引,帮助受教育者形成自己的道德信念和价值观①。从教育和训练的效果来看,训练在学生身上形成的只是一些行为习惯,对学生对事物的理解和认同的帮助有限,而教育的影响主要是帮助学生去理解、应用、分析、批判,或者去认同、信仰。真正的教育需要超越训练,深入到学生的理智的和精神的世界中,形成思想的智慧品格和良好的人格特质②。

4. 教育与宣传

宣传原指"散播哲学的论点或见解",它常在政治宣传的意义上被使用,主要指政府或政治团体支持下的话语运作方式。企业在为其产品做公关和推广时也常用宣传的手法。概括来看,宣传是运用各种符号并通过传播一定的观念对人们的思想和行动施加影响的社会行为,通过受众所关注的事实的传播,表达思想观点,使受众乐于接受,从而达到预期的效果。宣传总是出于特定目的,专门为一些组织、机构、政府服务的舆论传播活动③。宣传的功能有激励、鼓舞、劝服、引导、批判等,但其基本功能是劝服。尽管宣传有各种层次和方式,但它们共同的特点是:目的性,任何宣传都有特定的意图;倾向性,无论是宣传的具体内容选择和具体方式的运用都体现出倾向性;社会性,面向各个社会阶层,以求影响社会上最大的受众;现实性,有效的宣传要立足现实,否则就不会产生应有的效果;附和性,主要指宣传依附于其他文化传播领域。在一般的意义上,宣传能够改变人的认知、态度、情感和价值观,从而起到一定的教育作用,但不应将教育和宣传等同,二者之间存在多方面的差异。

首先,宣传是信息、认识或者知识观点的单向度传播,而教育则是双向的,强调主体对知识信息的反思和建构过程。宣传过程中强调宣传主体的主导和影响作用,被宣传的对象往往处于被动地位。宣传成功的标准是宣传在多大程度上影响了被宣传者,而不是相反。宣传意图被反思和批判往往意味着宣传策略的失败。而教育的目的在于激发学生的主体性,增进学生对信息和知识的理解、分析、综合、评价和批判反思能力,交往和平等对话则是教育达成这一目的的基本条件。

其次,教育与宣传的前提假设不一样。宣传假定知识和真理掌握在少数精英手中,因此,需要通过对精英人士做出的决策、观点和知识进行传播,以影响大众的观点和行为。宣传的问题在于,大多数人只能接受少数精英的领导,服从他们的意志,大多数人处于按部就班学习和执行的地位。因此,宣传者不主张被宣传者质疑和批评他们宣传的东西,不希望受众有太多的批评意见和想法④。而教育则假定,每一个人都是发展的个体,是有无

---

① 石中英等.教育哲学[M].北京:高等教育出版社,2019:64.
② 同上:64.
③ 同上:64.
④ 潘光旦.自由之路[M].北京:群言出版社,2014:220-223.

限的潜能、有价值的思想和学习的主体。学生只有在与教育者的平等关系中才能逐渐成长,成为有独立个性和创造力的人才。教育与宣传的手段不同,教育鼓励启发诱导、质疑问难等教学方法。教育注重启发,宣传依靠告知。

尽管教育和宣传存在诸多不同,但也不应将二者完全对立。真理和知识的传播离不开宣传。在教育中恰当利用宣传能够营造一种积极向上的学习氛围和学习文化。但如果宣传的意图只是为了掩盖事实、愚弄民众、宣传虚假内容,宣传就会成为蒙蔽的工具,与教育的精神背道而驰。因此,在教育中运用宣传的方式,只有在其观点正确的条件下才具有一定的教育意义,同时遵循马克思主义的宣传观:"用最有效的方式影响自己的听众,在阐明某个真理时,要尽可能对他们有更大的说服力,使他们更容易领会,并且给他们留下更鲜明深刻的印象。"①

（五）中外教育家对教育的界说

中国古代思想家对教育有诸多论述。《中庸》中对教育的理解是:"天命之谓性,率性之谓道,修道之谓教。"意思是说:人的自然禀赋就是"性",顺着本性去行事就是"道",而按照"道"的原则去修养就是"教"。《学记》中则认为:"教也者,长善而救其失者也。"荀子则说:"以善先人者谓之教。"后二者均把教育视为用善来引导人发展的过程。我国近代教育家蔡元培认为:教育是帮助被教育的人,给他能发展自己的能力,完成他的人格,于人类文化能尽一分子的责任,不是把被教育的人,造成一种特别器具,给抱有他种目的的人去应用的。杨贤江则认为教育是帮助人营造社会生活的一种手段②。

古希腊哲学家主张通过教育形成人的理性。苏格拉底认为教育的作用在于"使人得到改进"。而亚里士多德则认为,教育最重要的作用是形成人的理性,在理性的统摄下实现天性、习惯的协调统一。柏拉图对教育的理解基于唯心主义的"观念天赋论"和"心灵回忆说",最终也推导出教育的作用在于使人的理智能够控制欲望。为了实现这一目的,教育者就要通过一定的方式帮助儿童提升智力水平,唤醒儿童的知识。

近代教育家夸美纽斯认为教育是使人有效率地从事现世生活并为来世生活做准备。涂尔干认为教育是成人一代对那些不能成熟地应付社会生活的年轻一代所施加的影响。其目的是在孩童时期为青年一代的身体、智力和道德发展创造条件,并使之在上述方面达到政治社会的统一性和以特殊方式而产生的特殊环境所提出的要求。斯宾塞对教育的理解是为我们的完美生活做准备。杜威则认为教育就是生活、生长的过程,也是人的经验的改造或改组过程。不难看出,在对教育与生活关系的理解上,夸美纽斯仍在关注来世,斯宾塞关注的是未来生活,杜威关注的则是当下生活。因此三人对教育与生活关系的不同理解也构成了他们教育哲学分野的基点。

---

① 列宁全集(第21卷)[M].北京:人民出版社,1990:21-22.
② 孙培青等.中国教育史[M].上海:华东师范大学出版社,2000:444.

二、教育的本质

（一）对教育本质的不同理解

基于不同的世界观、哲学立场、人性假设和社会需要来观察教育本质会得出不同的教育本质论。夸美纽斯等具有宗教背景的教育家从宗教神学的观点出发，强调的是教育的宗教本质，把为来生做准备作为教育的本质。与之相对，强调世俗生活的教育家则认为教育的本质在与服务于人的世俗生活。而卢梭等自然主义教育家则认为教育应当遵从儿童的本性，促进儿童内在秩序的不断实现即为教育的本质。康德则认为教育的本质在于培养人的德行，养成德性人格。社会学家黑格尔和涂尔干等则认为教育的本质是超越个人自我服务国家和社会的过程。

在近现代中国教育现代化的过程中也有多次教育本质的讨论。其中，20世纪20年代，在东西文化碰撞的背景下，形成了第一次关于教育本质的大讨论。一种观点强调教育的人文性和独立性，如主张教育独立的蔡元培、主张生活教育的陶行知等。另一种观点则主张教育的政治性、社会性，如具有共产主义教育思想的陈独秀、李大钊、杨贤江等。毛泽东在《新民主主义论》中从历史唯物主义的立场出发，认为教育是"民族的科学的大众的"。毛泽东关于新民主主义时期教育本质的论断深刻影响了我国新民主主义阶段和解放初期的教育思想。

新中国成立后对教育本质的讨论呈现出了一些明显的阶段性特征。其中，解放初期关于教育本质的理解具有鲜明的政治性，认为教育仍然要为无产阶级革命和社会主义革命服务，在当时的历史条件下起到了重要作用并产生了深远的历史影响。改革开放后，随着国内外形势的变化，以及改革开放和经济建设的需要，又出现了一次关于教育本质的大讨论。1977年邓小平指出："我们要实现现代化，关键是科学技术要能上去……靠空讲不能实现现代化，必须有知识，有人才。"[①]在这种认识的指导下，对教育本质问题展开了广泛而激烈的讨论和争论：一是认为教育是上层建筑，教育首要的任务是为政治服务、为阶级斗争服务；二是从经济基础决定上层建筑的理论认识出发，认为教育是经济基础，教育的本质是培养经济发展所需要的人才，促进经济发展；三是认为教育的本质属于文化的范畴，认为教育的根本属性是延续和更新人类文化；三是综合的观点，认为把教育的本质归结为上层建筑、经济基础或文化范畴都不能完全反映教育的本质，因此提出了教育的多本质说，认为教育既是上层建筑，也是经济基础，还承担文化的使命和培养人的使命。多质说试图弥合互相冲突的各种教育本质观。关于教育本质的讨论从不同角度深化了人们对教育本质的认识。

（二）本质主义与反本质主义

教育的本质是对教育的根本认识，是在最根本的意义上回答教育是什么的问题。不

---

① 中共中央文献研究室.邓小平论教育(第3版)[M].北京：人民教育出版社，2004：25.

过人们对于教育是否存在一个本质的问题也存在着争论,主要体现为本质主义和反本质主义的分野。其中本质主义认为教育存在一个区别于其他事物的内在规定性,即教育存在一个在根本的、基础的、根源层面的特点和特性。

而反本质主义是后现代主义思潮的必然结果,它否认事物存在任何可靠的本质。反本质主义主要通过两个方面的主张解构了本质,一是认为现象与本质、形式与内容之间不存在明确的分界线,因此也就无法抽象出事物的本质;二是它认为万事万物一直都在变化,因此也不可能存在一个一成不变的本质。

然而,反本质主义并不是反对教育的本质,而是对传统本质思维的批判,从而帮助人们更好地理解教育的本质①。首先,反本质主义反对的是本质主义的思维方式,而不是本质本身,它反对用静止的、二元对立的观点对待事物的现象与本质关系,因此认为教育的本质是多元的、发展的而不是静止的、唯一的,教育的本质在不同的历史时期和社会环境条件下会有不同的表现。其次,反本质主义有助于克服教育学话语领域的霸权。如果认为存在一个永恒的和唯一的教育本质,就会以此形成一种教育话语的霸权,遮蔽对教育其他重要方面的认识。尤其是当这样的话语权被少数人所把持的时候,就会滋生"学阀"和"学霸"。

面对反本质主义对本质主义的影响,既不能用反本质主义完全消解本质主义的本体论信仰,陷入不可知论和唯心论的误区,也不能无视反本质主义提供的思维方式的价值。实际上,在我国的教育研究中并不存在真正的本质主义,并没有在哲学的层面探究出一种教育的本质,中国曾经有过的教育本质主义并不是教育的自生物,而是政治的派生物……因此,在中国的语境中,也要反对本质主义,但主要是反对太浅、太浮而且易受政治和经济影响的本质主义,同时通过以"生成主义"来温和地挽救本质②。

(三) 当前关于教育本质的共识

尽管在教育学界对教育本质的争论仍然存在,但经过广泛的讨论对教育的本质也达成了一定共识。

1. 教育是人类社会的特有现象

这是教育的首要的本质特征。教育产生于人类社会延续的需要,也离不开人类的语言和人类的劳动。就其功能来说,教育是传递生产生活知识。教育是一种有意识有目的的活动而不是本能的活动,教育也需要借助于语言将个体获得的经验类化,教育的结果赋予人认识世界和改造环境的力量。

2. 教育是一种培养人的活动

尽管教育与上层建筑、经济基础和文化传承的关系密切,从而呈现出教育的不同功能,但无论是为政治服务、经济服务还是文化服务都离不开人的培养。因此,对人的培养

---

① 石中英.本质主义、反本质主义与中国教育学研究[J].教育研究,2004(1).
② 张天雪.也谈本质主义与中国教育学研究[J].教育理论与实践,2004(10).

是关于教育本质讨论分野中的共通之处。当然,政治人才、经济建设人才和文化事业发展的人才标准不尽相同,但不同类型人才需要一些基本的和共同的素质。例如,人的培养过程是促进人的身心发展过程,需要遵循人的身心发展规律,而且无论是何种人才,都应当是全面发展的人而非片面和畸形发展的人。教育的本质是培养人的活动,从广义上来看,就是增进人的知识和技能、影响人的思想、促进人的自然和全面发展。从狭义上来看则是根据一定社会和阶级的要求,有目的、有计划、有组织地对受教育者的身心发展施加影响,不断地促进个体的社会化和社会的个性化发展过程。

3. 教育的直接目标是促进人的身心发展

个体的身心发展是个体的生命从开始到结束的全部人生中不断发生的身体和心理变化过程,也是个体的潜能逐步实现的过程。而教育的作用就是对上述两方面过程的促进作用,以恰当的教育方式不断促进个体身体和心理的健康发展,使个体身上的潜能不断变现。这一关于教育本质的共识具有重要意义,因为在现实中一些"教育行为"并不是在促进学生身心的健康成长,而是相反。例如,当前小学教育的中学化、学前教育的小学化,看似在加速儿童的身心成长,实则违背了人的身心发展规律,对儿童未来的发展造成不可估量的负面影响。再如,如果教师和学校领导者的眼里只有学生的成绩,动辄压缩体育课和艺术类课程的时间,追求短期的升学率,就严重背离了教育的本质,是以学生的身心健康成长为代价追求工作业绩,并将受教育的对象"人"工具化的过程。

上述三点共识可谓是教育的"普遍本质",无论时代如何变化,也无论社会物质条件和教育工具如何进步,教育是人类社会独有的现象、是培养人和促进人的身心发展的论断都不会过时。但是,仅仅把握教育的普遍本质是远远不够的,因为随着时代、社会环境和物质生产条件的变化,人的生存方式和生活方式也会发生改变,教育的目的和形式也会发生变化。如果对教育本质的理解仅仅局限于普遍本质上,就无法结合时代的具体特点把握教育的本质,进而为时代的教育提供有价值的指导。因此,很有必要对当前社会发展的特点进行分析以把握当代教育的特殊本质。

(四)教育的普遍本质与特殊本质

在当前的社会语境中把握教育的普遍本质和特殊本质,是当代教育哲学研究的根本任务。以党的十八大为标志,中国特色社会主义建设已经进入新时代。习近平同志站在中华民族伟大复兴和治国理政的角度围绕"培养什么人、怎样培养人、为谁培养人"这一教育根本问题和"培养什么人"这一首要问题,深刻分析了教育的性质、目的、价值、内容、方法、发展道路和体制机制,发展了马克思主义教育理论,也丰富了中国特色社会主义教育本质理论[1]。习近平关于教育这一重要论述,不仅涉及了教育的一般本质,也涉及了教育的特殊本质。

关于教育的一般本质,习近平指出:"教育是人类传承文明和知识、培养年轻一代、创

---

[1] 石中英等.教育哲学[M].北京:高等教育出版社,2019:68.

造美好生活的根本途径。"①这一关于教育本质的论述,既体现了教育的本质,也体现了教育培养人、培养未来人的使命。从习近平论述教育的文献来看,教育的一般本质也可以表述为:"教育是文化传承、人才培养和促进社会进步的社会活动",而且"对于教育活动而言,文化传承是前提,人才培养是核心,促进社会进步是理想价值"②。

而关于中国特色社会主义教育的特殊本质,习近平指出:"古今中外,关于教育和办学,思想流派繁多,理论观点各异,但在教育必须培养社会发展所需要的人这一点上是有共识的。培养社会发展所需要的人,说具体了,就是培养社会发展、知识积累、文化传承、国家存续、制度运行所要求的人。所以,古今中外,每个国家都是按照自己的政治要求来培养人的,世界一流大学都是在服务自己国家发展中成长起来的。我国社会主义教育就是要培养社会主义建设者和接班人。"③在2018年全国教育大会上,习近平再次强调:"培养什么人,是教育的首要问题。我国是中国共产党领导的社会主义国家,这就决定了我们的教育必须把培养社会主义建设者和接班人作为根本任务,培养一代又一代拥护中国共产党领导和我国社会主义制度、立志为中国特色社会主义奋斗终生的有用人才。这是教育工作的根本任务,也是教育现代化的方向目标。"④

(五) 探讨教育本质的意义

教育的本质是教育活动的根本规定性,是教育之所以是教育的内在依据。教育目的的确立、教育价值的选择和教育理想的形成都是基于对教育本质的正确把握基础上的。

改革开放后,我国教育界出现了一次比较大的关于教育本质问题的讨论。尽管没有形成一个大家都认可的教育本质观,但对于教育与个体发展、教育与生产力发展、教育与社会发展的关系达到了新的认识水平。即关于教育本质的讨论从多方面深化了人们对教育本质的认识和理解。

教育不仅存在着一般的本质,也具有特殊的本质。一般的本质是各个历史阶段和各个社会形态教育的共同本质,而特殊本质则是具体社会条件下的教育本质。只有把握教育的特殊本质才能指导具体的教育实践。

习近平同志关于教育本质的论述就精辟地概括了教育的一般本质和特殊本质。教育的一般本质是指:教育是文化传承、人才培养和促进社会进步的社会活动。对于教育活动而言,文化传承是前提,人才培养是核心,促进社会进步是价值理想。中国特色社会主义教育的特殊本质:教育是民族振兴、社会进步的重要基石;教育是功在当代、利在千秋的德政工程;教育对提高人们综合素质、促进人的全面发展、增强中华民族创新创造能力、实现中华民族伟大复兴具有决定性意义;教育的根本任务是培养德智体美劳全面发展的社会主义建设者和接班人。

---

① 习近平谈治国理政[M].北京:外文出版社 2014:191.
② 石中英等.教育哲学[M].北京:高等教育出版社,2019:64.
③ 习近平在北京大学师生座谈会上的讲话[M].北京:人民出版社,2018:5-6.
④ 人民日报,2018 年 9 月 11 日第 01 版.

第三节 教育目的与教育功能

如果说教育本质是解答"教育是什么"的问题;那么,教育目的就是解答"教育为什么"的问题,而教育功能则是解答"教育做什么"的问题。只有对教育是什么、为什么、做什么的全面认知和把握,才能从整体上理解教育。

一、教育目的

目的性是人与动物活动最根本的区别所在,也是人之活动有效的根本前提。教育活动是人类特有的社会活动,比如具有目的性。教育目的是一切教育工作的出发点和归宿,也是教育理论的核心。

（一）教育目的的内涵

目的,是人们从事某种活动所希望达到的结果或预期、打算。教育目的也就是人们希望通过教育活动达到一种什么结果。如果我们把教育界定为对人的培养,那么教育目的就指向所培养人的质量规格要求。

在概念的层面上,对教育目的的理解有广义和狭义之分。其中,广义的教育目的是指人们对教育的期待,如国家、政党、社会团体、思想家、教师、家长和学生对教育培养什么人的期待,它在一定程度上体现为人们对教育的理想。狭义的教育目的是指国家对本国教育培养的人才的质量和规格的总要求,主要包括两个层面的内容:一是为谁培养人,也就是培养为什么社会服务的人,这是对教育培养人才的社会价值做出定位,规定的是人才培养的社会立场。二是培养具有何种素质的人,这是对教育培养人才的具体素质结构的规定,主要是为了明确受教育者应当在哪些方面得到发展,以及发展到何种水平。本节所讨论的教育目的是指狭义的教育目的。从狭义的角度来看,教育目的主要是由国家最高教育机关来制定的,体现的是国家的意志。教育目的一旦被制定后,各级各类学校的办学活动和教学活动都应当以教育目的为依据。

一个国家的教育目的和教育方针既存在联系也存在着区别。教育方针是国家为实现教育目的所规定的教育工作的总方向,是一定时期国家教育发展的总的指导思想和发展方向,它包括教育性质和方向、教育目的和实现教育目的的基本途径等。教育方针要及时反映特定时期社会政治、经济的要求,具有易变性。教育目的指向人才的培养,具有相对稳定性。新中国成立前,教育方针、教育目的也被称为教育宗旨。

（二）教育目的的层次结构

教育目的层次结构是指,作为教育活动的预期,教育目的实际上体现为教育目的、培养目标、课程目标和教学目标四个层次。

如前所述,教育目的是由国家层面制定的对教育所培养人才质量规格的总要求,具有一般和普遍的指导意义,但它的最终贯彻落实需要不断具体化。其中,教育目的在学校层面的具体化称之为培养目标,它是各级各类学校根据教育目的和当地的条件及自身的实际情况制定的。而学校制定的培养目标最终要落实到所设置的课程目标中去,即学校的课程设置要能够有力支撑学校的培养目标。而课程目标还要最终落实到具体的教学目标中去,转化为每一节课的教学目标,落实到学生的发展上。

比较来看,教育目的、培养目标总体上说是抽象的、概括的,是从总体规格上对国家培养的人才或者学校培养的人才的标准的规定。课程目标与教学目标则必须足够具体,以便于在具体教学过程中对达标情况进行测量与考核。因而从教育目的、培养目标到课程目标再到教学目标,是一个由抽象到具体不断细化、具体化的层层落实过程。

具体说来,这四者的关系是:

培养目标与教育目的关系。培养目标是教育目的在各级各类学校的具体化,是对各级各类学校对人才培养质量规格的特殊要求。中小学学校、高等学校各个专业在设置自己的培养目标时要考虑自己的办学定位,这一定位既有国家统一的教育目的的要求,也有自己特色之处。教育目的是对各级各类学校的普遍要求,培养目标是针对某一级、某一类、某一学校人才培养的特殊要求。培养目标的制定必须要依据教育目的,同时考虑不同领域、不同类别、不同学校对人才培养的特殊要求。如果各个学校都能结合自己的实际制定各自的培养目标,而不是追求统一的标准,就能够形成一个生态的教育系统。当前,学校办学模式出现趋同化现象,主要的原因在于统一的评价标准导致的学校培养目标的趋同,这种现象是值得注意的。

课程目标与培养目标的关系。培养目标是学校对各专业人才培养确定的标准与规格,学校的培养目标主要是通过专业所设置的课程达成的,换句话说,专业课程的设置要支撑专业人才的培养目标,培养目标也是课程设置的依据。课程是实现培养目标的载体,课程目标的具体设置情况对培养目标的实现有关键作用。因此,课程目标的具体设置是课程研究的重要内容。我国课程目标的变化,大致经历了从"双基"到"三维目标"再到"核心素养"、"关键能力"的变化。其中,"双基"是指基本知识、基本技能。"三维目标"的设置主要受布鲁姆教学目标分类的影响与启发,把教学目标分为知识与技能、过程与方法、情感态度与价值观三个主要的领域。而"核心素养"是指"学生应具备的适应终身发展和社会发展需要的必备品格和关键能力",是当前我国课程理论研究的热点内容。

教学目标与课程目标的关系。教学目标是课程目标的进一步具体化,是课程目标在单元教学、节次教学中的具体化。通常情况下,在教学设计中要先确定教学目标,以保证每一单元或者每一节次的课程都能够实现既定的教学目标。但也有观点认为,事先确定教学目标可能使得教学过程程式化并缺乏对特殊情况的应变能力。然而,完全不要目标和完全依赖课前制定的教学目标都是不可取的。没有目标课程教学就会缺乏计划性,但完全依赖教学目标又不利于教学过程创造性地发挥。另外值得注意的是,课堂教学的目标也可以分为可以量化与观察的目标,也包括不可量化和观察的目标。一直以来,为了考核和评价的方便,教学目标研究都致力于教学目标的行为化描述。例如,布鲁姆的教学目标分类理论将教学目标划分为知识、技能和态度领域,并将每个领域分为若干个层面,并对每一方面每一层面达标的标准做行为化的描述。该教学目标理论被教师广泛采用并产生了深远影响。但这一理论仍存在一些缺陷，即对那些不能通过行为外显化表现出来的目标无法顾及。因此，尽管我们可以认为众多的教学目标聚合完成课程目标，教学目标是课程目标在每一个教学时段的分解和具体化，但也不应将课程目标的达成视为一系列行为化教学目标的简单相加。

（三）教育目的厘定的基础

1. 教育目的厘定的社会基础

教育目的厘定要受社会基础的制约，受到社会的生产力发展状况、生产关系、文化发展水平和社会交往状况的影响。

教育目的厘定的生产力基础。生产力对教育目的的影响主要体现在一定的经济状况下培养什么样的人。生产力发展状况在教育目的制定中起到最终决定作用。生产力发展状况决定着经济结构和生产方式，也决定着一个社会劳动力培养的规格与标准。例如，在古代社会，劳动者不需要教育就可胜任，但在资本主义工业化阶段则普遍需要至少受过初级教育的劳动力来胜任。而在信息化和智能化阶段，发达国家纷纷普及高等教育，此时经济结构已经决定了物质生产部门普遍需要受过高等教育的劳动力来胜任。社会生产结构和生产状况不仅决定着劳动力的素质水平，也决定着学校人才培养的专业结构、学校的布局和学校系统的整体结构。

教育目的厘定的生产关系基础。生产关系对教育目的制定的影响主要体现在为谁培养人以及培养什么样的人的规定上。例如，在中国封建社会，一种培养人的理想形象是"君子"。君子也是我国封建社会中受过良好教育人的标志。从阶级层面来看，君子是我国封建社会中的一个阶层，由于受教育机会不均等，只有少数人才能成为君子。培养君子一样的人也是为了维护封建社会生产关系和封建社会的统治。要成为君子有一套素质标准，它与上层社会或者统治阶级的人才标准密切相关，能够体现封建社会人才培养的理想人格。

而在资本主义社会生产关系中，一种具有代表性的理想人格是"绅士"。"绅士"最早出现在17世纪中叶的西欧，它由充满侠气与英雄气概的"骑士"发展而来，一般认为绅士是英国民族文化的外化，事实上它能够很好地代表英国资本主义生产关系对理想人格的追求。绅士是英国社会各阶层在看齐上流社会的过程中，以贵族精神为基础，掺杂了各阶层的价值观念融合而成的一种全新的社会文化。因此，它能够很好地体现英国资本主义的生产关系。从绅士的素质标准来看，绅士不仅指行为优雅的男士，如要求男士要有考究的着装、文雅的举止以及对传统文化的继承与发扬、对生活质量的追求与建造，同时要彰显男人的坚韧、礼貌、勇敢、谦虚、含蓄、深沉与宽宏大量的人格之美。这些能够很好地概括资本主义精神，体现资本主义对具有开拓创新、勇于冒险而且能够维护资本主义生产关系的人才标准的构建和需求。

而在社会主义生产关系中，对理想人格的追求也体现在国家对教育目的的制定和表述中。主要体现为两方面的内容：为谁培养人和培养什么样的人。例如，我国的教育目的中就明确指出,要培养社会主义的建设者和接班人,而胜任这一使命的人才标准就是"德智体全面发展"。也正是因为教育目的和生产关系的内在联系,要求我们在任何的教育改革和创新过程中都不能忘记"为谁培养人"这一根本的原则。而要培养能够把社会主义建设好的人,就要培养学生坚信社会主义道路并对我们国家政治制度保持高度自信。除此之外,还要在坚持教育与生产劳动相结合的基础上培养有竞争力的、能够在国家竞争和科技竞争中贡献力量的人才。

教育目的厘定的社会文化传统。其一,人类社会文化的传递、延续和更新需要借助于教育,受教育的过程在一定程度上就是"学文化",教育与文化的关系是互相交融的关系。教育目的的制定必然受到文化传统的影响。其二,教育要发展就要吸收古今中外优秀文化成果。我国《教育法》规定教育要"继承和弘扬中华民族优秀的历史文化传统,吸收人类文明发展的一切优秀成果"。只有如此才能博采众长、延续历史,在文化事业中不断创新发展。其三,文化中蕴含的人性论、价值观必然影响到教育目的制定。例如,在封建社会的文化传统中形成了"大学之道,在明明德,在亲民,在止于至善"这样的教育目的观,而在西方民主主义社会的文化传统中则孕育了"教育即生长,教育及生活,教育即经验的不断改造"以及"教育无目的"这样的教育目的观。其四,一个社会中成员的文化水平基础和整体社会的文化认识水平也影响着教育目的制定。一个社会的文化发展水平也影响着教育目的中关于个人文化素质标准的描述,如:在古代社会中主要重视教育对人才培养的伦理目标;而在现代社会中,教育目的不仅蕴含着伦理层面的目标,也蕴含着科技文化发展的目标。

教育目的厘定与社会交往的关系。交往也是一种权力,是政治权力和资本权力之外的第三种权力,它主要通过交往与理解的方式来影响别人或集体行动的结果。社会的交往状况会影响人们在制定教育目的过程中的参与者范围以及参与者的交流结果,最终影响教育目的的制定。例如,在现代民主社会中,往往需要利益相关者充分参与来确定教育目的。在一个缺乏交往的社会里,教育目的的制定往往局限于少数精英,而在广泛交往和参与的社会里,教育目的的制定能够有效整合不同群体对教育目的的诉求。

2. 教育目的厘定的理论基础

对个体本位论与社会本位论的批判。个体本位论的基本主张是个体价值高于社会价值,认为人与生就有健全的本能,教育的作用就在于使这些健全的本能不受任何影响地发展。个体本位论的代表人物有孟子、卢梭、裴斯泰洛齐、福禄贝尔、马利坦、赫钦斯、奈勒、马斯洛、萨特等。这些人认为现有的社会制度会限制个人的发展,因而在一个尊重个人价值的社会里,不仅能够实现个人的充分发展,且有利于推动社会的改良,促进建立一个更合理的社会制度。

个体本位论认为确立教育目的应当根据人的本性,以个体价值为教育目的制定的基本原点。个体价值高于社会价值,而不是为某个社会或阶级服务。教育的目的是发展人的本性,挖掘人的潜能,增进受教育者的个人价值。个体本位论重视受教育者自身的自然素质和兴趣爱好,强调教育的个性化,具有不可否认的积极意义,但个体本位论的偏颇之处在于它忽视了个体价值离开具体的社会是无法实现的,忽视了人是社会中的具体现实的人,忽视了人的个性化过程同时也是社会的个性化过程,因此具有一定的理想主义倾向,不可能科学地指导教育的发展。

社会本位论主张社会价值高于个体价值,个体只是教育加工的原料,个体的存在与发展从属于社会,因此认为确立教育目的应根据社会的要求,个体的发展必须服从社会需要,教育的职能在于把受教育者培养成符合社会准则的公民。社会本位论的代表人物有荀子、赫尔巴特、涂尔干、纳托普、凯兴斯泰纳、孔德、巴格莱等。从社会本位论的认识出发,教育目的制定应重视社会的稳定和个体的社会化,教育应当促进个体对社会的认同、与人合作、为社会服务。由于社会价值高于个体价值,教育质量和效果应当用社会发展的各种效益指标来评价。

社会本位论与个体本位论相对,强调的是个体的社会化过程,看到了人的发展与社会结构不可剥离的关系,但把个体与社会完全等同,无视社会的个性化过程,不利于社会的变革,因此也不可能科学地指导教育目的发展。

上述两种观点各有偏颇之处,各有自身的价值也体现出其不足。事实上,很难在个体价值与社会价值之间做出一个孰重孰轻的判断和优劣之分,也无法用非此即彼的思维方式判定个体本位论与社会本位论的对错。但在历史的发展过程中确实存在着个体本位论和社会本位论在教育思潮中的摇摆现象。也就是说,在不同的社会历史条件下人们会做出不同偏重的选择,那些主张个体本位论的教育家和思想家一般对社会持有批判态度,强烈主张通过教育改变社会现实,而那些主张社会本位论的教育家往往从一个理想的社会形态出发,思考应当如何培养人的问题。

马克思主义的全面发展学说。马克思从哲学、经济学、社会学的视角考察了人的发展与社会发展,提出了人的全面发展学说,这一学说为社会主义教育目的确立奠定了科学的理论基础和方法论指导,其基本观点主要包括以下方面:

马克思主义认为人的全面发展包括体力和智力、道德与审美的统一发展。其中人的体力和智力是构成人的劳动能力的对立统一的两个方面。(1)人的体力即"人体所有的自然力",而人的智力则为"精神方面的生产能力",而人的审美和道德能力则是人的全面发展不可或缺的条件,因为人不仅要创造物质财富和精神财富,同时也是两种财富的享受者,因此个体在个性自由充分发展的过程中,道德审美能力也应得到相应发展。(2)个人的发展不能离开具体的社会历史条件。马克思主义认为,人是社会关系的总和,因此对人的发展状况的考察离不开对他所的社会条件和环境的分析。马克思主义认为在资本主义的生产分工中,造成了人的片面发展,但资本主义生产的大发展也为人的全面发展创造了条件。(3)社会制约着人的全面发展的现实可能性。尽管资本主义工业大发展为人的全面发展创造了条件,但资本主义的生产关系导致的社会分工使人的全面发展并不可能根本实现,因此人的全面发展还需要破除导致人的片面发展的社会根源。(4)教育和生产劳动相结合是实现人的全面发展的唯一途径。教育与生产劳动相结合是大工业生产发展的必然结果,但在资本主义生产关系下不可能实现二者的完全结合,只有在共产主义的条件下才能实现全体社会成员的普遍教育和普遍劳动相结合,进而培养全面发展的新型劳动者。马克思主义人的全面发展学说是我国教育目的的理论基础,教育与生产劳动相结合是培养全面发展人的唯一方法,如何理解马克思主义的这两大教育原理,直接牵涉到对我国教育目的的理解。

历史上也有思想家提出了人的全面发展问题,但他们的全面发展理论与马克思主义全面发展的学说不同。古希腊时期的哲学家亚里士多德就提出了身体、德行与智慧和谐发展的思想。欧洲文艺复兴的人文主义教育家维多里诺、拉伯雷和蒙田等则批判经院主义教育,强调人的身体、精神、道德的全面发展和个性解放。17世纪夸美纽斯的泛智教育、洛克的绅士教育,18世纪卢梭的自然教育、康德的理性主义教育、裴斯泰洛齐的要素教育思想等,也都强调人的全面发展、自由发展,培育人的健全人格。另外,空想社会主义的代表人物,如英国的莫尔、意大利的康帕内拉(早期)、欧文、傅里叶、圣西门(19世纪)等,他们不仅提出了"全面发展的人"的理想,而且认识到了分工是破坏人的全面发展的社会根源,并试图通过教育与生产劳动相结合,以实现人的全面发展。但是,空想社会主义者的思想仍然脱离了具体的历史条件,并没有真正指出人的全面发展的科学的合理的途径。

而马克思主要是从分工来考察人的全面发展。马克思认为,在原始手工业时期人的发展具有原始丰富性,而在资本主义工场的历史发展阶段,由于严格的职业分工,人的发展是片面的和畸形的发展,在大工业生产时期,人的全面发展具备了社会物质条件,但大工业生产与资本主义生产关系和社会分工的结合,又造成了人的片面发展。因此,马克思提出从大工业生产的要求理解人的全面发展的内涵,并提出适应大工业的劳动变换、职能更替、工人全面流动所要求的人的劳动能力或才能的全面发展。从分工考察人的全面发展,分工只与人的劳动能力有关,即体力与智力有关。因此,人的全面发展,是指每个社会成员的体力和智力尽可能多方面地、充分地、自由地发展。

(四)教育目的的实现

在我国教育目的中,为谁培养人、培养什么样的人、如何培养人是内在统一的。其中,最为关键的抓手是促进人的全面发展。因此,在这里可以将教育目的实现问题具体转化为如何培养全面发展的社会主义建设者和接班人问题。

马克思主义认为,实现人的全面发展,首先取决于一定的社会条件,这就是高度发展的生产力和共产主义制度。因此,全面发展是社会主义社会人发展的理想。人的全面发展教育目的的实现也需要社会主义全面发展教育。全面发展的教育是为了促进人的全面、充分、自由发展所进行的系统教育的总和。社会主义全面发展教育通常包括德育、智育、体育、美育和劳动技术教育,简称为"五育"。而实现全面发展的唯一途径则是教育与生产劳动相结合。

根据马克思的理解,教育与生产劳动相结合需要一定的历史条件。在原始社会,教育与生产劳动是结合的,教育具有原始的丰富性,但由于原始社会生产力极其落后,人并不可能实现全面发展。古代社会的学校教育与生产劳动是脱离的,劳心者治人、劳力者治于人生动说明了人的片面的发展状况。近代工业革命客观上要求劳动者掌握科学技术,对教育与生产劳动相结合提出了要求,因此近代教育家从不同方面强调学校教育与生产劳动的结合,但由于阶级社会里生产关系的制约、劳动分工的存在以及劳动岗位间转换的困难,事实上人也不可能彻底实现全面发展。空想社会主义教育家的傅里叶、欧文的学校教育与生产劳动结合的思想成为马克思主义教育与生产劳动相结合思想的重要来源,但由于脱离了具体的社会生产条件,人的全面发展的理想很难落地。

马克思主义教育与生产劳动相结合的思想原本是针对生产劳动中的工人尤其是针对童工而言的,主要目的是使他们在生产劳动的同时接受一定程度的教育,以避免他们过于片面地发展。但马克思从这种工厂制度中洞察出了未来教育的幼芽,"未来教育对所有已满一定年龄的儿童来说,就是教育同智育和体育相结合,它不仅是提高社会生产的一种方法,而且是造就全面发展人的唯一方法"。

教育与生产劳动的结合是一个双向过程:一是社会生产过程中的生产劳动与教育相结合;二是国民教育过程中的教育与生产劳动相结合。生产劳动与教育的结合、教育与生产劳动的结合既相互联系又相对独立。前者着眼于社会生产,是"提高社会生产的方法";后者着眼于人的全面发展,是"造就全面发展的人的唯一方法"。教育与生产劳动相结合的实质,就是对学校的儿童、青少年和生产过程中的劳动者,通过各种形式进行科学教育、劳动教育和综合技术教育,把他们培养成为体脑并用的、能适应现代生产过程的全面发展的劳动者和适应现代社会生活的社会成员,从而推动生产和社会的高速发展。

二、教育功能

如前所述,教育功能是解答教育做什么的问题,也可以说是在阐明教育具有什么作用。这不仅关系着能否实现教育的目的,甚至关系到人类的教育何以存在的理由。

(一)功能与教育功能的含义

功能在不同的语境中有不同的含义:(1)技能。《管子·乘马》:"工治容貌功能,日至于市。"(2)效能、功效。《汉书·宣帝纪》:"五日一听事,自丞相以下各奉职奏事,以傅奏其言,考试功能。"(3)才能。元无名氏《举案齐眉》第三折:"则为你书剑功能,因此上甘受这糟糠气息。"也可以指有才能的人。《后汉书·陈龟传》:"前凉州刺史祝良,初除到州……功效卓然。实应赏异,以劝功能。"(4)一种行为模式。《牛津词典》中的解释为:"功能是一种行为模式,通过此行为,某物实现了它的目的。"在现代汉语中,功能通常指事物或者方法所发挥的有利作用,也是对象满足需要的属性。它的近义词包括功效、效力、成效、效用、功用等。

教育功能是教育学理论中的一个重要术语,也是与教育本质密切相关的一个概念,指的是教育的作用,是在一定的环境和条件下教育对人或者社会所发挥的作用,它往往指向"教育活动已经产生或者将会产生的结果,尤其是指教育活动所引起的变化、产生的作用"[①]。从社会学的功能分析理论来看,功能本身是一个中性的概念,这意味着教育功能的作用可能是正向的,发挥的是有利的作用,也可能是负向的,发挥的是阻碍的作用。另外,教育也可以在不同层面上发挥自身的功能。因此,可以根据不同的视角对教育的功能进行分类。

---

① 刘志军等.教育学[M].北京:高等教育出版社,2011:42.

(二) 教育功能的分类及辩证方法

1. 教育的个体功能与社会功能

从教育作用的对象来划分,可以总括性地将教育的功能划分为教育的个体功能和社会功能。其中个体功能是指教育在促进个体发展中的作用。在现代社会,教育的个体发展功能主要体现为促进个体身体和心理的发展,教育的社会发展功能指的是教育在维系社会运行、促进社会变革与发展过程中的作用。

教育的个体功能和社会功能是对立统一的关系,任何一方面功能的实现都离不开另一方面功能的发挥,实现两种功能的有机结合是当代教育应然的追求和目标。教育本身就是个体的社会化和社会的个性化的双向过程。上面提到的个体本位论和社会本位论之争事实上也是关于教育的两大功能之争,它们存在的问题就是片面地强调教育的一种功能,而贬低另一种功能。然而,如果具体地历史地分析,在不同的社会历史条件下对两种功能强调的侧重也具有一定合理性。

2. 教育的正向功能与负向功能

这一划分的主要依据是,功能本身是一个中性词,因而根据教育功能的性质和作用方向可以将教育功能区分为正向功能和负向功能。正向功能指的是教育对社会和个体的发展发挥了积极的、有利的作用,负向功能则是指教育的失当导致的对人和社会发展的消极的、不利的影响。

传统上,人们一般认为教育活动本身就承载着价值取向,是引导人向善的事业,因而过去对于教育功能的探讨主要局限于教育的正向功能。然而,教育向善的假设是一种理想的假设,在实际的教学活动中,由于教学内容的选择、思维的局限和教学方法运用不当等原因,都会导致教育影响的消极一面。从正向和负向两个维度考察教育的功能,可以提醒人们有意识地去创造条件发挥教育的积极影响,克服消极影响。

3. 教育的本体功能与派生功能

根据教育功能的层次可以将教育功能划分为基本功能和派生功能。基本功能是指教育固有的、根本的、恒常的和稳定的功能,如教育促进个体的社会化功能和教育对劳动力的再生产功能等。派生功能是由基础功能引发而来的功能,如通过人的知识、意识、职业、道德等的社会化而派生出来的政治、经济、科学、文化等功能。这种分类是相对的,例如,也有人认为在教育的个体功能和社会功能两大功能之间,个体功能是基本功能,而社会功能是派生功能。另外,教育功能是一个系统链,基本功能和派生功能是可以不断分化的①。

---

① 张乐天.教育学[M].北京:高等教育出版社,2007:51.

4. 教育的筛选功能与协调功能

这是基于教育客观性能的分类。从根本的目的上看,教育是为了促进人的全面发展,促进个体的社会化和社会的个性化,教育也秉承诸如"有教无类"、"教育公平"等理念。但实际上教育也发挥着严格的人才筛选功能。筛选功能的发挥主要依据的是人的受教育水平的差异以及相应的能力和素质的差异,但这些差异和教育的筛选功能孰先孰后很难分辨清楚。教育的筛选功能造成人的职业分层和社会分层,而这些分层也很可能通过教育被复制出来。教育的协调功能主要指教育在维持社会秩序和通过促进人的发展缩小人与人之间的差异的作用。

总的来看,教育的筛选功能和协调功能之间存在着对立和矛盾,而教育的使命在于尽可能提供公平的教育,给每一个人以公平的教育机会,促进社会的流动,尽可能避免职业分层和阶级分层在教育系统中的再生产和复制。

(三)教育功能发挥的条件

教育功能的发挥主要是指发挥教育的正向功能,避免教育的负向功能。因此,教育功能发挥的条件可以转化为发挥教育正向功能的条件。影响教育功能实现的条件主要包括两个方面,一个是社会发展方面的条件,一个是教育制度本身的条件。

就社会方面的条件来看有两种情况,一种是当社会发展处于负向发展时,教育整体上发挥的主要是负向功能,即教育主要为了维护落后的制度和文化,如西方的中世纪和我国的封建宗法统治时期。然而,这只是从总体上来看的,即便是在社会负向发展的过程中,教育也可以在局部发挥正向作用。例如,在西方中世纪末期,科学已经开始孕育,并逐渐威胁到了宗教神学的统治,宗教神学不得不用科学方法来论证上帝的存在,这无疑是在阻碍教育的发展,然而科学思维方法最终被人们广为接受,并冲破了神学的束缚。这说明即便是在社会发展整体负向时,教育仍可以在局部起作用发挥正向功能。

另一种情况是,当社会发展整体正向时,教育发挥的功能也是整体上正向。但该情况也不绝对,即便社会发展整体上正向,但如果教育不能适应社会的政治、经济、文化或其中的某一方面,也可能造成教育在局部的负向功能。例如,在产业结构升级的背景下,社会产生了对新型人才的需求,如果教育不能及时调整,就不会培养出适合需求的人才,反而会造成未就业就失业的结构性矛盾,最终造成严重的社会问题。

就教育制度本身的条件来看,一些教育自身无法克服的问题往往导致教育的负向功能。例如,前面提到的教育的筛选功能,在一定的条件下教育筛选功能发挥的是正向功能,促进人际竞争,提高人才培养的效率。但筛选功能本身严苛的淘汰制度会带来一系列负面作用。而且从批判教育学的视角来看,这一筛选制度还会固化,造成社会阶层和人的职业的复制,阻碍社会的流动性,不利于社会公平。还有一些问题则来自于一些没有被反思或者没有被解决的教育传统观念,例如,对智育的片面强调,过于强调教师的权威等,也会导致学生的片面发展。教育的负向功能还可能来自于学校现有的管理模式,如学生在管理过程中过于被动,就不利于学生主体性和创造性的发挥。最后,教育的负向功能还可能存在于具体教育实践中的任何一个环节,如教师在教学内容、方法选择甚至语言运用过程中的不当都有可能影响到学生的发展。

总之,教育发挥正向功能涉及一系列复杂的条件,有一些条件是来自于宏观环境,另外一些条件则涉及具体的教育制度和教育实践。来自宏观社会环境的条件是一个客观条件,而教育制度层面的条件则涉及教育改革和理念更新,而教育实践中的条件则需要教师通过不断地教学反思去创造,从而有意识地发挥教育的正向功能,避免教育的负向功能。

第四节 教育观及其确立

如前所述,只有对教育是什么、为什么、做什么的全面认知,才能够形成对教育的整体理解;而对教育的整体理解,才有助于正确教育观的确立。正确的教育观所体现的是对教育本质的深刻洞悉和对教育真谛的真正领悟。因此,作为一名教育工作者应首先确立正确的教育观。

一、教育观及其意义

教育观的形成首先基于对教育是什么的理解,即对教育本质的把握,但也受到个人价值判断、取向的影响,因此教育观是多元的。全面把握教育观的内涵、识别不同教育观的主张有助于教师在全面反思各类教育观的基础上,结合具体教学实际,形成个人教育观。

(一) 何谓教育观

教育观,简而言之,就是关于教育的看法或认识。这种看法或认识既可以是感性的,也可以是理性的。感性的看法或认识是关于教育现象的观念;而理性的看法或认识则是关于教育本质的观念。所谓正确的教育观,应是关于教育本质的观念。由于本质是深藏事物内部、隐含于现象之中的,需要人们不断地辨析、推理和提炼方可认识;而观念是个人的主观判断,受其所处的社会背景以及知识结构、思维方式、价值取向等制约。因此,体现教育本质的教育观并非是唯一的,而是具有差异性的,如社会价值主导的教育观、个人价值主导的教育观、社会与个人价值统一的教育观及生命价值取向的教育观等。

1. 社会价值主导的教育观

这种教育观主张在教育的个人价值和社会价值的对立中,把教育服务于社会的发展看作教育的主导性价值,认为"目前我国教育的主导价值定位于教育满足中国社会的发展需求,满足我国的政治、经济、文化、科技等方面发展的需要,从而使教育促进中国的综合国力和整个国民素质的提高"[1]。

---

[1] 娄立志.论目前我国教育的主导价值[D].华东师范大学博士论文,2001.

2. 个人价值主导的教育观

这种教育观认为教育的个人价值高于教育的社会价值,因而认为教育应当扩展人的价值,提高人的主体性,完善人的素质和人格等,认为教育的问题从根本来看是人的问题:"人是教育的出发点";"人是最直接、最基本的着眼点,培养人是教育的最高目标"①。

3. 社会与个人价值统一的教育观

如果不是非要把教育的社会价值和个人价值分为主次,不认为强调教育的社会价值就一定会压抑人的个性,也不认为强调教育的个体价值就一定会忽视教育的社会功能,就会导致第三种价值观,即社会价值与个人价值统一的教育观。该观点认为,教育的个体价值和社会价值是"历史的和具体的统一……而且这种统一必须具有符合当时社会主流需要的某种价值取向"②。

4. 生命价值取向的教育观

严格说来,生命取向的教育价值观与个人价值主导的教育观有很大的相通之处。该观点认为,现有的教育过多地强调了教育的社会价值,忽视了对人的个性的培养和潜能的激发。但生命取向的教育观又专注于人的生命质量,因而成为一种"优化生命存在、提高生命质量、提升人的生命境界"的一种教育观。

(二) 教育观确立的意义

教育观不仅涉及教育是什么的问题,也涉及教育应如何的问题。教育是什么的问题关乎教育的本质,教育应如何的问题关乎教育的价值。教育价值是指作为客体的教育现象的属性、功能与作为社会实践主体的人的需要之间的一种特定关系。这种关系既是一种实践关系,又是一种价值关系,意味着教育的某种特性对人和社会的意义。教育观是人们对于教育是否具有价值、具有什么样的价值的认识和评价。探究教育的本质最终要落实到教育应如何的问题上来,教育应如何是人们对教育的价值取向,也是教育观的集中体现。教育观的确立就是明确教育价值的过程,在这一过程中涉及平衡教育的工具价值与内在价值、个体价值与社会价值以及教育的价值秩序等问题。

1. 平衡教育的工具价值与内在价值

教育的价值就是教育满足社会和个体发展需要的程度。工具价值也叫外在价值,它是指当一个事物成为实现别的目的的手段、方法或途径时,它所具有的价值的属性。例如,教育中的筛选机制就是教育的一种工具价值,通过这样一种机制,教育可以更好地满足社会的需求。然而,当教育的筛选价值催生了应试教育,教育的工具价值就发生了异

---

① 扈中平.人是教育的出发点[J].教育研究,1989(8).
② 扈中平.教育目的中个人本位论与社会本位论的对立与历史统一[J].华南师范大学学报(社科版),2000(2).

化,反而不能满足社会的需要,也不利于社会的发展。内在价值主要是指一个事物本身而言的,当某一教育内容或要素成为教育的直接目的时,它就具有内在价值的属性。教育的个体发展价值就是教育的内在价值,然而教育内在价值的实现同样需要一定的手段,如果手段使用不当教育的内在价值也就无法很好地实现。总之,教育的内在价值和外在价值不能截然分开,它们总是相对的。

2. 融通教育的育人价值与社会价值

教育的育人价值是指教育本身是培养人的一种社会活动,它也是教育的本体价值。这也是古今中外教育的共同价值,也是教育的本体属性。然而,社会是个体存在的基础,教育的育人价值的实现又离不开一定的社会条件,因而教育也理应更好地促进社会的发展。教育的社会价值包括教育的政治价值、经济价值和文化价值等诸多方面。教育的社会价值是由教育的属性和它所具有的社会功能决定的,最终的目的是促进人的更好发展和美好生活。教育的育人价值与教育的社会价值既相互联系又相互统一,体现着人与社会的辩证关系。马克思主义的教育价值观就体现了教育的育人价值与社会价值的有机的、辩证的和具体的、历史的统一。

3. 理清和规范教育的价值秩序

教育价值具有多样性和多层次性。在教育实践中人们往往面临着各种教育价值观念的冲突,使得教育实践活动不断面临着价值选择问题。理清教育观念的冲突有助于人们更好地实践教育观。当人们面临教育价值观念的冲突时,可取的方法是根据具体的教育任务对不同的教育价值进行排序,然后根据价值的轻重缓急程度进行理性取舍。其具体的操作步骤是:分析特定的教育情境,然后分析在既定的教育情境中就有哪些冲突的教育价值,接着分析这些教育价值的先后顺序,最后根据优先顺序做出价值选择。虽然价值问题是一个很难排序的问题,但在特定的情景中,人总是有一些特定的需要,而且会存在重要程度上的差异。可见价值排序是与具体教育情景相联系的,是具体的和相对的。当然,也有一些教育价值是不适宜的甚至是错误的,在价值排序的过程中也可以对这些教育价值进行澄清、批判和拒绝。

总的来看,分析和规范教育价值秩序就要对教育价值进行清理、批判和排序,引导人们形成正确合理的教育价值观,发挥教育价值观的导向和引领作用①:(1)要对流俗的教育价值观进行检测、质疑与批判,反对和淘汰落后的和错误的教育价值观。(2)要对社会发展和教育发展的趋势从价值观方面进行分析和把握,构建适应和符合社会发展和教育发展规律的新的教育价值观念。(3)要综合考量国家、社会和个人等多种因素,建立合理有序的教育价值观念体系。

4. 引领和变革教育实践

教育承担着民族振兴、社会进步的重要使命,承担着人才培养、科教兴国、促进人民美

---

① 石中英等.教育哲学[M].北京:高等教育出版社,2019:141.

好生活的重任。教育是功在当代、利在千秋的事业,对提高人民综合素质、促进人的全面发展、增强中华民族创新创造活力、实现中华民族伟大复兴具有重要价值,然而这些目标的实现必须依靠正确的教育观。在现阶段,根据中国特色社会主义发展的现实阶段和人们追求美好生活对教育的需求,应当坚持以下教育观:(1)坚持教育"四为"服务价值方向:教育必须坚持为人民服务,为中国共产党治国理政服务,为巩固和发展中国特色社会主义制度服务,为改革开放和社会主义现代化建设服务。(2)坚持社会主义核心价值观的引领作用(3)坚持促进教育公平、提高教育质量。

当今,科技竞争日趋激烈,社会对人才的素质要求、人们的生活方式、美好生活的标准都在不断变化,教育理应适应新的形势,培养具有制度自信、文化自信的全面发展的社会主义建设者和接班人。这要求教育要坚持变则通的发展理念,不断锐意改革,但必须以适合中国特色社会主义发展和人民对美好生活向往的教育观作为支撑。

二、教育理想与理想的教育

教育观不仅仅取决于人们对教育本质的认识,还取决于人们是否有美好的教育理想。教育本质是教育之为教育的根本规定性;教育理想则是教育最完满的状态。洞悉教育本质,追寻教育理想,是每一个教育工作者做好教育工作的可靠保障。

(一)教育理想

1. 教育理想的内涵

教育理想是教育本质的充分实现,是最理想的或最完满的教育。教育的理想也是教育观的体现方式,是人们对未来教育图景和目标的期望。教育理想虽然不能等同于现实,但也不是空想,而是基于一定事实发展的趋势、思想倾向或理论推论得出的关于教育合理性的预见[①]。教育理想也可能是现实中不存在,但未来可以实现的教育形态,它是一种观念化的建构,用来引导现实的教育不断向理想化的方向运行。有了教育理想就可以在具体教育实践中查找问题、克服困难,使教育实践不断向理想靠近。

2. 教育理想——人的全面自由发展

关于教育理想,不同的思想家有不同的描述,但是总的来看,教育理想集中体现在培养什么样的人上。关于这一点,虽然古今中外教育家有过不同的阐述,但概括起来,培养和谐、全面、自由发展的个人始终是人们对教育的美好理想追求。

在我国教育目的中,尽管在现阶段彻底实现培养全面、和谐、自由发展的人仍受到一些社会条件的制约,但随着社会物质生产条件的改善,我国的教育会始终朝着这个方向逼近。在当前中国特色社会主义发展阶段,这个理想具体体现为培养能够担当民族复兴大任的德智体美劳全面发展的社会主义建设者和接班人。

---

① 顾明远等.教育大辞典[Z].上海教育出版社,1998.

关于如何培养全面自由发展的人，在中国教育史上不乏有价值的论述。在孔子看来，所谓成人的全面发展的教育主要是培养人多方面的才艺。"子路问成人。子曰：'若臧武仲之知，公绰之不欲，卞庄子之勇，冉求之艺，文之以礼乐，亦可以为成人矣。'"①王阳明则说："大抵童子之情，乐嬉游而惮拘检，如草木之始萌芽，舒畅之则条达，摧挠之则衰萎。今教童子，必使其趋向鼓舞，中心喜悦，则其进自不能已。"②在王阳明看来只有顺应儿童自然本性，才能促进儿童全面自由地发展。否则将摧残儿童的心智，阻碍儿童的发展。蔡元培认为："教育者，养成人格之事业也。"学校教育"与其守成法，毋宁尚自然；与其求划一，毋宁展个性"。"教育是帮助被教育的人，给他能发展自己的能力，完成他的人格，于人类文化上能尽一分子的责任；不是把受教育的人，造成一种特别器具，给抱有他种目的的人去应用的"③。他认为全面发展的教育包括德、智、体、美四育，以培养人"健全的身体"和"健全的精神"。

在西方教育史中，也有许多教育思想家讨论如何培养和谐的全面发展的人。亚里士多德认为，全面自由发展的人是"身心既善且美"的人，强调促进儿童在德、智、体、美四个方面的和谐发展和自由发展。裴斯泰洛齐认为，全面发展的教育是通过发展人的一切天赋力量来实现的，是人的德、智、体各方面能力的均衡发展，而不是某一方面的发展。爱因斯坦认为，人的全面发展不同于人的专业发展，全面发展的人是一个身心诸方面和谐发展的人，而且是一个能够独立思考的人，而不是把学生培养成为一个顺从和有用的机器。

马克思关于人的全面发展的理论是所有理论中最精辟、最全面的理论。马克思不仅分析了人的全面发展的内涵，深刻分析了阻碍人全面自由发展的根源，并指出了实现人的全面发展的社会基础和现实路径。

从全面自由发展教育的内涵上来看，《共产党宣言》和《资本论》中的理解是"智育和体育相结合"的教育，认为它"不仅是提高社会生产的一种方法，而且是造就全面发展的人的唯一方法"④。1957年，毛泽东在《关于正确处理人民内部矛盾的问题》明确指出全面发展的教育就是德育、体育、智育相结合的教育。1999年，《中共中央国务院关于深化教育改革，全面推进素质教育的决定》进一步把全面自由发展的教育扩展为德智体美四个方面。2018年9月10日全国教育大会上，习近平重新强调了劳动教育，将全面自由发展的教育表述为德智体美劳五育。

马克思基于对阻碍人的全面发展根源的深刻剖析，提出了实现人的全面的发展的现实路径。首先，人的全面自由发展的程度受到现实生产力发展水平的制约，生产力发展水平是人的全面发展的最终决定条件。生产力越发达人们的闲暇时间就越多，就越有可能发展多方面的才能，从客观上打破乃至消除社会分工，最终走向人的全面发展。其次，人的全面发展还受到生产关系的制约。例如，在私有制和社会分工的条件下，人与人之间的不平等就不可能从根本上消除，因而也就不可能实现人的全面发展。再次，人的全面自由

---

① 论语[M].张燕婴,译.北京:中华书局 2006:210.
② 王守仁.王文成公全书[M].王晓昕,赵平略,点校.北京:中华书局,2015:108-109.
③ 高平叔.蔡元培教育论著选[M].北京:人民教育出版社,1991:377.
④ 马克思恩格斯文集(第9卷)[M].北京:人民出版社,2009:340.

发展还受到个人主观条件的影响。个人的主观因素是实现人的全面自由发展的主观条件。因为改造外在的世界和改造内在世界是相互联系的,一个人只有发挥自身的主观能动性,不断改造自己超越自己才能够走上全面自由发展之路。最后,实现人的全面自由发展的根本途径是教育和生产劳动相结合。人在生产劳动中不仅可以创造劳动财富,促进社会发展,为自身发展创造条件,同时也可以丰富个人的知识,增长经验,发展主体意识和各种能力,发挥潜能,在改造世界的过程中改造自己,从而实现自我的全面自由发展。尤其是在社会主义建设新时代,我国经济转型升级和新型基础设施建设过程中赋予了劳动教育新的内涵,因此有必要在新的社会条件下,探索教育与生产劳动结合的新方式,不断促进学生德智体美劳的全面发展。

（二）理想的教育

1. 什么是理想的教育

如果说教育的理想关照的是教育的未来,那么理想的教育则主要关注的是教育的现实,是对教育现实的一种要求。理想的教育应当是好的教育,是能够逐步实现教育理想的好的教育①。好的教育也是教育正向功能发挥的过程,它是能够给社会和个体发展带来益处的教育。区分好的教育和坏的教育是进行教育实践的先决条件。在教育实践之前,既要从主观上认识到好教育的标准,又能在实践中找到实现好教育的途径。

关于什么是好的教育,学者们也有广泛的讨论。陆有铨教授的观点是,好的教育就是适合的教育。适合一词具有丰富的含义,对于学生而言,适合的教育就是因材施教的教育,是顺应儿童身心发展的教育;对于国家而言,适合的教育是能够适应社会发展潮流、为社会提供合适的人才的教育。教育是价值关涉活动,人之所以"追求好的东西",是因为它们能够满足人和社会的需要,这是"好"的基本要素。"'好'就是'适合',而且不同时期和不同国家,有不同的'适合'。那么,我们应该追求什么样的'适合'呢？我觉得要考虑两个方面:国家的需求和人的发展。"②从这个角度看,适合是教育的唯一标准,因为教育不存在着抽象的好,也不存在抽象的坏,适合是教育唯一的好,"没有好教育,也没有坏教育,只有适合与不适合的教育"③。

也有学者认为,好的教育是以是否能够促进个体生命的成长为标准的。例如,刘铁芳教授在《什么是好的教育》中则认为,好的教育就是坚持人本立场,突出儿童本位,注重生命关怀与文化引领,是"引导者不断去欲求美好事物,以个体心灵中不断萌生的对美好事物的欲求来激励、引导个体生命的自我成长",是"活生生的生命感",是"提高个体生命的高度和欲求真、善、美的程度",还要"把人类文化中所蕴含的对美好事物的欲求转化为正在成长中的青少年个体内心之中对美好事物的生动欲求……给予个体美好事物的经

---

① 石中英等.教育哲学[M].北京:高等教育出版社,2019:69.
② 陆有铨.教育是合作的艺术[M].北京:北京大学出版社,2012:5.
③ 同上:6.

历"①。可见好的教育一定是以人为本的,体现出教育是培养人的活动这一本质规定性,突出教育的育人价值这一根本价值,把人看作教育的目的,反对任何把人工具化的意图和行为。

西方教育学者彼得斯通过对教育现象的分析,认为好的教育应当同时符合三条标准:第一条标准基于价值论的立场,认为好的教育必须具有合价值性。教育不是客观的,而是承载着各种价值期盼。教育不仅要传递有价值的知识和能力,引领教育对象朝着好的方向发展,还应当考虑所有的教育对象,追问谁的知识最有价值等教育社会学问题。第二条标准是从认识论出发,认为好的教育必须具有合认知性。好的教育必须符合认识的规律和教育内在的规律性,通过正确的认识路线帮助教育对象达到对事物、自然界、人类社会的正确认识和理解。第三条标准是基于教育历程和发展心理学确立的,认为好的教育必须遵从学生的身心发展规律,必须具有合自愿性。好的教育不能是强迫的教育,只能是通过对学生内在动机的激发引发出来的求知欲和对美好事物的追求欲。

2. 中国特色社会主义制度下良好教育的标准

学者们对于什么是好的教育的讨论为我们理解中国特色社会主义制度下好的教育提供了不同的理解视角和启发。有学者根据对中国教育传统和中国社会发展的现实的分析,认为中国特色社会主义制度下好的教育应当"坚持社会主义方向,坚定党对教育事业的全面领导,坚持以人民为中心的立场,体现社会主义教育的人民性",具有"普惠性、公平性、人民满意"等特点,并把这些标准具体化为一条根本的标准和四条具体的标准②。其中,根本标准就是人民满意的教育,能够满足人民对教育的需要和对美好生活的期盼;具体标准则包括德才兼备、知行统一、因材施教、有教无类四个方面。

德才兼备。好的教育要培养德才兼备的人。人有才而无德就不能坚持正确的政治方向和道德原则,容易追求私利而牺牲他人和社会的利益。人有德而无才则徒有雄心和抱负,无法实现个人的目标,也不利于社会的发展。人无德也无才则是废才。只有德才兼备方可实现思想道德和专业能力的统一,这不仅通向个人的完善之路也有利于社会的发展。

知行统一。知行统一是中华民族优秀的教育传统。朱熹认为,"知、行常相需,如目无足不行,足无目不见;论先后,知为先;论轻重,行为重"③。王阳明则认为知和行是统一的,"行之明觉精察处,即是知;知至真切笃实处,即是行"④。陶行知也认为"知是行之始,行是知之成"。毛泽东基于马克思主义哲学的立场,指出"主观和客观、理论和实践、知和行的具体的历史的统一"⑤。因此,好的教育要坚持知行统一,培养政治素质过硬、道德情操高尚、有真才实干能力的人才。

因材施教。因材施教是我国优秀的教育传统,是具有两千多年传承历史的优秀教育

---

① 刘铁芳.什么是好的教育[M].北京:高等教育出版社,2014:4-7.
② 石中英等.教育哲学[M].北京:高等教育出版社,2019:69.
③ 黎靖德.朱子语类[M].北京:中华书局,1986:148.
④ 王守仁.王文成公全书[M].王晓昕,赵平略,点校.北京:中华书局,2015:252.
⑤ 毛泽东选集(第一卷)[M].北京:人民出版社,1991:296.

原则。在中国古代,孔子教了3000多弟子,其中成就72贤人。孔子主张和遵循的教育方法就是因材施教,培养出了在各行各业都出类拔萃的人才。因材施教随着近现代心理学等学科的发展,具有了更科学的依据,然而现代教育制度中也存在一些制度安排和现实条件不利于因材施教的实现,但教学条件的改善、教学工具的改进也为因材施教创造了更好的基础。

有教无类。有教无类体现的是教育的公平原则,意指无论教育对象的出身和贫贱贵富,都应当有平等的受教育机会。有教无类是中国优秀的教育传统,也是中国特色社会主义应坚持的教育价值观。但有教无类的实现受限于社会条件。在中国古代,尽管人们已经认识到有教无类的教育价值,但限于社会物质生产条件和生产关系的限制,只能在局部得到实施。在资本主义社会因为教育具有阶级性和等级性,尽管他们也主张有教无类,但事实上根本不可能实现。在社会主义社会,教育应体现民主、平等、公平等原则,无论地域、年龄、性别、宗教差别,社会主义教育都应向教育对象提供公平的教育,在更高层次上实现有教无类。

三、旨在提升人生境界的教育观的确立

教育终究是关于人的,除了教会人生存的技能,还要让人学会生活。人不仅要活着,而且要体面地活着和有意义地活着,才能过上美好的生活。从美好生活的意义上看,教育的功能和作用就在于帮助人们不断提升人生境界。人生的境界不仅包括人的内在的精神修养所达到的高度,也包括人愿意生存于其中的状态①。

(一) 关于人生境界的界说

在中外思想史上,许多思想家对人生境界的内涵和层次进行了界说。如中国的先贤孔子将人的生存状态划分为小人和君子两种境界,同时又将君子划分为"仁人"、"贤人"和"圣人"三个层次。近代思想家冯友兰则将人生境界划分为"自然境界"、"功利境界"、"道德境界"和"天地境界"。其中,自然境界是指人们做事只基于自己的本能和社会风俗习惯;功利境界是指人们做事出于自己功利的目的;道德境界指人们做事是为了社会服务而不是个人私利;天地境界是指人们做事符合宇宙的法则和人类的利益。其中,自然境界、功利境界是人们现在就是的人,而道德境界和天地境界则是人们应该成为的人。

西人对人的生存境界也有诸多论述。例如,亚里士多德将人的灵魂分为"植物灵魂"、"动物灵魂"和"人的灵魂"。其中,植物灵魂的功能是营养和生殖;动物灵魂的功能除了生物灵魂的功能之外还有感觉、知觉和欲望;人的灵魂还具有植物灵魂和动物灵魂所不具备的理性功能。因而人生的最高境界就是在理性的生活形式中获得愉快、幸福和美感。凯尔凯郭尔则把人生境界分为"审美阶段"、"伦理阶段"和"信仰阶段"。审美阶段的特点是生活完全为感觉、冲动、欲望和情绪支配;伦理阶段的特点是个体的生活为理性所支配,愿意和能够遵循社会的伦理道德规范;信仰阶段的特点是人的生活为信仰所支配。

---

① 石中英.教育哲学导论[M].北京:北京师范大学出版社,2002:113.

而尼采则将人的精神状态划分为三种形态："骆驼"、"婴儿"和"狮子"。骆驼的形象是指人在主观意识领域放弃自卑，敢于抛弃陈见，能够经受压力；狮子的形象是指人能够攫取自由，成为自己的主人；婴儿则是指一种可以创造新生命和新价值的形态，也就是超人的状态。

（二）理想的人生境界描述

理想的人生境界包括"人内在的精神修养"和"外在的生存状态"两个方面。人的内在精神修养是指"人的内在精神修养所达到的水平或境界"①，理想的人生境界应当是指高层次的人生境界，是人的精神和灵魂从"低处"走向"高处"、从"黑暗"走向"光明"、从"丑恶"走向"美好"、从"虚假"走向"真实"、从"意见"走向"理念"、从"功利"走向"无我"的结果②。人的外在生存状态是指"人生活于其中的心境或意义领域"，也就是指一个人安于、乐于过一种什么样的生活，并赋予这种生活以积极、向上、乐观的意义。理想的人生境界就是人的内在精神修养的"高度"和人外在生活于其中的"状态"的统一。

对于一名合格的人民教师而言，理想的人生境界就是"有理想信念，有道德情操，有扎实学识，有仁爱之心"。尽管教师作为在具体社会中生活的人，也可能面临生活压力，面临各种诱惑和世俗价值观的挑战，但教师应当超越这些挑战，不忘初心，做一个对美好生活充满向往、对理想信念无比坚定、精神生活无比丰富的人，肩负立德树人重任，为国育才，全心全意为教育事业发展而努力奋斗，做到"我将无我、不负教育"。

（三）教育与人生境界的提升

1. 提升人生境界是教育的应有之义

新中国成立前的教育哲学家李石岑先生认为，教育目的在于提升人生境界，使人的生存状态从本能到功利再到道德之境和天人合一的状态。当然了，由于人们生活环境的不同和生活条件的限制，不可能要求每个人都能达到最高的人生境界，但每个人在达到一定人生境界的时候，都有向更高人生境界提升的欲求。教育应当在这个过程中发挥积极作用。

然而，在现实的教育实践中教育和人生境界的关系在一定程度上被家庭、社会、学校和学生忽略。主要的原因是受到市场、工具理性和个人主义的影响而形成的功利化的社会环境、教育价值观的影响，导致教育的核心任务不是培养人和提升人生境界，而是追求升学率、培养劳动力等效率指标，背离了教育的根本宗旨。因此，"教育的现在和未来应当比任何时候都关注人生的境界问题。教育不仅应该是满足个体和社会需要发展的工具，也应该是不断引导个体提升生命境界并通过它引导社会发展的工具"③。

---

① 张立文.新人学导论[M].广州：广东人民出版社，2000：303.
② 石中英.教育哲学导论[M].北京：北京师范大学出版社，2002：125.
③ 石中英.教育哲学导论[M].北京：北京师范大学出版社，2002：126.

2. 人生境界的提升需要教育

教育作为有目的有意识地培养人的活动,在提升人的境界方面具有独特优势。教育不仅能够指出人生境界的问题,也能够传播人生境界的学说、讨论人生境界的意义和启发人生境界的反思,同时能够通过榜样人物的学习等方法培植确立提升人生境界的信念。然而,也应当看到教育在促进人生境界提升过程中的特殊性:人生境界的形成过程是一个长期的反复的过程,不是一蹴而就的,因此需要系统地教育引导;人生境界的提升主要是一个内在的过程而不是外在的过程,因此不能通过灌输的方式来进行教育,而是一个教育引导和学生觉醒的过程;人生境界的提升过程不仅仅是一个认识的过程,更是一个实践的过程,因此教育在提升人生境界的过程中要注重运用践行的方法,不断提升学生的认识和觉悟,引导学生达到更高的人生境界。

第五节 古今中外教育观的分析与批判

古今中外的教育思想十分丰富,各种教育观互相关联、交叉甚至对立,对它们进行概括存在极大困难。在这里仅根据读者对象特点和需要分析,有选择地做一个导引性介绍,以期引起读者对教育观的反思和评判,形成自己的教育观。

一、中国教育史上教育观的分析与批判

中国历史上的教育观十分庞杂,但考虑到先秦诸子百家教育观对后世的影响,本部分简要介绍"儒、道、墨、法"的教育观,以期未来教师对作为后世教育思想源流的先秦教育思想有一概略性了解。另考虑到本书读者对象特点,关于中国近代史上的教育观主要介绍陈鹤琴的"活教育"观和陶行知的"生活教育"观。

(一)中国传统文化中的教育观

1. 儒家的教育观

孔子十分重视教育对社会发展的作用,认为教育是立国治国的三大要素之一。孔子认为治国的三个方面是"庶之、富之和教之"。其中庶和富是教育的先决条件。即一个国家要富强,首先要有较多的劳动力,然后要让人们有富足的生活,最后就是要通过教使人民受到政治伦理教育,做一个安分守己的人。孔子是中国历史上最早论述教育和经济发展关系的教育家。

在教育对个体发展的影响上,孔子认为"性相近,习相远",强调人具有大致相同的本性,后天的客观环境以及主观努力造就了人与人之间的差异。因此,孔子主张人应当终生受教育,才能在知识掌握和道德修养方面不断提升。在教育目的上,孔子提倡有教无类和

培养德才兼备的君子。在教育内容上,孔子继承了西周"六艺"教育传统,主张从多方面培养人,也就是培养多才多艺的人,促进人的多方面发展。在教育方法上,孔子主张学、思、行结合,主张启发诱导和因材施教,主张学生通过自觉修养德行。孔子还重视教师在教育中的典范作用,认为教师应当学而不厌、诲人不倦、温故知新、教学相长、以身作则和爱护学生。

孔子是全世界公认的伟大教育家思想家,在教育上力主创新,也有许多对教育的极有价值的见解,影响深远,为中国古代教育奠定了基础。但历代统治者都根据自己的需要改造孔子的教育思想,以维护封建统治秩序。因此,孔子的教育思想在不同的历史阶段起了不同的作用。今天在对待孔子教育遗产的时候,应当坚持历史唯物主义的立场、观点和方法,对其进行批判性地吸收。

另外,儒家的代表人物孟子基于人性本善的立场,认为人天生就存在着恻隐之心、羞恶之心、辞让之心、是非之心等"善端"。孟子认为"善端"需要后天的"存养",如果没有受到良好的环境熏陶和教育,人便不会发展成熟的道德品质。与孟子不同,荀子提出性恶论:"人之性恶,其善者伪也。""伪"是指后天人为养成的有价值的作为。因此,荀子非常强调教育与礼法的作用,认为这种作用不是"扩充"性质的,而是"矫正"性质的,阻止人向恶的方向发展。董仲舒则将人性划分为上等的圣人之性、中等的中民之性以及下等的斗筲之性。董仲舒认为,圣人之性"过善",无须继续接受教育;中民之性"有贪有仁",需要借助教育加以引导;下等的斗筲之性"恶厚",缺乏接受教育的潜质。

总的来看,儒家教育观与其人性论主张存在着密切关联,围绕着人性善恶、人性是否有差别、如何体证和实现人性等问题展开对教育的论述。《中庸》开篇认为:"天命之谓性,率性之谓道,修道之谓教。"天命之谓性,中间的性,即是指的人生来具有的善的本性,它是至真、至善、至美的。率性之谓道,即保持自己善良的本性,不被周围环境所影响。修正自己的行为,把它改过来,所以修道之谓教。《中庸》还将"诚"(真实)看作体证和复归人性的根本道路。

2. 道家思想中的教育观

道家认为人性无所谓善恶,人性本是自然的,因此回归自然是人性实现的唯一现实道路。道家将"性"看作"道"在人或物上的具体体现,将人性看作"道"与"德"的派生物,即"人法地,地法天,天法道,道法自然"。道家对自然的绝对遵循这一主张摒除了礼仪、规范、教化等外在于人的因素对人的发展的影响,有利于保全人内在的自然本性。道家基于自然的人性论,把教育过程表述为"为学日益,为道日损,损之又损,以至于无为"[①]的过程,即认为学习是一个不断地自然积累过程,不可能一步登天,同时悟道的过程又是将学到的东西忘记的过程,只有这个过程不断地持续下去,人才能达到自然发展的地步。因此,道家认为"自然"才是人类行为的最高标准,强调用"无为"去处世,以"不言"的方式教化人。

道家的教育观对于我们今天反思教育的问题具有重要启发意义。首先,在一定程度

[①] 王弼.老子道德经著校释[M].楼宇烈,校译.中华书局,2008:127-128.

上,人们的确会被自己所学到的知识束缚住,人们只要忘记那些既有的知识和规范,才能回到知识的原点,发现一些被原有的知识体系遮蔽的东西。另外,现代社会科学技术飞速发展,各种现代的、智能化的教学技术工具代替了原有的教育手段,甚至能够替代教师进行教学分析甚至主导教学过程,但技术在为教育赋能的过程中,也威胁到了教育的自然性。因此,道家的教育思想对反思现代化教育技术工具运用也具有重要启发意义。

3. 墨家思想中的教育观

尽管在社会理想上墨家和儒家存在着差异,但在教育的作用上,都强调教育对社会发展的作用。墨子认为,教育的作用就是"兴天下之利,除天下之害",通过教育能够使"有力者疾以助人,有财者勉以分人,有道者劝以教人"①。墨子反对孟子既承认天命论又肯定人的后天努力的教育观,阐述了环境对人的教育的影响。墨子说,人如"素丝","染之苍则苍,染之黄则黄"②,认为人性不是先天所成,而是在什么样的环境中教育出什么样的人。

在教育的目的上,墨家认为应当培养"贤士"或"兼士"这样一种理想的人格,以实现"兼相爱,交相利"的理想社会。理想的人的素质是"厚乎德行"、"辩乎言谈"、"博乎道术",既包括道德的要求,也包括思维论辩的要求和知识技能的要求③。在具体教育内容上,除了重视政治和道德教育之外,特别提到了科学和技术教育,包括生产知识、军事技能知识和自然科学知识等,目的在于让受过教育的人学得各尽所能的实际本领。除此之外,墨家还重视文史知识的学习和思维能力的培养。在教育方法上,主张学生主动学习、创造性学习和在实践中学习,主张教育应当量力而行,从学生的实际出发。

作为儒家思想对立面的墨家提出了不少合理的教育主张,尤其是主张实施科学技术的教育在中国古代的教育思想中显得尤其难能可贵。墨家的教育观和教育实践是中国古代教育思想中的一份宝贵遗产。

4. 法家思想中的教育观

法家的教育思想主要是基于对人性的估价,即基于绝对的"性恶论"。荀子虽然也主张人性本恶,但他所谓的人性恶是有条件的,认为通过化性起伪即教育的作用可以引导人从善。而法家认为这是不可能的,认为:"民之性,饥而求食,劳而求佚,苦则索乐,辱则求荣"④;"民之生,度而取长,称而取重,权而索利"⑤。法家认为,人与人之间的关系是一种计算的关系,君臣之间、父子之间无不如此。而且法家认为人性的这些特点是无法通过教育来改变的,只能通过严苛的法度来矫正。韩非子说:"人无毛羽,不衣则不犯寒;上不属

---

① 孙培青等.中国教育史[M].上海:华东师范大学出版社,2000:63.
② 同上:63.
③ 同上:63.
④ 商君书[M].石磊,译注.北京:中华书局,2009:67.
⑤ 商君书[M].石磊,译注.北京:中华书局,2009:72.

天而下不着地,以肠胃为根本,不食则不能活;是以不免于欲利之心。"①因此,法家着重强调如何通过完善社会制度来解决人性趋利避害可能产生的社会问题。

法家在教育上主张法制教育。"明主之国,无书简之文,以法为教;无先王之语,以吏为师。"其中,"以法为教"表达了法家所主张的教育内容,"以吏为师"则表达了法家实现教育目的的手段。法家主张清算古代奴隶制的文化典籍和道德说教,特别是儒家所尊崇的"礼、乐、诗、书"和"仁、义、孝、悌"等伦理规范,代替之以法律的条文。

从理论上讲,法治教育是教育不可或缺的一部分,教育也需要法律的规范。人的教育辅之以必要的法律规约才能够保证教育目的的实现。然而,法家只讲法治,将教育完全等同于法治教育,否定教育在人的发展中的作用是错误的。因此,法家的主张在后世中国教育中虽然存在影响,但并非教育主流。

（二）近代教育史上的教育观

1. 陈鹤琴的教育观

陈鹤琴的教育观主要体现在其"活教育"思想上。活教育的目的是教人"做人,做中国人,做现代中国人"。"做人"是"活教育"一般意义上的目的,做人就是要能够爱人类,不论国籍、民族、阶级和宗教,维护人类共同的生活准则,做人是建立良好人际关系、改造自然和社会、追求个人幸福的基本要义。但停留在一般意义上的做人,只能做一个抽象的人,教育的深层目的还要结合人所处的具体历史环境,因此还要做"中国人"。做中国人体现的是活教育的民族特征。做现代中国人则是活教育体现的现代精神,因而更加具体。具有现代精神的中国人不仅要有健全的身体、建设的能力、创造的能力,还要有合作和服务的意识。

在教育内容上,陈鹤琴认为,大自然、大社会都是活的教材。因此,教学内容不能局限于书本为主的教材,而是要向大自然、大社会直接学习。在教育形式上应当符合"儿童的活动和生活方式,符合儿童与自然、社会环境的交往方式"②。"做中教,做中学,做中求进步"是活教育的基本方法原则。其中"做中学"体现的是学生的积极主动性,"做中教"体现的是教师在教学过程中的引导作用,体现了学生的主体性和教师的主导性的统一。活教育的具体操作包括"实验观察、阅读思考、创作发表和批评研讨四个步骤"③。

活教育思想明显受到杜威实用主义教育哲学的影响,吸收了实用主义教育思想的合理内核,旨在批判传统教育忽视教育和生活、教育与实践的联系,忽视儿童的积极性和主体性等弊端,同时也考虑到了中国的国情。陈鹤琴的活教育思想在当今都未过时,对当今推进教育改革和课堂革命仍具有重要启发意义。

---

① 韩非子[M].陈秉才,译注.北京:中华书局,2007:104.
② 孙培青等.中国教育史[M].上海:华东师范大学出版社,2000:465.
③ 同上:466.

2. 陶行知的教育观

陶行知的教育观集中体现在他的生活教育理论中。陶行知认为教育应当是"生活的教育"、"为生活而教育"。① "从定义上说,生活教育是给生活以教育,用生活来教育,为生活向上向前的需要而教育。从生活与教育的关系上说,是生活决定教育。从效力上说,教育是要通过生活才能发生力量而成为真正的教育。"②其中,"生活即教育"是陶行知生活教育理论的核心:生活含有教育的意义;实际生活是教育的中心,生活决定教育,教育改造生活。陶行知的另一主张是"社会即学校",这是他"生活即教育"思想的具体化,意思是指社会含有学校的意味,一方面"运用社会的力量,使学校进步",另一方面"动员学校的力量,帮助社会进步"③。

在具体的教学手段上,陶行知主张"教学做合一"。他认为"教学做合一既是生活法,也是教育法。教的方法要根据学的方法,学的方法要根据做的方法。事怎样做便怎样学,怎样学便怎样教。教与学都是中心。在做上教的是先生,在做上学的是学生"④。教学做合一是对注入式教学法的否定,根据这一原则,陶行知认为,"一切课程都是生活,一切生活都是课程",因此他主张破除学科的知识体系,把"读的书"变为"用的书"⑤。

陶行知的教育观是一种大众的、为人民服务的教育观,不是为少数精英服务的教育观,陶行知从教育与生活的关系出发,旨在探索适合中国的时代特色和民族特点的教育理论。在这一探索的过程中其遵循的原则就是"去谋适合的,谋创造"的教育,从"生活的、行动的、大众的、前进的、世界的、有历史联系的"角度不断地去践行其教育主张⑥。

二、外国教育史上教育观的分析与批判

外国教育史上的教育观主要选取介绍近现代的教育观。外国近现代教育史上的教育观与其相应的人性假设存在着密切的联系,根据对人的不同理解,外国近现代教育史上的教育观主要可以分为:宗教人的教育观、自然人的教育观、理性人的教育观和社会人的教育观等。另外,受后现代主义思潮的影响,还有必要分析一下后现代主义的教育观。

(一) 宗教人假设的教育观

宗教人的教育观是从"人是宗教的人"这一立场提出的教育观。"宗教人"是马克斯·舍勒(Max Scheler,1874—1928)首先提出的一个概念。不过,在人类的早期社会里存在的宗教仪式和神话传说中也表现了"宗教人"这一人的形象。按照这一人的假设,人认

---

① 孙培青等.中国教育史[M].上海:华东师范大学出版社,2000:468-475.
② 同上:468-475.
③ 同上.
④ 同上.
⑤ 同上.
⑥ 同上.

为自己是被神所造的,因此把神作为崇拜对象。人既然是神创造的,那么人不过是神的摹本,教育的价值就在于"使人生来不完善的神性得到充分发展",教育的目的就是教人"从心灵上认识、热爱、赞美、信仰和服从神"①。宗教人假设还认为,人的肉体只不过是灵魂的暂时居所甚至是监狱,因此教师在教学过程中是可以对人的肉体实施惩罚的,使人的灵魂能够得到升华,从而论证了教师对学生惩罚的天然合法性。

"宗教人"的假设支配了迄今为止的西方教育学史的绝大部分时间,对教育知识的发展和教育实践具有长期、广泛和根深蒂固的影响。许多现代教育的奠基人诸如夸美纽斯、福禄贝尔,甚至英国哲学家怀特海和法国哲学家马里坦也认为教育的目的要建立在合宗教性基础上。宗教人的教育观是唯心主义的,是不科学的和错误的,不仅推导出了错误的教育目的,也演绎出了一些错误的教育方法。但不可否认的是,一些现代的教育家借助于神的名义,也叙述了一些有价值的教育思想,无论是夸美纽斯、福禄贝尔还是怀特海,他们的教育思想中都有很多值得借鉴的东西。因此,对于宗教人的教育观,要站在历史唯物主义和辩证唯物主义的角度进行批判地吸收。

(二)理性人假设的教育观

理性人假设是在西方哲学和历史文化中具有广泛影响的人性假设。亚里士多德最早在《形而上学》中提出"人是理性的动物"这一论断,并被无数人无数次引用。亚里士多德认为,人的灵魂可以分为非理性灵魂和理性灵魂两个部分。其中,非理性灵魂的功能是本能和感觉,理性灵魂的功能是思维、理解和认识等。亚里士多德肯定感觉器官在认识过程中的作用,而且认为它是不以人的意志为转移的,具有一定唯物主义思想,但他同时认为,感觉在人的整个认识过程中只是诱导作用,只有通过理性的思考才能获得真理和知识。但是在中世纪,人的理性被神性所压制,理性被置于信仰之下。文艺复兴之后,出于社会转型的需要,培养人的理性再次受到重视。牛顿、笛卡尔、开普勒、莱布尼茨,直到黑格尔和康德等都是理性主义哲学的传承和发展者。

"理性人"的假设对于18世纪、19世纪教育理论和实践具有重要影响,主要表现在以下几个方面②:第一,教育必须培养和训练人的理性;第二,教育活动必须合乎理性;第三,教育强调纪律和秩序。例如,约翰·洛克认为教育要培养理性自由人,教育的目的是要让孩子通过反复实践来养成自我约束的良好习惯,形成合理运用内在能力来行动的良好禀性,努力摆脱偏见,学会做自己的主人,成为真正的理性自由人。黑格尔也主张,"相信科学,相信理性,信任自己并相信自己。追求真理的勇气,相信精神的力量,乃是哲学研究的第一条件。人应尊敬他自己,并应自视能配得上最高尚的东西。精神的伟大和力量是不可以低估和小视的。那隐蔽着的宇宙本质自身并没有力量足以抗拒求知的勇气。对于勇毅的求知者,它只能揭开它的秘密,将它的财富和奥妙公开给他,让他享受"③。黑格尔在《法哲学原理》中进一步指出,教育学是使人们合乎伦理的一种艺术,它把人看作是自然

---

① 石中英等.教育哲学[M].北京:高等教育出版社,2019:81.
② 石中英等.教育哲学[M].北京:高等教育出版社,2019:81.
③ 黑格尔.小逻辑[M].贺麟,译.北京:商务印书馆,1980:35.

的,它向他指出再生的道路,使他的原来天性转变为另一种天性,即精神的天性,也就是使这种精神的东西成为他的习惯。

理性主义的教育观在教育史上有重要影响,但也有一定的片面性,它在主张人的理性发展的同时对人的非理性关注不够,这也使得与之相互交错的自然主义和非理性主义教育观显现出特有的价值。

（三）自然主义的教育观

自然主义教育观强调儿童本身所具有的自然本性,认为来自成人世界中的教育活动要尊重并保护儿童所具有的天性才能真正促进儿童成长。因此,教育应按照儿童生长的本来面目去实行,而不应僭越儿童应有的样态,实行成人意义上的教育。例如,卢梭认为,儿童的自然发展包含两方面的规定:一是指儿童发展的自然法则和自然权利,认为儿童的自然发展应当和自然界发展和谐一致,也应与儿童的身心发展水平相一致。二是强调通过大自然对儿童进行教育,认为自然之外无书籍、事实之外无教材,让儿童到大自然中去学习有关大自然的一切知识①。卢梭同时认为,人虽然是自然的人,教育的过程也应遵循人的自然性,但教育并不能终止于人的自然性,人的自然性与人的社会性存在着不可割舍的关系,"人没有任何规定,他是自由的动物。但正是这种素质引导他脱离了他原始的满足而走向了文明生活的苦难之渊源,但也给予了她掌握自己和自然的能力"②。

总的来看,自然主义的教育观主要包括以下方面:首先,教育应当顺应自然,认为教育的实质就在于尊重儿童的自然性,服从自然赋予儿童的内在本性,推动儿童身心的健康发展。在教育的方法上主张因材施教,倡导教育应尊重学生的个体差异,关注学生内在的生长秩序,引导学生朝着自身的个性化方向发展。主张实施情感教育,认为教育要尊重人本身所释放出的情感因素,关注教育过程中的情感生成,提升学生的情感品质。

自然主义强调人的自然的一面,主张教育应当遵从自然规律,到大自然中去学习,运用自然的教育方法,对于教育的发展有积极意义。自然主义的教育思想对后来兴起于欧美的新教育和进步主义教育起到了推动作用,其余波影响深远。但值得注意的是,人的自然性和社会性不可分割,教育更应当在遵从自然规律的基础上探索人的自然性发展和社会性发展之间的关系,才能真正发挥教育的作用。

（四）非理性主义的教育观

非理性主义强调人精神生活的非理性因素,同时对理性的局限和缺陷进行批判。非理性主义的代表人物和相应的思想演进线索主要是:叔本华和尼采的意志主义和生命哲学、海德格尔和萨特为代表的存在主义、费罗伊德的精神分析论以及法兰克福学派的一些主张。非理性主义否认理性具有认识世界的能力,认为人的存在以及世界的存在都是一个无序的、偶然的、荒诞的和不可理解的,因此认识世界要通过人的直觉洞察和内心体验,而不是通过具有逻辑形式的先验的或后验的理性形式。

---

① 于伟等.教育哲学[M].北京:北京师范大学出版社,2015:47.
② [美]施特劳斯等.政治哲学史[M].李洪润,等译.北京:法律出版社,2009:565.

例如，在叔本华看来，对世界的认识有直观和理性两种方式，但他们都作用于世界的表象。直观认识是理性认识的基础，但理性只不过是直观的复写。理性认识永远不能越出表象的界限、永远不能达到世界的内在本质。叔本华认为，人本身是非理性的，受到意志的支配而不是理性的支配。理性只不过是大脑的机能，大脑同其他身体器官一样受人意志的支配。因此，人的意志是第一性的，理性是第二性的，理性只不过是为人的意志服务的奴仆。因此，任何理性都是在意志支配下的有限理性。尼采则通过酒神精神解构太阳神精神，反对理性和秩序，认为理性只不过是虚构的，是弄假成真的结果，而且理性总是与人的本能处处为敌，造成人的痛苦。

非理性主义对西方教育观乃至中国现当代的教育思想都有广泛的影响，尤其是在20世纪90年代末和20世纪初我国教育改革和教育思想启蒙中，非理性主义代表思想家的思想受到教育界的广泛关注。非理性主义尽管敏感地把握到了人的存在的危机，但却没有指明走出危机的正确道路，他们的一些极端的观点，如"人生是荒谬的"、"他人即地狱"等极端的主张，很容易误导青少年。因此，必须注意的是，非理性主义作为一种医治过度理性化的教育的偏方也许是管用的，但非理性主义过度贬低理性，将理性置于权力意志的下位，过度强调人的本能和非理性方面，则有矮化教育的巨大危险，对个人的发展和社会的发展均可能带来不利影响。

（五）经济理性人假设的教育观

经济人假设是基于对人的经济学分析提出的"经济人"被认为是英国剑桥大学新古典经济学派创始人马歇尔提出的，但它的思想内核可以追溯到18世纪英国经济学家亚当·斯密。亚当·斯密认为："一个人尽毕生之力，亦难博得几个人的好感，而他在文明社会中，随时有取得多数人的协作和援助的必要……要想仅仅依赖他人的恩惠，那是一定不行的。他如果能够刺激他们的利己心，使有利于他，并告诉他们，给他做事，是对他们自己有利的，他要达到目的就容易得多了。"①。可见人们的行为"受着一只看不见的手的指导，去尽力达到一个并非他本意要达到的目的。也并不因为事非出于本意，就对社会有害。他追求自己的利益，往往使他能比在真正出于本意的情况下更有效地促进社会的利益"②。奥尔逊在《集体行动的逻辑》中也认为，"除非一个集团中人数很少，或者除非存在强制或其他某些特殊手段以使个人按照他们的共同利益行事，有理性的、寻求自我利益的个人不会采取行动以实现他们共同的或集团的利益"③。

根据相关经济学家的论述，经济人的假设主要包括以下几方面内容：人在本质上是自私自利的和趋乐避苦的，人类行为的主要动机就是追求自身利益最大化；人在实际生活中对他人或公共利益的关心并非出于个人本意和道德修养，而是权衡自身利益得失的结果，即实现个人利益的手段；人是精于计算的，计算的结果是人行动决策的依据，而人的情感

---

① 亚当·斯密.国民财富的性质和原因的研究（上卷）[M].郭大力，王亚南，译.北京：商务印书馆，1972：13.
② 同上：27.
③ 曼瑟尔·奥尔森.集体行动的逻辑[M].陈郁，等译.上海：上海三联书店，1995：2.

和同情心只不过起到调节的作用。

经济人假设与西方功利主义教育观密切相合,对西方的教育理论与实践也有深刻影响。它不仅构成了西方教育理论和教育管理的人性论基础,也影响到了教学过程中对学生学习行为和学习动机的分析。在市场经济渗透进社会方方面面的时代,基于经济人假设的教育观无疑能够解释很多教育现象,如学生择校时的投入产出分析、教育评价中的绩效考核以及教师教学中数字指标的崇拜等。但经济人对人的理解过于冰冷和功利,不仅不能够充分揭示教育过程中的利他行为动机,而且"对人的丰富情感生活、高尚的精神生活以及壮烈的社会牺牲行为也不能给出充分合理的解释"。另外,从最根本的角度来看,教育的目的并不是培养人的计算之心,教育的目的蕴含着丰富的内容。而且从更长远的历史阶段来看,基于市场交易原则的"经济人"也可能只是人类历史长河中的一个短暂的发展阶段。因此,在市场经济社会中,教育既要利用市场经济促进教育活力的一面,还要保持对市场浸润教育的警惕。

案例

在"标准化测试"、"模拟化检验"、"达标性检测"、"针对性训练"、"目标化习题"等不断出现的背景下,很多中小学生都在学校教育中接受着来自各方面的"科学化"考评。考试分数,似乎成为衡量学校发展状况、学生成长状况的唯一标准;分数趋势图、排名统计表、进步幅度表等冰冷的工具成为表征学生学业状况的主要标准。

(六)社会人假设的教育观

社会人假设认为不能抽象地断言人是善的、恶的、理性的、非理性的或者是精于计算的,认为人的本性根植于社会,决定人存在与发展的是后天的社会环境而不是先天的本性。西方的这种人性观点以及相应的人的存在观与中国古代墨家的主张有相通之处。例如,墨子认为人性犹如未加以浸染的素丝,其本身并不具备任何先天的倾向性,"染于苍则苍,染于黄则黄。所入者变,其色亦变。五入必,而已则为五色矣"。"故染不可不慎也"[1]。而洛克在《教育漫画》中说:"我只把他看成是一张白纸或一块蜡,是可以随心所欲地做成什么式样的。"[2]杜威在《学校与社会》中也论述道:"儿童在智力上、社会性上、道德上和身体上是一个有机的整体。我们必须从最广义上把儿童看作社会的一个成员,要求学校做的任何事情都必须使儿童能够理智地认识他的一切社会关系并参与维护这些关系。"[3]另外,一些近代社会学家如法国社会学家孔德、迪尔凯姆,德国的凯兴斯泰纳、纳托普等,也主张个体的发展要符合社会发展的要求。

尽管上述思想家的教育思想都可以归结为社会人假设的教育观,但他们具体的教育主张还是有较大差异。例如,杜威尽管注重儿童与社会、教育与社会的联系和统一,但他

---

[1] 墨子[M].李小龙,译.北京:中华书局,2007:15.
[2] [英]约翰·洛克.教育漫画[M].傅任敢,译.北京:教育科学出版社,1999:185.
[3] [美]约翰·杜威.学校与社会·明日之学校(第2版)[M].赵祥麟,等译.北京:人民教育出版社,2005:138.

也注重个体的自由和个性发展,因此也常被归结为美国进步教育运动的旗帜性人物。而孔德、迪尔凯姆、凯兴斯泰纳、纳托普等则是社会本位论的代表,认为社会价值高于个人价值,因而教育的目的是让个体认同社会、与社会合作、为社会服务。

总的来看,社会人假设的教育观都特别强调社会的教育目的以及社会环境对教育的影响作用,因而主张教育应当符合社会的需求,或者维护,或者推动社会的变革,主张营造适宜的社会环境潜移默化地促进儿童的发展,在具体教学过程中注重教学与社会的联系,通过精心设计并参与社会活动来进行教育。但这种教育观存在的问题(杜威除外)主要是:"过于强调外部环境对儿童的影响,而看不到儿童自身在适应和理解外部环境意义方面的积极能动作用。"①

社会人假设的教学方法主要包括以下几个方面:(1)强调社会实践。涂尔干、杜威等都是在真实的社会实践场域学习的方法的倡导者和实践者,关注学习者个体在真实的社会场域、社会事件中的认知、感受和反思,并由此帮助学习者获得更加真实的社会意识以及不断地改造社会和完善自我的勇气。(2)注重思想理论灌输。认为思想理论"只能从外面灌输进去"②,因而十分强调将外在的思想理论以灌输的方式传递给受教育者,促进受教育者对思想理论的内化,并引导其逐渐外化为自身的实践活动。(3)重视集体教育的作用。社会人性假设的教育观强调真正的共同体或集体生活在教育活动中的重要性,认为人们只能通过真正的共同体或集体生活才能认识自己、发展自己、提升自己。

(七) 后现代主义教育观

与理性主义、经验主义、实用主义不同,后现代主义并不是一个专门的哲学派别,而是一些具有共同理论信念和价值主张的思潮的统称。其代表人物包括利奥塔(1924-1998)、福柯(1926-1984)、德里达(1930-2004)、鲍德里亚(1929-2007)等。后现代主义是对现代主义反思的后果,是对现代主义世界观、知识观、价值观乃至思维方式的一种批判性回应,后现代主义的主要特征是"反人类中心主义、反理性主义、反科学主义、反本质主义、反基础主义、反普遍主义、反世俗主义、反技术形而上学、反消费主义等"③。

后现代主义对现代主义的一切律条进行解构,反对任何的普遍和本质规定性,走向了价值相对主义、怀疑主义,但同时使人们认识到了价值的相对性和多元性。后现代主义反对物质与精神、普遍与特殊、中心与边缘、东方与西方、个人与集体、理论与实践、目的与手段这样二元对立的思维方式,反对任何的权威、中心和非此即彼的思维方式。后现代主义分为激进的后现代主义和建构的后现代主义。激进的后现代主义只是一种批判的思维方式,而建构主义的后现代主义则试图在对现代性律条批判的基础上达成新的认识。

后现代主义在教育领域产生了很大影响。在教育目的上,由于后现代主义批判任何的话语霸权,因此也就不存在固有的和必然的教育目的。但根据后现代主义的精神实质,它的教育目的就蕴藏在批判性思维能力的培养中。例如,吉鲁(1943)认为,教育要反对

---

① 石中英等.教育哲学[M].北京:高等教育出版社,2019:87.
② 列宁选集(第一卷)[M].北京:人民出版社,2012:317.
③ 石中英等.教育哲学[M].北京:高等教育出版社,2019:36.

学校的文化霸权,提倡文化的多元性,强调学生个体经验的价值,并提高学生的文化批判意识和能力。但对个体经验的强调又要避免陷入个人主义,而是要实现"关系中的自我"、"共同体中的自我"。

后现代主义对既有的学科制度和课程知识体系也展开了批判,努力揭示和批判课程和知识背后的权力和利益,认为并不存在客观、中立和普遍的知识,并抛出了"谁的知识最有价值"的命题。主张学校的课程纳入本土性知识,平等对待不同民族、种族、阶层和性别的知识,形成知识之间的平等交流、交融的网络。

后现代主义还对传统的师生关系展开了批判。由于知识的客观性受到了后现代主义的彻底批判,因此也就不会存在一个拥有知识权威的人。教师在师生关系中的权威地位从认识论层面被消解了,师生之间不再是授受关系,教师甚至不是平等中的首席,而是学生学习的协助者和支持者,通过"倾听、沟通、交流、对话和赋权"实现自己的角色功能。

后现代主义对现代教育的积弊进行了深刻反思,是针对现代教育问题的一剂良药,在教育理念、教学管理和教学实践层面推进了教育的民主化进程,对于促进教育平等与公平具有重要意义。后现代主义作为一种批判思维的方式其价值是无可估量的,但如果陷入思维的相对主义,就无法真正解决教育领域的困惑。

本章小结

1. 尽管古今中外教育家对教育有不同的看法,但概括起来教育的原典精神至少包括以下两个方面:首先,教育是人生存的需要,教育要给人以生存的技能,使人能够存在下去,进一步发展成为有主体性的人和全人。其次,教育是为了社会更好地发展,教育从本质上看是培养人的活动,培养人是教育的本体价值,但教育同样要满足社会的需要,促进社会的发展。随着社会生产力的进一步发展,教育与生产知识、生产技能的结合日益紧密,为教育同时满足人的发展需要和社会需要创造了空前的物质基础。

2. 尽管人们对教育本质的争论仍然存在,但经过广泛的讨论对教育的本质也达成了一定共识:其一,教育是人类社会的特有现象;其二,教育是一种培养人的活动;其三,教育的直接目标是促进人的身心发展。这也是教育的"普遍本质"。教育的特殊本质是培养社会发展、知识积累、文化传承、国家存续、制度运行所需要的人,我国社会主义教育就是要培养社会主义建设者和接班人。

3. 教育目的的理解有广义和狭义之分。广义的教育目的是指人们对教育的期待,如国家、政党、社会团体、思想家、教师、家长和学生对教育培养什么人的期待,它在一定程度上体现为人们对教育的理想。狭义的教育目的是指国家对本国教育培养的人才的质量和规格的总要求,主要包括两个层面的内容:一是为谁培养人,也就是培养为什么社会服务的人,规定的是人才培养的社会立场;二是培养具有何种素质的人,主要是为了明确受教育者应当在哪些方面得到发展,以及发展到何种水平。

4. 教育功能是与教育本质密切相关的一个概念,指的是教育的作用,是在一定的环境和条件下教育对人或者社会所发挥的作用,它往往指向"教育活动已经产生或者将会产生的结果,尤其是指教育活动所引起的变化、产生的作用"。从社会学的功能分析理论来看,功能本身是一个中性的概念,这意味着教育功能的作用可能是正向的,也可能是负向的。

5. 教育的理想是教育本质的充分实现,也是教育观的体现方式,是人们对未来教育图景和目标的期望。把握教育的本质,追求教育的理想,是教育工作者做好教育工作的思想前提和价值使命。理想的教育应当是好的教育,是能够逐步实现教育理想的好的教育。好的教育的根本标准就是人民满意的教育,能够满足人民对教育的需要和对美好生活的期盼,具体标准则包括德才兼备、知行统一、因材施教、有教无类四个衡量的方面。

复习与思考

1. 结合教育的历史发展和中外教育家对教育的理解,谈谈你对教育的原典精神是如何认识的。

2. 通过第二节的学习,说说你自己对"教育"概念的内涵是如何认识的。

3. 比较教育的"洞穴"隐喻、"生长"隐喻以及"农业"隐喻各自的解释力和局限性。

4. 结合新时代,谈谈你对教育本质的理解。

5. 如何理解教育的目的与功能,当代教育应当发挥何种功能?

6. 当代教育实践中的教育观存在哪些问题?根据你对教育观的理解,结合当代教育实际应当如何重构教育观?

7. 现阶段实现人的自由全面发展教育理想的主要困难和障碍有哪些?如何根据马克思主义的立场、观点和方法来解决这些困难和障碍,加速实现人的自由全面发展?

8. 什么是教育观?教育观和教育价值观是什么关系?教育价值可以排序吗?如何排序?存在一个固定不变的教育价值秩序吗?内在价值与工具价值、育人价值与社会价值以及教育的政治价值、经济价值、文化价值之间何者优先?当前我国教育改革中应当坚持什么样的教育价值观?

9. 请上网搜集一下人民对教育的不满意究竟表现在哪些方面。讨论为什么要把人民的满意作为判断中国特色社会主义制度下良好教育的根本标准。

10. 教育和提升人的人生境界存在什么关系?如何通过教育提升学生的人生境界?

阅读参考资料

[1] 教育部.习近平总书记教育重要论述讲义[M].北京:高等教育出版社2020.

[2] 石中英等.教育哲学[M].北京:高等教育出版社,2019.

[3] 刘志军等.教育学[M].北京:高等教育出版社,2011.

[4] 于伟等.教育哲学[M].北京:北京师范大学出版社,2015.

[5] 约翰·杜威.民主主义与教育(第二版)[M].王承绪,译.北京:人民教育出版社,2001.

第三章 人的本质与学生观

【名人名言】

教育的秘密在于尊重学生。

——爱默生

【本章提要】

教育与人之间的关系是教育研究的经典议题。持有什么样的人性论往往影响着人们对学生的不同的看法和对教育的主张和实践。本章将根据人类认识自身人性的思路以展现有代表性的教育家、思想家的人性论对其学生观形成的影响和作用,并对不同人性论影响下的不同学生观在教学领域的影响进行相应的分析,进一步指出当前形势下应在全面把握人性的基础上重新认识学生,树立以人为本的正确学生观,促进学生健康、和谐持续发展。

【学习目标】

1. 以人的视角理解人性的内涵,认识人性之于教育的意义。
2. 了解不同教育思想史中不同教育家的人性观及其教育理论主张。
3. 全面了解影响人身心发展的各个因素。
4. 合理看待古今中外的学生观,并进行分析和评价。
5. 树立正确的学生观,理解"以人为本"的内涵。

第一节 教育对象的人性假设

人的争论是一个历久弥新的话题,自有历史记载以来就开始了对人类自身的追问,人性问题的研究也在许多学科中有所涉及,比如哲学、教育学、生物学、人类学、社会学、心理学等。无论在历史中还是现实中,人们的教育总是与一定的人性观相联系,即教育者确定教育目的以及为了达到教育目的而选用的教育方法等都是基于他所认同的人性观。人性和教育存在着内在的、本质的、必然的联系,人性是教育之本,是教育的起点,也是教育的终点,且贯穿于教育的全过程。

一、中西方哲学中的人性论

人性问题在人类思想史上争议颇多,不管是在中国还是西方,各个时期的哲学家、教育家等都非常重视对人性的探讨。中国古代思想家对人的先天本性的认识,有性善论、性恶论、性有善有恶论等几种观点。在西方,关于人的天性与后天发展等方面的认识,也有不同的观点,如亚里士多德的自然主义人性原则、洛克的白板论等。

(一) 中国哲学的人性论

1. 性三品说

人性是关于人的本质属性的认识,是区别于动物为人类所特有的。在先秦时期,中国就有关于人性的论述。儒家思想中蕴含着中国古代最丰富、最成熟的人性论。人性理论是教育思想的重要理论基础。

从孔子开始,儒家就开始了对人性问题的探讨。现在通常认为孔子没有提出人性论,依据是"夫子之言性与天道,不可得而闻也"①,但并不是说孔子没有人性观,只是孔子对人性较少提及。孔子虽然对人性没有作出理论的解释,但他却认为人性是相近的,人之间的巨大差异是由后天不同的习染造成的;孔子的这一言论只是针对中人的,绝大部分人都属于中人,教育只对这部分人起作用。这种观点只是其人性论的一个组成部分。孔子将人性分为三等,使古代人性论从此被打上了等级的烙印。孔子的人性理论对后世影响深远,成为封建社会最重要的人性观。后来的许多思想家都受他影响将人性分为三个等级,如董仲舒、韩愈、王充、颜之推等。他们往往将人性分为上、中、下三个等级,都不同程度地强调了人性的不平等。

2. 性善论

《中庸》首章就提出:"天命之谓性,率性之谓道,修道之谓教。"②顾名思义,"天"所赋予的就是"性",人性的本原来自于天,天的本质是什么?子思本人认为:"诚者,天之道也;思诚者,人之道也。"③可见,"天"的本质就是"诚",那么,怎样做到"诚"呢?《中庸》指出,诚身有道可循,这个道就是善,可以见得,《中庸》中蕴含着是儒家的性善论。孟子从道德的角度讨论人性,他不承认"生之谓性",只有道德本质才是"人之所以异于禽兽者"。也就是说,孟子对于人性的思想"不是从人的生物本性来看人性,而是把人作为一个类与禽兽相比较来看人性,认为只有把人与禽兽的区别开的那些属性,只有人之所以为人的那些特征才是人性"④。在孟子这里,"性"不再是一个关于人与动物的共同属性的称

---

① 杨伯峻.论语译注·公冶长[M].北京:中华书局,2016:65.
② 王财贵.学庸论语[M].厦门:厦门大学出版社.2000:13.
③ 王财贵.学庸论语[M].厦门:厦门大学出版社.2000:25.
④ 钱逊.孟子读本[M].北京:中华书局,2010:189.

谓，对人来说，它恰恰是人与动物的根本区别所在。孟子认为："恻隐之心，仁之端也；羞恶之心，义之端也；辞让之心，礼之端也，是非之心，智之端也。人之有是四端也，尤其有四体也。"①孟子继承了孔子"仁"的相关论点，他特别强调人所具有的恻隐、羞恶、辞让、是非之"四心"，"四心"分别是仁、义、礼、智的基础，是起端，进而论证了"善"也是人类的基本属性之一。孟子的性善论的观点被后代许多人推崇，如郑玄、王守仁等。

3. 性恶论

先秦儒家中，荀子对人性的论述较为集中。荀子认为："今人之性，生而有好利焉，顺是，故争夺而辞让亡焉；生而有疾恶焉，顺是，故残贼生而忠实亡焉；生而有耳目之欲，有好声色焉，顺是，故淫乱生而礼义文理亡焉。"②显然，荀子在这所说的"今人之性"与孟子所提到的"性"不同。荀子所说的"性"指人的自然本能，而不是人的道德品质。荀子认为人的本性是"恶"的，本性中不存在道德和理智，如听任本能而不加节制，必将产生暴乱。荀子并非简单而绝对的性恶论者，这实际上是一种"人性恶端说"。荀子在《性恶》篇中提出了其人性论的基本原则，那就是"性伪之分"，后天习得者叫"伪"，"伪"泛指一切通过努力而使人发生的变化。在荀子看来，正是人后天的习伪才使得人可改造最初的恶性。荀子看到了人原始本性的恶，但更注重后天的习染作用。"性"与"伪"通过后天的学习结合在一起，才能实现对人的改造，任何人都可以习得善，也正是如此，荀子说："涂之人可以为禹。"（《性恶》）荀子持有的观点是一种相对的性恶论。法家提倡的是一种绝对的性恶论，法家代表人物韩非认为人与人之间的关系是一种纯粹的利益关系，每个人都是自我中心主义者，自私自利是人之本性，就连君臣之间、父母与子女之间都是相互算计的利益关系，一般人的关系更是如此。他们的思想对战国末期具有极其重要的影响。

4. 有善有恶之说

有善有恶之说也称为"性二元论"，秦汉时期的傅玄以及宋元时期的朱熹持这一种观点。朱熹的人性论学说是建立在理的基础之上，认为"性即理也"，他在继承前人提出的"天命之性"和"气质之性"两个命题的基础上，借助理与气的演化来阐明了人性中善恶产生的根源。首先，朱熹认为"天命之性"是纯然至善的，不存在恶，是超越个体而普遍存在的。其次，朱熹说道："先生言气质之性，曰：'性譬之水，本皆清也。以净器盛之，则清；以不净之器盛之，则臭；以污泥之器盛之，则浊。本然之清，未尝不在。但既臭浊，猝难得便清。'故'虽愚必明，虽柔必强'，也煞用气力，然后能至。"③也就是说，"理"与"气"结合在一起，就体现为"气质之性"。"气质之性"有善有恶，有清有浊，清明至善即为"天理"，浑浊不善则为"人欲"，而每一个人所秉受的"气质之性"各不相同。再次，人的善恶除了受气质之性影响外，还受到后天对物欲的追求，朱熹说："人之有生而有血气之身，则不能无气质之偏以蔽之于前，而又有物欲之私以蔽之于后，是不能皆知其性以至于乱伦理而陷于

---

① 孟子.孟子[M].牧语，译.南京：江西人民出版社，2017：172.
② 荀子.荀子全鉴[M].孙红颖，译.北京：中国纺织出版社，2016：690.
③ 黎靖德.朱子语类（第4卷）[M].北京：中华书局，1978：72.

邪僻也。"①

5. 启蒙思想家的自然人性论

明代的王廷相以及清代的王夫之、黄宗羲、戴震、颜元等持这一观点。但早在先秦时期,道家创始人老子就主张自然人性论,他认为人性是自然纯朴的,强调了人性的平等。王夫之突破了以往静止与僵化的人性观,他认为人性不是一成不变的,而是处在不断地发展之中,他说:"性者,生理也,日生则日成也";"命日生,则日成,则性日成"②。人性"日生日成",是后天形成的,人的善恶并非天定。他主张人性是后天学习而成的,是"日生则日成",是"继善成性"的。"性"与"习"是统一的,"天为相为有功",而形成后天的"习性"。这也就是说,人的道德观念和行为,是由环境和教育的力量形成的,是"立教增于有生之后"的,而并"非性之本然"。王夫之主张教师应该注意儿童的个性特点,发挥儿童的能动性。颜元认为性、情、才统一,肯定了人的自然属性与感情欲望。王廷相则认为人性先有其自然属性,然后才有其社会内容,人性是一种"知觉运动",是一种精神活动。

6. 人性平等之说

告子认为:"人性之无分于善不善也,犹水之无分于东西也。""凡物皆因际会而成,人性亦犹是也。"③这也就是说,告子认为人的本性是与生俱来的,它是中性的,人的行善不是先天的本性所趋向的自然结果,是受后天的环境影响而形成的。墨子对人性的关注也不在于先天的命,而在于后天的人及人"力",反对"命富则富,命贫则贫"的宿命论,强调教育的作为,所以他说:"夫岂可以为其命哉?故以为其力也。"④因此,墨子更加注重用积极的教育,弘扬人间"良道",希望"有道者劝以教人",而不应该"隐匿良道而不相教诲"⑤。正是基于这样的认识,墨子对教育何以存在的理解,更加贴近当时社会人们的生活需要,并从人性"欲生"、"善生"的视角探讨了教育得以存在的伦理基础。

(二) 西方哲学中的人性论

1. 古希腊德行主义人性论

古希腊的哲人很少直言人性,但绝不缺少对人性的思考。从苏格拉底开始,古希腊哲学由早期关注宇宙的起源和本质问题的自然哲学转向思考人的问题的道德哲学。"德行即知识"的命题是苏格拉底道德哲学的核心。在苏格拉底看来,德行就是人的本性,即节制、正义、虔诚等,知识、智慧和道德具有内在的直接联系。人的行为的善恶主要取决于他是否掌握有关的知识,只有知道什么是善、什么是恶,人才能趋善避恶。在这个意义上,

---

① 朱熹.晦庵先生朱文公文集(第15卷)[M].北京:北京图书馆出版社,2006:691.
② 王夫之·尚书引义[M].北京:中华书局,1976:196.
③ 吕思勉.先秦学术概论[M].桂林:广西师范大学出版社,2010:97.
④ 墨子.墨子全鉴[M].东篱子,解译.北京:中国纺织出版社,2016:498.
⑤ 墨子.墨子全鉴[M].东篱子,解译.北京:中国纺织出版社,2016:143.

"美德就是知识"。人与一般动物的基本区别就在于人具有理性,因而能追求知识。苏格拉底认为未经理性省查的生活是没有价值的,一个人只有"先认识自己",才能成为一个有理性有德性的人。

柏拉图延续了苏格拉底的德行主义人性论路线,柏拉图认为人是由有形的肉体和无形的灵魂组成的,肉体必须服从灵魂的支配。在柏拉图看来,人的本性就是人的灵魂。他把灵魂看作由理性、激情和欲望三要素构成的集合体。理性是灵魂中最高贵的部分,是人的灵魂的主导,只有它具有判断能力和达到最高真理的理解。激情是灵魂中的中间部分,是人体内特有的动力之源。欲望是灵魂中最大、最低劣部分,受理性和激情的双重制约。"一个人在其灵魂中,各部分各安其位的人是正义的人"①,当激情与欲望接受理性的领导而各守其职、各尽其性时,灵魂便有了自然的和谐,灵魂就获得了最高的德行——正义。柏拉图强调理性对激情和欲望的控制与指导,并把它作为德行形成的条件,使古希腊德行主义人性论具备了理性的思想基础。

亚里士多德在前人的基础上继续构建人性理论体系。古代思想发展到亚里士多德时代,大体形成了比较完善的人性理论体系。亚里士多德认为,人和一切其他生命实体的根本差别就在于人具有理性,他将人的灵魂划分为两个部分:理性的部分和非理性的部分。非理性部分包括植物灵魂和动物灵魂两种成分。同时,他又把人的灵魂划分为营养的灵魂、感觉的灵魂和理性的灵魂三部分。"营养灵魂寓于一切其他能力之中,它是灵魂最初的、最为共同所有的能力,一切生物靠了它而具有生命。"②也就是说,营养灵魂主要表现在发育、生长等生理方面。感觉灵魂是任何动物所具有的,人除了营养灵魂的功能外,还具有情感、欲望等。理性灵魂除具有营养灵魂和感觉灵魂的功能外,还具有思维和推理的能力。亚里士多德灵魂论为发展人的体育、德育、智育提供了人性论上的依据。在亚里士多德看来,幸福是人生的目的,幸福又是从德行展开的,"对于人,符合于理性的生活就是最好的和最愉快的"③,实现幸福的途径就是践行德行,教育的最终目的就在于发展人的理智。

古希腊哲学中的人性论思想是古希腊哲人探索人类自身本质的宝贵尝试。苏格拉底开创了德行主义的人性论模式,柏拉图和亚里士多德逐步将它系统化与完善化,共同奠定了德行人性主义的理论基础。

2. 近代西方的人性论

近代哲学源于文艺复兴运动,文艺复兴运动的主旋律就是反叛中世纪基督教以神性来贬抑人性,高扬古希腊的人文主义精神,宣扬人性解放。文艺复兴时期的人性论者大都肯定人的自然欲望。他们的主旨就是要为人的感性的存在和需要进行辩护。他们的人性观,被英国的经验主义、法国的启蒙主义和德国的理性主义者所继承和发扬。以人权反对神权,维护人的价值和地位。以人性反对神性,推动自由意志和个性发展。人文主义者要

---

① 苗力田.古希腊哲学[M].北京:中华人民大学出版社,1989:297.
② 苗力田.古希腊哲学[M].北京:中国人民大学出版社,1989:479.
③ 北京大学外国哲学史教研室.古希腊罗马哲学[M].上海:商务印书馆,1961:328.

求人们把目光从神转向人。笛卡尔的哲学是以确立人的主体性地位为核心的,他在《沉思集》中指出:"我除了是一个思维的某物质外……再也没有别的东西属于我的本性,或我的本质所有。"①人的本质就体现在他的理性认识能力中,人在宇宙中的地位完全取决于理性的力量。人只要拥有理性,就能够自己决定自己的命运,就能够成为自然界的主人。康德也把理性作为建立他人学思想大厦的基础,把人的本性看作理性存在物,认为理性是人的本质所在。人的本性是理性存在物,它能按先天的理性原则,即善良意志去行动,不受感性的物质利害关系支配。理性为自己立法,自己遵守,自己是自己的主人,自由理性是人的最高本质所在。人有能力根据自己设定的目的使自己完善,成为理性的动物。洛克则从经验论的角度认为,人的天性是趋乐避苦,"一切含灵之物,本性都有追求幸福的倾向"②。从洛克的人性论引出他的善恶观,他认为善或恶是快乐和痛苦本身,凡能引起快乐和痛苦的各种东西,也能被人认为是善的或恶的,洛克认为人性不是先天生成的,是后天社会实践、教育所塑造的。基于此,洛克认为儿童需要合理的引导和管教并且要讲究方法,儿童具有巨大的发展潜能。夸美纽斯认为智慧、德行及虔诚的种子天赋于人的身体之中,教育就是遵循"种瓜得瓜,种豆得豆"的自然法则,把自然赋予人体内的善的种子激发出来。

法国18世纪的启蒙思想家、哲学家卢梭认为,人从出生起就具有善良的种子,还来之所以变坏,主要是环境中的不良影响所致。因此,他提倡自然教育法,让儿童在没有人为干预的环境中成长,并想把儿童培养成拥有自然法则和权利的自由人,将这种观念运用到成人世界,卢梭注重的是天赋人权,他认为现代国家公民是将自己拥有的一部分权力以契约的形式转让或委托给国家,国家代表的是人民的意志,主要维护个人的权利,否则就是专制。卢梭的教育思想高度重视儿童的天性,倡导的是自然主义和儿童本位的教育观,是现代教育思想的重要来源。在教育目的上,他主张培养身心和谐发展的"自然人",反映了对人的发展的合理要求,他反对古典主义和教条主义,倡导人们学习真实有用的知识,反对填鸭式的教育,提倡启发式的教育,主张直观教学,反对向儿童灌输道德教化。

19世纪德国哲学家费尔巴哈非常重视人与自然的联系,推崇感性,认为人的本质应表现为"我欲故我在",人是感性的对象,没有任何脱离自然的特殊规定。提出人的存在只归功于感性。他还指出,现实的人是万物之本,新哲学的对象不是抽象的自我,而是一种实在的和完整的人的本质,即自然的人、现实的人。对于现实的人而言,追求幸福乃是他的自然欲望,幸福有趋乐和避苦两个方面。

19世纪德国哲学家、教育家赫尔巴特就认为,人生来就有一种"盲目冲动的种子",也就是不顺从和不驯服的烈性,教育的作用就是通过管教把儿童的野性压下去,"造成一种守秩序的精神"。因此,他主张教育中的体罚③,也就是通过严格的管理和训练来养成学生的道德,需要教化才能使其本性回到善的层面上。

---

① 勒内·笛卡尔.第一哲学沉思集[M].庞景仁,译.北京:中国社会科学出版社,2009:143.
② 洛克.人类理解论(上册)[M].关文运,译.北京:商务印书馆,1981:236.
③ 王天一,夏之莲,朱美玉.外国教育史(上册)[M].北京:北京师范大学出版社,1984:321.

3. 现代西方人本主义

杜威的教育思想在世界上具有深远的影响,他的人性论思想更是值得我们深思与揣摩。在其《民主主义与教育》一书中,杜威通过对人关于生物学和社会学的考察,确立了其教育哲学的人性基点。生物、生活、生长是杜威教育哲学中的核心词汇,杜威从生物学角度出发,把人的本能、欲望、需要等界定成是不变的内容,即生物构造带来的是不变的人性;社会生活带来的是可变的人性,杜威认为教育可以实现对人本性的改变,"以便培养那些异于质朴人性的思维、情感、欲望与信仰的新方式。如果后者是不可改变的,我们可能只有训练,而无教育"①。

杜威认为人性由以本能活动为中心的冲动、习惯、理智三个基本因素构成。他认为,道德是源于人性的。传统的道德教育就是管束人性中所固有的弱点。他认为道德教育的任务是协调个人与社会的关系。尊重儿童的身心特点是让儿童获得充分生长和发展的必要条件。给儿童提供一个利于生长的环境,让其充分、自由生长是杜威一生不懈追求的教育梦想。

二、马克思主义哲学中的人性论

马克思主义哲学中的人性论是人的自然本性与人类特性、普遍性与特殊性、主动性与受动性的统一,人性不是孤立、不变的,而是具体的、历史的和发展的,是与人类社会历史的发展相联系的。马克思主义人性论不仅是人类社会发展规律的理论出发点,也是教育的重要理论基础。

(一) 人性是自然性与社会性的统一

在马克思所看来,"首先要研究人的一般本性,然后要研究在每个时代历史地发生了的人的本性"②。人来源于自然界这一基本事实已经决定人不能摆脱其自然性,即自然性是人的一般属性,不可忽视。也就是说,人的生命本身就是大自然进化的产物,没有生物体的人就没有社会的存在,即自然性是社会性的基础,社会性是自然性的发展。人不仅是一种自然存在,更是一种社会存在。马克思曾说:"吃喝、性行为等等,固然也是真正的人的机能。但是,如果使这些机能脱离了人的其他活动,并使它们成为最后的唯一的终极目的,那么,在这种抽象中,它们就是动物的机能。"③也就是说,人的自然属性与社会属性互相渗透,人的本能因为与人的其他社会活动相结合才区别于动物的本能。人与动物的根本区别在于人的社会性。自然性和社会性是统一的、互相渗透的,在自然性中有社会性,社会性又积淀于自然性,二者不可对立。只强调人的社会性,无视人的自然性,往往会以群体消融个体,忽视人的基本需要,就是不尊重人性。只强调人的自然性时,忽视人的社

---

① 孙有中,蓝克林.新旧个人主义——杜威文选[M].上海:上海社会科学院出版社,1997:125.
② [德]马克思,恩格斯.马克思恩格斯全集(第23卷)[M].北京:人民出版社,1972:676.
③ [德]马克思,恩格斯.马克思恩格斯全集(第23卷)[M].北京:人民出版社,1972:202.

会性容易把人贬得过低,从根本上否定了人之所以为人的存在。

(二) 人是主动性与受动性的统一

马克思认为,"生命活动的性质包含着一个物种的全部特性、它的类的特性,而自由自觉的活动恰恰就是人的类的特性"①。人的发展与完善依赖其自身的主动性,即人依赖"自由"、"自觉"的活动也就是有目的、有意识的主动活动去改造自然、改造社会、改造自身,在改造对象世界中获得自身发展的自由。人在其参与的活动中表现出来的主动性、能动性和创造性构成了人的主体性,人的主体性才使人具有了理性和意义需要,从而具有了实现自身发展和超越的需要和可能性。但人的主动性的生成和发展不是靠自然遗传进行的,而是在其自然资质的基础上通过教育进行的。教育在人的主体性生成和发展中发挥了特殊的作用,它可以有效地促使自然人实现超生物性的转变,在自身要求同外部世界建立合目的性的联系,并进而克服能动的自我,进而完善自我。

(三) 人性是普遍性与特殊性的统一

马克思也是从社会关系的角度论述人性的普遍性,他认为研究人性就要研究人的一般属性,即人性的普遍性。个体作为社会存在物,其本身的存在就是"社会的活动",其存在和活动形成了社会关系,也就是社会本身。因此,人性必然体现为人作为社会存在物的普遍性,即"一切社会关系的总和"。在社会活动中,个人由于其自身和外在条件的限制,即只能作为社会的一部分而存在,由于不同的人具有不同的个性特点,即人性的特殊性。"人是一个特殊的个体,并且正是他的特殊性使他成为一个个体,成为一个现实的、单个的社会存在物,同样,他也是总体,观念的总体,被思考和被感知的社会的自为的存在,正如他在现实中既作为对社会存在的直观和现实享受而存在,又作为人的生命表现的总体而存在一样。"②也就是说,人既是特殊的个体,又是普遍的总体。正是其特殊性使人成为一个个体,但人又是处于社会关系总体中的存在物,因而是社会的"总体"。由此可见,人性也是普遍性和特殊性的统一。

三、人性与教育

教育关注人性,既是教育的人学依据,又是教育的永恒主题。教育的对象是人,人性是决定人发展的一个关键因素。教育的人性复归就是对人性的真正全面占有和生成。例如,休谟在《人性论》中提到:一切科学的建立都需要正确认识人性,在哲学研究的道路上,"可以希望借以获得成功的唯一途径,即是抛开我们一向可采用的那种可厌的迂回曲折的老方法,不再在边界上一会儿攻取一个城堡,一会儿占领一个村落,而是直捣这些科学的首都及心脏,即人性本身"③。按照这种逻辑,教育的对象是人,一旦掌握了人性,就

---

① 马克思.1844年经济学—哲学手稿[M].北京:人民出版社,1985:53.
② 马克思,恩格斯.克思恩格斯全集(第3卷)[M].北京:人民出版社,2002:302.
③ [英]休谟.人性论(上册)[M].关文运,译.北京:商务印书馆.1980:7.

可以解决教育所有的问题。但是,由于人性本身的复杂性、相对性、不确定性等,寻找人性的"终极真理"可能永远可望而不可即。"认识你自己"可能永远在进行的路上。也正因为如此,教育才要抓住"人"的根本,从更核心、更深的层次理解人的问题,而不是满足于对人性的一知半解,如把人误解为某种特性的动物等。也正是因为人性本身的复杂,教育的作用才不可或缺。教育使人不断迈向自由的创造与超越,促进人的个性化发展,最终不断趋近于个性的自我实现。

(一)教育应坚守人性平等原则

每一个人生而不同,"但要使作为万物灵长的人的无限多样性获得自由生长的广阔空间,在价值上,恰恰应该坚持和奉行权力平等原则"①。在教育领域中,所有的人,不论他们的种族、性别、权力、财富、地位、智力等,都应该享有平等的教育自由权利,自由应该涉及教育中的每一个成员,因为这是发挥每一个人的潜能成为一个独特化个性的"人"的基本条件。这里反复提及的"人"显然不是少数人、部分人,而是包括农村学生、城市学生等各类群体所有的人。在教育领域中,老师的不平等对待不仅扼杀学生的自由心灵,还往往导致学生之间关系的不和谐,如学生与学生之间因为差别对待导致的嫉妒。嫉妒是一种需要克服的负面情感,它很容易导致人与人之间的不信任、排斥以及矛盾。

平等地享有自由,意味着教育要排除等级观念,如认为教师高于学生、主任高于教师、校长是学校的最高权力主宰等。等级观念会导致学生的自由权利被剥夺、学生的自由发展被忽视的局面。只有坚守人性平等原则,才是保障教育精神价值建构的原则之一。正是基于此,对学生的平等对待是建构教育的价值基础,是学生平等权利得到尊重的前提。在价值理性的引导下,教育的人性化既要满足人的各种需要,实现各种存在价值,如真的、善的、美的价值,但又必然统一于自我实现的终极价值或内在价值,而且在教育人性化的价值体系里,自由代替了权威,每个人都是平等的,每个人都是"目的",每个人的潜能和需要都得到尊重。

(二)教育应坚守宽容原则

教育的过程中必然会存在多元价值观,它们的存在有时会产生一定的冲突并且有一些价值是无法比较的,教育不应该强制每一个人接受统一的价值观。当然,这里所强调的多元价值观不是指教育中以及国家立场问题,而是指个人对生活中一些问题的看法等。爱因斯坦曾说:"为了使每个人都有表白他的观念而无不利的后果,在全体人民中,必须有一种宽容的精神。"②实际上,只有这样的宽容意识才能使真理呈现,基于人性差异的多样化可能是我们最好的选择。

人的成长需要宽容,况且学生是正在成长中的个体,他们的理性行为能力还不成熟,其行为处事方式可能存在一些问题,错误在所难免,教育者要尽可能地给予宽容、谅解及保护,而不是肆意地打击和压制。通过宽容,使学生增强自我自由发展的能力和意愿。教

---

① 张凤阳等.政治哲学关键词[M].南京:江苏人民出版社.2006:40.
② 爱因斯坦.爱因斯坦文集(第三卷)[M].许良英,译.北京:商务印书馆,2009:213.

育的实现需要宽容,但绝对不是教育者基于专断权力的虚假宽容,而是基于人具有的天赋自由,人不完美且弱小,特别是成长中的学生,他们更需要关怀和保护,更需要对他们天赋的保护。教育只需遵从人性本来的样子,在具体的情境中去塑造人性的意义,在实践中去创造人性的价值。

（三）教育应持守良心与责任

良心是个人明辨是非善恶的一种内心标准,它是道德认识、道德情感和道德意志的和谐统一。我国历史上,亚圣孟子最先提出良心的概念。他指出:"虽存乎人者,岂无仁义之心哉？其所以放其良心者,亦犹斧斤之于木也,旦旦而伐之,可以为美哉？"[①]孟子在这里所说的良心,就是指天赋道德心,也就是仁义之心。

教育需要唤起每个人的良心,良心在行为中的表现就是责任。康德的道义论认为,道德责任的发生经历了四个阶段,分别是完全利己、不完全利己、不完全利他、完全利他。[②]人天生就具有自我保存的需要,从生命本能的角度来看,完全利己的阶段不依赖于人的理性思考和道德判断,其本身是无可厚非的。但是,教育必须听从良心的呼唤,为选择承担相应的责任。例如,地震突然发生时,此时站在讲台上的教师来不及思索,可能会发生两种反应,一种反应是他本能地或条件反射地逃出教室门口,跑到安全地带,这在道德意义上毫无过错,因为地震是一种不可抗力,教师逃跑是由于在被刺激的瞬间出于身体及其求生存的本能反应；另一种反应是,出于恻隐等情感直觉,不假思索地呼喊学生逃离,或者采取其他应急办法舍身救护学生,这并不是说他的行为就是完全利他的自律行为,而是一种出自人的社会本性采取的行动。与前面两种可能性相对应,如果教师一旦在一定条件下恢复了意识或理智,其自己的教师身份及其所应当肩负的责任和义务就必然要求他必须立刻参与救援活动。教育强调给学生和教师自由选择的权利,同时也意味着责任的担当。

总之,人性是一个矛盾的统一体,是一个系统。它包含许多不同的因素,所以不能简单地用善或恶来界定,人性概括来说是由社会属性和自然属性组成,其中既包含理性与道德的成分,也包含非理性与非道德的成分。教育的首要任务在于它对人的培养及其对人性的塑造,人性的协调发展依赖于教育。正是教育的作用,人从自然人转变为社会人,成为改造自然世界和人类自身的主要推动力。换句话说,教育要履行塑造人性这一职责,首先教育应具有人性特征,成为有人性的教育。就我国教育现状而言,抵抗工具理性对人文价值的遮蔽与侵害、保护和培养学生的个性与创造性等,都是紧迫的教育人性化任务。这就要求教育必须以人为根本出发点,必须对人予以最大的尊重。

教育的本真在于尊重人性,规范或引导人性,使个体朝着完善自我以及促进社会发展的方向发展。教育应该是建立在人性基础上的教育,而人性也应是经过教育引导与规范之后的人性。正确认识人性,理解人性,对完整的自由的人性的追寻,是人对自身的渴望,也是人类历史的不懈追求。

[①] 唐品等.孟子[M].北京:天地出版社,2017:624.
[②] 苗力田.德性就是力量——从自主到自律[M].上海:上海世纪出版社,2005:(代序)11.

第二节 人的身心发展与教育

众所周知,教育是一种有目的的培养人的活动,它规定着人的发展方向。而作为教育核心环节的学校教育给人的影响则更为全面和具体。学校教育应该充分发挥其重要的作用,关注对学生心智的成熟、健全人格的培养。在讨论对学生心智的成熟、健全人格的培养这一问题时,必须先了解一下学生身心发展的特点及规律等问题。

一、人的身心发展的内涵与规律

教育是一种培养人的特殊社会活动,直接目的就是促进学生身心协调发展。教育活动是一项专业化活动,需要遵循教育规律、规则为学生开展科学化教育。理解人的身心发展的内涵与规律是开展教育活动的前提,这个前提会指引教育者在教学过程中遵循学生身心发展特点,以提供有效教学。所以,人的身心发展的内涵与规律是教育者必须要学习的内容。

(一)人的身心发展的内涵

人的身心发展是指个体从出生到衰老的各个阶段中所产生的变化过程,特别是指每一个体的身心特点向积极方面变化的过程,体现在生理发展和心理发展两个方面。所谓生理发展,既包括机体的正常发育,也包括因个体日常活动而带来的机体变化。所谓心理发展,是指个体认识能力、意志等脑力方面的发展变化,对外主要体现在思维方式和行为方式的改变。

人的生理发展具有客观性,而心理发展更多体现出主观性,所以个体心理发展是因人而异的,但了解个体心理发展状态更利于把握其意志、兴趣、性格等,最终有助于对个体施以适合的教育。人的身心发展所包括的这两个部分虽然各有其特点,但二者相互联系、相辅相成。人的生理发展为心理发展提供机体保障,是心理发展的基础;心理发展又为生理发展提供动力导向,它会使个体有意识地增强体质、协调发展。

学生是一个完整的个体,身心协调发展对一个人成长是至关重要的,促进人的身心协调发展成为现代教育教学的重要目标。这一地位的确立指引教育者要注重课程目标的层次性、课程内容的丰富性、评价方式的多元化,这也意味着学校教育不能仅重视学生智力的发展,也不能仅在乎学生身体的生长发育,而要处理好智育与体育之间的相互联系,甚至要发挥出德智体美劳等方面的相互渗透、相辅相成的整体作用,以挖掘个体多方面潜能,实现其整体性发展。

(二)人的身心发展的规律

个体身心发展的具体过程都是千差万别的,但整个人类的身心发展拥有着同样的规律。在教育过程中,我们只有遵循这些规律才能更好促进个体发展;反之,则会阻碍个体发展,甚至使个体发展呈现出消极趋势。理解人的身心发展规律对教育教学活动良好展开、促进个体健康成长具有积极意义。教师只有依据这些规律进行教学,才能促进学生身心健康发展。

1. 顺序性

人的身心发展的顺序性是指人的身心发展是从简单到复杂、低级到高级的连续不断的发展过程。例如,身体的发展由头部、躯干向四肢发展、由中心向边缘发展、由骨骼向肌肉发展,心理发展从无意注意到有意注意、从机械记忆到意义记忆、从形象思维到抽象思维。① 人的身心发展的各个方面呈现出先后顺序排列,即便每个个体发展速度和质量有所差异,但发展内容顺序是一致的,是不可改变的。

人的身心发展的顺序性规律要求教师应该深入了解各年龄阶段儿童的发展内容,对教学活动内容的安排应该循序渐进,不可擅自随意更变。除此之外,教育者既要防止超前教育,也要避免滞后教育,最好使得教学内容顺序符合学生的最近发展区。换句话说,教育工作者应该在恰当的时间给予学生当下发展阶段的需要。而如何把握好这个度,则又需要教育者学习教育学、心理学等专业性知识,并配合日常观察与分析,分析学生现有发展水平,最终将课程内容及其难度设置在合理区间。遵循人的身心发展的顺序性将会使得个体在发展过程的每一步都前后相继、扎实稳固。

2. 阶段性

人的身心发展的阶段性是指人的身心发展在不同年龄阶段会表现出其独特特征,具有不同的发展任务。每个年龄阶段任务的顺利完成都为后一阶段的发展提供基础和前提,后一阶段任务的完成又夯实先前阶段的发展。前后两阶段是相互衔接的,阶段间的跨越发展是个体发展实现质变的彰显。一旦违背了人的身心发展阶段性规律,便失去了教育培养的针对性,不利于个体在现有年龄阶段完成其发展任务。

人的身心发展的阶段性要求教师应根据不同年龄阶段学生的发展任务,设置不一样的教学目标,组织不同的教学内容,再根据不同年龄阶段的学生发展特点,选择不同的教学手段、教学方法和教学媒体等,在各种方面体现出发展的阶段性,实现从量变到质变的发展。例如,在我国课程内容的安排上,初二开设物理,初三开设化学,在此之前学生在学校是不学习物理和化学的,原因就是初二、初三的学生身心发展到一定水平,通过教育引导和学生个体学习,是可以理解和掌握这些知识的。如果某些知识过早提供给学生,学生思维、认知等方面的水平也尚不足以接受这些知识。如果将某些知识过晚提供给学生,则又不利于学生下一阶段的发展。所以要遵循人的身心发展的阶段性规律,着眼于完成当下阶段的发展任务。

---

① 项贤明等.教育学原理[M].北京:高等教育出版社,2019:84.

3. 差异性

人的身心发展的差异性是指个体之间的发展速度、质量等方面存在差异。每个学生都是一个独特个体的存在,他们有着各自的遗传素质、经验、兴趣、性格等,正是这些差异造成了个体间各方面发展程度不同。

人的身心发展的差异性要求教师在任何时候不能"一刀切",要做到具体问题具体分析,对不同学生采取不同教学方法。在对个体进行教育时,要掌握因材施教的原则,根据学生的特点,进行优势互补,从而实现个体协调发展。例如,孔子在其教学方法思想中也强调因材施教,他对性格谦逊、办事犹豫的学生给予更多鼓励,对性格好胜、办事不周全的学生给予更多劝诫。遵循人的身心发展的差异性不仅是尊重个人发展的多样性,也是在为学生个体给予个性化教育,帮助他们取长补短,使他们最大限度的得到发展。

4. 不平衡性

人的身心发展的不平衡性指代两个方面:一方面是个体在不同年龄阶段中,某一方面发展具有不平衡性,例如,个体身高在不同年龄段发育速度不同,身高的增长集中在孩子出生后早期以及青春期。另一方面是个体在同一年龄阶段中,不同方面发展具有不平衡性,有的方面在较早的年龄阶段便达到了较高水平,而有的方面则需要到较晚的年龄阶段才能达到较高水平。

人的身心发展的不平衡性要求我们在某一时期特别关注学生某一方面能力的培养,即抓住关键期。在关键期中,个体对某一方面会有强烈的发展冲动,教育者有意识地倾向于对这一方面进行培养,便会达到事半功倍的教育效果。一旦错过了关键期,某方面能力便错过了最佳发展时期,即便在今后发展阶段也可以得到发展,但其发展结果会大打折扣。

认识人的身心发展的规律性特点不仅规范教育改革方向,而且教育者可以利用规律帮助学生在身心发展上得到质的飞跃。如何在实践中把握好这些规律,则需要教育工作者借助经验、智慧实现理论与实践的结合,在教学过程中应用规律,也要积极补充完善或者发现新的规律。

二、影响人身心发展的主要因素

影响人身心发展的因素具有复杂性,这些影响因素间相互作用而影响学生整体发展。就复杂性来说,身心发展既有连续的一面,又有非连续的一面,影响身心发展连续性的因素具有相对稳定性,可以预期;影响身心发展非连续性的因素,则具有很大偶然性,难以预期。[1] 在这里,我们大致分为两部分:个体因素、外部因素。值得注意的是,这两部分因素不是彼此独立,而是既发挥各自作用,又相互影响,综合作用于个体身上。

---

[1] 项贤明等.教育学原理[M].北京:高等教育出版社,2019:87.

(一) 影响人的身心发展的个体因素

1. 遗传素质

遗传素质是指个体从上辈继承下来的生理特点,包括个体的外部特征、神经系统等方面的特点。这些特点是与生俱来的,人们无法预知也无法提早控制,但它却是人发展的基础,为个体未来发展提供可能,在人的身心发展当中起到不可替代的作用。我们也要注意不能过分强调遗传素质的作用,遗传素质只有与环境和教育相配合才能发挥积极作用。"遗传决定论"的错误就在于夸大了遗传在人的发展中的作用,它甚至被别有用心的人利用,演化为"血统论"、"成分论",破坏了人与人之间的平等。①

个体所继承下来的遗传素质是有差异的,在对儿童进行教育时要考虑其遗传素质,发挥儿童自身具备的闪光点,充分挖掘出儿童的潜能。家长也要做到优生优育,利用良好的遗传因素,为孩子的发展提供有利条件。②

2. 个体主观能动性

个体主观能动性是指个体基于自身发展需要以及外部环境条件支持而做出主动行为。虽然人的身心发展会受到社会各方面的影响,但我们可以说个体主观能动性对人的身心发展起决定性作用。人们可以根据自身兴趣和需求做出众多选择并为之努力,从而改变现有发展状态,以促进自我实现。毛泽东曾经指出:"思想等等是主观的东西,做或行动是主观见之于客观的东西,都是人类特殊的能动性。这种能动性,我们名之曰'自觉的能动性',是人之所以区别于物的特点。"③

在任何一个班级当中,每位学生的学习结果都是有差距的,但在相同的教学环境之下,为什么会产生这种差距呢?一大部分原因在于学生对学习的动力不同,有些学生上课不听讲、睡觉,而有些学生努力学习、认真做作业。所以说个体对事情的动力在一定程度上影响其结果。一个具有自我发展意识、主观能动性强的人,一定会明确发展方向,充分利用发展的资源,寻找发展的空间和可能的突破。④ 综上所述,教师要学会将学生被动学习转为主动学习,引导学生体验学习的价值、感受学习的意义,并能够合理运用奖励与惩罚以激励学生主动学习。主动学习提高教学效率,也只有学生自觉主动地学习才符合教育的意义。

(二) 影响个体发展的外部因素

影响个体发展的外部因素便是个体出生后所融入的各种环境,在这里可以将环境定义为影响个体发展的一切外界因素。个体在环境之中接受环境带来的影响,但这种接受

---

① 项贤明等.教育学原理[M].北京:高等教育出版社,2019:88.
② 项贤明等.教育学原理[M].北京:高等教育出版社,2019:88.
③ 毛泽东.毛泽东选集(第二卷)[M].北京:人民出版社,1991:477.
④ 项贤明等.教育学原理[M].北京:高等教育出版社,2019:90.

不是被动消极的,而是个体主动接纳的。环境给个体带来的影响又有消极与积极之分,而这两方面对个体发展造成什么样的影响又取决于其主观能动性。所以,我们认为环境为个体发展提供多种可能,对个体发展起重要作用,但不是决定性作用。现将环境分为三个方面:家庭环境、学校环境、社会环境。

1. 家庭环境

家庭是个体出生后的第一个港湾,家长被称作是孩子的第一任教师,家庭教育影响着个体的性格和认知等许多方面。在《不平等的童年》一书中,安妮特·拉鲁和她的研究团队通过自然主义式观察研究出不同家庭背景下的儿童发展存在差异,家庭背景包括父母受教育程度、家庭经济状况、家庭文化资本、父母教育观念等。并且,布朗芬布伦纳的生态系统理论表示,个体首先处于微观系统当中,而对于绝大部分个体来讲,微观系统最初又仅限于家庭,个体在家庭环境中会持续不断地受到成人行为的影响。

要想发挥家庭环境对个体发展的积极作用,首先要有一个温馨的家庭氛围,其次父母要树立较为正确的教育观念,最后形成平等沟通的亲子关系。只有营造出和谐的家庭环境,才能形成健康的身心发展,为今后走进学校和社会打下基础。但也应该注意的是,良好的家庭内部环境不能决定儿童的发展,只是为儿童发展提供外在帮助、建立良好的发展条件,我们要兼顾多种影响因素的综合作用。

2. 学校环境

学校环境对个体的身心发展起主导作用。因为学校教育为个体提供德智体美劳等方面的全面教育,同时传递着社会规范等社会要求,学校教育不仅促进个体个性化,也促进个体社会化。特别是学校中配备有专业教师和硬件设备,能够在符合心理学、教育学的理论要求下,满足学生的身心健康发展需要。随着我国对学校发展的重视,从新中国成立之初至今,我国学校教育制度趋于完善与稳定,以至于对学生发展的影响呈现连贯性、统一性,大大增强了学校教育对个体发展的主导性作用。

学校环境是经过过滤净化的"社会",在这里学生扮演很多角色,担负着不同任务,掌握各种知识与技能。学校的隐形教育更是潜移默化地影响学生树立正确的政治观念、人生观、价值观等。学校可以看作学生从"自然人"发展成"社会人"的过渡,学生能力的集中发展阶段也都是在学校期间完成的。所以说,学校环境对人的身心发展至关重要,帮助学生步入身心发展的正轨,并期望立足于未来社会。

3. 社会环境

人出生后便身处于社会,人是社会关系的总和,在成长过程中逐渐建立起复杂的社会关系,社会中的各方面都或多或少影响着个体发展。相比较而言社会环境对个体身心发展影响是比较复杂的,因为社会环境是不经过滤的,它杂糅着善与恶、美与丑,我们应该加强社会监督,净化学生可接触的社会环境。但社会大环境也加大了个体与他人交往的机会,扩大其范围,为个体发展提供多种可能。

社会时代特征、社会生活事件和社会整体氛围时时刻刻影响着学生身心的发展。教学应时刻关注社会环境,发扬它对学生的积极影响,澄清学生所遭到的不良影响,为学生身心健康发展保驾护航。

教育在促进学生身心发展的过程中既要把握个体因素也要注重外部因素,以最大的推动力量实现学生身心协调发展。教师在教育学生的实际活动中,要发现每位学生的闪光点,立足于学生本身具备的优势,做到扬长避短,并且采取鼓励等方法激发学生对身心发展的主观能动性。此外,学校要充分发挥其主导作用,家庭和社会力量也要积极配合学校工作,为学校教育活动的展开提供社会支持。只有充分发挥多种因素的积极作用,学生才能得到更好发展。

(三) 实践活动对个体发展的影响

实践活动是将主体与外界相联系的桥梁,是主体能力发展与外部环境发展相互作用的纽带。瑞士心理学家皮亚杰在《发生认识论原理》中揭示出实践活动的重要性,他提出:"认识既不是起因于一个有自我意识的主体,也不是起因于业已形成的(从主体的角度来看)、会把自己烙印在主体之上的客体;认识起因于主客体之间的相互作用,这种作用发生在主体与客体之间的中途,因而同时既包含着主体又包含着客体……"①

实践活动,特别是综合实践活动,是中国教育十五规划所倡导的重要改革内容之一。它要求教师把课堂教学与学生实际活动相联系,同时为学生设计与课程相关的实践操作活动。国家也提出综合实践活动相关内容,是个人、社会、自然的整合,也是科学、艺术、道德的内在整合。杜威在《民主主义与教育》一书中提出"从做中学"的教学方法,特别强调学生的动手操作和亲身实践,他认为只有学生获得经验,才能真正得到发展。并且,实践活动与个体发展之间的影响是双向的,实践活动为个体全面发展提供动力,个体得到发展之后又会促进实践活动的高质量完成。它也是对以往"死读书,读死书"的传统教学方式的革新,为个体发展产生多方面有利影响。其影响将从以下五个方面加以说明。

1. 实践活动促进个体"德"的发展

个体道德的发展内容包括四个方面,分别是道德知识、道德情感、道德意志、道德行为,其中道德行为是评价一个人道德水平的决定指标。个体的道德行为体现在实践活动中,个体只有在实践活动中才能践行道德行为,并在行为过程中深化道德认知、丰富道德情感、锻炼道德意志。

学校中的道德课如果单单是理论的传授,是毫无意义的。教师必须要将道德知识与实践活动相联系,在实践中磨练学生意志、丰富学生道德情感,培养出真正有道德的人。

2. 实践活动促进个体"智"的发展

学校智育的任务就是通过教师有目的、系统化地向学生传递科学知识和技能,发展学生各方面能力。实践活动和学生智力的发展是有密切联系的。实践活动是个体理论知识的呈现,个体参与实践活动的过程本身又是脑力发展的过程。我们可以在实践中验证理

---

① [瑞士]皮亚杰.发生认识论原理[M].王宪钿,等译.上海:商务印书馆,1981:21.

论、发现问题、联系实际,让每位学生融入学习活动中,获得体会,进而丰富个体经验,为学习知识打下根基。

教师在传授知识过程中不能局限于教室这一狭窄的空间,也不能拘泥于传统的授受教学模式,积极让课本知识与学生日常生活建立联系,利于学生理解并运用知识。我国大力提倡将"应试教育"转变为提高国民整体素质的"素质教育",开展实践活动是这项教育改革的重要举措之一,实践活动真正能把理论和实践相统一,并培养学生创造能力和实践能力。

3. 实践活动促进个体"体"的发展

体育是通过传递正确锻炼的知识,帮助学生养成积极锻炼的意识,以锻炼身体、增强体质、坚强意志为目的。这一目的的实现离不开学生参与的实践活动。实践活动要求个体进行动手操作,不仅提高其精细化运作、锻炼控制力,也帮助个体活动四肢、增强体质。在实践活动中遇到的各种苦难与挑战,也是在磨练学生的忍耐力和意志力,从而逐渐接近体育的发展目标。同时,健康的身体是从事任何工作的本钱,是我们生活生存的机体保障,所以积极参加实践活动对培养学生体质发展至关重要。

学校体育是以体育课为主要形式的教学,根据体育课的内容大体分为两部分:一是教师对学生进行体育知识的授受与讲解;二是学生根据教师要求做出适当行为训练。学生只有在从事实践活动的过程中才能发挥体育知识的价值,才能发展身体素质,更重要的是在这个过程中培养敢于突破困难、身体短板的意志。

4. 实践活动促进个体"美"的发展

美育是为了培养个体发现美、鉴赏美、创造美等方面能力,而这些要求需要在实践活动中获得。只有个体自身参与了实践才能够发现生活中的美,只有个体动手操作才能创造个体内心对美的想法,也只有在实践中才能通过直观呈现和比较,发现自己曾忽视的美。

美育教育在学校课程中的地位处于边缘位置,学校及教师群体对美育教育不重视或者对美育教育认识浅薄,影响学生的全面发展。学校开设的美术课程局限在手工、画画,忽视了实践活动与美育教育的结合,同时美育教育又局限在美术课堂之中。美育教育的途径其实很广泛,深深地嵌在我们的实践活动中。学生可以通过实践活动发现曾忽略的美好事物,教师也要更为机敏地运用实践活动中蕴含的美的要素进行美育教育。

5. 实践活动促进个体"劳"的发展

"劳动教育"是以促进学生形成劳动价值观(即确立正确的劳动观点、积极的劳动态度,热爱劳动和劳动人民等)和养成劳动素养(有一定劳动知识与技能,形成良好的劳动习惯等)为目的的教育活动。而实践活动本身就需要个体劳动参与,这种劳动包括脑力劳动和体力劳动。① 因此,个体积极参加实践活动有利于提升其劳动技能。此外,学校劳动教育强调学生在参加劳动过程中的情感体验,注重养成学生的劳动观念、劳动态度、劳动习惯,实现以劳树德、以劳健体、以劳益美、以劳促创新等功能。② 个体在实践活动中体会到了劳动的艰辛,便有助于个体形成尊重劳动人民、保护劳动成果的意识。实践活动是进行劳动教育不可缺少的重要途径。

实践的主体是人,实践的手段就是人所创造的工具的应用,实践的对象则是人接触、改造的一切客观对象。③ 在实践活动中,人们会积极思考并穷尽自己所有经验与技能去解决问题,这个过程锻炼着人们的各方面能力。在培养学生德智体美劳的过程中,教师要积极将实践活动贯穿其中,这既是教育与生产劳动相结合理论的实践尝试,也是让学生感受知识力量的契机。

三、教育与人的身心发展

人的身心发展是指个体生命从开始到结束的一生中身心诸方面及其整体性结构与特征所发生的一系列变化的过程。它可以分为两个方面:第一,生理发展,包括机体的正常发育、体质的不断增强以及神经、运动等系统生理功能的逐步完善;第二,心理发展,是指感觉、知觉、注意、思维等认知发展,需要、情感、兴趣、意志等意向的形成,能力、气质、性格等个性的完善以及包括社会经验和文化知识的学习、社会关系和行为规范的习得,成长为具有社会意识、人生态度和实践能力的社会个体,能够适应社会并促进社会发展。它们既有相对的独立性,又十分密切地联系在一起,在人的发展过程中形成相互制、相互促进的关系。教育在人的身心发展过程中起着主导作用。

（一）教育的个体发展功能

教育的个体功能是发生在教育活动内部的,其中个体成长的促进功能是教育本质和教育目的的体现,因此也被称为教育的本体功能,成为派生其他功能的源泉,在教育功能系统中处于基础性的地位。④ 教育有广义和狭义之分,但在这里我们特指学校教育,学校教育因其具备专业化、制度化等独特优势,在人的身心发展方面占主导地位。其中,教育的个体发展功能主要包括两个方面:一是促进个体个性化;二是促进个体社会化。

1. 个体个性化

首先,教育促进人的个体特征的发展,展现个体独特性。学校教育为各阶段学生设置

---

① 檀传宝.劳动教育的概念理解——如何认识劳动教育概念的基本内涵与基本特征[J].中国教育学刊,2019(02):82-84.
② 项贤明等.教育学原理[M].北京:高等教育出版社,2019:185.
③ 檀传宝.劳动教育的概念理解——如何认识劳动教育概念的基本内涵与基本特征[J].中国教育学刊,2019(02):82-84.
④ 全国十二所重点师范大学编写组.教育学基础[M].北京:教育科学出版社,2002:31.

不同的学习任务,提供不同难度的学习材料,帮助学生循序渐进地发展。并且学校教学活动遵循教学原则,如因材施教。教师可以根据每位学生的兴趣、性格以及最近发展区,提供恰到好处的帮助,以满足学生的个性发展需要。

其次,教育促进人的主体意识的形成。一方面,学校为学生提供各方面资源,学生可以高效率地吸取人类的有益成果,从而使得个体在德智体美劳等方面得到发展。另一方面,学校为学生提供一个交流的平台,个体之间可以分享经验,慎思明辨,求同存异,取长补短,共同发展。个体通过学习而得到发展的过程,正是个体反省自身、提高自我认识的过程。

最后,学校教育激励个体发挥主观能动性,促进个体价值的实现。学校教育帮助个体树立正确的、积极的人生观、价值观,引导个体意识到生命的价值,追求生命的意义,树立不断突破自我的信心。

2. 个体社会化

首先,学校教育利于个体观念的社会化。学校是培养人才的社会组织,它是社会系统的一个分支,建立在社会文化大背景之下。所以,学校向学生传播的观念、知识潜移默化地影响学生的价值观念,推动学生成为"社会人"。

其次,学校教育也利于个体职业、身份社会化。个人谋求社会岗位通常是以所接受的教育为前提的。教育与社会发展存在紧密联系,教育的培养目标受到社会各方面的制约。每个人在教育中学到的知识与技能可以帮助其在社会中找到可以胜任的职位,完成个体职业社会化。个体所从事的职位与其地位往往是相一致的,进而我们可以认为个体身份的社会化也以教育为前提。

最后,学校教育帮助个体实现智力、能力的社会化。学校教育的独立性是相对的,而不是绝对的,它会随着社会背景变化而调整自身发展。学校为学生设立的学科内容、教学目标等适应政治社会和具体环境对人提出的要求。因此个体在学校中获得的知识与技能都具有其现实意义。学校系统是社会大系统的分支,学校在培养个体智力和能力等方面是符合未来社会发展要求的,个体具有的知识与能力有利于未来社会的改造与发展。

(二) 学校教育及其在个体发展中的独特价值

教育有广义和狭义之分,广义的教育包括学校教育、家庭教育、社会教育。狭义的教育特指学校教育,即有目的、有计划、有组织地由专业人员统一管理的,为促进学生德智体美劳等方面全面发展的特殊的社会活动。随着生产能力水平的提高以及人们对教育的强大需求,学校教育由原先的不系统、不完善发展成如今的规范化、系统化的学校制度。学校教育具有其他类型教育所不具备的特征,如全面性、即时性与延时性、专业化,所以它在个体发展中占主导地位,具有独特的价值。

1. 专业人员为个体提供个性化教育和科学化管理

学校中教育人员是经过考核选拔而来的,他们具备教育教学的资格,赋有关爱学生、为人师表、以身作则的品质,拥有教育学、心理学等方面专业知识,能够根据不同教育对象设计个性化的教学安排,满足每位学生成长的需要。同时,教师对学生的课程安排、行为要求也符合学生的接受范围。

狭义上的教育管理是指学校管理,即对教育系统的"微观"层次的管理——各级各类学校所进行的计划、组织、控制等一系列有目的的连续活动。① 学校管理特别重视管理的教育性,学校的任何措施、活动都以学生发展为本,把育人教育放在第一位,遵循国家教育发展方向,依靠科学教育理论,为学生提供合适的管理安排。

2. 系统、合理、全面的知识结构促进个体全面发展

学校的教育目标是要让每位学生在已有能力基础之上得到德智体美劳等方面的全面发展,这就决定了教育内容的多样性。学校为学生提供的知识是经过筛选和过滤的,满足学生身心健康发展的要求,并且将零散、复杂的知识进行整合,形成知识体系,利于与学生已有的知识结构进行结合。学校教育也不是单纯的知识继承,而是要更积极地开发学生的能力和大脑,促进学生各方面发展。

学生借助教师帮助而获得丰富的知识,这些知识又可以指导学生实践、促进学生思考、帮助学生提升学会学习的能力,从而培养学生的思维能力、创造能力等,实现个体全面协调发展。

3. 学校教育对个体发展的影响具有及时性和延时性

教育是人的未特性化的需要,人是需要教育的生物②,进入学校学习已成为适龄儿童的必经阶段。学生在学校获得的知识可分为两种:一种是陈述性知识,另一种是程序性知识。这意味着学生在间接获得人类积累下来的宝贵经验的同时还获得解决问题、思考问题的能力。知识为今后学习更深奥的知识打下基础,解决问题、思考问题的能力也为未来进一步的学习提供支持。此外,学校中还有很多隐形教育,如校园文化、校训、宣传走廊、学校建筑等细微之处都在潜移默化地影响学生,这些教育影响不易被人察觉,但确实存在。

所以说,学校教育对个体发展的影响具有及时性和延时性,不仅学生在学校中可以高效获得一系列知识与技能,并且为将来形成正确的人生观、价值观、个人习惯、行为选择等方面留下深刻影响。

4. 学校教育帮助个体协调自身与社会的关系

学校教育具有促进个体个性化和个体社会化的功能,并且它也在协调这两方面。我们不可能让个体发展凌驾于社会发展之上,也不会只顾及社会发展而忽视个体发展,任何过分偏向某一方的做法都是不恰当的。如果将个体发展凌驾于社会发展之上,则会形成个人主义,社会集体利益极易受到侵害。如果将社会发展凌驾于个体发展之上,则忽视了尊重个体自由发展权利,侵害人的利益。

---

① 刘志军等.教育学[M].北京:高等教育出版社,2011:291.
② [德]O.尔诺夫.教育人类学[M].李其龙,等译.上海:华东师范大学出版社,1999:36.

学校教育秉承"以人为本"、"以学生为本"的发展理念,在教学过程中充分注重学生主体发展的个性化需求,同时肩负社会任务,培养一代又一代有理想、有道德、守纪律的社会新人。学校发展是在教育政策指导之下,以学生发展为本,遵循一切教育规律与原则,从而协调个体与社会发展的关系。学校教育也突出了促进个体个性化和个体社会化两大作用,是协调个体和社会发展的有力杠杆。处理好二者的关系是至关重要的,个体发展是社会发展的动力,没有人,社会便得不到发展。社会发展又为个体发展提供支持和保障。

法国教育社会学家涂尔干就认为:学校是最有利于儿童学习的环境,学校不可忽视的教育功能是使下一代充分社会化,充分发展儿童的个性。学校教育所起的主要作用就是:将人类生命进化史浓缩在促进个体的全面发展的基础上,按一定的社会的要求引导受教育者把外在的社会经验转变为主观的个人经验,促使其发展成为社会的人的进程。学校教育立于时代特征的基础,符合社会主流观念,以科学高效的方式培养一代又一代学生。学校教育发挥其不可替代的价值,协调了个人与社会的关系,为社会发展培养人才,也为个人身心发展提供指引和帮助。

第三节 学生的本质特点及经典学生观

教学活动主要是由教与学两种构成。在教学活动中,以教为职责并进行履行的是教育者,以学为职责的则是受教育者。在广义的教育中,受教育者是指在教学活动中接受教育者教育的人。在狭义的教育中,受教育者特指在学校接受教育的学生。

一、学生的本质特点

在现代教育学理论研究和实践中,学生不仅是教育活动的对象,还是教育活动中的主体,是教育活动的基本要素之一。学生的本质特点,是反映学生普遍发展规律的稳定特征,贯穿于教育活动的始终。研究学生的本质特征是当代教育实践的一项基础性工作,是教育工作的出发点和归宿。只有了解和把握了学生的本质特点,教师才能更全面具体地了解学生、与学生保持良好的师生关系,才能在教学的理论和实践中全面贯彻当代教育方针,为社会主义现代化建设服务,培养出德智体美劳全面发展的接班人和建设者。

（一）学生是有独立人格的人

学生是受教育者群体的一员,但他生活在社会中,是个活生生的人,他的首要身份就是社会人。长期以来,不乏一些教育者把学生当成被动接受知识的花瓶,一味地向学生灌输知识,他们要不就把教育当成简单乏燥的印刷工作,想要制造出一批批毫无特色的复制品。事实上,学生不是抽象的学习对象,他们是独特的生命个体,具备自身的独立人格。

人格一词最早是由"personality"翻译而来。英文的人格是由"人"（person）衍生而来。英文字 person 拉丁字为 persona,原意是指戏剧演员所戴的面具。面具以彩绘夸张角色的性格,往往扩大其口形,置人一管以传声音,心理学特别引用这个原意来说明人格有"装扮"的成分。又从person说,是指"一个人"。所以,人格强调"个人"表现独特的方面。①所以,在心理学角度上来说,独立人格体现在人在心理特征上的独立性、自主性、创造性,在能力和性格上的非依赖性。从教育学的角度上来说,一方面,学生的独立人格是指学生作为一个自然人和社会人,他具备自己独特的见解和个性,对自我、他人、社会有一定的思考和感知,并不以父母、教师和他人的意志为转移。另一方面,学生是人,是具有个体感情和体验的人,教育的目的是为了培养德智体美劳全面发展的人,学生的德智体美劳不是分裂开来的,是彼此之间互相联系的,是有机结合在一起的,教育的培养也要注重于健全人格的培养。

人性不是一架机器,不能按照一个模型铸造出来,又开动它毫厘不爽地去做替它规定好的工作;它毋宁像一棵树,需要生长并从个性方面发展起来,需要按照那使它成为活东西的内在力量的趋势生长和发展起来。② 从教育意义上来看,学生是一个完整、全面的人,是自然人与社会人的统一,具备自身独特的意义。首先,每个学生的成长环境和条件各不相同,这样造成学生个性各不相同。每个学生都有自己的个性、品质、欲望,有自己的兴趣、与众不同的追求,同样的教学方式可能对于不同的学生起着不同的效果,同样的一件事,不同的学生可能有不相同的观点。其次,学生具备一定的独立性,不以教师的意志为转移。学生在踏入学校之前,身处在社会大环境下,从小到大或多或少具备了一定的社会知识经验和思想意识。尽管部分中小学生年纪尚小,但他们也具备了人类社会成员的基本特征,具有一定的主观能动性,有丰富的思想感情和个性。学生在学习和参加社会活动中也能充分发挥自身的主观能动性,在教育过程中,有其自身的选择性,能够在教育活动中根据自身的条件和意愿去选择教学。学生会根据自身情况在教学过程中对学习展现出积极性或消极性,充满热情,主动学习或者厌倦学习,拒绝教师的某些要求,这些都不是以教师的意志为转移的,它取决于学生个体。最后,学生具备一定的创造性。学生作为主体对自身的学习状态以及在教育中的所处的地位、角色有着一定的认识,学生对自身的认识越全面具体,就越能反映出学生的主体性和独特性。同时,学生在教育活动之中,可以超越教师的认识。学生在掌握知识和提高能力的过程中,能够合理地提出自身独特的见解,创造出有价值的学习方法,也能够通过积极主动的学习和实践活动去改造和认识外部环境,不断完善自我。

(二) 学生是具有主体性的人

学生具有一定的主体性,其主要体现在社会地位和教学过程中地位。前者是后者的基础,后者是前者的具体表现。

1. 学生在社会中的主体性

学生作为社会成员,在社会中具有主体地位。长时间以来乃至现在,社会仍然不分群

---

① 贾馥茗.人格教育学[M].南京:凤凰传媒出版社,2008:232.
② [英]约翰·斯图亚特·密尔.论自由[M].许宝骙,译.上海:商务印书馆,2005:80.

体,把学生看作孤立的生命体存在,以学生群体年龄较小、社会经验和思想不够成熟为理由,认为学生是社会、父母或老师的附属品,忽视学生的主体性和独特性。每个人都是社会的一分子,学生更是祖国的花朵、国家的未来。学生也是社会上的独立个体,依法享有各种社会权利,并且还受到社会的特殊保护。

1959年联合国通过了《儿童权利宣言》,1989年联合国又通过了《儿童权利公约》,明确指出18岁以下的任何人都是积极和创造性的权利主体,拥有包括生存、发展和充分参与社会、文化、教育、生活以及他们个人成长与福利所必需的其他活动的权利,确立了《儿童权利公约》的核心精神,即肯定青少年儿童的社会权利主体地位。同时,提出了保障儿童权利的基本原则,包括儿童利益最佳原则、尊重儿童原则、尊重儿童观点与意见原则、无歧视原则。

学生是独立的社会个体,是社会权利的主体,依法受到社会的尊重和平等对待。我国在积极履行《儿童权利公约》的同时,也对青少年儿童权利提出了很多保护,制定了一系列的法律法规,比如,《教育法》、《义务教育法》、《未成年保护法》、《预防未成年人犯罪法》肯定了学生的权利和地位。目前,社会和学校主要以《中华人民共和国教育法》为依据,保护学生的教育权和人格权。《中华人民共和国教育法》第42条规定受教育者享有以下权利:

(1)参加教育教学计划安排的各种活动,使用教育教学设施、设备、图书资料。

(2)按照国家有关规定获得奖学金、贷学金、助学金。

(3)在学生成绩和品行上获得公正评价,完成规定的学业后获得相应的学业证书、学位证书。

(4)对学校给予的处分不服向有关部门提出申诉,对学校、教师侵犯其人身权、财产权等合法权益,提出申诉或依法提起诉讼。

(5)法律、法规规定的其他权利。

2. 学生在教育中的主体性

关于学生在教育过程中地位问题,是教育史上一个长期争议的问题。其主要有两种观点,一种是"教师中心论",一种是"学生中心论"。"教师中心论"主要以教师为中心,压抑学生的天性,把学生当成接受知识的被动载体,忽视了学生的主观能动性。"学生中心论"把学生视为教育过程中的中心,"儿童变成了太阳,而教育的一切措施都要围绕着他们转动,儿童是中心,教育的措施便围绕他们组织起来"[1]。现代教育理论认为教学是教师的教和学生的学组成的双边活动,活动的对象分别是教师和学生,教师在教育过程中处于主导地位,学生在过程中处于主体地位。

马克思主义辩证认识论认为,事物的发展是由内因和外因共同构成,事物的发展的根本在于内因,外因通过内因才能发挥作用。根据事物内外因的观点,对学生在教育过程中的地位要全面辩证看待。教师在教学过程中对学生的引导,教育是外因,学生自身需要、认识、情感等方面的发展和转换才是内因。在教育过程中,不论是学生知识的获取还是道

---

[1] 赵祥麟,王承绪.杜威教育论著选[M].上海:华东师范大学出版社,1981:32.

德的养成,都必须通过学生自身的思维与实践才能一步步地实现。任何教学活动都不是靠教师一人单独完成,学生的兴趣、爱好、性格特点、学习积极性等对教育教学活动有着重要的影响。只有学生在教育教学过程中充分发挥自身的主观能动性,积极主动地接受教育,教育才能顺利展开。同时,学生在掌握知识、提高认识的过程中,与教师进行一定的情感沟通,学生的情感因素在教育过程中起着极大的作用。作为教育者,要正确认识学生在教育教学过程中地位,一方面尽到教师的教书育人的职责,发挥教师的主导作用;另一方面肯定学生是学习和发展中的主体,尊重学生的主体因素,从学生的实际情况出发,充分调动学生的积极性。具体表现在教学活动中为:第一,教师要相信学生的主体能力,敢于放手让学生去做主,给学生一定的选择权利。第二,教师要掌握学生主体性的表现形式。学生在教育教学活动中发挥主体性的形式是各种各样的,教师要对其进行一定的把握,根据具体的教育要求,充分调动学生的学习积极性和主动性,为学生创造机会。第三,教师要完善学生的主体性结构。树立以学生为主的教学理念,把学习的主动权交付给学生。

(三) 学生是需要接受教育的人

人是自然性与社会性的统一,要想成为一个能有效参与社会生活的主体,需要经历一个从自然人到社会人的过程,从无知到有知,从不成熟到成熟,没有这个转变的过程,个体将无法立足社会,教育在这一过程中具有重要意义。

1. 学生是发展中的人

学生维持其生命的能力的形成和发展是一个自然的、循序渐进的过程,在这个过程中,我们不能忽视成人和教育的作用。为了保证儿童的正常成长、全面发展,教育起着至关重要的作用。学生,尤其是儿童和青少年,相对于成年人,无论在心理还是生理上都尚未成熟,他们正处于发展中,是以成长为目标的变化过程为特征。人生观、价值观、世界观正处于初步形成阶段,这一时期的学生具有较强的可塑性,他们接受能力较快,但也很容易受到负面因素的影响。学生的发展主要受到遗传因素、环境、学校教育、个人主观能动性的影响。从外部因素来看,影响学生发展的因素可以分为可控和不可控、积极和消极。学生从幼儿园开始,就进入学校学习,学校称为学生们主要活动场所之一,学校也通过可控的、积极的学校因素和选择社会环境中的积极因素来影响学生的发展,对学生的身心发展起着主导作用。首先,学校教育在培养人上具有一定的目的性、计划性、系统性,它规定着学生的发展方向。同时,学校有专门的教室和组织管理人员。学生接受的学校教育是有组织、有目的培养人的系统社会工程。国家提供专门的制度、机构和人员保障,由教师根据一定的教育目的和教学任务组织教学,对学生进行系统化、规范化的教育。与家庭和社会环境对学生偶然的影响相比,学校教育对学生的影响是全面、系统和深刻的。

学生在学校受教育的过程是一个年限比较长、持续发展的过程。在这个过程中,学生的生理机制不断成熟,其自然属性随之不断完善,学生不断学习大量系统的知识并结合自身实践经验,促使其社会理性不断发展,学生在受教育过程中也得到更高层次的发展,其精神世界也不断丰盈。学生的人性是在教育中全面展开的,追求积极向上的精神生活、实现自我超越是学生的本质属性。因此,作为教育者,要以一种积极的、发展的、整体的观点来看待学生,要全面、具体地认识学生。

2. 学生是教育的对象

联合国教科文组织成人教育局局长、法国的保罗·朗格朗 1965 年在联合国教科文组织主持召开的成人教育促进国际会议期间,首次提出"终身教育"的理念。随着终身学习理念的倡导和当下学习型社会的构建,人们要想跟上时代的步伐,就必须转变学习理念,培养终身学习意愿和能力。学生生活在当下社会,就更应该树立终身学习理念,积极主动完成自己的学业任务,尤其是对于中小学生来说,他们年纪尚小,知识和经验不丰富,要想顺利成长,就离不开学校系统的教育。学生在学校中接受的学习内容、学习方式和养成的道德行为对学生的发展具有重要作用。从教师条件来说,学校中的教师都具备教师资格从业证,掌握了系统的学科知识和教育知识,对学生的成长和培育起着积极的促进作用。同时,学生的任务是学习,接受教育;学校的使命则是培养学生,促成学生德智体美劳全面发展。

儿童是不断变化和发展的,我们面对的儿童世界也必将是丰富多彩的,每一个鲜活的生命个体都蕴藏着无限的生机和全新的哲学意义。认识是个永无止境的过程,人们对学生本质特征的认识是个不断探索、认识的过程,在研究学生的本质特征时,必须注意结合当下时代背景对学生的影响,全面具体地看待学生群体。但是,长期以来,不少教育者忽视了学生的独立人格和主观能动性,将学生看作盲目接受知识的容器,忽视了学生在教育教学过程中的主体地位,或是以成人的方式去对待学生,无视学生的年龄特征和心理发展,忽略学生的需求。事实上,学生生活在社会上,他既是社会上的人,又是个体的人,每个学生都具有鲜明的独特性,教育不应该抹杀或忽视学生的个性。当教育面对学生时,在培养其符合社会发展需要的社会共性的时候,更要尊重和承认学生的独特的个性,以人文关怀的心态去审视和理解学生。

二、经典学生观的人性假设

学生观是对学生的本质、特征、地位、作用等各个方面的看法和根本态度。它受制于一定的社会经济制度、文化传统、教育传统,直接影响者教育工作者的教育教学实践活动。学生观是建立在一定的人性论上的,有什么样的人性观,就有什么样的学生观。教育工作者持有什么样的人性论往往直接影响着人们的根本教育主张和教学实践。对历史上的人性论、学生观的梳理有利于探讨其内涵和关系,才能真正理解人性论与教育教学之间的关系,教育教学工作者才能树立正确的学生观,坚持以人为本,促进学生健康、全面地发展。

(一)学生的自然人性假设

自然人性论将人的本性看作具有先验特征的自然属性,认为人性天赋、本性天生[1],其在中国人性论传统和西方人性论传统中一直都存在。不过,中国哲学史更突出人性天

---

[1] 石中英等.教育哲学[M].北京:高等教育出版社,2019:85.

赋,西方则更强调从人的物质性和生理性上来理解人的本性。中国主要以古代老子、庄子为代表,西方则以夸美纽斯、卢梭为代表。

我国的自然人性论思想源远流长,早在先秦时期就出现了推崇"自然"教育法的流派,对后世的教育思想产生了深远的影响。老子作为道家的创始人,也是中国古代提出自然人性论的第一人。老子明确地指出:"人法地,地法天,天法道,道法自然。"①世间万物皆有规律可依,教导人们要顺其自然,回归到原始、自然的状态。从教育的角度上看,他认为人的本性是无知无欲无求的,人要学习就必须要遵循自然法则,教育也要顺应自然及其规律,不可以任凭教育者的主观意愿,强作妄为,否则教育工作就会走向失败。所以,中国古代的自然人性论强调学生自身的自然本性,要求教育者尊重并保护学生的自然天性,顺应其自由发展。

西方自然人性论出现较早,柏拉图的《理想国》中就出现了自然主义教育思想的萌芽,随后亚里士多德首次提出教育应当"效法自然"主张,为后世教育家对自然主义教育思想的发展奠定了基础。17世纪时,夸美纽斯提出"教育要适应自然原则",他认为自然界存在一种起支配作用的法则即"秩序"。"人不过是身心两方面的一种和谐而已。因为世界本身就像一座大钟,这座钟有许多转轮与铃子,并且组合得很巧妙,全钟的各部分互相依靠,使转动持续与和谐。人也是这样的。身体就是用绝大的技巧制造出来的。头一样是心,它是一切生命与动作的根源,别的器官都从它去得到运动和运动的能量。脑就是钟锤,是运动的效原因,它把神经当作绳索一样,凭借它们的帮助它就可以推拉其他转轮或肢体,至于体内与体外的各种作用则依动作的相应比例为转移。"②夸美纽斯认为学生是自然的一部分,教育者应教导学生要遵从自然界的准则,尊重学生的本性,向学生传授实用的自然科学知识和社会科学知识。

与夸美纽斯的"自然适应性原则"相比,卢梭要求教育要遵循儿童的自然,认为教育者要尊重学生的身心发展规律。"在万物的秩序中,人类有它的地位在人生的秩序中,童年有它的地位,应当把成人看作成人,把孩子看作孩子。"他在其著作《爱弥儿》中将教育者的发育期分为婴儿期、儿童期、青春期、青年期四个时期,教育者要从儿童的自然本性,按儿童的年龄、兴趣、需要、能力的特点,引导儿童自由自在地发展。

自然人性论学生观就是一种顺应儿童本性,强调自我展开和自我实现而进行教育的思想。它要求教育充分尊重学生的自然天性,反对压制学生的个性,主张让学生的天性得到发展,注重对学生年龄、知识、性格的注重,强调因材施教,这与当代学生观中"以人为本"思想一致。但是,自然人性论学生观也不足之处,比如他们过分强调自然规律对学生的影响,从而忽视影响学生发展的其他因素,过于片面。

(二) 学生的社会人性假设

社会人性论立足于人的社会属性,它认为人性并无先验的"善"或"恶",认为人性是在后天环境中逐步形成的,后来经过发展,上升到了马克思主义关于人的社会化本质的思

---

① 老子.道德经[M].李若水,译.北京:中国华侨出版社,2014:94.
② [捷]夸美纽斯.大教学论[M].傅任敢,译.北京:人民教育出版社.1984:34.

想。社会人性论与教育领域相结合,就形成了相应的学生观,其典型有中国古代墨子的"素丝论"、王夫之的"旧生日成说"、西方洛克的"白板说"。

在中国思想史上,墨子最早提出了社会人性论。他认为人性不分善与恶,人性的发展关键取决于后天环境,并以染丝为例,用来比喻人性是在教育和环境的影响下形成的。"染于苍则苍,染于黄则黄。所入者变,其色亦变。五入必,而已则为五色矣。"①意思是指人的本性如同素丝一样,染了青颜料就变成青色,染了黄颜料就变成黄色,染料颜色不同,丝的颜色也会跟着变化。人本身不分善恶,其道德观念是在后天环境和教育影响下学习结果所致。明末时期的王夫之与墨子持有一致看法。他提出:"性者,生理也,日生则日成。""命日生,则性日成。"②人的一生是生理和心理自然性能不断发展的过程。他从元气本体论的宇宙观出发,认为人与万物的不同在于人有"有道之性","有道之性"不是先天与生俱来的,而是在后天社会环境中学习培养起来的。所以,人性绝非在"初生之顷"就定型,而是随着个人成长环境和后天接受的教育所改变,"性屡移而异","日生日成",人性在后天是可以培养和不断完善的。

在西方教育史上,洛克率先提出了"白板说"。他把人的心灵比喻为一张没有任何标记和先在观念的白纸。他认为外部世界是客观存在的,人的意识中并不存在天生的思想和观念,人的心灵最初就像一块白板,一切思想、观念都是后天从经验中获得的。"我只把儿童看成是一张白纸或一块蜡,是可以随心所欲地做成是什么样的。"③洛克强调儿童具有巨大的发展潜能,可以通过后天的教导,成为一个善良、聪明的人。"只有出自内心的羞耻心和不愿见恶于人的畏惧心,才是一种真正的约束。"学生是具有求知的欲望的,教师要使儿童懂得尊重与羞辱的意义,注重于培养学生的羞耻心。

随后,杜威也提出相应的看法。他认为人是社会、自然中的一部分,学生也是教育环境中的一部分。同时他还强调学生是一个独立的个体,学生具备参加活动、主动学习的权利,教师要给予充分的支持。杜威认为儿童在教育环境中是主动的,让儿童通过参与生活和活动使自身天赋获得发展,进而主动掌握知识。所以,杜威强调以学生为中心的学生观,要求教育注重学生的个性发展和需要,促进学生健康发展。

总之,社会人性论的学生观认为人性是可塑的,学生的本性是善恶之分,为我们审视学生观提供了重要的社会建构视角。它是以假设为基础,把儿童当作成人一样进行看待,认为学生具有巨大的发展潜能。同时,他们强调良好的环境和教育对学生的发展起着深远持久的作用,要求教育者为学生创造适宜的教育环境。这对于现代学生观的发展都具有重要意义。但是,社会人性论过于强调外部环境对儿童的影响,忽视了学生智力因素与非智力因素的天性差异,夸大了社会活动在学生发展中的作用,忽视了学生主观能动性,这是需要当代教育者所注意的。

---

① 李小龙(译注).墨子[M].上海:中华书局,2007:15.
② 王夫子.尚书引义[M].北京:中华尚书局,1976:196.
③ [英]洛克.教育漫画[M].傅仕敢,译.北京:教育科学出版社,1999:185.

(三) 学生的理性人假设

理性主义是西方的重要哲学思潮之一,该主义认为人是理性的存在,人的自由是理性的自由,反映到学生观上,则强调学生理性发展的重要性,主要代表人物有柏拉图、亚里士多德、康德。

柏拉图把知识和理智合称理性,认为理性是人灵魂状态最高部分,逻辑力量是灵魂的最高属性。他认为每个人都具备快乐和欲望,人们必须通过法律和理性进行控制。同时,他提出人的认识是人的肉体存活于现世时,灵魂对理念世界的回忆。现实生活中的感性经验虽然能够引起这些回忆,但不能完全唤醒人们对真理的认识。柏拉图注重教育的作用,他认为教育是改变人性、陶冶情操、实现国家富强的重要手段。他提出教育是为国家培养人才,最高的培养目标就是哲学家。不同的学生存在明显的天赋差异,教育者应根据学生天赋条件差异来挑选教育,只有学生的理性得到最充分、最完善发展的人才能成为哲学王,从而为国家更好地服务。

亚里士多德进一步发展了柏拉图的"理念"思想,将人的灵魂划分为两大部分:理性的部分和非理性的部分。非理性部分又包括植物的灵魂和动物的灵魂两种成分。其中植物的灵魂是最低级的,它主要表现在身体部分,指的是身体的营养、生长和发育;动物的灵魂表现在人的本能、情感和欲望等方面。理性的灵魂是高级部分,它主要表现在思维、理解和判断等方面。他提出身体产生于心灵之先,非理性部分又产生在理性部分之先。亚里士多德和柏拉图一样注重教育对国家的和个人发展的重要性,认为天性、习惯和理性是影响人发展的三个因素,强调环境对人的行为习惯有着重要影响,教育能发展人的理性,使天性和习惯受理性的领导,成为有良好德行的人。所以,亚里士多德关注学生自然生长的规律,但更多地关注学生理性的形成和精神的享受,对学生的训练也强调遵循灵魂三部分产生的规律,并依次对其进行教育,最终促进人理性灵魂的发展。

康德提出理性包括思辨理性和实践理性两大类型,主张理性平等的人性论。康德把理性当成人的根本存在,认为个人尊严体现在对个人人性的尊重上,人的理性不取决于地位、财富和知识,平等的人性主要建立在平等的"理性"基础上。

他还提出人的本性无所谓善和恶,理性是人的最根本的特性。康德看重道德教育,希望通过道德教育建立一种主体性的道德原则,人们只有通过教育服从绝对命令,才能不断发展,成为具备理性的人。康德非常重视训练学生的心理功能,注重培养儿童品格,即通过管束、训导和陶冶,使儿童逐步地从"无律"、"他律"过渡到"自律"的道德水平。同时,康德强调管教的重要性,认为儿童必须要服从大人的管教,如果孩子不服从管教,就要接受惩罚。

理性人学生观主要认为人是有理性的,理性是人的内在本质特征。教育是培养和训练人理性的重要手段,强调纪律在儿童发展中的作用,赞同教育者对儿童进行训导和管束,为后世树立权威性的师生关系的典型。

(四) 学生的游戏人性假设

游戏一直以来就是哲学和教育学领域中的一个重要话题。"游戏"被视为人类必需的生存状态之一,是人类实现自身完整性的重要因素。游戏人性论最早起源于18世纪,随后,一些著名的哲学家都曾以自己独特的视野来思考和阐释过游戏人,折射到学生身上,形成了独特的游戏人性论的学生观,引导人们更加关注儿童的天性和现实生活,主要代表人物有柏拉图、赫伊津哈等。

柏拉图是历史上第一个对游戏进行思考的人,他十分重视游戏对儿童的重要性,认为孩子在3岁到7岁时的本性是做游戏,并且认为孩子应该通过游戏进行教育。柏拉图深刻认识到孩子活泼好动的天性,强调游戏是儿童自主活动和创造精神的最佳教育内容。席勒也肯定了游戏是人的本性,"只有当人是完全意义上的人,他才游戏;只有当人游戏时,他才完全是人"[①]。到了20世纪,荷兰的赫伊津哈正式提出游戏人的概念,他认为游戏是非理性、超越善恶的,"游戏在道德范畴之外,就其自身而言,它既非善亦非恶……一旦真理与正义、同情与宽恕影响了我们行动的决心,我们焦恼的问题就失去了全部意义。一滴怜悯从正义信仰、神恩和道德良知意识中涌出,就足以使我们越过理智的辨析,那自始至终困扰我们的问题就将湮没无声"[②]。同时,他还提出游戏具有一定的超越性,儿童在玩游戏时,能够激发儿童的创造力和创新思维,加固人类的逻辑本性。

游戏人性论下的学生观有以下特征。第一,游戏是儿童的天性,是人所必需的一种生存状态,贯穿于人的一生。第二,游戏具有一定的教育价值。好的游戏就像一件优秀的艺术品,吸引儿童的注意力,引起儿童的兴趣,让儿童参与其中,锻炼其反应能力,启迪其智慧。第三,儿童的游戏需要得到大人的欣赏。当孩子在游戏时,如果大人们能以欣赏的态度予以关注与支持,他们会玩得更加起劲,也会想出更多的新点子来。

从游戏人性论折射到学生观上,当代教育应该从内心深处真正认识到游戏的神圣性和重要性,尤其对于年龄较小的儿童来说,要让他们选择他们乐意的游戏,并让其在游戏中感受安宁与和谐。同时,教育还应支持儿童全身心地玩游戏,让学生深刻地体会到游戏的意义和乐趣,通过游戏强化儿童的发展,促进其全面健康成长。

教育是培养人的活动,人是教育的主体。人性是教育的基础,教育可以对人性产生作用。人性是教育的本质规定性,而教育使人性不断地完善。不同时期的人们对人性的理解不同产生了不同的人性论,折射在教育上,就出现了不同的学生观,从而产生了不同的教学实践。不同时期的人性论下学习观都是与当时时代背景相结合的,既有有一定的优点和特色,也存在一些不足之处,当代教育者在分析人性论下的学生观时,必须要辩证看待、理性分析,结合当代时代背景和学生发展状况,从实际出发,树立合理的学生观。

---

① [德]弗里德里希·席勒.审美教育书简[M].冯至,范大灿,译.上海:上海人民出版社,2003:124.
② [荷兰]约翰·赫伊津哈.游戏的人:关于文化的游戏成分的研究[M].多人,译.杭州:中国美术学院出版社,1996:237.

第四节 基于人的本质的学生观

为适应时代的发展与需要,改变旧有的学生观已成为必然。基于人的本质的学生观的产生是时代与教育本身的诉求,其对培养学生的创新精神、健全人格,促进智力水平和学生个性发展等方面都具有重要的意义。

一、学生观及其意义

只要有教育存在的地方,就必定会产生教育行为。与此同时,也就不可避免地存在着教师对学生的一些看法和观点,这些都会直接影响教师的教学行为。因此,正确理解学生观及其意义才能有效促进学生的全面发展。

(一) 学生观的内涵

学生观是指关于学生的本质属性和特征的基本观念体系[①],简单来说就是教师对学生的基本看法,它影响教师对学生的认识及其态度和行为,进而影响学生的发展。它的主要内容包括教师对学生在接受教育及身心发展中的地位、作用的态度,诸如教育工作者对学生的本质、特征、成长发展过程等每一方面的基本看法,即:学生的定义,如何对待学生,将学生看成什么样子的人,对学生的身心发展采取什么方式等。表现形式主要是教师在教育教学过程中在对待学生的地位、特点等多个方面所表现出的教育教学行为以及使用的教育教学举措。

从另一个角度讲,学生观还是教师教育思想的直接体现,具有十分丰富的内容,对教育教学有着重要的价值。这是由于一方面,学生观形成于教育教学实践之中,受一定社会的政治经济制度、文化传统、教育传统所制约,并受到教育工作者自身世界观和对学生身心发展规律的认识水平的影响。制约教育工作者对学生采取的态度和方法,并在一定程度上影响教育的目的、目标、内容和方法等。另一方面,它还是对"学生"这一存在于社会中的角色的认识、态度和期望的总和观念。

(二) 学生观的类型

1. 主体性的学生观

马克思说,"主体是人,客体是自然"[②]。从社会意义上讲,学生作为人是一个主体,是一切社会关系的总和。这个主体并非是狭义上教学活动过程中"学生中心"、"教师客体"

---

① 顾明远等.教育大辞典[M].上海:上海教育出版社,1998:40.
② 马克思,恩格斯.马克思恩格斯选集(第一卷)[M].北京:人民出版社,1972:254.

关系,而是一种社会意义、法理意义、人格意义上的非附属性。教育是教育者直接塑造和构建受教育者主体的活动,教师与学生的关系是教育主体和受教育主体的关系,学生是在教师培育关怀下自主发展的人。在教育过程中教师与学生是平等的,教育是培养人的社会实践活动,教育教学的过程就是学生主体的认识过程。

皮亚杰曾经说过,"主体只有通过自己的活动来认识现实的……客体首先只有通过主体的活动才能被认识"。从中可以看出,主体的感知、思想、想象都是其他客体无法替代的。而教育的基本功能,就是要帮助受教育者个体,不断提高和发展他们的主体性,使他们逐步地由一个自然人变为社会人,变为能够认识和改造社会行为的主体①。唤起受教育者的主体意识,提高受教育者主体的认知水平,激发受教育者对基本价值的追求,发展受教育者主体的积极性、自主性和创造性,是教育的基本功能。

学生是学习和发展的主体,但学生的主体地位和主体性的强弱不是天然的,它需要不断通过自觉能动活动来获得和强化。这就要求教育者必须尊重学生的主体地位和主体人格,培养和发展学生的独立自主性、主动自觉性,为学生开展主题性活动创造条件。

2. 差异性的学生观

法国哲学家德勒兹曾说过,"差别是无所不在的"②。人是共性和个性的统一,学生也不例外。"完人"教育长期以来对我们产生深刻的影响,因此,我们的教育一味要求要培养完美的学生,却忽略了对学生个性化的培育;特别提出要让学生的个性归于全方位,差异性向统一性靠拢,最终导致学生丧失了自己的个性,创新性也被泯灭。

差异性的学生观内涵首先在于学生是独特的存在,每个学生都有属于自己的不同的个性,都是独特的存在,这使得学生与学生之间存在着差异。由于家庭环境、社会背景、社交场景等的不同,导致学生们在乐趣、擅长、性格、需求等方面也都是各不相同的。然而,这些差异并不是一件坏事,它们还是教育最终的追求目标。教育不是生产机器的工厂,也不是培育整齐划一、万篇一律的场所。差异不仅是教育的基础,也是学生发展的前提,应该把它看作一种财宝而珍惜开发,是每个学生在原有的基础上都能够得到完全、自由的发展。因此,学校和教师对待这些差异也不应采取强制性统一的措施,而是要接受、尊重并珍视它们,从教育的角度促进学生差异性的和谐发展。

其次,学生的个性是多元化的。个性是指个体在生理素质和心理特征的基础上,在社会实践活动中通过社会环境和教育等因素的影响,在身心、才智、德行和技能等方面所形成的比较稳固而持久的特征的总和。马克思主义的个性观就强调在人的全面发展的基础上发展人的个性,真正的理想个性是在全面发展的基础上形成的。正确的学生观不应抵触学生的个性,反之应将其视为教育所着重培养的品质。

3. 发展性的学生观

马克思认为观察人性时最好的手段就是用发展的眼光去看待。美国著名人类潜能研

---

① 李志敏.主体性教育论纲[J].北京教育研究,1997:3.
② 王治河.当代西方哲学中的"非哲学"[J].社会科学战线,1993(2):56.

究专家奥拓指出:"一个人所发挥出来的能力,只占他全部能力的百分之四,我们所估计的数字之所以越来越低,是因为人所具备的潜能及其源泉的强大。"①从中可以得出,学生作为人也在蓬勃地发展之中。而且学生还没有成熟,可塑性更强,并且还处在学习过程之中,需要寻求发展,因此他们的身上蕴藏着更加深厚的发展潜能。按照终生学习理论和毕生发展心理学的理念,并结合科学实验的证明得出学生的可塑性要比成年人更强,因而要以学习而不是以工作为主。因此,作为教师,应该对学生的资质和潜能具有绝对的信任,努力发现每个学生身上的闪光点,给学生创造发展的环境和机会。不要以短期的或单次的成绩就对学生的成长下定论,要充分调动学生的学习积极性,拓宽他们的发展空间。

另一方面,人的发展是内因和外因的统一,又是量变与质变的统一。因此,学生的发展并不仅仅是单方面的发展,而是全身心的多方位多角度的发展,即学生的发展具有多向性。但全面发展也并不意味着只要共性,不要个性,人的全面发展最终目的是使人的个性得到充分的发展。应基于每个学生不同的天赋和个性,找到适合他们的各自发展程度和方向。在世界多元化、思潮多极化、人类发展多样化的现在,社会的发展要求教育为学生留出自主发展的空间,为学生各种素质的健康发展和优化培养奠定基础,不能根据某一学科的成绩将学生人为地分为优生和差生。要充分考虑到学生发展的多样性、多向性和层次性,熟悉不同年龄阶段学生身心发展的特点,并依据学生身心发展的规律和特点开展教育活动,才能够真实有效地促进学生身心健康发展。

4. 全方位的学生观

全方位的学生观就是指教育者要用全面性的目光对待学生的发展,不能够用片面的眼光审视学生,忽略其整体性的发展。早在古罗马时期,西塞罗就提出通过教育使个人的才能最大限度发展的要求。我国古代教育家孔子也曾经说过一个人的成长要"兴于诗、立于礼、成于乐"。可见,人们很早就意识到学生不单单只需要知识上的富足,更需要德、智、体、美等多方面的发展。而到了现代,马克思对人的发展做了系统的历史考察,它吸收了历史上尤其是空想社会主义关于人的全面发展思想,使人的全面发展从空想变成现实。哈佛大学教授加德纳曾提出的多元智能理论都表明,决定人们成功的并不是传统意义上的智商,决定学业成绩的高低的原因是取决于多种因素的综合作用。

教育要培养学生,并促进其发展,就必须树立全方位的学生观。教育工作者要全面地关注学生的各方面发展,善于发现每个学生的优点。在教育实践中要杜绝只重智力而忽视德育、体育的片面做法,不仅要培育学生的知识发展,更需要德育、美育、体育等教育。智育让学生学会知识的运用,培养探索的精神,使学生拥有智慧,能够独立思考,创造生活,改造世界;德育健全学生的性格品质,这是青少年一代健康成长的需要;美育培养学生健康的审美观,发展学生鉴赏美和创造美的能力,陶冶真善美的情操;体育使学生强身健体,精神饱满,意志坚强。立足使学生全方位发展,树立培养全面发展的学生观,为我国和谐社会提供更高水平的人才。

---

① 马斯洛.人的潜能和价值[M].林方,译.北京:华夏出版社,1987:101.

(二) 学生观确立的意义

学生观是教师教育观中重要的一部分,在教育教学中起着导向作用,是开展教学活动的立足点。《基础教育课程改革纲要》中就强调教师应与学生积极互动,尊重学生的人格,关注个体差异,激发学生的学习兴趣,创设教育环境,培养学生的能力,使每个学生都能得到充分的发展①。通过学生观研究促进教师有效教学、促进学生全面发展已是教学研究人员共同的愿景。

教师对待学生的看法、态度和观念问题,即是教师的学生观问题,可以对教师在教育教学中的行为进行引导和判断,并通过教师的教育教学行为展现出来。教师的学生观还可以展现教师在教育中所坚持的指导思想和对学生评价的理论依据来源,控制着教师在教学活动中的行为和态度,制约着教育方法的选择,决定了学生在教育过程中所处的地位。教师所持有的学生观影响着学生的身心健康、学业水平以及未来的人生发展,对于学生的个性、兴趣、品德等的形成也是非常重要的。良好的学生观可以帮助教师形成积极的教学氛围,提高教师的教学效率,促进新型师生关系的建立,同时能够帮助教师正确地认识教学与学生之间的关系,对学生个性的完善、能力的发展都起到促进作用。为此,教师建立新课程改革所提出的学生观对现代学生的发展起着重要作用。

另一方面,教师对学生的认识和评价是教师教育教学实践的基础,又贯穿于教育教学工作全过程,它直接影响教师教育观念的形成、教育教学方法的选择与教育教学目标的确定,并最终决定这教育教学质量的高低以至教育教学的成败。每个学生都是可以造就的,要相信每一个学生都是一片有待开发或进一步开垦的土地。教师应把每个学生视为教育的资源和财富,加以挖掘和利用,通过创新教育,把学生存在着的多种潜能变成现实。

二、"以人为本"学生观的确立

近年来,在充满竞争和挑战的世界中,世界各国的竞争表现为科技创新和创新人才的竞争,国家迫切需要各种创新人才。要培养创造性人才,必须改变传统的教育模式,树立"以人为本"的教育理念,"关注学生"、"以学生为本"倡导"为了每位学生的发展",学校教育正努力从学科本位、知识本位向关注每一个学生发展转变。教师的学生观也随着基础教育改革的深入发生了根本性的转变,学生受到越来越多的关注。

(一)"以人为本"学生观的提出及意义

1."以人为本"学生观的提出

党的十六大以来,党中央明确提出了坚持以人为本,促进经济社会全面、协调、可持续发展和人的全面发展的科学发展观。"坚持以人为本,坚持全面、协调、可持续的发展观,促进经济社会和人的全面发展。"这是我们党为适应新世纪新阶段全面建设小康社会的客

---

① 教育部.基础教育课程改革纲要[N].中国教育报,2001.

观要求而提出的科学发展观。

"国以人立,业以人兴"。坚持和落实"以人为本"的科学发展观,归根到底是为了人的全面发展。学校作为培养未来人才的重要阵地,在加强学生思想政治教育工作中必须树立以人为本的学生观,以提升学生的政治、思想、道德、法纪素质,帮助学生树立正确的政治方向以及世界观、人生观、价值观,使其成为德智体美全面发展的"四有"人才、培养德智体美全面发展的社会主义建设者和接班人。

一方面,"以人为本"学生观的提出体现了教育的本质。"以人为本"作为一种价值取向和教育理念,其根本所在就是以充分开发个体潜能为己任,以丰富的知识、完整健全人格的培养为目的。教育是培养人的社会活动,教育活动离不开人,人既是教育的出发点,也是教育的归宿,以人为本是教育的题中应有之义。教育中的以人为本是尊重和关爱学生的生命本性,是培养学生丰富多彩的社会属性与个性,是关注学生的全面持续发展。

另一方面,"以人为本"学生观的提出体现了学生的本质。人是具体的、活生生的、现实的个体,教育以人为本就是要关注真实的生活世界中每个鲜活的生命个体。每个学生都是鲜活的生命个体。以人为本的学生观其要旨是尊重学生的生命存在和特性,观照其各种社会属性与个性的培养生成,其终极目的是引领和帮助每个学生身心的健全发展和可持续发展,其使命就是帮助每个学生建构独特的丰富多彩的精神家园,帮助他们走向生活、走向未来。

以人为本,就是要求教师从学生的特点或实际出发,在对学生的培养上要以学生的学习、发展、自尊、安全等需要为出发点和归宿。它是一种对人的主体作用与地位的肯定,强调人在社会历史发展中的主体作用与目的地位;是一种价值取向,强调尊重人、解放人、依靠人和为了人;同时也是一种思维方式,就是在分析和解决一切问题时既要坚持历史的尺度,也要坚持人的尺度,在教育教学活动中做到以学生的全面发展为本。

2. 确立"以人为本"学生观的意义

树立以人为本的学生观,对于开展高效的教育教学工作具有十分重要的意义,主要包括在以下几个方面。

(1) 树立以人为本的学生观是贯彻党的教育方针的必然要求

党的十七大报告提出:"坚持育人为本、德育为先,实施素质教育,提高教育现代化水平,培养德智体美全面发展的社会主义建设者和接班人,办好人民满意的教育。"它明确回答了"为谁服务"、"培养什么样的人"以及"如何培养人"等问题,充分体现了以人为本的思想和人文关怀精神。这就要求在学生思想政治教育工作中必须坚持以人为本,注重培养学生的创新精神、实践能力和科学态度,积极倡导个性化教育,努力提高教育质量,促进人才的健康成长和人的全面发展。

(2) 树立以人为本的学生观是素质教育的基本要求

素质教育是立足于人的生命整体,超越人的自然素质,建构个体主体精神,进而促进个体自我完善和发展的教育。实施素质教育就必须做到目中有人,要把着力点放在挖掘人的潜力、发挥人的主体性和发展人的能力上,使学生学会做人、学会认知、学会做事、学会交往,最终成为一个完整的全面发展的人。

以人为本的学生观对学生的人格、个性、潜能和主体性给予充分尊重,使学生享有一定程度的学习自由,并追求和促进学生的自由发展、自我完善[①],有助于促进学生素质教育的发展。因此,必须以人为出发点和归宿,牢固树立"以人为本"的思想,才能把素质教育的各项目标真正落到实处。

(3) 树立以人为本的学生观有利于教育工作者尊重学生、爱护学生

只有树立以人为本的学生观,教育工作者才会对所有学生一视同仁,才会使热爱学生成为教育者教育学生的持久动力。并且以人为本的学生观要求教育工作者将教育教学工作和学生的幸福、自由、尊严、终极价值联系起来,使教育真正成为人的教育。以现代人的视野培养现代人,以全面发展的视野培养全面发展的人。把学生的整体素质的提高、学生的全面发展及自身价值的提升与创造视为己任,对学生的培养要切实把握其发展的方向和动力。智育是其发展的核心,体育是其发展的基础,素质特别是创新素质是其发展的关键,从而使他们成为德智体美全面发展的社会主义合格建设者和可靠接班人[②]。

(二) "以人为本"学生观的内涵

以人为本,就是要求教师从学生的特点或实际出发,在对学生的培养上要以学生的学习、发展、自尊、安全等需要为出发点和归宿。它是一种对人的主体作用与地位的肯定,强调人在社会历史发展中的主体作用与目的地位;是一种价值取向,强调尊重人、解放人、依靠人和为了人;同时,也是一种思维方式,就是在分析和解决一切问题时既要坚持历史的尺度,也要坚持人的尺度,在教育教学活动中做到以学生的全面发展为本。

学生是发展中的人,要认识到学生的发展性。人是教育的存在。就人的能力而言,以人的未特定化和人有多种变化发展的可能性为基础,人的生命具有可教育性(educability)。而"以人为本"的理念就是依照人的未特定化、未完善性、生成变化这一特性,把人的不断发展完善作为追求的终极目标。教育是促进人不断完善的最有效的途径,人的未特定化决定了人接受教育的必要性和可能性。因此,"以人为本"的学生观是以人为中心的,它的使命就是要造就全面而自由发展的人。

首先,学生身心发展是有规律的。它既是自然的客观过程,又是社会历史文化过程;它既是一个连续的过程,同时又有阶段性。不同的年龄阶段有不同的年龄特征,一定阶段的年龄特征具有相对稳定性,又有一定的可变性。学生的身心发展不仅服从这些规律,而且最典型地体现出人身心发展的特征与规律。"以人为本"的学生观要求学生通过德育、智育、体育、美育和劳动教育达到全面发展的目的。"以人为本"的学生观尊重学生的自由选择,才能达到个性发展和全面发展相统一。马克思主义认为,作为一个全面发展的人必须是社会性与个体性统一的人。从哲学的层面看,人既是作为个体而存在又是作为社

---

① 董泽芳."以人为本"是大学办学的第一理念[J].中国高等教育,2002(12):30-31.
② 张川等.转变观念加强学生思想政治工作[J].兰州大学学报,2000(28):174-176.

会成员而存在,人既有个体性又具有社会性,人具有社会性,人必须适应社会的需要,个性化要以社会为基础,同时个性发展又是社会化的前提条件。"以人为本"的教育观正是要求人的个性和社会性协调发展。学生具有巨大的发展潜能。而作为发展中的人,学生的不完善是正常的,十全十美是不符合实际的。发展作为一个进步的过程,总是与克服原有的矛盾联系在一起的。这就要求要把学生看成一个发展的人,理解其身心存在的不足之处,努力包容学生。另一方面,还要帮助学生解决问题,改正错误,从而不断提高、不断发展。

其次,学生是学习的主体,要尊重学生的主体地位。学生在学习活动中是认识的主体、实践的主体和发展的主体,是学习的主人。"以人为本"学生观的核心就是把增强学生的主体意识、提升人的主体地位放在首位,并作为一切教育活动的新原则。提高学生的主体地位就是要把尊重、提高、弘扬学生的主体意识、主体性作为一切教育、教学、管理活动的指导原则。[①] 我国的传统教育始终以"传道、授业、解惑"、塑造、训练为己任,给人一种高高在上的感觉。在教育过程中,学生处于接收者、被塑造者的客体地位。在教育方法上多采用教条式、灌输式,在很大程度上禁锢了学生的思想,窒息了学生的自主性和创造性;在教育教学内容上多是以教材为主,其载体过于单一,无法调动学生的兴趣和积极性。而"以人为本"的学生观,强调了教育教学对象——学生的主体性,将学生看成教育教学的主体,并且学生是接受教育教学活动的发动者和维持者,只有学生有意识有目的从事接受教育教学活动,教育教学活动才能不断地维持下去。

最后,学生是独特的人,要意识到学生的独特性。学生有着自己独特的内心世界、精神生活和内在感受,有着不同于成人的观察、思考和解决问题的方式。"每一个学习者的确是一个非常具体的人"[②]。每个学生都有着自己的成长环境,有他自己的个性,有个人的需要等。"以人为本"的学生观不同以往将教学上的社会化理解为培养单一规格的抽象人才观,它要求教育教学工作者从多方面来看待学生,将每个学生都看作独特的存在,有自己的个性和基础。从每位学生入手,因材施教,关注每个人的具体事件,尊重学生的实际差异,培养具有鲜明个性和自主意识的社会人才。

(三) 实现"以人为本"学生观的条件与要求

1. 明确以人为本的教育教学观念

教学观念是教育工作者对教学本质、教学目的、教学意义与价值及积极性的总体反映,确定以人为本的教育教学观念是做好教育教学工作的先导和关键所在。"以人为本"的学生观就是以学生为根本的态度、方式、方法来解决问题,同时,也是一种理念,它要求我们在分析、思考和解决学生问题时要确立起人的尺度,实行人性化服务。这其中包括以下几层含义。

---

① 王景英.教育"以人为本"辨释[J].当代教育科学,2003(21).

② 联合国教科文组织国际教育发展委员会.学会生存——教育世界的今天和明天[M].华东师范大学比较教育研究所,译.北京:教育科学出版社,1996:2-196.

(1) 树立全心全意为学生服务的意识

服务是教育工作者"教育、服务、管理"的三大功能之一。要在改革中体现"以学生为本,为学生服务"的服务管理思想,建立高效、完善的校内服务体系,主要有以下三个方面:

一是服务于学生的身心发展,提高他们的综合素质。为学生服务也是教育充满人性关怀的体现,要求教育工作者关注学生的生理和心理特征。首先,教育工作者应把学生视为灵动的生命体,视为有思想、有情感、有人格尊严的人,教育工作者要尊重学生,关心学生的身心健康,与学生进行心灵的沟通,提升学生的生命境界,培养积极乐观的人生观,让学生健康、快乐与和谐地成长。其次,教育应服务于学生的学业,重视学生个体的学习积极性,自我提升学习能力,教育不是替代、灌输、修理与强行提拔,而应侧重提供环境、条件、方法和合作学习的机会。

二是服务于学生的学业,提高他们的知识理论水平。学生是教育的本题,以人为本学生观的特点就是真正认识和把握学生这一本体。从学生出发,满足学生的需要。遵循学生的学习规律,使教学内容螺旋式上升,在不断掌握新知识的基础上,拓宽和升华。另外,教育工作者还应注意教学内容组织的趣味性,通过发挥自身的魅力、合理组织材料,使教学内容形象化、生活化,充满趣味性和吸引力。

三是服务于学生的生活。"教师的服务精神,系教育的命脉。"①教育工作者应时时处处为学生的发展着想,关心和满足学生的需要。当学生在生活上遇到不便时,教育工作者要及时帮助其排忧解难。例如,对班级中的一些贫困家庭的孩子,要努力为其争取助学贷款以及生活费。对于学生的得与失、冷与暖、好与恶、喜与悲,教育工作者不仅要记在心上,说在嘴上,而且要落实在行动上。处处为学生着想,为学生服务。

(2) 正确看待学生的身心发展问题

身心发展问题既涉及对学生天性和潜能的估计,也涉及对学生身心变化过程的认识,身心健康是学生做任何事情的基础和保证。学生正处在身心发展的重要时期,随着身心发展高峰的到来,人格的发展逐渐走向成熟,但也可能遇到或产生各种心理问题。有些如果不能及时解决,将会对其健康成长产生不良影响,严重的甚至可能会出现行为障碍或人格缺陷。从教育心理学上来说,学生在不同的年龄阶段有不同的年龄特征,这就要求教育工作者在教学过程中熟悉学生的身心发展特点,并正确看待学生的身心发展问题。

一位学生是具有独立人格的、发展中的、有着完整生命表现形态的生命个体,因此要将学生视作具有独立人格、思想感情、主观能动性和认知潜能的活生生的人,给予学生完整的生活世界,给他们全面展现个性力量的时间和空间。另外,还要必须尊重学生、热爱学生,更重要的是要深入到学生独特的内在世界,关注学生内心的奥秘,尊重学生的生活经验和独特体验。积极开展各种各样充满生机和活力又丰富多彩的活动,建立落实以人为本的学生观的有效载体和形式。例如,结合学科特色进行学科知识竞赛,发挥学生的聪明才智,使学生的身心得到健康协调地发展。

---

① 陶行知.陶行知全集[M].长沙:湖南教育出版社,1984:233.

(3) 尊重每一位学生

每个人都渴望得到他人的尊重,这是人的普通需求,学生也不例外。学生因为自己身心的发展、知识面的拓宽、交际圈的增大等因素,十分希望教育工作者能够尊重他们的人格和意见。教书也好,育人也罢,都是教育工作者与学生的双边互动,这是一个双向交流的复杂程序。而且教育工作者对学生的尊重,关键是从内部到外部了解学生。从内部了解学生是使我们认识学生可以被尊重的理由,从外部认识学生是了解学生所处的地位、认识学生必须被尊重的原理。

另一方面,这种师生之间的密切情感,可以产生情感迁移。使得教育工作者尊重自己的教育对象,会使学生产生一种尊师之感。只有尊重学生才能赢得学生的尊敬,才能有可能缩短师生之间的心理距离,师生之间才可能建立一种民主、平等、和谐的新型关系。师生关系如果处于一种尊重、平等、信任的状态,那么它所营造的和谐、愉悦的教育氛围必然产生良好的教育效果。在平等、民主、和谐的新型师生关系下,会使学生从教育工作者那里得到成长和进步的动力,学生会更加积极主动地学习和探索,从而成为主动的、积极的、有进取精神和创造性的学习者,真正地成为学习活动的主人。

(4) 确立学生为教学主体的教学观念

一直以来,传统的教育教学都是以教师、教材、知识为中心,产生的课堂也都是灌输型的教育教学方式。然而,教育的对象是学生,学生是能动的人。即使教师在整个教育过程中起着主导作用,但教师对学生的教育作用很大程度上都取决于学生发展的内在要求。因此,教师要信任学生内在的主体能力,认真把握学生主体性的表现形式以及完善学生的主体结构。在教学过程中要以学生为本,充分发挥出学生学习的主观能动性,把学习的主动权还给学生,去除传统教育教学中的被动学习,提倡自主学习和探究性学习,使学生真正成为教学活动的主体。

除此之外,在以"学生"为本的教学观念的引导下,在教学过程中还有利于形成民主、平等的师生关系。师生之间也只有建立了平等并且民主的师生关系,才可能做到激发学生的创造性。尽管教师和学生的名分不同,但教和学在师生之间必然是双向的,这样教师才能够必须以对等的合作的姿态去面对学生,如此才能形成"以人为本"的教学土壤①。

2. 采取"以人为本"的教学方式

"以人为本"的学生观不仅在思想观念上有所要求,在实际工作中也要求教育工作者要坚持以人为本,学生为先,一切从学生的根本利益出发,一切从满足学生健康成长的需要出发,把学生的发展作为工作的出发点和归宿。具体包括以下几个方面。

(1) 实行"因材施教"的教育教学

所谓因材施教,通常是指教师针对学生的个体差异,调整教学的目标、内容、方法与进

---

① 杨德广,朱炜."以人为本"的教育观述略[J].现代大学教育,2004(4).

度等,以适应学生在准备水平、智力倾向、兴趣爱好和学习风格等方面的差异,从而满足学生不同的学习需求,促进学生在原有基础上得到充分的发展,达到自己最佳的发展水平[①]。以人为本,在教育教学中就是以"生"为本,其理念倡导尊重个性、张扬个性,并呼唤个性化教育。要求真正做到把每一位学生都当作课堂的主体,把学生放在第一位,把学生的发展作为教育的出发点,根据学生的个性特点、接受能力及兴趣爱好等方面有针对性地对教育对象进行培养和教育,从而促进其全面发展。这与因材施教的教育思想不谋而合。因此,教师要在充分了解学生的个性特点和个性差异以及智力水平、接受能力、学习态度等基础之上,从实际出发,有针对性地教学,使每个人的才能品行都得到发展。

(2) 给予学生充足的发展时间和空间

教育要"以人为本",就要关注学生的个体健康发展,而个人自由发展能力的全面性同个人所拥有的自由时间是紧密相连的。马克思曾经说过:"时间实际上是人的积极存在,它不仅是人的生命尺度,而且是人的发展的空间。"[②]如果没有自由的时间或者自由时间很少,缺乏发展的空间,他就不可能自由发展。因此,教育工作者要给予学生充足的发展时间和空间,做好引导者和合作者的角色,最大限度挖掘每个学生的潜能,为学生的可持续发展奠定良好基础。

(3) 改进教学评价方式

教学中对学生的评价是对学生个体学习发展状况的检测。斯塔弗尔比姆曾经说过:"评价不是为了证明,而是为了改进。"而教学评价作为学生进步与不足的检测手段,对教学具有重要的反馈意义。教学评价要"以人为本",这不仅要体现在观念的更新上,更重要的是要体现在具体操作上。教学评价就是根据教学目的和教学原则,利用所有可行的评价方法及技术对教学过程及预期的一切效果给予价值上的判断,以提供信息、改进教学和对被评价对象做出某种证明。首先,"以人为本"的教学评价要做到注重评价形式的多样化和有效度;其次,教学评价要对学生具有一定的吸引作用,能够调动其主观能动性,从而对其能力和习惯进行相应的培养;最后,要多采用过程性评价,促进学生终身学习和终身发展。

第五节 古今中外学生观的分析与批判

教育是一种培养人的活动,这种活动能否高效,能否达到日臻完美、走向和谐,不仅仅取决于教师,也取决于学生的一面。只有正确认识学生,了解学生的特点和需要,才能够确立怎样教育学生。所以,从古至今,中外教育史上一直存在着对学生观这一议题的分析

---

① 夏正江.论因材施教的实施策略[J].教育研究与实验,2008(04):37-42.
② 马克思,恩格斯.马克思恩格斯选集(第一卷)[M].北京:人民出版社,1972:532.

与批判。

一、中国教育史上学生观的分析与批判

伴随着人类的出现,教育也随着传授生产生活经验的需要而产生。中国哲人自古主张"中庸之道"、"道法自然",去寻求人与天然的一种恬然相处的状态,当然,在教育领域方面,更加注重对人性的思考,对于学生观的培养也以道德观念和人性发展为基础。

孔子在历史上首次提出"性相近,习相远"的观点,指出人的天性是在后天环境的影响下,造成同等天赋素养的差别化发展。他提出了"有教无类"的思想,主张扩大教育对象,认为人人都可接受教育,体现了孔子对受教育权的别样认识。而其在教学方法上,主张启发诱导,极大限度地激发和调动学生的学习主动性和积极性。同时,孔子在了解学生的基础上,主张根据其不同的爱好及个性方面的差异来实施不同的教学,这充分体现了孔子个别化教学之下,学生个性化的发展。此外,他还注重学生的道德教育,以仁礼为核心、以孝为基础的德育观可谓是贯穿其整个教学生涯。"仁"即为做人的道德准则,可以理解为"爱人"、"宽恕"。"礼"即为道德规范,是协调社会关系的准则,是"仁"的表现形式。而百善孝为先,要培养具有仁德的人,必须从"孝"开始,这也是维系宗法社会所必要的要素。孔子对学生的初识和对教学中德育的探索为后世的教育奠定了深厚的基础理论。

孔子之后,首推孟子,他继承和发展了孔子的教育思想,提出"性善论"的命题,具体表现为"仁、义、礼、智"四种善端,人人皆有善端,教育就是无限放大人的善端。孟子对人性的认识充分体现在他的教学活动中,重视发挥学生在学习中的主动精神,要求学生通过自觉主动学习获取知识。教学过程是复杂的,教学方法亦应是多样化的。因此,孟子主张"教亦多术",应根据学生不同的情况、所传授的内容以及确定发展目标的不同去因人而异地教学。

与孟子的思想相反,荀子认为,人性是与生俱来的自然属性,由于人性中不存在道德和理智,如任其发展而不节制,必定造成趋向恶端,故"人之性恶",因此教育的作用就在于改恶向善。人之所以能改恶从善是由于后天的教育环境影响和个人努力的结果,内心向恶的人只要能长久地积淀,不断学习改善,便都可成为圣人,这一点与孟子的"人皆可以为尧舜"相似,均表现了教育对人性的影响。而关于知识和教学,相对于孟子的"内发",荀子更重视"外铄",因此,在学与思的关系上,荀子强调"学"。荀子提出"天地君亲师"说,把教师提到与天地祖宗并列的地位,片面强调学生对教师的服从,主张"师云亦云",学生要无条件地尊重教师。荀子的尊师思想对中国后世封建社会的"师道尊严"形成了很大的影响。

在春秋时期,能与儒家相提并论的便是与其并列称为"显学"的墨家思想了。墨子为墨家私学的创始者,主张"兼相爱,交相利",他认为教育的作用表现为劝化教人,引导人人"知义",同时墨子也很重视环境对人的影响,提出"染丝说",但人的富贵命运更在于个人的主观努力。墨子注重政治与道德教育,以兼爱为核心,关注对学生的节俭教育,主张意志锻炼,意志不够坚强者在学识上也便不能达到更高的要求。他认为学生要具备丰富的自然及人文科学知识以及工、商、兵等实际技能,这与孔门儒学忽视劳动教育形成鲜明

的对比。墨子在实践中也未遗忘对学生进行逻辑思辨能力的训练,对此他主张"言必立仪",提出"三表法",首先"有本之者"应根据历史经验和教训去立意论题,其次"有原之者"在立题时应充分考究民意民情,最终达到"有用之者",在实践中去检验立论。

汉代的董仲舒在儒家思想的基础上,提出了性三品说,将人分为三等:"圣人之性",圣人注定向善,无须教育;"中民之行",中人可以为善,也可以为恶,教育只能在中民上下功夫;"斗筲之性",小人只能向恶的方向发展,是教也不善的。董仲舒认为的"善"实质上是指封建社会的伦理纲常,人的善质和善端是人性的主导方面,教化致善是人性的发展。针对个人如何实施道德修养,董仲舒首先提出"正我"原则,要求人们在修业时,严于律己,宽以待人。此外,他还强调将德育与智育结合起来,二者不可分割。从另一方面来看,董仲舒把信与仁义礼智合在一起,称为"五常",即"仁义礼智信";又从"五伦"即"父子有亲、君臣有义、夫妇有别、长幼有序、朋友有信"中提出君为臣纲、父为子纲、夫为妻纲三种伦常。这三纲五常也成为封建社会伦理道德规范的基本要求,依此反映到教育层面,大致可以理解为"师为生纲"、"师贵生轻",学生必须听从教师的权威。由此可见,董仲舒的思想对我国封建社会的师生观、学生观有着深远的影响。

唐代韩愈作《师说》,详细阐述了有关教师的某些问题,涉及教师的作用、任务和师生关系等许多方面的内容,对当时人们竞相显示自己的独创性,不以师传为荣,反以求师为耻的不良风气进行了猛烈的批判。在师说中,他提到可以为师者,不在乎其年龄的大小和地位的高低,而在于懂的知识比自己多或者早,这是对人们错误思想的反驳,至今也对我们有借鉴意义。从中,也可见韩愈鲜明的学生观。首先,学生不一定不如老师,老师也不一定处处比学生高明。学生虽暂时在某些方面不如老师,但从长远来看或者在某一方面就完全有可能超越老师。因此,当学生的要励志发奋,厚积薄发,敢于超越老师。诚然,做学生的对老师也不能求全,要虚心向老师学其所长。此外,当老师的也不要显得高学生一等,要尊重学生,不足之处也要向学生学习,不应满足已有的知识,更要精益求精,与学生相处为亦师亦友的关系。其次,人们闻道求学的时间有先后,在专业与技能方面也各有所擅长,而老师的闻道时间与所学内容的厚度相较于学生均是多些,学生向老师学习是必然的。同时,老师的启发诱导会教育学生,学生在某些方面会有独到的见解,甚至有所专长。因此,师生之间的互相学习,亦师亦友对于二者的长远发展是有益的。韩愈的这种与学生共同成长、向学生学习和重视学生的潜力激发的思想在今天来看,与当今的学生观也是紧密契合的。

宋代朱熹集先人教育思想之大成,对封建社会后期教育的影响是无与伦比的。他继承二程、张载的人性论观点,认为"理"是万物的本原,"气"是构成天地万物的材料,两者不可分割,进而提出"性即理"的主张。而教育的作用就在于恢复"本然之性"。为此,他提出了一系列道德修养的方法,主要有立志、立敬、存养和省察。学习者首先要立定志向,其次要具备不放纵的道德态度和自我支配力,以小心谨慎态度去始终一贯地坚持求学,不断反省、检察自我言行的得失,最终把违背天理的言行压抑掉。值得一提的是,朱熹提出要对儿童实施胎教、早期家庭教育和学校教育的三阶段划分,由于每个阶段儿童的生理和心理特点不一,实施教育的内容和方法也有所不同。此外,朱熹重视学龄阶段的小学和大学教育,并且规定每个阶段的入学年龄、对象以及教学内容。他认为小学教育是打基础的教育,是大学教育的基础;大学教育是小学教育的深化和扩充,两者是相互独立的教育阶段,但又有内在的联系。依据学生身心发展不同阶段的特点,朱熹倡导运用不同的教学方法安排不同的教育内容,可谓说是开中国历史上的先例。

陆王心学的集大成者王守仁,继承和发展了陆九渊的心学理论,提出了"心即理也"、"知行合一"等命题。他从心学的立场出发,认为教育的作用就在于去除因外物所导致的贪念欲望,目的是为了恢复本心中固有的"良知",教育的积极作用就在"明其心"。王守仁提出教育的根本是"明人伦",而"人伦"在他看来就是父子有亲、君臣有义、夫妇有别、长幼有序、朋友有信的封建伦理道德,并将道德教育看作学校的首要任务。此外,王守仁十分重视儿童教育,他认为当时从事儿童教育的教师,每天督促儿童读书写字,对待其鞭打绳缚,就像对待囚徒一样,而不以礼仪引导、培养他们。对此,他提出新的儿童教育必须顺从儿童的性情,鼓舞儿童的兴趣,应根据儿童的天性选择合适的教育内容,要对儿童循序渐进地量力施教,即"随人分限所及"。王守仁的儿童教育思想包含有自然主义的因素,他反对体罚,强调根据儿童的身心特点来施教,是难能可贵的。

纵观中国传统的学生观,从孔子时代所具有的那种学生可与教师平等对话的学生主体意识来看,在荀子"师云亦云"观念的影响下,已经大打折扣,而这一趋势在后来封建社会的教育演化中可谓是有增无减,如宋代以来八股取士以纯粹知识定向作为教育评价的依据,对于学生的态度也日益趋向保守和专制。究其原因,是在整个中央集权的社会结构规范下的主流思想仍是忽视儿童或学生作为教学主体的存在。尽管中国传统文化中经常提及人际平等、和谐发展等,在此期间也出现了王守仁的自然教育和近代陶行知提出的主体性活教育思想等,都强调以学生为主体的学生观教育思想,但从根本上,均未改变传统教育中学生主体地位缺失的现象。直至今天的应试教育体系中,学生仍是以集体的身份,被要求在课堂教学中学习,以分数为重的评价标准处处束缚着他们,这是一个亟待改善的社会问题。

再者,在中国家庭内部,以孝为先的家庭伦理道德是必须遵行的行为规范,孩子必须依附听从于他们的父母,而这种代际间的长幼有序势必影响传统社会中孩子顺从权威的性格特点,这种观念深入骨髓,延伸到学校里,也就有了师是师、生是生的区别。师生相对而分离,生必须服从于师,而"听话"的学生是好学生,或许已成为一种普遍的教育价值观念,"一日为师,终身为父"的观念可谓影响着中国传统社会的师生关系。至今"学而优则仕"仍是学生学习的主要的目的,"吃得苦中苦,方为人上人"这种带有浓郁等级色彩的话语仍被提在嘴边。由此可见,有关学生发展的兴趣爱好培养,仍需整个社会环境和家庭环境的共同努力。

学生观是一个历史范畴,在不同的历史时期其内涵是不一样的,它随着时代代的变化与社会的发展而发生变化。20世纪80年代时,华中师范学院等五院校合编《教育学》,其强调了"教育的对象是人,主要是正在成长的年轻一代,为了保证一定的社会对教育的要求能够顺利地实现,有效地促进年轻一代,为了保证一定的社会对教育的要求能够顺地实现,有效地促进年轻一代身心健康的成长和发展,还必须适应年轻一代身心发展的规律,诸如教育任务的要求高低,教学内容的多少和深浅,教学方法的选择是否恰当等,都要根据学生的身心发展水平来确定"①。南京师范大学教育系编写的《教育学》则集中讨论了学生观问题。明确提出:其一,"学生是人",其内涵包括,"是一个能动的个体","是具有思想感情的个体","具有独特的创造价值";其二,"学生是发展中的人",其内涵包括,"具有与承认不同的身心特点","具有发展的潜在可能","具有获得承认教育关怀的需要";其三,"学生是一个完整的人",都具有自然属性和社会属性,存在着身体和心理等各方面的发展;其四,"学生是以学习为主要任务的人",其内涵包括,"学生以学习为主要任务","学生在教师指导下学习","学生所参加的是一种规范化的学习"等②。叶澜教授主持的"新基础教育"扎根学校教育的日常研究,立足于学校的转型性变革,在教育的理论方面提出具有价值引领的新的教育理念,其中包含了学生观的重建。"新基础教育"学生观的核心变化在于把学生看作一个具有能动发展需要与可能的生命体,而不是只能被动接受、由他人根据需要或目标去塑造的客体,更不是"物"。学生观的更新包含对学生的主动性、潜在性和差异性的认识。由此可见,现代学生观强调学生是具有独特性的人,学生是具有主动性和可能性的人,学生是正在成长的具有成长需要的人。每个学生都有最适合自己的发展空间和方向;每个学生的发展方向都是多元的、多方向的。因此,在教育教学中应采取比较宽容的态度,考虑众多的因素,而不要局限于单一的教育目标;同时,学生是具有创造性的生命个体,在教育中要突出学生的中心地位,激发学生的创造天性和本能,把他们培养成为具有批判精神、创新意识的人才;教育者要理解和尊重学生自主选择的发展方向和目标,还学生以生动活泼,多姿多彩的生命体验。

二、外国教育史上学生观的分析与批判

古希腊哲学以自然哲学为基础,意在探索宇宙万物的奥秘,而对于人本身这一问题的认识,即人的自我认识便是哲学探究的最高目标。

对于苏格拉底来说,哲学唯一的问题就是人本身的问题。在他看来,德行就是知识,而知识必须从它的反面开始,即"我自知我无知"。苏格拉底通过"产婆术",层层追问,使人们知道自己所知的有限性,从而去追问探究,最终实现知识的普遍正确认识,苏格拉底的思想和教学方法对西方学生观具有重大的影响。首先,"我自知我无知"表明我有求知的必要,即每个学生都有受教育的必要性,每个人都应该通过教育获取知识,而知识的获得又意味着走向另一个"无知"。因此,教师不仅传授给学生知识,而是要激发学生的求知欲,不断去学习。其次,真理的获得以及对人类本性的认识需要人与人之间的交往和对话,在这种交流中,我们才能互相理解,才能进行思想的辩证,才能达到对人类本性的认识。因此,教师应以一种平等交流的方式去启发学生,在教学过程中要引导学生自行思考,得出结论。苏格拉底的这种"学习不是单纯教授知识、教材,而是学生在教师引导下共同追求真理的过程"的思想引起了西方启发式教学的形成。而启发式教学至今仍广泛应用于东西方的教学中,这正验证了平等的学生观所具有的魅力。

---

① 华中师范学院教育系等五院校编写组.教育学[M].北京:人民教育出版社 1980:33.
② 南京师范大学教育系.教育学[M].北京:人民教育出版社 1984:127-130.

柏拉图认为人是神的"创造物中最好的",人在出生之前已有了对理念世界的认识,由于人的灵魂在取得肉体之前,早就脱离了肉体以外存在着,但出生时,肉体受到了污染,遗忘了一切。而灵魂本就有认识,那它便可以回忆起来,因此,所有的学习都不过是回忆而已。人灵魂中的虐等部分干扰了其对理念世界的认识,要想获得有关普遍的知识,必须不断通过教育剔除各种欲望的困惑,得到自我的净化。在此认识论的基础上,柏拉图主张儿童自出生就该接受教育,并提出奴隶制国家公民的子女归国家所有,按照其天赋差异在不同年龄段接受相应的教育,为国家培养人才。按照柏拉图的学生观,不论是培养军人还是哲学王,教育的目的只有一个,即为了国家的强大和稳定。

亚里士多德把人规定为理性的动物,将理性作为人的决定性的形式,人是有理性的,人的生活是有理智的生活。他认为儿童的身体在未出生前就已在形成和发育中,但本能、情感在之后才表现,而理解、判断、思维的发展要到更晚才涌现,据此他提出,教育要与人的自然发展及人的心理活动特点相适应,要对儿童实施体、智、美全面和谐发展的教育。因此,教育的目的和要求、教育的内容和方法等都应根据儿童的不同阶段做出安排。亚里士多德提倡的此种自由教育只有当处于社会中的自由人有闲暇时才可获得,当自由人无须为生计奔波操劳,才能专心从事真正的、崇高的沉思活动,自由地选择自由的学科。自由教育的根本目的不是进行职业准备,而是促进人的各种理性和能力的发展,将人从愚昧和精神的束缚中解脱出来。从亚里士多德的这些教育思想中,不难看出他主张对儿童应进行符合其身心发展的有计划的教育,在学习过程中,儿童更多地关注理性和精神世界的形成,使灵魂得以和谐地发展,但学习对个人未来工作和就职前的准备是被轻视和忽略的。

古罗马教育家昆体良主张教育者必先热爱儿童,注重其个别差异,才能更好地实施教学。他反对体罚,建议使用适度的奖惩和关怀爱护等方法引导儿童学习。他十分重视儿童的智慧和发展潜力,坚信每个儿童都有巨大的培养前途,任何人只要学习就不会一无所得。可见,昆体良的学生观是比较积极宽容的,因此他对教师的素质提出很高的要求,主张教师的教学要使每个儿童的身心独特性得到充分的体现,教师的讲解应通俗易懂,使学生易于接受。

西方古代教育思想的学生观虽提及有重视学生的主张,但就整个社会来讲仍十分轻视儿童和学生。在以理性为主的人文思想影响下,儿童被看作尚未长大的"小大人",需要成年人的培养,学生的学习和成长完全要依靠成年人的教育。而以教师为中心的教育观已清晰明了,这种对学生的轻视发展直到中世纪达到顶峰,神学思想和教会权威占据了绝对的统治地位。人的地位已被神所取代,教会强迫人们盲目信仰,并不能提问和质疑,要绝对服从,这使理性极大地泯灭。而整个教育过程中充斥着鞭笞等体罚与残酷训练,使得中世纪以来的学习者身心倍受挫折与压抑,这种状况一直持续到文艺复兴时期才开始淡出视线。而随着社会经济的发展需要以及教育对人的发展重新审视,近现代西方的学生观大体可分为以下几个流派。

(一) 人文与自然主义的学生观

文艺复兴开创了近代社会发展中关注人和研究人的先河,给人以社会中应有的地位。

其所提倡的人文主义,反对中世纪神学抬高神、贬低人的观点,肯定现实生活的意义,反对封建等级观念,主张人的自然平等。在此种思潮的影响下,将人身心和个性的全面发展作为了教育的培养目标,强调尊重和热爱儿童,提出激发儿童的学习兴趣和主动性,反对用体罚和严酷的纪律去约束儿童。

牛津大学教师洛克坚信人之初生,心灵如一张白纸,没有任何观念,儿童的天性就如没有任何痕迹的白板,可以任人随心所欲地涂写或塑造。这意味着,学生后天的发展与遗传因素无关,学生之间的差异取决教育,取决于老师对他们的涂画改写。这一观点曾长期甚至如今仍被某些教育工作者视为真理,但作为拥有主观能动性的人,教师对他的涂画改写仅是影响其成长的一小部分,学生的发展是在其原有的基础上进行的,教师如若在教学时无视学生发展的进步平台,无视其对所学知识的自我构建,那白板说的学生观从长久来看也并无多大实用意义。

近代西方教育史上对学生观具有重大影响的便是自然主义教育思想,早在17世纪夸美纽斯就提出了教育适应自然的原则,强调教育要依据儿童的自然本性。夸美纽斯生活的时代是一个形而上学的机械唯物主义流行的时代,在那时,世界被看成一架"巨大的机器"。有的哲学家把人也看成一架机器,认为人的性质同样是机械的,人类的一切都应受机械的法则支配,而教学和人都是自然的一部分,应亦是如此。由此,夸美纽斯认为世界及人都是按机械的原则安排的,就像一座时钟一样。① 而"时钟论"的学生观忽视了学生无限丰富的个性和主动性、创造性,学生在教育中的地位是可以变换的,不是固定机器的部件;学生的发展是多样化的,而教育培养目标也具有多元性。他还提出儿童的发展具有阶段性,教师必须尊重这一自然发展的顺序和特点,应针对不同年龄特征和儿童的个别差异采取灵活多样的教学方法。

在夸美纽斯的基础上,卢梭系统地论述了自然教育理论,他更强调教育过程要由适应外部自然的要求向适应人的内在自然发展转变。卢梭的学生观集中体现在其提出的"自然人"的培养上,"自然人"既是完全为自己生活,又作为社会一员,应与新的社会相统一。卢梭认为,人性本善,所以自然人的培养必须扩其天性,而不是阻碍压抑天性的自然发展。他进一步指出,虽人性本善,但社会险恶,根据人的身心发展规律,在发展的前期,儿童身心柔弱,为防止受到伤害,对他们的教育和培养要远离社会的污染和侵害,儿童的天性才能充分发挥,个人潜能才能得以充分实现。在自然人的培养过程中,卢梭强调必须遵循自然的要求,顺应人的自然本性,反对成人按照传统偏见强制儿童接受违反自然的教育。教育要使儿童有充分活动的可能与条件,教育者要追随儿童的本性,让他们在劳动和生活中进行学习,把儿童培养成自由的人。这些观点对今后的教育心理学化思想和进步主义教育等都有直接的影响。

(二) 理性主义的学生观

笛卡尔曾提出过一个著名的哲学命题,"我思故我在",在他看来,怀疑是一种思想,而思想必然有一个思维者在思考,这一唯心的命题却为近代哲学奠定了主体性原则和理

---

① 赵敦华.西方哲学简史[M].北京:北京大学出版社,2001:180.

性主义等基本特征,并由此确定了主体的独立地位。而康德解决了人的认识问题中科学知识的普遍必然性问题,突出主体在认识中的作用、地位和能动性,确立主体性原则,明确提出人是最终目的的思想。因此,在教育中要强调思辨能力的训练,将求知的过程视为理智活动的过程,感性知识应依附于理性知识,教育要使学生具有主动性和创造性。哲学思考反映在教育领域也引起了学生观的变化。康德认为,人是理性的存在,人的自由是理性的自由,人要理性地服从一个普遍的道德命令,从而实现最高价值的"善良意志"。他认为,在儿童的本性之中,除了有善的倾向之外,还有一种动物性冲动,如果任其发展下去,就会成为一个无理性之人。儿童作为一个社会的人,必须要服从社会既定的准则,教育的目的不仅要保护和发展人性中善的倾向,而且要管束、防止人性中恶的倾向。在他看来,服从是儿童的重要品质之一,其有两层含义:一是绝对服从老师的命令;二是服从自己的理性意志或善良意志。如果儿童出现不服从的行为,就要受到惩罚,包括身体惩罚和道德惩罚,而道德惩罚是指教师有目的地疏远学生,让儿童感受不到尊重和关心。

受康德哲学思想的影响,赫尔巴特也主张不变的、普遍的道德原则。他认为人有不驯服的天性,在教育上就应特别重视对儿童的管理,要竭力防止儿童独立自主意识的发展,压制儿童的创造性,使他们服从成人的权威。赫尔巴特认为,对儿童进行管理是教学的基本条件,管理并不是要在儿童心灵中得到任何目的,而是要创造一种秩序。儿童年龄比较小,自主不能形成良好的判断,有的只是表现出的不服从,如果不用力克服,不仅教学工作无法进行,而且会随时间的推移日益增长,以至于形成一种反社会倾向。管理则是教育的一种手段,教育必须抓紧它,才能约束住儿童身上"盲目冲动的种子"和"率直的欲望"。赫尔巴特还提出了一套管理儿童的方法,如监督、命令、服从和惩罚,他认为在教育过程中学生必须对教师保持一种被动状态,强调教师在教学中的主体地位,强调教师的权威,忽视学生的积极性、主动性,把学生看成教育的客体,轻视学生在学习和发展中应有的地位。

由此可见,"理性论"学生观强调教师的权威和中心地位以及管制学生的合法性,注重人理性的重要性和规则的权威,强调普遍存在着一个永恒的人性和最高的价值理念,即"善良意志"。直至今日这种学生观仍流行于世,因为几千年以来,学生日益增多的知识大都由教师传给学生,伴随而来的便是严格、权威的纪律,从侧面也反映出社会本身是建立在严格的权威原则之上,这便树立了具有权威性的师生关系典型。

（三）儿童中心论

以赫尔巴特为代表的理性主义学生观过分强调教师的地位,压制了学生的主动性与积极性,在此教育氛围下,儿童的个性发展也受到一定的压制。因此,杜威对理性主义的教育思想进行了批判,并在实用主义哲学的基础上,创立实用主义教育思想,成为"现代教育"的主要思潮①。杜威认为"教育即生活",教育就是一个经验不断改组、不断改造和转化的过程,教育就是儿童现有生活的过程,而不是为将来的生活做准备。他认为学校即社会,即教育是一种社会生活过程,而学校是社会生活的一种形式,教育必须呈现儿童现在的社会生活。同时,他提出"教育即生长",教育应尊重儿童身心发展特征的过程,要摒除

---

① 约翰·杜威.民主主义与教育[M].王承绪,译.北京:人民教育出版社,2001:17.

压抑、阻碍儿童自由发展的障碍,一切教育均应适合儿童心理发展水平和兴趣。因此,杜威反对传统教育中的课堂中心和教师中心,他主张"生活中心、活动中心和儿童中心"。在他看来,新型的师生关系应以儿童为中心①。杜威认为教育存在于经验之中,教育的过程即是个人获得经验的过程,而不是学习前人和别人经验的过程。人作为有机体主动地对环境加以改造,而观念、知识和经验皆是通过行动获得的,我们所处的环境始终处于变化状态之中,所以对经验的改造乃是使生活得以继续的手段,即为"教育即经验的改造和重组"。

顺应学生的天性让其自然成长与加强对学生的管束,使之服从权威,是近现代哲学两种截然不同的人性观,也是反映在教育领域两种不同的学生观,此两种学生观对其所处时代及其后世的教育都产生重大的影响。而以杜威为代表的儿童中心论观点,可谓是确立了现代教育领域学生观的基本框架。

(四) 后现代思想对传统学生观的批判

后现代思潮是 20 世纪五六十年代在西方国家广泛出现的具有重大影响的社会文化思潮,自一出现,就以一种猛烈的态势攻击现代社会文化中的种种弊病,从而引发了世人的关注。到七八十年代,这一思潮成为西方理论界争议的主要话题,在哲学、社会学、教育层面等各领域都掀起"后现代主义"的论争。

后现代主义思想突出体现在对传统的批判和解构,他们抛弃了关于现代性的各种"权威"、"中心"、"基础"和"本质",消除了所有法典的合理性,消解了西方社会自近代启蒙运动以来一切关于人在社会历史进程中的作用和观念②。总体上来看,后现代主义对现代性的批判有其合理之处,他们对主体性的批判以及对当代资本主义社会的批判为后世在更深层次上认识人开拓了广阔的空间,尤其是对传统的学生观进行的批判与发展带来了巨大的冲击。

1. 对"时钟论"学生观的批判

后世心理学的发展证明了夸美纽斯从人体生理机制和人脑的不同去认识学生的个人特征是错误的,这种对世界、对人的认识是一种机械论世界观。就"时钟论"的教育观点而言,其培养目标是把学生培养为适应社会运转的一个齿轮或部件,而当时工业社会的教育价值取向就是以物为本,教育就是为工业化的生产培养技术熟练的工人。"时钟论"学生观未考究到学生丰富多彩的个性和学生在教学中地位的可变性,无视学生发展要求的多样性和教育培养目标的多元性。今天的教育有了很大的发展,对学生的认识与以往也有很大不同,但"时钟论"仍存在人们的教学实践中,学生被看作"学习的机器"不停运转,学生的培养过程也被看作统一的培养模式和评价模式,学生成为教学这架机器的重要部件,必须按照固定的模式,去周而复始地运作。

---

① 张斌贤等.西方教育思想史[M].成都:四川教育出版社,1994:657.
② 张国清.中心与边缘[M].北京:中国社会科学出版社,1998:45.

2. 对"白板说"学生观的批判

洛克的"白板说"在教育史上的进步意义不言而喻，而后现代主义更关注的是此学生观对教育的负面影响。"白板说"学生观忽视学生在智力、非智力因素等方面先天性的差异，而现代心理学和生物学的发展证明了人天生并不是"一张白纸"。这一点，人们在早期的幼儿教育中深有感触。同时，它夸大了教育和教师在学生发展中的作用，忽视了学生在自我发展过程中的主观能动性。教育工作者总会误认为教育赋予了其无上的权威，课堂便是教师行使话语权的主要场所，但社会的发展、现世生活的教育对个人成长也影响颇深，学生自我对知识的构建也是其发展动力的重要部分。

3. 对"理性论"学生观的批判

在后现代主义者看来，教育所面对的对象，人不是单一的，是多元性的复杂合体，而教育不仅要发展人之理性，也要发展非理性。教育要尊重学生的多元化思想、情感和认识，教师在教学中的主体地位以及对学生的管束并不具有合理性，以任何形式的打罚学生都是对弱势群体权利的侵犯，都是作为人之为人的人格侮辱，因此，教育也必须尊重学生的非理性。

从以上对学生观思想脉络的梳理我们可以看出，不同文化背景的民族在每个历史时期对人的理解都是不同的，因而产生了不同的人性观，这反映在教育领域，便出现了不同的学生观。学生观的发展演进就是一次又一次的筛查过程，每个时代总会有一些经典永恒的思想被保留下来，这些思想无论在哪个时代都受到人们的认可和推崇，如师生关系的认知、对学生的尊重和关爱、按照学生身心发展的阶段进行教学等等，这些思想和观点是人类教育历史上宝贵的财富和永恒存在的教育思潮，对任何时代的学生观都具有普遍意义。不论是人性观还是学生观思想都力图与时代完美契合而不断发展，这也给了后人更多的思索空间，而停滞不前的观念只会阻碍对学生人格的塑造。那么，今天我们该树立怎样的学生观，这应是所有教育工作者值得思索的问题。

本章小结

教育是以培养人为目的的活动，教育培养什么样的人就必须要涉及教育对人性的理解和认识。学生观是人们对学生的价值关系的认识和评价，即学生是什么、怎么看待学生、把学生看成什么样的人、对学生采取什么样的态度等。学生观是教育观的一个重要组成部分，直接影响着教育认识活动的目的、方式。学生观的确立离不开对人性的认识。

基于不同时期的政治、经济和文化需要，占主流地位的人性论会对当时的学生观产生重要影响。但是，无论是哪一种人性观，都从不同的角度证实着人的本质，同时又都有其局限性。任何一种对人性的阐述都有其合理的地方，但人性不是各种关于人性理解的简单相加，而是对人性的一种全面的把握。我们不能片面、孤立地去看人性这个概念。

学生观是不断发展、进步的。学生是人，具有人的一切属性。这意味着我们要以一个多维的视角来认识学生，建立符合时代特色的理想型学生观。同时，教育者要明确学生的本性是无所谓善、恶的。学生具有巨大的发展潜能,教育在学生发展中起着重要作用,能够完善学生的发展和成长。所以,现代教育要以一种全面的、发展的观点来认识学生,认识到学生的本质属性是人,认识到学生是一个自在、自为、完整的生命体,并且在承认学生有共同特性的同时,也能看到学生的差异性。

复习与思考

1. 为什么要确定教育的人性观？其意义何在？
2. 如何正确地看待教育思想史中各种人性观？并说明其合理性和局限性。
3. 正确的学生观包括哪些内容？如何进行理解？
4. 结合当前的教育实践,简述在具体的教育过程中如何更好地贯彻以人为本的原则。
5. 学生观经过历史的变迁呈现出不同的样态,现在多数人认可的学生观是一种以学生为本的主体间性的学生观,你认为此种学生观最重要的因素有哪些？
6. 如何树立以人为本的学生观？

阅读参考资料

[1] 冯建军.生命与教育[M].北京:教育科学出版社,2004.
[2] 石中英.教育哲学[M].北京:北京师范大学出版社,2007.
[3] 岳伟.批判与重构——人的形象重塑及其教育意义探索[M].北京:人民教育出版社,2008.
[4] 高清海等.人的"类生命"与"类哲学"[M].长春:吉林人民出版社,1998.
[5] 夏甄陶.人是什么[M].上海:商务印书馆,2000.
[6] 于伟等.教育哲学[M].北京:北京师范大学出版社,2015.

第四章 知识性质与课程观

【名人名言】

我们如何思考知识,确实在相当程度上影响着我们思考教育。

——索尔蒂斯

【本章提要】

本章主要介绍了知识的概念、性质及基本类型,厘清了知识与经验、能力等相关概念的关系。对知识如何在课程中呈现,课程的知识基础进行说明,并对未来课程知识的选择、什么样的知识最具有教育价值进行探索以及古今中外课程观进行分析和批判。

【学习目标】

1. 认识知识作为课程的必要内容,认识知识的性质和内涵。
2. 理解知识的概念以及知识与相关概念之间的联系。
3. 掌握知识对课程观的影响和课程观构建的知识基础。
4. 明确作为一名教师应该具有什么样的课程观。
5. 应用所学相关知识分析和评判古今中外不同的课程观。

关于知识是什么、什么知识最有价值,自斯宾塞的《教育论》中开始在教育界进行广泛的争论,也引起对教育活动是传授知识还是培养学生学习能力的讨论。正如索尔蒂斯(J.F.Soltis)所言:我们如何思考知识,确实在相当程度上影响着我们如何思考教育。传统教育学派认为教育活动就是为了传授知识。随着时代的发展,社会又赋予教育更多的使命,即是传授知识,更是培养具有知识、有创新能力的人。

在现代日常教育教学活动中,课程作为知识传授的主体和知识的传承的媒介,对知识的传承与发展起着承前启后和决定未来人和社会发展的重要作用。因此,了解知识的性质对课程的建构与知识的传授有着重要的意义。

本章的内容首先对知识的内涵进行了解,分析知识与课程的关系,阐述知识价值对课程的影响,在此基础上对历史上的主要课程观进行分析和批判。

第一节 知识的性质与类型

知识作为人类各种实践经验的总结,蕴含了各个历史时期社会发展的内在逻辑和社会关系的总和。从人类教育诞生以来,教育活动的开展主要以传授人类年轻一代各种经验知识为己任,使年轻一代的在知识的学习中成长,知识的授受过程成为教育活动存在与发展关键所在。然而,人类的知识是无限和多样的,教育活动的空间和时间局限了知识传授和学习,课程内容就是根据学生学习阶段选择可学习的知识,开展教学活动。熟知知识的性质与类型,对于不同阶段教育活动中选择合适知识开展传授就显得尤为重要。本节内容着力对知识性质和类型进行论述,为课程知识的科学选择做好准备。

一、"知识"的概念

在生活中我们经常使用"知识"一词,却很少去思考和回答"什么是知识",在对知识认识存在比较模糊的状态下才使用"知识"一词,更多对知识的了解存在于能用的就是知识。其实,"什么是知识"的问题与"什么不是知识"是联系在一起,实际上就是与"知识标准"联系在一起①。在日常生活中,"知识"的概念与"真理"、"信仰"等概念之间有着复杂的关系,很多时候人们获得或掌握某种知识,往往就把它信为真理,并对它产生信仰。因此,要回答"什么知识"并不是一个容易的事情。在哲学中,关于知识的研究叫作认识论,知识的获取涉及许多复杂的过程:感觉、交流、推理等。知识也可以看成构成人类智慧的最根本的因素,知识具有一致性、公允性,判断真伪要以逻辑,而非立场。知识的定义在认识论中仍然是一个争论不止的问题,罗伯特·格兰特指出,尽管"什么是知识"这个问题激发了世界上众多伟大思想家的兴趣,至今也没有一个统一而明确的界定。

(一) 日常生活中的"知识"

在人类的日常生活和工作交流中,"知识"一词是出现频率较多的一个。在这里的"知识"是人类在实践中认识客观世界(包括人类自身)的成果,它包括事实、信息的描述、在教育和工作实践中获得的技能也是人类从各个途径中获得的经过提升与凝练的系统的认识。人类的生活离不开知识,我们日常的幸福生活、健康的体魄、良好的习惯、丰富的社会活动都要归功于各种各样日常知识,运用这些知识是人们生活的基本法则,能够运用知识是人区别于其他生物体的基本标准。

"知识"一词即既可以说是熟悉的也是陌生的,尽管在日常生活中人们谈论各种各样的知识,似乎对它或多或少都有所了解。事实上,很多所谓熟知的东西所以不是真正知道的东西,例如:健康、营养、饮食、居家我们真正了解多少是科学的知识,那些是熟悉的才变

---

① 石中英.知识转型与教育改革[M].北京:教育科学出版社,2001:11-12.

成了知识,因此很多时候人对"知识"的了解是一种最习以为常的自欺欺人的熟知,而不是真正的"知识",就是在认识的时候先假定某个东西是熟知了的,因而不去管它了。更不能否认的是知识是一个有着内涵极为丰富、外延相当广泛的概念。对于知识是什么,有诸多不同的提法或主张,如本体论的、认识论的、价值论的等。对"知识是什么"的认识,代表了人们不同的知识观,而知识的定义是非常复杂的,对这一问题的回答至今没有形成共识,包括在学术意义领域。

(二)学术意义上的"知识"

关于知识学术界有更为丰富认识,不同的学科领域、学术流派都有属于关于自己对知识的认识,他们从人类认识世界开始总结了知识存在,展示了知识的成果,丰富了知识的内涵,主要有以下几个方面。

1. 知识是人类认识的结晶

什么是知识、知识是什么的问题在西方哲学认识论中一直是一个被众多哲学家讨论的问题。大多数研究者认为知识是人类认识世界的成果和结晶,其中包括经验知识和理论知识。贮存在个体头脑内的知识,是个体知识;通过书籍、符号或其他媒介贮存的知识,是人类的社会知识。建构主义教学论的知识观认为,知识不是对现实的纯粹客观反映,任何一种知识传载的符号系统也不是绝对真实的表征。它只不过是对客观世界的一种解释、假设或假说,它不是问题的最终答案,它必将随人们认识程度的深入而不断地变革、升华和改写,出现新的解释和假设。在哲学领域,"知识"定义经常被引用为"经过辩护的真实的信念"。"这种意义上的'知识'一般意味着三条标准:(1)拥有一个信念;(2)它是真的;(3)拥有充足的证据,它的获得有充分的理由。"[①]

2. 知识即是真理

柏拉图认为知识是一种确证了的、真实的理念以及被相信的事物。并把"理念"看作是事物最高和最终的本质,是永恒不变的真实存在,认为知识是人们对于事物本质的反映与表达,不同于人类感性所认识的意见。在他看来,知识就是真理,而所有的感觉经验都无法构成真正的知识。迈克尔·波兰尼(Michael Polanyi)的观点:人类的知识是一种信仰、一种寄托,人只有相信某种知识的合理性,才会接纳该知识。亚历山大(Alexander)认为,知识中包括有信念,知识包括个体所知或信以为真的一切,不管它是否以一种客观的或外在的方式确证为真实的。

3. 知识即证明的事实

美国哈佛大学社会学家丹尼尔·贝尔(Daniel Bell 在《知识的规范》一书中将"知识"定义为一组对事实或概念的条理化的阐述,它表示一个推理出来的判断或者一种经验结

---

① Robin Barrow and Geoffrey Milbum. A Critical Dictionary of Educational Concepts [Z]. Wheatsheaf Books LTD,1986.pp.100-101.

构,它可以通过某种信息工具以某种系统的方式传播给其他人。谢弗勒(Lsrael Scheffler)在《知识的条件》中认为,"知识包括熟悉的事物、地点、人物;从事各种操作的能力;拥有关于事实及信念方面公开的真理;拥有科学和口常经验中各种可能有误的内容,以及数学和形而上学中确定无疑的内容。它不仅是简单描述的专门知识和各类经验,它还表达了我们在认知艺术的范围和恰当处理方面的标准、理想和趣味,即不仅包括我们知道的内容,而且还包括我们认识的方式,以及我们整个理智方面的遗产"①。罗素(Russell)指出,知识是从已知的前提有效地演绎出来的东西。福柯在《知识考古学》中指出,由某种话语实践按其规则构成的并为某门科学的建立所不可缺少的成分整体,尽管它们并不是必然会产生科学,我们可以称之为知识。纽曼认为知识是一种习得的精神启示,是一种习惯,是一笔个人的财富,是一种内在的禀赋。

4. 知识即认识的成果

在顾明远先生主编的《教育大辞典》中,对"知识"是这样定义的:"即个体通过与环境的相互作用后获得的信息及其组织。知识人是对事物属性和联系的认识。"②在《现代汉语词典》中"知识"解释为人们在改造世界的实践中所获得的认识和经验的总和。《辞海》的定义是:知识是人类认识的成果或结晶;包括经验知识和理论知识,经验知识是知识的初级形态,系统的科学知识是知识的高级形态,人的知识是后天在实践中形成的,是对现实的反映。③ 从上可以看出,知识是属于人类认识经验的成果,但又高于人类的认识,因为它是以成果或结晶形式出现的知识,是那些得到证明或证实的、有价值的知识。

综上所述,根据以上对知识的解释和了解,知识就是对自然和社会各种属性以及关系的描述与总结,知识所承载的内容是客观的、真实的,因此知识具有客观性。其中,因为描述者个体语言和心理的异性,对知识的解释加上理解因人而异,知识也因此具有了主观性。随着人们实践和认识的不断发展,知识也不断得到完善与丰富,知识是发展的、相对稳定和真实的。总之,知识是一个不断被人类阐述的概念和构筑人类观念与发展的基石,是人类认识自然、社会和人自身的语言、文字或其他符号表达出来的认识经验和成果的总和。

(三) 与"知识"相关的概念

知识作为人类社会各种经验的总结,也包含人类的各种经验、社会和能力以及人与知识的关系等多重关系,要更加深入理解和认识知识,就要了解知识与这些概念的关系。

1. 知识与经验

在杜威的哲学理论体系中,把"经验"放在他的哲学思想的中心,同时也放在他的教

---

① [美].泰勒.论谢弗勒知识的条件.唐晓杰,译.瞿葆奎等.教育学文集·智育[M].北京:人民教育出版社,1993:178.
② 顾明远等.教育大辞典[Z].上海:上海教育出版社,1998:2016.
③ 辞海[Z].上海:上海辞书出版社,1989:1952.

育思想的中心。他认为,经验包含一个主动的因素和一个被动的因素,这两个因素以特有形式结合着。只有注意到这一点,才能了解经验的性质。在主动的方面,经验就是尝试——这个意义,用实验这个术语来表达就清楚了。在被动的方面,经验就是承受结果。我们对事物有所作为,然后它回过来对我们有所影响,这就是一种特殊的结合。经验的这两个方面的联结可能测定经验的效果和价值。单纯活动,并不构成经验。这样的活动只是分散的、有离心作用的、消耗性的活动。作为尝试的经验包含变化,但是,除非变化是有意识地和变化所产生的一系列结果联系起来,否则它不过是无意义的转变。当一个活动继续深入到承受的结果,当行动所造成的变化回过来反映在我们自身所发生的变化中时,这样的变动就具有意义,我们就学到了一点东西。经验更多是个体立足于客观世界、建立在感官知觉上的对事物的认识和反映,形成对问题概念的判断并不断地修正,是人类或个体认识成果的积累,是可传授性的实践性知识①。

还有认识到经验具有连续性,它建立在过去经验的基础上,并导向未来的经验。丹尼尔·贝尔将知识定义为:"知识是对事实或思想的一套有系统的阐述提出合理的判断或者经验性的结果,它可以通过某种交流手段,以某种系统的方式传播给其他人。"②经验的初级形式是人们在长期的实践中直接接触客观世界而获得、汇聚、积淀的对事物的表面现象的初步认识后的产物,而经验的高级形式则是知识,是在初级形式的基础上经过思维的加工而获得并在实践中得到验证的结果,是人们对客观世界认识的结果。由此,知识就是在实践活动的经验中总结而来,同时知识在活动中指导实践,并尽可能地丰富着经验的内涵,提升实践活动的空间和视野,为经验知识提升为理论知识打好基础。

2. 知识与能力

知识与能力在认识论中是一对重要的范畴,认识是作为主体的人运用自己的能力获得知识的主要方式之一。在人类活动中,认识的发展既是主体知识增长的过程,也是主体能力提高的过程,知识和能力的相互作用,既推动了人知识的发展,也推动认识的发展。知识是主体从认识上对客体进行把握,是人脑通过感觉、知觉、表象、概念等对客体现象、本质和规律的认识。能力作为主体的人所具有的把握客体的力量,它使人区别于其他生命体的而成为能动的主体。认识能力是人们能动地反映客体,从观念上把握客体的能力,实践能力是人们能动地改造客体、通过活动改变客体的能力。因此,人的实践活动和认识活动是统一的,也是不可分的。在此意义上,知识和能力也是统一的,知识作为主体的主要组成部分,是决定主体能力的重要因素,在一定条件下,主体知识越丰富,认识世界和改造世界的能力就越强,主体能力越强,能力的发挥就越充分,知识的增长就越多越快。在认识过程中,知识转化为能力,能力的提高为获得新知识提供了更多可能性。因此,知识和能力在实际上是统一的。它们在活动中相互作用、相互转化,推动了人类认识世界。

知识与能力关系在教育活动是学生获取知识的过程,并实现着人类公共形态的知识向个体的转化,也实现着个体经验的积累,并表现为个体的能力。学生知识的积累与能力

---

① 曲中林.教师教育的"破冰之船":泛实践战略[J].教师教育研究,2007(2):36.
② 丹尼尔·贝尔.后工业社会的来临[M].高铦,等译.北京:新华出版社,1997:192.

的发展是一致的、统一的,应该以发展的眼光对待知识与能力之间的关系,我们在教育活动中不能把它们二者之间看作对立、割裂,并认为在教育过程中是矛盾的,而是转向于思考,如何使知识能更好地向学生个体转化,实现知识与个体的结合,并使学生更好地发展。

3. 知识与科学、真理

知识与科学、真理的关系是知识对客观现实的反映,是人类认识世界的成果。科学是以范畴、定理、定律形式正确反映现实世界的本质和规律的知识体系,它是人们在物质生产和社会生活中获得的认识成果。科学知识可分为初级形态的经验知识和高级形态的理论知识,科学的概念也有狭义和广义之分,狭义的科学指自然科学,广义的科学包括自然科学、人文科学、社会科学、哲学、数学等门类。真理是关于客观事物的本质和规律的正确认识,是科学知识的升华。

知识、真理、科学都是人们对客观事物的认识,都属于认识的范畴。三者的区别在于:第一,不同视角。知识是就认识的成果、文化的积累而言的,科学是就认识的系统、知识的体系而言的,而真理侧重于认识的科学性、知识的准确性。第二,性质不同。知识属于文化领域,科学属于意识的形式之一,而真理属于认识论范畴。第三,外延不同。知识、科学、真理的外延依次递减,知识包括科学、真理①。

4. 人与知识

对于人与知识,知识既是人发现的,又是服务人的生活和成长的。从知识诞生到发展离不开人的发现、总结和实践,人的成长和人类社会的进步离不开知识,培根肯定性地总结了对于人来说"知识就是一种力量"。知识的这种力量最早是以一种观念的形式影响人的精神并转换为实践的方向和动力。知识经过千百年人类不断地发展和转换,使人类能够自由地利用知识、控制知识、驾驭知识改造自然、改造社会,改变人类的生存方式和生活方式,积极地创造了人类的生活,可以这样说知识是人类发现和改造社会的基石,知识改变了人类的命运和生活,人类社会目前离不开知识,知识的发展也离不开人类。人类在获取知识时是全身心的付出,知识改变人自身,人因为知识而掌握改变自己和改造社会的能力,知识在人类改造社会的过程中进一步地丰富和发展,并适应社会的需要。由此可见,不能离开人空谈知识,也不能离开人实践知识的能力和价值改造社会,创造社会。

教育就是人为了认识世界开展的学习知识、理解知识的活动,知识学习的课程设置要根据人的不同年龄阶段、不同学习兴趣、不同理解能力、不同教育阶段的学生合理开展教学而规划。理解人的发展、人的学习知识的能力能够更好地规划课程知识设计和科学地开展学校教育教学活动。

二、知识的性质

人类对知识的认识是一个由浅入深、由表及里的渐渐过程,也是有懵懂到清晰的过

---

① 潘洪建.什么是知识:教育学的界说[J].江苏大学学报(高教研究版),2005(1):19.

程。古代知识各学科是统一的整体,知识性质影响到时代或整个个人的生活、学习与教育。对知识性质的认识是我们能够更好地理解知识、运用知识的方式之一,同时知识的一般性质与知识的生产、辩护、判断、陈述、运用等都有着密切的关系,因此,知识具有主观性与客观性、普遍性与多元性、偶然性与必然性、确定性与不确定性。

(一) 知识是主观性与客观性的统一

人类知识发展史告诉我们,人所创造的知识涵盖着人类的目标理想、价值取向、审美尺度,体现着人的本质特征,不存在冷冰冰的、置身于人类活动之外的客观知识,知识烙有人类创造精神与时代发展的印记。知识发轫于人的内在主观创造,发展于客观性上的主观构建。在此意义上,知识是主观的。个体的人获得知识不仅仅是感性直观地接受给予的个别事实,同时包含着对事实的解释和理解,它诉诸其内在的本质。任何个人的知识,既具有反映客观世界的一面,但也往往映显了个体的经验、价值观、思想信念和情感等,因此,知识也具有很强的客观性。

知识虽然是由主体的人脑创造,但其成果却是客观的。知识是人类依靠人脑对客观世界的认识而形成的,知识认识的客体——自然界、社会、人类自身思维规律,都是客观存在的,不可能因为人的意志而转移的。但知识是在"人脑工厂"里的加工处理后产出的,渗入了个体的主观能动思维和主观判断,又呈现出知识的主观性,因此知识的形成是主观判断和客观存在的统一。对同一事物的认识,如同在一千个人眼中的"蒙娜丽莎",那一个人认识是准确的,只能通过实践来检验①。知识既是人创造的,也更是经过人客观实践证明的,只有经过实践检验的知识才更加有意义和价值,其实知识的主观性和客观性更是统一的,因为主客观在人类认识世界的活动中是一体的。

(二) 知识是普遍性与多元性的统一

现代知识的普遍性是指:一种知识陈述,如果他是客观的,那么它同时就是超越各种社会和个体条件限制的,是可以得到普遍证实和接纳的。同时,现代知识产品生产者很难把知识的最新成果占为己有,如果想得到公众的承认就需要大家去共同实践验证,进而获得社会的承认。这种普遍性还使知识具有了使用无损失的特点,一个人对信息的分享并不影响他人的分享。同时,知识的分享还能够得到普遍的认同和尊重,并没有得到这种普遍认同和尊重的知识,是知识本身的可证实性就不可能得到保证。只有得到这种普遍证实和接纳,知识才会是真正的和客观的,才会是有效与合理的,从而也才是真正有价值的知识。

知识的获得与生产从来源到实践是多元化的。每个个体都是通过探讨具体环境中的问题,经过多次尝试解决该问题和更好解决问题时发现、创造了一些知识。虽然这些知识经过口头或书面在学习和探索中发挥着基础性作用,但在解决某一实际问题时还需个人充分、综合利用这些知识。这种个体化的知识是随着个体在行动中获得的,这个获得过程总体上就是多元的集合体。其次,对于知识的多样性而言,因每个人的经验、知识背景不

---

① 范领进.知识价值理论研究[D].吉林大学,2004:35.

一样,同样的知识信息对不同的个体来说具有不同的意义,有时因个人对这些知识的理解必然加入自己的知识背景,也必然造成对原来知识的丰富和多样。人的多样性和知识的多样性表达了这样一种诉求,尊重多样性是尊重人的天性,是尊重人自己,这种多样性也能够尽可能地丰富知识,拓宽知识的视野,丰富知识的领域,知识的这种复杂多样造就了知识的普遍性与多元性。

(三)知识是偶然性与必然性的统一

古希腊原子主义哲学家德谟克利特认为一切都由必然而产生,旋涡运动既然是一切事形成的原因,它就被称为必然性。马克思主义哲学认为,必然性和偶然性在事物发展中的地位和作用是不等同的。必然性在事物发展过程中占支配地位、是一定要贯彻下去的趋势,它决定着事物的前途和方向。偶然性不在事物发展过程中占支配地位,它对整个事物的发展只起着加速或延缓以及使之带有这样或那样特点的影响作用。这样看来,马克思主义哲学认为必然性在事物的发展过程中起着主导性的作用,而偶然性则始终处于一种边缘化。

对于知识来说,有些知识的产生是许多因素条件下的偶然,但也是生产者日常对知识学习和积累的必然结果。世界上唯一两次问鼎诺贝尔奖的女科学家(1903年获诺贝尔物理学奖,1911年获诺贝尔化学奖)居里夫人,她对镭元素天然放射性是偶然间发现的,这是一个在科学史被盛传的佳话。知识发生的偶然性也是有必然条件做准备的,俗语说:"机会是给有准备头脑的人创造的。"没有大量相关知识的积累和专业素质,机会可能稍纵即逝。人类自身是知识偶然性发生的决定因素,这给人们带来的思考就是努力提高自身科学文化素质,时刻关注周围事物的变化,伟大的知识发明和发现就蕴藏在人们的日常生活中。

(四)知识的确定性与不确定性的统一

知识作为客观世界的反应,是经过实践检验的确定的知识,同时因很多知识从经验中来,随着事物的变化知识也存在着不确定性。在后现代主要思潮的影响下知识的不确定性被学者们反复提及。利奥塔在其代表作《后现代状况:关于知识的报告》中提出,后现代科学本身发展为如下的理论化表达:不联系性,突变性,非修正性以及佯谬。后现代科学对以下知识备至关切:模棱两可的,灾变,语用学的悖论等。后现代科学将知识的本质改变了。詹姆逊在为该书做的序言中对利奥塔所说的知识本质的这一改变做了说明解读:"知识的本质发生了变化,当前的知识与科学追求已不再是共识,精确地说是追求'不确定性'。而所谓的不稳定性,正是悖论或矛盾的实际应用和施行的结果。"海森堡提出:"量子力学中的'测不准原理',所谓的'测不准',指的是用再科学的方法都无法对粒子的位置和动量进行精准测量,一百次的测量就有可能有一百种不同的结果,显然是不确定的。"

普利高津的思想经常被用来作为这种观点的证据。他的《确定性的终结》一书常常被人理解为普利高津反对确定性而主张追求知识的不确定。但普利高津是一个非常容易被误会的人物,如果我们耐着性子把《确定性的终结》这本书翻到最后,就会发现普利高津在该书的最后一章中花了相当的篇幅来回答"我们如何才能达到确定性"这一问题。一方面,他承认这个世界处处充满了导致各种不确定的因素;但另一方面,他也反对我们心安理得地走一条什么都不确定的道路,他认为这条道路的"一切都是荒诞的、非因果的、无法理喻的"①。普利高津的突出贡献在于他发现了世界并非是线性的、给定的、可预测的,而是处于混沌状态;但他不希望我们停留在混沌当中并享受这种"无法理喻"的状态。

知识不确定性只是意味着绝对肯定性的缺乏,而不是指知识的主管臆断。普里高津指出:"现在正在出现的,是位于确定性世界与纯机遇变幻世界这两个异化图景间的'中间'描述。"知识确定性转化过程是从"中间"阶段向确定性世界的进化。知识确定性不排斥知识和存在的不确定性,知识确定性是指个体知识体系的阶段性稳定,是一个辩证的过程②。杜威也认为所有知识都是暂时的和不断进化的,知识本身既是有机体为了适应环境而进行探索的结果,随后也充当着有机体进一步作用于环境的认识中介。一种知识是否真正的知识,关键要看它是否能够提供有机体探索和适应环境的能力③。由此可见,知识的确定性是暂时的,并随着社会环境的变化而改变;知识又是确定的,它是人认识世界和改造环境必不可少的。

三、知识的类型

关于知识的类型早在我国先秦的孔子、古希腊的柏拉图起便有相关论述,此后2500余年间古今中外众多学者的论述中关于知识的多样性展开了广泛的、形式多样的探索,提出了大量的观点、主张,为我们了解知识类型积累了丰厚的基础。而有据可查的则是亚里士多德对知识的分类,在他看来,分类是人类认识世界万事万物最基本的方法,发现事物的差别不仅对于我们有关相同的和差异的推理有用,而且对于认识每一种事物的本质也有用。它在有关相同和相异的推理方面的作用是显而易见的;因为当我们发出了所以论题的某种差别时,我们也就表明了它们不是相同的。它之所以对于认识事物的本质有用,是因为当我们常常通过每一事物所特有的属差去分离出每个事物的本质所特有的定理④。随着时代的发展,知识愈加地丰富和多样,知识分类是对于专业、课程、学科显得愈加重要和迫切。

(一) 陈述性知识与程序性知识

陈述性知识是用于回答"是什么?为什么"的问题,也叫描述性知识;所谓程序性知识适用于回答"怎么办?怎么做"的问题,也叫操作性知识或过程性知识。梅耶(Mayer,

---

① [比]普利高津,斯唐热.确定性的终结——时间、混沌与新自然法则[M].湛敏,译.上海:上海科技教育出版社,1998.另见:周序.大学知识的确定性与教学改革的方向[J].现代大学教育,2017(5):10.
② [比]普利高津,斯唐热.确定性的终结——时间、混沌与新自然法则[M].湛敏,译.上海:上海科技教育出版社,1998:151.
③ 陈玉翔.高深知识论:基于大学的研究[M].南京:南京大学出版社,2011:31.
④ [古希腊]亚里士多德.工具论[M].余纪元,等译.北京:中国人民大学出版社,2003:374.

R.)把知识分成陈述性知识和程序性知识:陈述性知识——指个人关于世界的知识;程序性知识——指关于活动的程序、步骤的知识。陈述性知识与程序性知识就其性质而言,有明显区别:

(1)从输送方式看,陈述性知识是相对静止的,其输入与输出的内容相同;而程序性知识是活动的,是用于操作的程序或规则,其操作的对象输入与输出不同。

(2)从储存来方式看,前者主要以命题、文字文本及图示的形式来储存;后者则以产生式和产生式系统储存。

(3)从使用方式来看,陈述性知识提取慢,往往是一个有意识的搜寻查找过程;后者反应灵敏速度快,而且能相互之间能激活①。

(4)从学习进程来看,陈述性知识学得快,但也忘得快;程序性知识学得速度较慢,优点是不易遗忘。

陈述性知识和程序性知识的学习并不是各自独立、截然分开的,它们是互为条件、互相促进和相互转化的。在人类的社会活动中,当人们学习陈述性知识,将陈述性知识应用于日常实践,为其向程序性知识的转化做好基础,人们通过练习可以使有关知识得到熟练,从而形成技能。在此过程中,认知结构的可利用性、可辨别性及稳定性得到提高,从而影响程序性知识的习得。

(二)科学知识与人文知识

这里的科学是"自然科学"的简称,自然科学是研究自然界中包括物理、化学、生物、天文、地理中等学科生物属性、结构、状态、运行形式和状态的科学。哲学家、数学家罗素认为科学知识的目的在于去掉一切个人的因素,说出人类集体智慧的发现。卡西尔认为科学是人的智力发展中的最后一步,并且可以被看成人类文化最高最独特的成就。在我们现代世界中,再没有第二种力量可以与科学思想的力量相匹敌。它被看成我们全部人类活动的顶峰和极致,被认为是人类历史的最后篇章和人的哲学的最重要的手段。科学知识的积累加强了人类在宇宙中的特殊位置,提高了人类生存的质量,科学知识的学习不仅可以增进人们对客观世界的认识,开阔视野,而且亦有助于提高人们认识世界的能力、水平,为其他知识的学习、创造能力的发展、生产生活的适应提供良好的基础②。

在现在看来,各种知识与文化都可以在我国春秋战国时期找到其发展的胚芽。粗略地讲,科学文化主要源于古希腊,道德文化主要源于中国,宗教文化主要源于希伯来。从构成上看,最初的知识作为一个整体都囊括于哲学之中,随着文化的发展,统一的哲学分解成各门学科,形成两个重大的知识部类:自然科学与人文科学(含社会科学)。两类科学在发展过程中逐渐形成了各自的研究对象,研究对象的性质差异决定了二者在研究方法、标准模式、历史传统的分野。因而导致两类知识各自的特点。自然科学以不随人的意志为转移的客观世界为对象,以揭示自然界运行、变化、发展的规律和改造世界为根本任务,由于自然界受自在规律的支配,因此,关于自然的科学知识、技术往往具有更多的普适

---

① 孟媛.陈述性知识与程序性知识及其迁移[J].文教资料,2011(3):26.
② 潘洪建,吴中才.知识价值:教育学的视野[J].扬州大学学报(高教研究版),2004(8):11.

性。在知识的来源上,自然科学强调应用严格的实验和数学方法,其知识具有较强的实证性和精确性,科学知识是人类智力的最高成就①。

而人文社会科学的对象是社会历史(社会学、政治学、法学等)、人们的精神现象(文学、艺术等),在社会历史领域并不是盲目的力量在发挥作用,因为人类历史是由追求一定目的的人的活动所构成,它的发展更多地受到人们的价值取向、目标、行为选择的影响,社会规律是一种自为的规律,因而人文社会知识具有更多的个别性、特殊性与情景性。同时,人文社会知识更多地关系着人类的精神生活和情感世界,人的理想、责任与义务、幸福与苦难、喜悦与焦虑等成为人文科学研究的主题,它走向人的内心深处,表达人的种种理想与追求,因此,人文知识更能提高人的道德水准,形成正确的价值观念,养成一定的生存智慧,陶冶个体的情操,使人趋向高尚与完美。事实上,无论是科学知识还是人文知识都是人类心灵的积极创造,均是人类智慧、情怀、美感的结晶,二者的功能、作用是互补的。同时,二者也是相互渗透、相互沟通的。科学知识让人认识宇宙,人文知识使人认识人,他们共同构成教育知识的主要内容,成为课程传播的主要知识②。

(三) 隐性(缄默)知识与显性知识

1958 年,英国物理化学家和哲学家波兰尼在其代表作《个体知识》中首先提出了隐性知识(Tacit Knowledge,又译为默会认识或默会知识)的术语。在波兰尼的整个思想体系中,默会认识论居于核心的地位,也被公认为是他对哲学的最重要的贡献。他认为人有两种类型的知识:通常称作知识的是以书面文字、图表和数学公式加以表达的知识,只是其中的一种类型。没有被表达的知识是另一种知识,比如我们在做某件事情的行动中所掌握的知识。他把前者称为显性知识,而将后者称为隐性知识③。记住一个我们并不信服的数学证明不能给我们的数学知识增加任何东西,只有理解进而信服了数学证明,才能说掌握了数学知识。这种理解就是一种隐性知识。斯滕伯格认为隐性知识是人们成功所需要的,但未被明显地传授,而且往往甚至不能用词语表达。这样的知识在个人选择、适应、改造一般环境中是很重的。隐性知识与汉语中的"只可意会不可言传"有很大相似,需要学习者或实践者自己深入地理解和领会。

显性知识是能够以一种或多种方法表达的、正式而规范的知识,是客观的、有形的知识,通常以语言、文字等结构化的形式存储的,并且表现为产品外观、文件、数据库、说明书、公式和计算机程序等形式。显性知识是用多种形式进行交流和传递的,在日常活动中我们看到的、听到的到多是显性知识,随着科学技术的发展,其载体越来越丰富,越来越利于理解和并且在不断地更新,隐性知识也同时存在于这些活动中,它需要人去深入地理解和思考才能够成为显性知识④。

---

① 潘洪建.知识视域中的教学革新[D].西北师范大学,2002:58.
② 潘洪建.知识视域中的教学革新[D].西北师范大学,2002:59.
③ Polanyi M.Personal Knowledge.London:Routledge,1958.另见:周城雄.隐性知识与显性知识的概念辨析[J].情报理论与实践,2004:127.
④ 方明.缄默知识论[M].安徽教育出版社,2004:20.

第二节 知识与课程建构

教育及其课程内容的设置之所以离不开知识,从根本上说,是由教育的使命和人的本性决定的。人是文化的动物,而且是一种精神性的存在,而教育是专门促进人生成的活动,它一刻也离不开我们这个社会已有的文化成果。教育的根本使命,就是引导人"走出自身",与人类的普遍精神进行对话,然后又"回到自身,获得个体的自我生成"。而知识是人类精神普遍性的最集中、最重要的体现,因此,如何理解知识、如何安置知识就不仅是解决课程问题的根本前提,也不仅仅是回答教育问题的重要条件,在我看来,最关键之处还在于,知识在这里决定着教育情境下人的"生成方式"和人在教育中的命运,任何教育都必须解决人的生存问题。人的生活一方面依赖于他的谋生的才能和技艺,更重要的还在于他能理解自我与世界的意义,拥有独特的精神世界,而这些都离不开知识①。

一、课程的涵义及分类

课程作为知识的载体,承担着学校教育、家长的期望和学生的未来。在我国唐代孔颖达注释的《诗经·小雅》中就有"教护课程,必君子监之,乃得依法制也"的记载。这是我国最早关于"课程"的记载,虽然与现代学校教育中的课程含义有较大差别。到南宋朱熹的《朱子全书·论学》中写到"宽着期限,紧着课程"、"小立课程,大作功夫"等,这个"课程"与我们现代课程比较接近,与我们现在课程是一脉相承的。在西方,课程一词最早出现在斯宾塞的《什么知识最有价值》一文,意谓学习的进程。在其他一些英文的词典和教育专业字典中解释为一门学程或学校提供的所有学程。

(一) 课程的含义

在教育界,课程的含义是论述较多的,但也是最不好确定的,学者们对课程的含义的认识各有特色,他们既有对学校教育的关注,更有对学生的关心和侧重。

1. 国外学者对课程的解释

根据美国教育学者鲁比在1973年的博士论文《课程含义的哲学探讨》中统计,课程这个术语至少有119中定义②。在David G.Armstong《当代课程论》中课程被看成为了促进学生知识、技能和洞察力的发展而进行决策的过程和预设的学习结果以及相关的评价方案③。1991年出版的《国际课程百科全书》中列举了九种课程的定义,分别为:第一种是

---

① 郭晓明.课程知识与个体精神自由(博士论文)[D].教育科学出版社,2005.
② [美]比彻姆.课程理论[M].黄明皖,译.北京:人民教育出版社,1989:169.
③ David G.Armstong.当代课程论[M].陈晓端,等译.中国轻工业出版社,2007:4.

为了训练集中的儿童和青年的思维与行动方式所建立的一系了可能的经验;第二种认为课程是学生在学校指导下所获得的全部经验;第三种认为课程是一般性的整体内容计划或特定的教材,学校应该提供给学生,以便他们能合乎毕业资格、获得证书或进入专业职业领域;第四种认为课程是一种方法论的探索,它要探明被看作学科要素的各个方面,即教师、学生、科目和社会环境;第五种认为课程是学校的生活与计划;第六种认为课程是一种学习计划;第七种认为课程是在学校帮助下使学生的个人和社会能力获得不断的、有意义的发展,通过知识和经验的重建而形成的、有计划和有指导的学习经验以及预期的学习结果;第八种认为课程是必须包括母语、数学、科学、历史、外语五大领域的学习;第九种认为课程是有关人类经验的日益广泛的可能的思维方式①。

2. 国内学者对课程的解释

在国内,《中国大百科全书·教育》将课程定义为"所有学科的总和"②。顾明远教授主编的《教育大辞典》把课程定义为"为实行学校教育目标而选择的教育内容的总和。包括学校所教各门学科的有目的、有计划、有组织的课外活动"③。王策三教授在《教学论稿》中解释:"关于什么是课程的问题。我们可以获得两点认识:第一,课程是教学内容和进程的总和。第二,'课程'和'教学计划'、'教学大纲'、'教科书'两种称谓,可以并行不悖,互相补充,结合起来。"④靳玉乐教授将课程的定义归纳了六种,分别为:课程即学科和教材;课程即学科——活动;课程即学习经验;课程即教学计划;课程即预期的学习结果或目标;课程即文化再生产⑤。钟启泉编著的《现代课程论》中,课程指的是国家的基准以及地方层面和学校层面的制度化的"公共教育课程"⑥。

通过以上关于课程的含义来看,古今中外对于课程认识不尽相同,可以肯定的是课程包含了丰富的内容,也承载了不同时期各级各类教育机构、教育工作者、家庭对教育的希望。综上所述,本人认为课程是各级各类教育学校传授各类知识的主要方式,规划了学习内容,包含了不同教育阶段和各类学校的教育目的,是学校教育传授知识的基本条件。

(二) 课程知识

从国外目前关于课程知识研究来看,课程知识及其选择已成为人们关注的一个热点,更成为我国基础教育理论与实践中的一个重要研究主题。那么,到底什么是课程知识?课程知识的含义是什么?应是课程理论建构的首要问题,也是课程内容选择的关键问题。

---

① Lewy,A.(Eds.).The International Encyclopedia of Curriculum,1991.p.15.
② 中国大百科全书出版社编辑部.中国大百科全书·教育[M].北京:中国大百科全书出版社,1985:207.
③ 顾明远等.教育大辞典(第一卷)[Z].上海:上海教育出版社,1990:257.
④ 王策三.教学论稿[M].北京:人民教育出版社,1985:202.
⑤ 靳玉乐.现代课程论[M].西南师范大学出版社,1995:57-63.
⑥ 钟启泉.现代课程论(新版)[M].上海:上海教育出版社,2003:231.

1. 课程知识的含义

课程知识,概括起来不外乎两种含义:一是指关于课程的知识,即人们对课程的认识,如课程理论和课程研究方法等,它是元课程论研究的对象。二是指作为课程的知识,即纳入课程之中为教师施教、学生学习的内容和对象,它是课程论探讨的范畴和制定课程时所应用的知识。课程知识是一个复杂的概念,在不同学科中有着多种不同的含义与用法。《课程研究百科全书》(Encyclopedia of curriculum studies)中专门收录了课程知识(curriculum knowledge)(这一词条,并将其看作是理解通过正式的知识形成课程困境的概念)①。我国学者李召存认为课程知识"既包括了表现为间接经验的学科课程知识,也包括了表现为直接经验的研究型课程知识"②。《简明国际教育百科全书》认为,"课程知识(curriculum knowledge)"这个词至少有两种不同的含义:在一门课程中所教授或所包含的知识(课程内容)和制定课程时所应用的知识(课程编制知识)③。课程知识是指:(1)学校教育范围内向学生传授的知识。(2)制订课程时所应用的知识④。

2. 课程知识的发展

课程知识分为两大类:一类是系统地组织起来的知识,特指学科知识和技能;一类是没有经过学者系统地组织和处理的实际知识。从知识的丰富性和学校教育的有限性之间的矛盾来看,人类在几千年的社会历史发展过程中创造和积累了丰富的知识,这些知识浩如烟海,涉及各个方面和领域。特别是随着知识经济与社会发展之间呈现出越来越频繁的互动关系,在互动程度上也逐步深化,当代社会在发展上正表现出加快走向知识化社会的趋势,知识更是以令人难以置信的速度剧增。然而,人的时间和精力都是有限的,"人生有涯,知识无涯",一个人即使穷尽一生的精力和时间也只能学习和掌握一部分知识⑤。"浩瀚的文化资源使得教什么的问题变得如此棘手;的确,这就是为什么内容选择成为首要问题的原因"⑥。对于"应当教什么"的问题,我们特别难以给予精确的回答,因为可选择用来作为学科教材的资源库如此之大,以至于没有人能够奢望教授或学习其中的全部内容。学校作为知识传授的主要场所也不可能也不需要把所有的知识都教给学生,这就使得学校教育只能从人类丰富的知识中严格地精心挑选很小的一部分进入学校教育和课程。这些事实表明,在人类形成的所有知识中,只有经过精心挑选进入学校的知识才能成为"课程知识"⑦。

---

① Craig Kridel.Encyclopedia of Curriculum Studies [Z].Los Angles:Sage Publications,Inc.2010.p.219.
② 李召存.课程知识论[M].上海:华东师范大学出版社,2009:45.
③ 托斯顿·胡森,纳维尔·波斯特尔斯威特.简明国际教育百科全书·课程[Z].江山野,译.北京:教育科学出版社,1991:69.
④ 顾明远等.教育大辞典[Z].上海:上海教育出版社,1998:902.
⑤ 肖庆顺.校本课程开发的知识选择研究[D].西南大学,2015:11.
⑥ [美]阿伦·C.奥恩斯坦等.当代课程问题[M].余强,译.杭州:浙江教育出版社,2004:64.
⑦ 肖庆顺.校本课程开发的知识选择研究[D].西南大学,2015:11.

（三）课程的类型

什么知识最有教育价值？这是课程设置的关键问题，也是课程改革的核心问题。对于课程的分类，知识具有决定性的作用，可以决定课程的分类。在当前学校教育的基础教育中主要的课程有语文、数学、外语、历史、地理、物理和化学等课程，数学知识首先展示给人们的是大量美妙的数、新颖的形和奇特的式。数学概念、公式和结论的简单、对称、和谐、奇异、统一等特性构成了数学内涵整体美的主旋律。语文知识它为我们提供了取之不尽的审美源泉。其语言生动优美、精炼含蓄给人以美的享受。根据目前学校教育的模式，课程一般分为人文课程和科学课程。根据课程知识的不同类型和呈现方式又可分为学科课程、活动课程、综合课程、校本课程等。

1. 学科课程

学科课程是根据学校培养目标和学科发展水平及一定年龄阶段的身心发展水平，从各门学科中选择学生必须掌握的基础知识，组成各种不同的学科并分学科进行安排的课程形式，具有系统性、逻辑性、预设性和简约性。

学科课程也是历史上最古老的课程形态，有着悠久的历史。我国古代的"六艺"和欧洲古希腊的"七艺"都属于学科课程。后来，学科课程虽然受到活动课程等一些新的课程形态的挑战，但直到今天仍然发挥着重要的作用。学科课程的优点主要表现在以下方面：是按照学科知识体系组织起来的课程，有利于教师发挥主导作用，能使学生获得系统的科学文化知识；通过学科按逻辑组织起来的课程，能最大限度地发展学生的智力；同时，它以传授知识为基础，易于组织教学和开展教学评价。

但学科课程也存在着一些明显的不足，在课程内容组织中，过于注重逻辑系统，容易导致重记忆、轻理解；在课程内容的选择上，容易偏重知识的传授，忽视对学生学习兴趣和能力的培养；课程实施上过于强调学科之间的分隔不利于学生对所学习的知识进行横向联系和综合运用。

为更好适应科学技术的迅猛发展，学科发展愈加注重综合化，交叉学科的出现、进一步促进学科的综合发展使各学科知识之间联系更加频繁和紧密，相互渗透，相互融合发展，既促进知识的发展和新的知识的发现，更开拓学生的学习视野和对知识认识的广度。

2. 活动课程

活动课程又称为经验课程，是以学生的生活本身为课程内容，以培养学生的兴趣、需要和能力为出发点，在教师的指导下，学生通过有组织的一系列的活动进行学习，取得直接经验，掌握解决实际生活问题的知识，培养兴趣、能力和发展个性的课程形态，活动课程具有活动性、开放性、主体性和复杂性。

活动课程起源比学科课程晚了近2000年，最初发端于19世纪末20世纪初欧美的"新教育运动"和"进步教育运动"。活动课程具有突出的优点：注重学生参与学习过程，既动手又动脑，亲身体验现实生活，获取直接经验，有利于培养动手操作能力，有利于把书本知识与学生的现实生活联系起来；人人参与活动，有利于交往和组织能力、创新和合作精神,增强学生的社会适应性;由于重视了学生的兴趣、需要,重视学生的心理结构,因而有利于培养学生的主体性,发展学生的个性。同时,活动课程也有着明显的缺点:学生获得的知识不够系统和完整,对于学生珍贵有限的学习时间来说不能高效率地传授人类的文化遗产。

3. 综合课程

综合课程又称为综合实践活动课程,是我国当前基础教育课程改革中提出的课程类型,在基础教育改革体系中有重要作用。综合课程通过密切联系学生自身活动和社会生活的方式,是学生能够直接实现的对知识进行综合运用的一种课程形态,具有综合性、实践性、开放性、生成性和自主性等特点。综合实践活动课程作为一门超越学科课程的新型课程,其优点是超越了单一学科的界限,把人类社会的一些综合性课题、跨学科性知识和学生感兴趣的问题,通过实践活动整合到一起。其次,使理论与实践、课内与课外、校内与校外有机结合,促成了理论性知识与实践性知识、单一学科性知识与跨学科性知识的结合。综合课程的提出既顺应世界课程改革发展的趋势,又体现了我国课程和社会现实发展的需要。

综合课程的学习主要有研究性学习、社会服务与社会实践、信息技术教育和劳动与技术教育四种形式。

4. 校本课程

校本课程由菲吕马克和麦克米伦在 1973 年召开的国际课程研讨会上率先提出。校本课程的提出是基于对国家课程开发策略的不满、全球范围内的教育民主化浪潮和教师专业自主成长的需要等方面的原因。

校本课程有两种类型:一种是由学校根据本校实际情况对国家课程、地方课程进行的校本化实施;另一种是学校在确保国家课程和地方课程有效实施的前提下,根据本校学生的合理需求,充分利用当地社区和学校的课程资源而开发的多样性的可供学生选择的课程形态。无论哪种类型的校本课程,都具有授权性、规范性、动态性和灵活性等特点。

校本课程开发的方式有合作开发和生成开发两种。合作开发又称"外部开发者"与"用户开发者"联合起来进行的校本课程开发方式。校级合作、专家—学校合作、研究机构—学校合作、教育管理机构—学校合作是其中较为常见的合作方式。生成开发是指在课程实施过程中,由教师在具体的实践场景中通过与实有课程的互动进行的对原有课程的突破和创新而开发出来的校本课程。

二、课程与知识的关系

亚里士多德在《形而上学》中提出"求知是人的本性"。学习是以传授知识为手段,以培养人为旨趣,通过课程实践来实现培养人的目的。课程作为现代知识教授的方式,在教育活动中起着桥梁和纽带的作用。教育活动是着力于人的全面发展和个性塑造的科学,它对知识价值问题的关注主要集中在知识对促进个体发展的作用方面,因此,关于知识的教育价值的分析便成为教育学、课程论、教学论研究不可或缺的一个重要课题。在学校教育中最为重要的传授知识和承载知识的是课程,课程选择有价值的知识,对于学校教育的成功和学生的成长是至关重要的。

(一) 知识性质与课程性质

知识与课程存在着不可分割的密切联系,知识既是课程的核心,又是课程的来源之一。关于当代课程研究钟启泉教授指出,课程内容涵盖了三个层次的问题研究:(1) 课程政策研究;(2) 学校课程设计的研究;(3) 每个教师的课程实施问题的研究[1]。从课程的来源看,它有着三大基础:学科、学生和社会。由此在课程设计上就形成了注重知识因素的课程设计、注重社会因素的课程设计和注重学习者因素的设计。尽管课程研究有着不同的层次,在课程研究的角度和选取研究范围上也有很大不同,课程设计上也存在着不同的取向,但都涉及三个基本问题:"一是如何选择知识的问题,二是怎样将这些知识组织起来,第三个问题也与前两个问题息息相关,那就是为什么要选择这些知识而不选择其他知识。"两个问题息息相关,那就是为什么要选择这些知识而不选择其他知识[2]。

1. 知识的主观性、客观性与课程

课程知识选择是主观性和客观性相结合的过程,既要对课程知识的客观性进行选择,又要依据主体的需要和目标要求作出判断[3]。知识的主观性和客观性是因包含不同意义的知识和思想,主观性知识是由个体精神或意识反应形成的,客观性知识包含问题、理论、思想等。客观知识以文字或符号系统等形式表达,蕴含了知识创造者认识知识的过程,这种表达体现了事物本身主客的统一性。主观知识依附于人本身存在,储存在人的大脑之中,构成人的观念系统,个体的情感、理想、信念等要素包含于其中。这两种知识的统一有助于课程知识的建构,在学习过程中转化为学生个体知识的学习和发展历程,也成为个体知识学习和完善的过程。

2. 知识的普遍性、多元性与课程

人类知识是无比的丰富与多样,因学生学习时间的和能力的限制,课程知识的选择只能以选择典型知识代表普遍知识和多元知识,用于学校教育活动。知识很多时候受地域、文化传统、社会环境的局限造成在认识、理解、应用等方面有较大差异,普遍性知识的存在既有利于不同国家之间教育活动的交流,也利于国内不同民族之间、地区之间教育活动的开展。在这种普遍性之中,多元性不仅能够满足不同人群和区域的需要,更能够丰富普遍性知识。知识的普遍性和多元性对于课程来说是有必要的,它既能使课程涵盖范围广,又丰富了课程知识的内涵,满足不同层次、不同地区、不同领域人发展的需要。

---

[1] 钟启泉.当代课程研究展望:语义与意义[J].课程设计基础[M].济南:山东教育出版社,2000:8.
[2] 洪成文.现代教育知识论[M].太原:山西教育出版社,2006:42.
[3] 金志远.课程知识的选择:内涵分析[J].教育科学研究,2011(1):12.

3. 知识的偶然性、必然性与课程

辩证唯物主义认为,现实世界中的任何事物、任何关系、任何过程都具有必然和偶然的双重属性。必然性总是要通过大量的偶然性表现出来,没有纯粹的必然性。一般认为,必然性是由事务内部的本质所决定,偶然性由知识非本质的多种可能的因素所决定。事物的发展既有本质的内在因素也有多种外在因素的影响,教育的本质是培养人、发展人,课程作为教育活动中知识的选择、实施的关键,把握必然性与偶然性的关系,首先要理解必然性中的本质和偶然性中的外在因素的影响;其次课程知识一经确定,要凸显主体本质的作用,又不能被偶然性所误导;最后要把握知识必然性和偶然性的统一,才能更好地实施课程内容。

4. 知识的确定性与课程

知识从其性质的稳定与否分为确定性知识和不确定性知识。知识因产生和发展受到时间、地域和空间的限制,有着不确定性因素的存在;对知识的本质不是确定的答案或现成的结论,而是被不断被发现、探究、完善、确定的过程。

曾几何时,教育活动追求知识的确定性显得理所当然。但随着后现代主义的影响不断扩大,主张追求不确定性的观点不断进入人们的视野。例如有人认为:教育规律"不同于自然规律,它没有像自然过程中一块岩石从山上滚下来那样的严格必然性……因此,必须……去追求不确定的深刻的知识"[1]。认识不确定性知识的存在,对课程内容的设计和教材的编制有着重要影响,因为课程知识是从所有人类知识中选择和组织出来的,其选择确定性的知识是学校教育对社会、对学生负责人的表现,更是关涉对学生发展、社会进步的关键。

(二) 知识类型与课程类型

知识因价值、功能、表述形式、对象的不同而分为不同的类型,按照描述的方式不同可以分为陈述性知识和程序性知识,按照性质可以分为科学知识和人文知识,按照表达和呈现方式可以分为显性知识和缄默(隐性)知识,按照类别可以分为专业知识和普通知识。课程作为教学设计、内容、目标,课程知识因面对不同年龄阶段、兴趣爱好、认识层次的不同进行针对性的筛选和组织。

课程知识的选择离不开对知识类型的熟知,课程建构中包括教学目标、方案、计划、进程等,为了适应不同类型和性质的学校教育,课程知识进行了精心的筛选和认真的组织。可以这样认为,课程知识的类型与人类知识的类型既有差异又有密切的联系,课程论研究的一项重要任务就是了解课程知识的类型。

---

[1] 孙迎光.卢卡奇物化批判理论与当代教育哲学反思[J].南京师范大学学报(社会科学版),2012(4):74.

1. 陈述性知识、程序性知识与课程

陈述性知识也叫描述性知识,主要用来回答"是什么、为什么"的问题;所谓程序性知识也叫操作性知识,适用于回答"怎么办、怎么做"的问题,也被称为过程性知识。在知识的掌握和认识上,程序性知识不受陈述性知识的限制或指引,程序性知识在逻辑关系上虽然有一定的联系,程序性知识有些并不能还原为陈述性知识。陈述性知识是人类经过无数次的尝试和反思,是长期逐渐形成的实践经验总结。程序性知识在实践中需要讲解和示范来完成,不能够熟练地掌握,在很多具体实践过程中,程序性知识是一种缄默性知识,只可意会,不可言传。

在课程建设过程中要处理好陈述性知识、程序性知识的关系,既要让学生在课程学习中学到什么,并知道为什么,又要提高学生的动手能力和实践能力,使学生能够熟练掌握课程知识的核心内容。

2. 科学知识、人文知识与课程

科学知识很多时候也称为自然科学知识,既是人们认识自然、研究大自然的总结,促进人类社会的发展和进步具有重要作用。与此对应人文知识又称为人文社科知识,在传承人类文明和发展文化中起着承前启后的作用,对人类文明的发展具有重要意义。科学知识的发展呈线性方式,人文知识是螺旋式的发展。人文知识通过生活体验和领悟反映生活,凭借对历史的反思和批判而丰富知识,科学知识凭借人类对事物的观察和实验分析而获取。

在课程建构中科学知识强调科学理性的认识方式开展教育活动,在知识的获得过程中要用观察、实验、实证的方式,重视学科知识教育。人文知识课程观建构注重对知识的理解、体验,重视活动和经验的总结。与科学知识不同的还有,人文知识课程强调主客观知识的统一、活动知识与经验知识的结合、观察与理解的结合。

3. 显性知识和缄默(隐性)知识与课程

作为一种知识,缄默知识的特殊之处就在于不能在文本和课程中直接显现,它存在于只可意会之中,具有很强的实践性,却很难用于交流和互动学习。显性知识作为公共知识即可用语言表达,也可以用于交流和传达,具有普遍性和公共性。在具体的学校课程知识中缄默知识从未也不能直接显现,它存在于课程显现知识的传统过程之中,并能够促进和帮助学校对显性知识的学习和理解。课程观的建构和发展可以说既需要直观显现知识的主导,更离不开缄默知识的意会和理解,二者相辅相成构成课程的知识主体和理解之意,对课程观的正确建构和顺利实施和教学活动的知识的丰富具有重要作用。

除了以上课程知识的分类,课程知识还可以分为学科课程知识与专业课程知识、学校课程知识和活动课程知识、综合课程知识和专业课程知识等。

(三) 课程中的知识呈现

经过对知识的性质、类型与课程关系的了解,对知识有了新的认识,在教育活动中知识需要呈现在学生和教师面前,如何通过这种呈现显示课程知识科学、合理、和谐地促进学生的发展;同时,因为知识的丰富多样,选择怎样的知识进入课程,课程又用怎样的形式显示知识,都值得认真思考。

1. 课程计划

作为教师教学和学生学习的规划图,即规划了教学的长期目标,又要引领学生对知识的兴趣和爱好。课程计划在很多时候受教育管理部门和学校的制约,它决定着课程内容的方向和结构。在课程计划中,其对学校的教学活动、课外活动、社会实践等整个学校教学做好全面的部署和安排。在具体的学校中根据学校的特色和优势,把学科分类与交叉、专业教学顺序、教学实践等进行细致的规划。近代以来,课程计划随着社会和经济发展以及知识领域的扩大和丰富,在新知识不断涌出的情形中,不断地增加新的课程来适应学生和社会的发展需要。

在具体的课程知识计划中,课程设置根据课程知识来决定课程计划,并根据办学目的决定知识的选择范围,根据学生学习阶段选择知识内容。课程计划的表述一般通过文字或者表格形式,课程计划的知识内容一般以制度的形式进行确定。

2. 课程大纲

课程大纲是以学校教学指导的纲领性文件,包括课程名称、课程代码、课程类别、课程性质、课程使用专业、课程内容和要求等,课程大纲的起草与规划就是对课程知识显现推介的过程。课程大纲的知识应根据学生特点、学习能力需要规定教学的范围、目的、任务选择知识的深度。在当代校教育理念中"以学生为中心"的背景下,课程大纲在课程设计中课程知识的选择首先要考虑学生学习阶段不同、学习科目和性质的不同对课程知识进行分类选择、分类实施。

课程知识在课程大纲中经过课程内容进行呈现,在课程实施中为学生所认识和熟知。课程大纲在学习开始前以文字形式发到学生手中,让学生感到受尊重,提前知道自己所要学习的知识,为如何学习好所选课程知识提前做好规划,为达到课程知识学习的目标做好准备。

3. 教科书

教科书又称教材,是教育教学活动开展的重要凭借,对受教育人的影响至为重要,一代又一代不同教育阶段的学生都是在教科书的影响和指导下成人、成才,走向属于自己的人生之路。知识的无限为课程知识的选择、教科书知识的呈现制造不少的"烦恼",因为教科书对每一位学生来说都影响至深,教科书中的知识、思想、价值观念对学生起着至关重要的作用,是学生个体化的重要过程,学生个体进入社会、融入社会首先从学习教科书开始,教科书的知识选择也显得尤为重要和关键。

在教科书知识的选择中,选择什么样的知识,什么样的知识适合某一阶段学生的需要,是教科书知识选择的关键。同时,也要考虑到影响教科书知识选择的因素:首先,受到社会发展的影响,教科书知识的选择以社会发展需要为目的。其次,以个人成长的需要、兴趣、爱好为目的。再次，根据学校自身的特色编制的课程更具有地方和学校专业特色。这些课程由人文课程和科学课程、中央和地方课程、专业和普遍性课程组成，体现不同人群、不同阶层、不同专业、不同社会的需要，有些课程中还显示了种族、性别、国别、区域等需要。最后，课程知识在教科书中更多地以传承经典文化的形式出现。在我国古代有文化者大多指有学问、有学识的人。文化是有知识的一种标签，经典名著是文化中一种，经典名著在人个体中内化后被称为有文化。经典文化作为知识的一种符号，在课程中显示了一个时期、一个民族或一个群体的文化传承和发展趋势，是优秀民族的优良传统，课程知识在这里呈现了原有的生活方式和学习内容，这种呈现方式即是知识的传承，也是文化的传递，同时显现了课程观的历史发展脉络。

三、课程建构的知识选择

课程作为现代教育的核心媒介，是现代教育目的和教育理念的重要载体；在教育发展的历程中，备受社会的关注，社会的发展直接影响教育的进程、课程内容和教学方法的选择。知识的产生、内容、价值因社会变迁而变化，因社会需要而发挥价值，同时也受社会制度、经济、文化的制约。

（一）课程建构中知识选择的价值实质

"什么知识最有价值"不仅是人类对知识的追求，也是教育活动开展的核心内容，它关涉"教育是什么"和"课程知识的建构"等问题。不同历史时期对"知识"追求的不同，既是时代发展的需要，也是社会生活的需要，更是教育活动存在的意义和价值追求的需要。价值对人类而言，首要指的是源自人的需要，对人是有用的，知识价值是知识对人类社会存在和发展以及丰富个体精神生活具有的特殊价值。怀特（John White）还将知识价值分为主观价值与客观价值。而每一种价值类型还可以不断细化，如知识的社会价值可分解为知识的政治价值、知识的经济价值、知识的文化价值等；其中，知识的政治价值还可细化为有利于社会稳定的价值、有利于促进社会变革的价值等。

（1）根据知识的价值属性，我们可以把知识分为认识价值、审美价值和伦理价值。认识价值的含义与前一种的含义一致。知识的审美价值指知识是真与美的内在统一。人们通过学习的知识，可以提高自己的审美品位与修养，提升自己对生活的认识。知识的伦理价值其实是一个古老的命题，古希腊著名的哲学家苏格拉底认为道德品质形成要"美德即知识"，知识越多，道德越高尚。在此基础上必须首要学会道德判断，发展道德情感，并达成道德意识，而后才用于指导实践。

（2）教育中知识价值的属性在于它能够满足人们的某种需要，当知识的客观属性与人的需要相联系，并进入人的选择意识范畴，就构成了完整的知识教育价值关系。例如，知识中所包含的思维形式、情感态度、道德价值等，起着培养学生的智力、情感、道德等的作用。在促进学生发展的领域里，知识的教育价值主要表现为两种类型，即功利价值、认知价值。所谓功利价值，是指导个体具体行为的、满足个体生存需要的、服务于个体最现实最直接的知识价值取向,获取某一种知识时,除了用以指导实践外,也可以用来训练心智。① 斯宾塞的"指导行为"就是一种功利价值,而"训练心智"则指的是知识的认知价值。

(二)课程建构中知识选择的基本宗旨

从知识的构成来看,知识首先用语言或其他符号表达出来,其次任何知识都有其独特的逻辑形式,最后,每一种知识都有其独特的意义和内涵。"课程知识自身具有政治的、经济的、文化的内在属性,这决定了学校课程知识总是随着社会的发展变化而不断调整更新。"②正因为如此,课程知识的选择离不开社会政治、经济和文化的基本原则。

1. 课程知识选择的社会意蕴

课程知识的选择即是时代教育的需要,也是社会发展的需要,其选择更受社会政治制度、经济体制的影响和制约。在很多时候,课程是领导统治阶级的权力和价值观的体现,它更多地彰显了国家的知识取向,是一种特定的社会文化。

我国教育目的是以培养社会主义事业的接班人为目标,在课程知识的选择上主要以马克思主义哲学为指导,并运用马克思恩格斯的唯物主义辩证法选择课程知识。马克思、恩格斯认为:"人不是抽象的纯生物的个体,而是社会的具体成员,人的体力、智力、知识、才能、爱好、兴趣和意识倾向、行为习惯等等,都是由他们所处的生存关系和生产方式决定。"③人类社会实践是不断前进和发展的,在当前社会中知识几乎与人类的认识同步,对知识的认识达到了前所未有的高度和广度。在此背景下,在我国课程知识的选择上应充分运用马克思、恩格斯历史唯物主义的观点对课程知识进行分析、批判,并根据马克思主义人的全面发展的学说选择课程知识,运用马克思恩格斯哲学的实践观对课程知识进行检验。

2. 课程知识选择的时代内涵

"知识内在的时间性、历史性表明,知识并非是线性积累、亘古不变的,而是随着时代演进不断地重建。"④知识的这种精神体现着知识的时代潮流走向,也折射显映知识的时代精神。对于课程知识,不同历史时期的学校教育课程知识的选择不尽相同,从新中国诞生以来到当代课程知识的选择具有重大变化,这不仅是课程选择的政治倾向性,更多的是彰显了知识的丰富和发展,最重要的是社会和时代发展的需要。新中国成立初期的课程是文史理,没有外语一课,随着改革开放,需要向国际接轨,学习西方先进的自然科学经验和知识,增加了外语学习科目。20世纪90年代从中学开始学习提前到现在的小学教育开设外语课程。21世纪以后,随着信息技术和计算机的普及,知识的学习方式更加多样

---

① 王坤庆.关于知识教育价值观的探讨[J].华中师范大学学报(哲社版),1994(6):74.
② 孙宽宁.我国课程知识研究70年的历程审思[J].课程·教材·教法,2019(6):21.
③ 马克思,恩格斯.马克思恩格斯全集(第3卷)[M].北京:人民出版社,1957:295.
④ 苏鸿.课程知识的实践价值与核心素养教育[J].课程·教材·教法,2017(5):57.

化,知识的种类多元化,课程知识的选择在高等教育领域更加体现了这种时代感。这种时代知识的彰显,既利于知识的转化,更能够促进学生对时代知识的感召,从思想上和行动上更能够自觉地去适应时代发展的脉搏,形成与时代相同的价值观念,使之更加有效地去实践时代教育立德树人的目标。

3. 课程知识选择的文化特色

知识作为人类文化的遗产,是人类最为典型的文化形式,在它的身上显现着一定社会和特定文化背景,是人类特有的文化经验总结。因为,"知识不是故纸堆或历史中的一堆冷冰冰、硬邦邦的晦涩符号,而是凝结着人类智慧、道德与情感的智慧成果,是对后人拥有意义增值的启迪智慧、激荡情感、洗涤心灵的认识世界与人自身的成果,知识是有温度的"①,这种"温度"显示的就是它所存在的文化特色。知识文化的特征中具有包容性和民族性,它不仅反映了国家和地区的文化特色,同时也表达了文化的背景、价值、精神和属性。知识在其中承载了文化内涵,表达出了人与社会、人与事物、人的感情与观念、思维与经验等,这些都是知识所承载的文化精神。在学校教育活动中让学生如何理解这些文化精神和内涵,是课程知识选择中的核心所在。另外,文化的这种特色是由历史、社会、人文环境等产生的,并依存在人类的思维和认识方式。课程知识的选择要因人、因时而定,因时代的变迁和人的成长而更新和改变。

(三) 课程建构中知识选择的理论基础

课程的理论基础是指那些对课程的建设和发展起决定作用的基本力量,理解为课程的基础学科。课程理论需要从其他基础学科中汲取学科方法和基本原理,并将之用于课程目标的构建、课程性质的定位,用于课程设计、课程实施、课程评价。在目前课程建构中,主要由哲学、心理学、社会学、文化学、人类学等方面作为课程理论构建的知识的基础。

1. 哲学

在西方,对知识问题的探究可以上溯到古希腊哲学家、科学家和教育家毕达哥拉斯(约公元前580~约公元前500)的知识学说及其教育实践。有别于米利都学派从感性的自然事物中探寻万物的本源,毕达哥拉斯视"数"为万物的始基。在他看来,各种能观察到的事物都有数的属性,万物都有数量关系与空间关系,因而数是一切事物的本原,由此把人们对宇宙的认识从感性方面的把握引向对普遍性的追求,真正的知识即是关于事物本质属性的间接认识,而不是对事物的表象直观。所以,与"数"密切相关的学科如音乐、算术、几何、天文学倍受推崇,亦得到深入的研究。在其所办的教育机构——毕达哥拉斯学园中,追求知识、探讨真理、热爱智慧成为教育的根本宗旨,音乐、算术、几何、天文被列为学园的必修课,教学的基本目标在于促使学生去思索事物的普遍性和探寻事物的真实性,发展学生的思维力。毕达哥拉斯对知识的观点与教育实践对苏格拉底、柏拉图产生了直接影响。智者们以个人经验与感觉论取知识,持相对主义立场。苏格拉底反对智者在

---

① 郭元祥,吴宏.课程知识的本质属性及其教学表达[J].课程·教材·教法,2018(8):44.

对待知识问题上的相对主义态度,首次区分了知识与意见,把知识与概念联系起来,试图揭示多样事物中的一般、共性。柏拉图在苏格拉底开创的事业基础上,提出"理念论"与"回忆说",力图为知识奠定理性的根基,以构建知识的大厦。其知识的传授的课程应关注如何把学生先天已有的观念引导、挖掘出来,因而注重学生的理性活动。而亚里士多德则反对柏拉图抬高一般、割裂一般与个别,致力于一般与个别的弥合,提出"经验论"与"蜡块说",寓一般、共相于个别、特殊之中,重建知识的经验基础。因此,主张课程注重知识和技能的传递,以便使学生掌握与自然界和人类社会交往的工具。

柏拉图、亚里士多德奠定了古典知识观的基础。文艺复兴时期著名画家拉斐尔(Raphael)在其名画《雅典学院》中十分传神而形象地表现了两位哲人的基本观点和方法的重大区别,画中的柏拉图手指天空,而亚里士多德则手指大地,这种区别贯穿于西方文化的历史长河,形成了唯理主义与经验主义的长期对峙与论争。中世纪,宗教在思想文化领域占绝对的支配地位,上帝的启示一度成为知识的唯一源泉,奥古斯丁提出"神启论",认为知识不是回忆,而是灵魂自己的动作,是灵活依靠上帝的"智慧之光",以自己的质料形成关于对象的形象。阿奎那则用理性去论证上帝的存在及其智慧。

西方古代教育家知识观的特点:在知识的本质观方面,除坚持"人是万物的尺度"、"感觉即知识"的智者学派外,多数教育家追求知识的普遍性质,他们不满足个人的感觉经验,力求把握事物的一般特征、变化中的不变。苏格拉底、柏拉图区分了知识与意见,崇尚知识与真理,贬低经验与感知。在他们看来,真正的知识不是没有根据的武断、未加考察的意见或以信仰为基础的偏见,而是关于同类事物的普遍观念(概念),它具有确定不易的性质和普遍的品格。亚里士多德尽管重视感觉、经验的认识价值,但又认为感觉是肤浅的,它仅涉及个别事物,必须经过证明和论证才能成为一般的理论、普遍的知识。对知识普遍性质的追求深刻地影响了后来人们对知识的本质主义态度,导致了哲人对知识的标准、知识的证明问题的苦苦思索,也导致教学知识的理性主义取向[①]。

传统哲学的课程观注重以知识为取向,缺乏了对学生兴趣爱好、身体发展规律的影响以及社会的需求。近代以来,特别是以杜威为代表的实用主义哲学,以实践哲学为武器,批判了赫尔巴特的传统教育学和主智主义的课程观,反对学校同社会生活相隔离、课程同儿童需要和现实生活需要相脱节,反对死读书。实用主义课程观主张以儿童的活动、经验作为课程的中心,以儿童的需要和兴趣作为课程设计的根本依据,变多种学科为综合的单一学科,在"做"中学,把经验课程当作主体。而要素主义则用理性主义哲学批判实用主义课程观,主张以文化为中心进行课程设计,重视系统知识的传授和传统的学科课程,把学科课程当作课程的主体。

2. 心理学

在19世纪初,赫尔巴特就提出,"教育学作为一种科学,是以实践哲学和心理学为基础的。前者说明教育的目的,后者说明教育的途径、手段和障碍"。自那时起,心理学是课程论的理论基础之一成了学界的共识。杜威曾在《儿童与课程》一书中对心理学与课程

---

① 潘洪建.知识视域中的教学革新[D]西北师范大学,2002:31.

的关系作了形象的描述:"心理的考虑也许会遭到忽视或推在一边,但它们不可能被排除出去。把它们从门里赶出去,它们又从窗子里爬进来。"与包罗万象的哲学相比,心理学对课程的影响更加直接、更加明显,也更为具体。

很多课程理论流派就是以心理学为依据建立起来的。杜威在机能主义心理学的基础上建筑起了经验自然主义课程论。泰勒则以贾德、桑代克的心理学理论为基础提出了著名的"泰勒原理"。巴格莱以心理训练说、智力训练说为基础论述了要素主义课程思想,布鲁纳以发现学习论为基础提出了结构课程论等等。课程理论与实践的蓬勃发展与纷呈的心理学流派关系密不可分,其中尤其以行为主义、认知主义、人本主义、建构主义的影响最为突出。

心理学对课程的作用可划分为三个层次:其一,知识层面,心理学为课程论提供概念和理论解释课程现象;其二,价值层面,心理学扮演着哲学作用于课程的中介者,为课程价值的实现提供"人"学的理论支撑;其三,方法论层面,心理学为课程提供理论研究和实践探索的方法论依据。行为主义心理学对课程论的影响表现在:其一强调课程与教学的行为目标;其二强调课程内容由简至繁的累积;其三强调基本技能的训练;其四主张采用各种教学媒介进行个别教学;其五提倡教学设计或系统设计的模式;其六主张开发各种教学技术;其七赞同教学绩效、成本-效应分析和目标管理等做法。然而,行为主义心理学的缺点在于将人类学习过程过分简单化和机械化,忽视了认知过程的复杂性,因此只具有片面真理性①。

以布鲁纳为代表的认知学派关注学科的知识结构,主张开设螺旋式的课程,使学生重复学习,逐渐深入各门学科的基本结构和基本概念。以奥苏贝尔为代表的学者则倾向于关注学生的认知结构,充分利用学生已有的知识结构来同化新的课程内容,促成有意义学习的发生。

3. 社会学

教育与社会的关系是教育学永远都无法回避的问题。作为社会的主要组成部分,教育与社会有着千丝万缕的联系。在这种关系中,同时还牵涉社会的政治、经济等为之服务,它们从各个方面渗透到教育活动目的和内容之中,并时时刻刻都在对教育产生着影响,教育也通过对社会知识的选择、分类、组织、分配和评价,肩负着为社会选拔、培养、鉴别和输送人才的功能,并由此而对社会的发展起着极为重要的影响。

20世纪70年代西方兴起课程社会学研究之后,首先引起了我国台湾地区学者的关注,并出版了不少专著,代表性的有欧用生的《课程研究方法论——课程研究的社会学分析》、陈伯璋的《潜在课程分析》等。大陆地区对课程进行社会学研究则是在20世纪90年代之后,以吴永军和吴康宁等为代表。吴永军在20世纪90年代发表相关论文近10篇,并在1999年出版了《课程社会学》。吴康宁主持了全国教育科学"九五"规划项目"课程的社会学研究",并在2004年出版了《课程社会学研究》。关于课程的社会学基础研究主

---

① Allan C. Ornstein, Francis P. Hunkin. Curriculum: Foudations, Priciples and Issues [M]. 4th ed. United States: Pearson education, 2003.pp.104–106.

要散见于各类教育社会学著作、课程论研究著作以及课程与教学论著作中①。

国外的研究课程社会学的研究内容主要包括两个方面,一是考察作为社会子系统的课程其自身的运作过程,二是考察社会系统与课程之间的关系。我国课程的社会学基础研究主要集中在对西方研究成果的整理与消化上,这从学者们的引用文献中可见一斑。伊格莱斯顿(J.Eggleston)认为课程涉及知识的呈现,包含了学生学习经验的模式。该模式反映了社会对知识的性质、分配和效用性的观点,因此是会变化的②。英国著名课程论专家劳顿(D.Lawton)认为:课程本质上是社会文化的选择,课程就是学校选择文化的过程,而学校决定优先顺序,付诸实施的方式就是课程设计③。美国学者艾普尔(M.W.Apple)则认为课程是意识形态的抉择。

我国学者也运用以上理论从社会学视角研究课程知识的选择,特别是以南京师范大学的鲁洁教授、吴康宁教授为代表的教育社会学研究团体。吴康宁教授的专著《教育社会学》和主编的《课程社会学研究》都对课程知识的选择进行了探讨。吴永军教授在《课程社会学》第四章中从社会学特别是课程社会学的视角研究了课程内容的选择,分析了课程专家在知识选择中体现出的意识形态特征以及选择中伴随的价值冲突,这种意识形态过程和价值冲突不仅体现在课程内容的选择标准上,也体现在课程内容本身上,都反映了统治阶级的意识形态。

4. 文化学

除了以上介绍的三种课程知识基础之外还有课程的文化学基础。英国学者丹尼斯·劳顿为代表的文化分析主义课程理论认为,课程本质上是社会文化的一种抉择,因为并非文化中的所有东西都是重要的,都具有同等价值;同时,学校教育在时间和来源方面又是极其有限的,因此,要保证学校传播和发扬各种文化中最精华的部分,维护大众文化的精髓,就必须对文化进行严格的选择。

布迪厄的文化资本理论从另一个层面揭示了课程知识的价值归属问题。他认为,课程是一种"文化资本",如此,作为重要教育内容的课程知识在文化再生产过程中的作用将表现为生产更多的社会不平等,而课程知识掌握的多寡就成为学生未来成功机会多寡的重要凭借。在这种社会背景下,课程知识成为一种象征符号性资源,成为增强支配性地位和获取权威的途径。布迪厄说:"文化资本是作为斗争中的一种武器或某种利害关系而受到关注或被用来投资的。"如此,优势阶层将借助于丰厚的文化资本进一步跃居上层,占据支配他人的重要位置,形成一种新的权力分配。可见,课程知识始终代表的是主流阶级的知识。尽管任何社会都宣称教育的目的是传播知识、培养人才,但就所传播的知识及培养的人才而言,教育行动已经具有了专断性,是一种文化专断,更是一种权力专断。只不

---

① 和学新,金红霞.我国课程的社会学基础研究的内容、问题与改进[J].当代教育与文化,2017(9):18.

② J.Eggleston.The Sociology of the school curriculum[M].London:RKP,1977.pp.12-13.

③ D.Lawton.Class,Culture and the curriculum[M].London:RKP,1975:6-7.另见:王根顺,吕成祯.论高等学校课程资源开发的社会学基础[J].高教发展与评估,2011(2):97.

过它们借助一些符号性话语掩饰了实质的政治背景,掩盖了其背后的权力关系,教育摆脱不了自身的专断性质和符号暴力性质①。

1989年,我们在介绍国外课程理论时引进了课程的文化性分析[廖哲勋,1989(7/8)]。90年代伊始,学者们开展了文化学的不同范畴与课程设计的研究,包括文化传播与学校课程社会文化结构与学校课程改革来自教育内部的变化——新教育观念的产生,为整合课程准备了教育理论的基础。90年代中期后,我们深入分析了课程的文化属性,包括课程的文化学内涵、课程设计的文化学思考、文化传统与课程、文化传统与课程价值取向、多元文化与课程改革、文化变迁与课程等。课程内容应是人类文化遗产中最具广泛性、适应性、迁移性的内容,是人类最精粹的文化要素,这一方面是因为文化具有超生理性,不可能通过遗传方式获得而只能通过传递方式获得,而另一方面是因为人类的文化浩瀚复杂,而学生在校学习的时间有限,要解决这个矛盾就必须对人类的文化进行提炼和加工;课程内容应有一定的难度,体现人类文化的历史发展阶梯;课程内容应有助于学生了解各个社会文化系统的优势和缺陷,从狭隘的民族文化观念中解放出来,用开放的眼光和胸怀对待不同的社会文化系统;课程内容应选择文化遗产中大量的方法论知识,以有助于学生能独立地从事生产、生活和创造,应对现实社会和未来社会的挑战②。

这些新教育观念包括全球教育观、革新主义课程观(进步主义教育理论)、后现代课程观等。新教育观念的内容包括以下几个方面:(1)学生是积极的学习者,学习是主动参与、探究式的;(2)教师是学生学习的帮助者,学生通过相关经验构建意义;(3)为理解而教,学习与实践运用相结合;(4)合作学习,学习与社会相联系;(5)即时评价与反馈成为学生学习的工具;(6)知识是混沌的、非线性的、开放的,不再要求唯一正确的答案;(7)重视生活与工作的技能,知识和技能的实际运用包含于课程评价之中;(8)课程内容打破或超越学科界限③。

(四)课程建构中知识选择的现实依据

课程是学校教育的重要载体,是实现学校教育目的的重要途径和手段,知识又是课程的最重要载体,不管人们对知识有着怎样不同的理解,也不管人们对课程有怎样的看法,在课程中,知识问题都是永恒的问题,课程也都永远不可能摆脱知识的纠缠,学校教育也无法绕开知识问题这一基本的核心问题。

石中英教授主编的高等教育出版社出版的《教育哲学》中认为,在课程建构和教育教学的知识选择中,知识在任何社会和时代对课程建构和教育教学都有重要的意义,尤其是在当前"知识爆炸"时代和信息化、学习型社会。并认为课程建构和教育教学中知识选择的依据主要涉及四个方面:

(1)依据教育价值和目的。人的自然观和人类观是世界观和价值观的根,世界观和

---

① 郝明君.知识与权力[D].西南大学,2006:88.
② 胡斌武,吴杰.试论课程的文化学基础[J].西南师范大学学报(人文社会科学版),2002(6):59-60.
③ 韩雪.课程整合的理论基础与模式述评[J].比较教育研究,2002(4):35.

价值观是教育本质观的根,教育本质观是课程本质观的根,课程本质观则是课程教学方式或课程教学行动的根。不同的根有不同的果,不同时代的人对自己是什么和应该是什么,自己是怎样形成和应该如何形成的认识不同,对教育本质和课程教学的认识也不同。

教育问题归根结底是培养人的问题——培养什么样的人和怎样培养人的问题,其他问题都是这个问题的细化、深化或具体化。培养什么样的人是教育目标的问题,怎样培养人是教育内容和方式的问题。人本来是什么和应该是什么,教育形成人的目标就是什么。人怎样培养和应该怎样培养,教育就选择什么知识和课程内容与采用怎样的方式培养人。人的本质和教育本质都是合规律性与合目的性的统一。教育目的是不同层类教育的总目标,不同层类教育还有具体目的或目标。我们的教育必须为社会主义现代化建设服务、为人民服务,必须与生产劳动和社会实践相结合,培养德智体美劳全面发展的社会主义建设者和加班人。这是现当代中国的教育方针和总目标,在遵循这个教育方针和总目标基础上,基础教育、高等教育和职业教育等还有具体目标。

(2) 依据社会文化。人是实践的产物,也是文化的结果。每个人甚至每个社会的实践都是具体的,但他们面对的文化则是整体的,是古往今来的集合。历史长期形成和积淀的世界观、价值观、思维方式和生活习惯时时刻刻影响着每一个人及其社会。文化是海洋,社会和个人是泳者。课程是对文化的选择。课程改革必须追根溯源、固本立纲,从源头开始,形成广泛的文化基础和文化背景,消解其难以推进的思想、文化和社会根源。不同文化背景下教育和课程教学改革可以借鉴,但不能"克隆"。"没有一个国家的课程理解或课程'模式'是'可以出口的',至少在'出口'的时候不会不冒损害'进口'国的独特性的风险。每一个国家必须努力用自己的术语去理解:当课程被阐述并向年轻一代教授的时候,其紧迫问题是什么"①。

(3) 依据教育对象。社会教育的对象是不同层面的人群和个人,学校教育的对象主要是青少年学生。良好的思想品德、基本的科学文化知识、认识和实践能力与技能是现当代人必须具备的基本素质。这既是现当代义务教育的根据,也是中小学基础教育课程建构和教育教学中知识选择的根本依据。但"基础"与"基本"有不同含义,"基本"取决于是否普遍适用各行业,"基础"不仅如此,还取决于对掌握更高深知识是否必需。也就是说,中小学基础教育课程建构和教育教学中知识选择不仅要考虑现当代每一人必备的基本素质,而且要考虑能为高等专业教育和职业教育打好基础。

(4) 依据学科性质。如前所述,自然科学和人文社会科学虽然都是系统的知识体系,但又是具有明显区别的两种不同性质的知识体系。自然科学的知识是具有客观性、普遍性的知识,是新知取代旧知的直线式发展方式。这就要求在选择自然科学知识时,要放眼世界,要反映科学前沿,同时要注重那些经典的科学实验、范式或方法的介绍与掌握。比较而言,人文社会科学的知识虽然也有客观性、普遍性的意义,但是其理解上已经不同于自然科学知识的客观性与普遍性,而带有社会文化性和价值性。这样一来,在选择认为社会科学知识的时候,一方面要注意对本民族人们社会科学知识传统尤其是那些文化经典

---

① [美]威廉·派纳等.理解课程:历史与当代课程话语研究导论(上)[M].张华,等译.北京:教育科学出版社,2003:中文版序.

的介绍,另一方面在选择外来的文化社会科学知识的时候,要说明其生产时独特的社会历史和文化环境,提醒教育者和学习者以一种批判的态度来对待这些知识。①

第三节 基于知识价值的课程观

知识不仅有认知或指引的教育价值,而且有自我反思的教育价值。在生活中,知识具有拓展理解人生意义、评价现实生活和选择未来生存的自我意识。人的自我意识源于人的现实生活,是在人与人、与群体共同生活、相互交往中产生的对人的合理存在的意识,是人在对现实生活境遇的审视、反思、感悟、批判、选择、展望中形成的个人对人生意义、生活方式和社会理想的态度与追求。对于课程观来说,知识的价值不仅于此,更多是在教育实践中知识指导人的成长、发展并达到预期目标,使人成为完全意义的"人"。

一、课程观及其意义

课程观作为课程现象和课程问题的基本理念,包含对课程内容的选择,蕴含了教育目的、价值、内容等。可以这样认为,不同的课程观决定培养不同的人,决定了教育活动的方向和目的。因此,把握课程观既是社会形态的需要,也是为课程知识的选择做好准备,这种准备随着社会的发展变化而不断调整更新,为选择有价值的课程知识做好判断。

(一) 课程观的含义

关于课程观的含义国内外学者认识基本是一致的,即课程观是人们对课程的基本看法(包含对课程目的、内容、价值等问题),课程观需要回答的是课程的本质、价值、要素与结构以及课程中人的地位等问题。不同的课程观同时也蕴含着不同的课程价值取向和不同的课程思维方式,并导致课程的不同存在形态,直接或间接地影响到课程的实施。

在课程研究中,课程观受当时哲学观、知识观、价值观的影响。尽管在诸多的文献资料中课程专家对于课程有着不同的定义,并且对于课程的内涵也有着不同的解释和阐述,但对课程观的概念却基本上没有一个比较明确的界定。但是,这并不妨碍我们判断课程观是存在的,至少从广义上理解这应是毫无疑问的。因为无论是哪种形态的课程,还是哪种类型、层次的学校的课程,它的设计者在设置课程之前,或者在设置课程的过程中总是以某种关于课程的观念为指导②。因此,为了选择合理和使用学生发展的课程,首先对课程观进行认识和了解。郭元祥教授认为:课程观是人们对课程的基本看法,具体来说,课程观需要回答课程的本质、课程的价值、课程的要素与结构、课程中人的地位等基本问题。课程观支配着课程设计、课程实施,影响着学生发展。目前主要三种课程观:第一种课程

---

① 石中英等.教育哲学[M].高等教育出版社,2019:117-119.
② 王树凤,叶绍梁.论课程观的转变[J].复旦教育论坛,2009(3):43.

观是知识或学术理性主义课程观。第二种课程观是经验或自我实现课程观。第三种课程观是生活经验重构或批判课程观。

（二）课程观的意义

从课程观的含义可以看出课程观即是关于课程现象和问题的基本观念。不同的课程观往往隐含着不同的课程价值取向和不同的课程思维方式，并导致课程的不同存在形态，并直接或间接地影响到那些重要的实质性课程问题，如课程的概念、范畴，课程的本质、课程的价值取向、课程的要素和体系，课程中教师和学生的角色等基本问题。课程观的要素包括课程的本质及表现形式、课程的价值、课程的要素与结构、课程中师生的地位等。因此，课程观在一定程度上影响着课程设计、课程实施、课程评价，影响着学生的发展①，更重要的是课程观能够决定课程知识的选择。

二、知识价值与课程观

人们为什么追求知识？在当代，人类对知识的推崇到了前所未有的高度，作为知识的主要承载与传授的媒介，课程决定了知识的价值，也能够使受教育者在知识的学习和享受过程中达到理解知识、发展知识和丰富知识的目的。

（一）知识的价值

斯宾塞的"什么知识最有价值"的经典提问曾引领欧洲、美国乃至世界各国将课程改革的价值指向"科学"，表达了对科学知识"客观性"的强烈信仰；阿普尔以"谁的知识最有价值"在知识社会学的视域中，凸显了课程知识的意识形态性，彰显了课程及教育深刻的政治本质。历史的发展充满着吊诡的意味：对于斯宾塞而言，"什么知识最有价值"的提问中所蕴含的价值中立、技术理性和科学主义模式，推动着20世纪课程研究在"开发范式"中走向顶峰，却意外地将课程研究引向了政治和意识形态的研究路径。在阿普尔的"谁的知识最有价值"的发问之后，课程知识选择中的阶级性与权力特性、知识与权力、意识形态的耦合性已然成为无法回避的基本问题②。

1. 知识改造自然的价值

知识是人类征服自然和改造自然能力的结晶。在知识成果不丰富和不易于劳动实践结合直接转化为生产力的时代，社会生产力的水平还需借助于人类生产的社会消费品的数量，如一段时期内猎获的动物、采摘的食物、开垦的土地、种植的农作物等来反映。到工业社会，知识积累达到了新的水平，或者说知识的积累促使人类社会进入到工业社会。知识帮助人类进一步解放了双手，各种各样的知识运用到生产实践中，新工具、新设备层出不穷，社会产品相当丰富。应用先进的科学技术知识研制出来的生产机器和科学的组织

---

① 王树凤,叶绍梁.论课程观的转变[J].复旦教育论坛,2009(3):43.
② 叶波.课程知识选择:从"谁的"到"何以可能"[J].湖南师范大学教育科学学报,2018(4):109.

生产的管理方法,对社会生产力水平的提高起到了举足轻重的作用。知识不仅停留在书本和大脑中等主客观载体里,已经开始发挥其巨大的潜能,解决人类在劳动中遇到的难题。随着生产规模的不断扩大,知识作用延伸到生产劳动中,并且大大提高了生产力水平。合理地运用科学技术知识,能够实现节约劳动、节约资源、生产力高效率的发展①。

知识是人类劳动实践经验的积累,经验一般在开始时都是隐含的,即只能意会不能言传。信息是人们在适应外部世界进行交换的内容。人类在劳动中产生了语言、文字等交流的工具,同时经验经过长期的积累和总结逐渐开始显性化。大量知识可以用语言、文字和图形等方式描述、记载和传播,形成编码知识,使知识更易于学习和交流②。

知识的信息化是知识发展进程中较高级的阶段,也是必不可少的阶段。随着人类物质生活和精神生活追求的不断提高,信息化将发展成为以计算机为核心技术的信息生产、获取、处理和储存运行模式,各类知识转化为信息资源以促进社会、经济和科技进步,同时也促进人认识自然、改造自然的知识更加地丰富,为人类改变社会、改变未来提供源源不断的动力。知识的这种进步也促进现代教育方式的发展,资料查询、网络授课、远程教学、学业指导、网上互动讨论等使教育活动不出家门得以实现。

2. 知识满足人生存的价值

普罗泰戈拉说过"人是万物的尺度",从此,思想家们才逐渐把人作为哲学的核心命题,开始关注人为什么而活着这个人生问题。一切价值都是人的价值,一切事物的价值应以人为标准,人的需要是一切事物价值的尺度。在回答什么知识最有价值的问题上,可以这样推论:能满足人最高级需要的知识是最有价值的知识。从马斯洛的需要层次理论看,人的最高级的需要是自我实现的需要,是精神需要。最有价值的知识是能满足人自我实现需要的知识,是精神需要的知识。那么,人最想自我实现什么呢?或者说,人最希望实现什么目标呢?也就是说,人的最终的生活目的是什么呢?假如我们找到了人类的共同需要和终极需要,那就可以判断一切事物的价值大小了,也就知道一个教育工作者要给受教育者提供什么样的教育了,一个课程的研究者要给学生编制什么样的课程了,我们也就能回答在基础教育学校场域中什么知识最有价值了,也就知道现代学校要给学生提供哪些有价值的知识了。③

知识随着人类经验的不断积累和认识领域的扩大而难以进行即时全面的概括,人类社会已全面进入了信息化、数字化,更是知识爆炸的时代,知识的发展与社会生产劳动实践结合得越来越密切,知识显示愈发有价值,人类愈发离不开知识。可以这样认为,现代人离开了知识将不知道如何生存和存在。

3. 知识开创幸福人生的价值

人为什么而活着是一个应该回答的问题。对个人而言,对活着的意义的思考也许没

---

① 范领进.知识价值理论研究[D].吉林大学,2004:32.
② 柴莹.基于知识管理的高校本科教学管理研究[D].北京交通大学,2011:11.
③ 陈铁成.现代课程知识价值观的反思与重构[D].东北师范大学,2013:64.

有什么实际意义,但对于活着的目的,却是一个有意义、有价值的问题。正如马克思所说,人是目的在先的动物。生活目的犹如人生的把心,人生活中的一切思维和行动都是射向把心的。如果没有了生活目的,人也就真的失去了生活的方向,生活也就变成了无的放矢了,活着也就真没有意义。

教育知识的出发点必须以人的发展与生成为旨归。因为,人是通过教育知识而生成人的。教育是一项关于"成人"的伟大事业,学生的能力发展、情感陶冶、个人经验、独特理解与思考、社会生活认识与体验等都生成于教育知识之中。学生视野的扩展、精神的丰富、人格的完善都蕴含了教育知识新的价值与意义。人只有成为教育知识的出发点和归宿,才能使人的创造能力、心灵自由、精神等得以充分尊重与保护,才能使人的自主成长与发展成为可能。教育知识迫切需要关注个人,关注人的差异性、主观性、信仰、经验、生活等,关注来自受教育者个体方面的诸多发展特征①。由此而论,归根到底,教育就是在促进学生发展的过程中追求人生的幸福。

从以上分析可以得出这样一个基本命题:幸福是判断一切事物价值的尺度,或者说能使人幸福的事物就是最有价值的事物。以教育学的视角,通过对教育本质的追问,探寻出了教育的终极目标是培养幸福的人的命题,或者说教育的本质是为了促进人的幸福。而在学校教育中,课程知识是教育的主要载体,课程知识的选择、组织、教学等行为所指向的目标一定是教育的终极目标,即培养幸福的人。至此,我们应该说找到了打开斯宾塞之问的金钥匙:判断事物价值的尺度是人的需要,判断事物价值大小的尺度是人的幸福,判断什么知识最有价值的尺度也是人的幸福,而判断什么课程知识最有价值的尺度就是学生的幸福。换言之,学生幸福是判断课程知识价值的首要标准。因此,斯宾塞之问的现代性应答为:幸福知识是最有价值的知识②。

4. 知识的教育价值

知识与教育有着内在的密切的互动关系。知识是教育天然的盟友,自有人生便依存相伴,教育借助知识培育人才,知识依靠教育代代传承,互惠互利,相融共生,无疑同属我们整个宇宙中伟大的奇迹。

知识是教育实施的基础、载体与内容。我们人类全部的教育活动都是借助知识的传授来完成。没有知识的教育是空洞的、没有内容的,绝不是教育,也就无从谈人的教育问题。一方面,这是由人类求知的本性决定使然的。亚里士多德有句名言:"求知是人的本性。"荀子也曾讲过:"凡以知,人之性也。"人类如此热爱知识的天性为教育的开展提供了肥沃的良田。从此,满足人性对知识的需求,通过教授知识以提高人的素质,更为未来的社会培养新人成了教育的主旋律。另一方面,这是由人类生活环境的不确定性决定使然的。

我们知道,人的发展、生命的成长都是充满不确定性,时时处处都会遭遇生活的挑战,类似的情况在动物界非常普遍,心理学研究发现黑猩猩为了适应新情况需要艰难地等待

---

① 任永泽.教育知识的性质研究[D].东北师范大学,2009:39.
② 陈铁成.现代课程知识价值观的反思与重构[D].东北师范大学,2013:70.

顿悟的到来,而这对于人来说是不现实的,也是不经济的。教育史学研究表明,自有人生便有教育,而教育的目的就是要有效地教授人确切的知识,以有效地规避各种不确定性而导致的无谓的耗费或危险,让人快速、有效地成长起来。鲁洁教授曾指出,在一个意义世界发生动荡、转换的时代,教育承担着人的意义世界建构的艰巨任务,而这种任务的解决需借助知识教育来实现。再一方面,知识本身作为人类文明的智慧结晶,具有客观的教育价值。杜威曾指出知识能够帮助儿童明确欲念、构成目的、获得手段,以对儿童造成影响。无论我们怎样理解教育的含义,知识的教授总是在教育的过程中占据重要的地位——基础性地位,离开了知识,教育的各种内容与目标终将无法在人身上留下明显的痕迹。对教育来说,教育也是知识筛选、分配、传播、传承与发展的重要渠道①。

(二) 体现知识教育价值的课程观

站在人的发展的立场探讨"什么知识最有价值"这个问题,不是对不同类型知识价值大小的判断与排序,而是从人的发展角度出发对知识满足人的发展的属性的一些基本规定。因此,对于"什么知识最有教育价值"这个问题,我们可以通过另一个问题来进行表述,即"学生最需要学习的是什么知识",站在教育的立场下讨论知识的教育价值,必须将知识和人联系起来,与人的发展联系起来②。

当今社会的"知识爆炸"使得知识数量正在以几何级数增加,知识更新速度超乎想象,学科交叉导致新的知识门类也不断出现。选择学习"什么知识"成为个体面对的一个重要问题。这种现实让我们不得不再问"什么知识最有价值"。培根的"知识就是力量"肯定了知识的重要地位,尤其是当今知识经济时代,没有知识会寸步难行。可是,当然"乐于"求知的人们面对"知识爆炸"带来的海量知识,几乎都会晕头转向,无所适从。在这种情况下,"知识价值"问题的探讨具有重要的时代意义。但是,面对海量的知识,选择最有价值的知识来学习是现代人必须做出的选择③。从教育的立场出发,应该选择什么样的知识更有价值?这也是作为教育工作者必须进行的选择,亦即作为教师应有的课程观。

1. 既面向学生的生存又面向学生生命与生活的知识最有教育价值

知识的教育价值不仅仅表现在帮助学生保全生命、实现物质性的生存,不仅仅是为未来生活做准备,更重要的在于面向学生的当下生活,观照学生的生命成长。不关心学生生命与生活的知识是没有生命力与发展性的,对于学生来说,它们只是大量的事实性素材,是与学生的生命生活没有关系的外在性素材,是难以进入学生的生命的。对于青少年而言,学会生存是首要的,在生存的基础上建构丰富的生命内涵,并具有追求未来生活的知识显得就尤为迫切和亟须。

---

① 赵康.知识分类的教育价值[D].山西大学,2015:48.
② 伍远岳.知识获得及其标准研究[D].华中师范大学,2015:54.
③ 陈铁成.现代课程知识价值观的反思与重构[D].东北师范大学,2013:44.

2. 既教给学生事实又赋予学生以意义的知识最有教育价值

不可否认,教育中的知识是以符号的形式呈现出来,学生接触到的是事实性的知识符号,知识的符号表示的是各种事实与间接经验,然而,知识不仅仅应该教给学生事实与间接经验,更应该让学生通过这些事实去挖掘、获取知识事实背后所隐含的思维方式与意义。正如前文所述,符号只是知识的表征形式,知识的内核是意义。因此,既能教给学生事实,又能赋予学生以意义的知识才能够最大限度地实现知识的教育价值。

3. 既满足学生当下发展需求又能满足学生未来发展需求的知识最有教育价值

教育中的知识应该具有发展性,应该既能够满足学生当下生命、生活、个性素质等各个方面的发展需求,又能够为学生的未来发展奠定良好的基础。"知识改变命运"是人们耳熟能详的一个论断,然而,知识如何才能改变命运?笔者认为,知识是通过其发展性改变命运的。

4. 既促进学生能力发展又促进学生精神发展的知识最有教育价值

学生的发展应该是全面的,需要获得多方面的能力发展,其中包括语言、情感、人格、个性素养等各个方面的全面协调发展。学校教育即需要多方的知识学习,又需要适当的教法和学法才能够促进学生的发展,还要能够促进学生情感、精神的发展,这种发展主要表现在学生情感的丰盈、价值观的陶冶、人格的完善、精神的发展等多个方面①。

5. 以追求学生幸福为己任、赋予学生人生目标的知识最有教育价值

教育的本质的规定性是培养人,人是教育的出发点,人类从诞生根本目标就是追求幸福生活,幸福也是教育的最终归宿。教育作为一种培养人的活动,不仅应该把学生的幸福定位为终极目的,更应该使教育过程本身充满幸福。将学生的幸福贯穿于整个教育过程中,使幸福与教育在本质上统一起来,让学生的学习生活成为享受学习的过程,这是教育的应有之义。既然人的一生中所做的一切都是为了追求幸福的生活,那么教育目的也应该是促成人之幸福的,这一点是毋庸置疑的。

由此得出这样的论断:"幸福是判断一切事物价值的尺度",或者说"能使人幸福的事物就是最有价值的事物"。站在教育学的视角,通过对"教育本质"的追问,得出了"教育的终极目标是培养幸福的人",或者说"教育的本质是为了促进人的幸福"。而在学校教育中,课程知识是教育的主要载体,课程知识的选择、组织、教学等行为所指向的目标一定是教育的终极目标,即"培养幸福的人"。至此,我们找到了打开"课程知识价值选择"难题的金钥匙:判断事物价值的尺度是人的需要,判断事物价值大小的尺度是人的幸福,判断"什么知识最有价值"的尺度也是人的幸福,而判断"什么课程知识最有价值"的尺度就

---

① 伍远岳.知识获得及其标准研究[D].华中师范大学,2015:57.

是学生的幸福。总而言之,幸福知识是最有价值的知识①。

第四节 古今中外课程观的分析与批判

学校教育知识的主要呈现方式是课程,决定课程构成的有课程观和课程知识,这既是教师备课的基础,又是课堂教学必不可少的关键。课程观作为人们对课程所涉及的一系列问题的认识和看法,回答了课程的本质、目的、资源等问题。其核心问题是对"什么是课程"本质问题的看法,课程观影响着课程的设计和教学实施,也影响着受教育者的身心发展,对课程观的分析了解,有助于教育教学的发展和更加关注学生在学校的成长。

一、中国课程观的分析与批判

课程一词最早在唐朝就有,但与近代课程含义相近的是到宋朝才出现,这与我国古代教育思想似乎不相关。以儒家为代表的教育思想源于公元前春秋时期,这一时期诸子百家的昌盛活跃了教育观念,在教育内容、方法、目的等方面各抒己见,充分表述各种的教育观点和目的。最有代表性的是儒、墨、道、法等诸家:墨家强调培养舍生取义的"兼士",进行艰苦的磨练为其教育方法;道家倡导"绝学无忧";韩非倡导"无书简之文"、"无先王之书",却与当时的教育相违背;法家提倡"以法为教"等。这些都不能适应社会的需要,唯有儒家提出"安"的理想符合当时人们对于社会的期盼,其"中庸"、"君子"思想更是符合青年人的奋斗理想。

(一) 古代儒家课程观

现代的"课程"概念无疑是源自于西方的。在西方,斯宾塞最早使用"课程"这一概念,意思是"教学内容的系统组织",课程一词的基本含义就是指教育内容及其进程。根据这样的基本含义就可以推断,凡是存在教育活动的地方,就应该有课程。在我国古代春秋时期,儒学教育就已经形成了专门的教育机构,在教育的过程中也规定了特定的教育内容和明确的教育目标。由此可见,虽无"课程"一词,在此时其意义却已经在儒家的教育过程中得到了体现,并作为儒家教育思想的重要组成部分,儒家课程观直接体现了儒家教育思想,分析批判儒家课程观对新时代课程观的生成与发展具有重要的历史价值和现实意义。

1. 古代儒家课程观的基本内容

古代儒家课程观历经先秦、两汉、隋唐、宋元、明清等历史阶段,总体保持着一种原始

---

① 陈铁成,熊梅.什么知识最有价值——基于斯宾塞课程思想的思考[J].外国教育研究,2013(5):78.

的人文主义情怀和社会本位的教育理念。起初孔子以《六经》为教材,并认为课程的重要任务就是传递知识,以其中的"中庸和谐"为其课程价值的核心,"化成天下"为其教育目的,"德识为先"为其主要课程内容,"内省体悟"为其课程实施方法,"知行统一"为其课程目标,其表达的终极课程观就是"仁"与"德"的不懈追求目标。最早的"六艺"与"六经"、汉代的经学课程、宋明时期的理学、清代的实学课程都有这方面的显著特征。

2. 儒家课程观的历史价值

古代儒家课程观在教材内容上首先了体现了教师教学的标准与行为范式。从先秦传诵至今的"六经"和"论语",宋明时期的"四书五经",都大量记录了"圣人"言行,成为后世学习者的标杆而一直被膜拜效仿。其次,包含了对教师教学的要求,教师在培养学生的过程中要养成其良好的道德情操,然后学习文化知识,即所谓的"学有余力,则以学文",这与西方"道德即知识"有异趋相同之意。

3. 现代儒家课程观的困境与批判

首先,进入现代社会以后,西方价值观颠覆传统的儒家价值观,儒家"中庸和谐"的自给自足的思想和个人在社会的"舍生取义"的价值观念与西方的"公民"身份重视个人、尊重个人生命有很大差异。其次,儒家思想是一种精神至上、淡薄物欲、强调修身养性与现代市场经济中的物质至上格格不入的价值,造成儒家课程观思想在现代陷入尴尬之境。再次,传统儒家课程体系缺乏现代社会科学发展需要的理工农医课程体系,学习方法停留在读经颂史,无法适应和推进社会发展的需要。

首先,儒家传统课程观及知识体系来源于"仁"、"治"的传统理想之中,在中国几千年的传统中取得了表面所谓的成功,其鄙视生产劳动教育和阻碍科学技术的发展,对科学教育漠视,缺乏对人生命的关注,不能满足不同爱好和人的全面发展的需要。其次,把道德放在教育的最高点,养成人成为社会的附庸,而不是社会的主宰,尊崇的忠君思想阻碍人个性的发展,造成人不能改变世界的落后局面。再次,人的学习就是维护统治阶级的道德,不是为了探索自然界的客观真理,缺少对自然的认识,缺乏创新意识的培养。最后,课程观的终极思想是"学而优则仕",学习的目的就是通过科举谋取仕途。教学方法简单,读书就是学习,学习就是教书。学习者缺乏主体思想,完全按照统治阶级的意志和要求,没有独创性,创新也就无从谈起。

(二) 近现代课程观

辛亥革命以后,"中华民国"政府非常重视教育工作,在学校教育中道德教育为先,是学科之首,注重实用知识教育,注意男女差异。根据这种教育目的,课程观以实利主义教育、公民道德教育、美感教育为主,注重加强各学科知识之间的联系,以"思想自由,兼容并包"为主,加深了人们通过学校课程教育活动实现教育目标的认识。这种思想和课程宗旨为马克思主义在中国的传播和发展提供了良好的基础和条件。近现代具有代表性的课程观有蔡元培的国民教育课程观和陶行知的平民教育课程观。

1. 蔡元培的国民教育课程观

近代课程观中具有代表性的为蔡元培的国民教育和陶行知的平民教育。蔡元培在任教育总长时的教育思想对课程论的发展主要是其在《对于教育方针之意见》中提出的军国民教育、实利主义教育、公民道德教育、世界观教育和美感教育。课程设置上要求各门学科同教育目标紧密联系起来,进一步加深人们对课程是实现教育目的关键的所在的认识。他的"思想自由,兼容并包"的理念对于学术思想发展和课程观的拓宽具有重要意义。

2. 陶行知的平民教育课程观

陶行知作为中国近代著名的平民教育家,其教育理想以要求学生去实践中学、在学中思考、创造服务社会为教育目的,主张书只是工具,读书是为了解决社会和生活中的各种问题,不是为读书而读书,应该读的是社会书,而不是教科书的僵硬教材。对于课程观,应以引导学生在做中学,在学习中学会思考,在社会实践中改造社会。

五四运动以后,其学校教育和课程观已经逐渐摆脱了传统儒家思想,在西方科学思想、杜威实用主义教育观的影响下,逐渐发展为以尊重科学、提倡民主思想为主,对于课程观的发展具有一定的影响。

(三) 当代课程观及其发展

马克思主义哲学认为:实践是检验真理的唯一标准。实践作为人类特有的生活生产方式,是人自觉改造世界的活动。并认为:物质世界在意识之外并且不依赖意识而客观存在,物质世界是可知的,人们认识世界是可能的;人的认识是人脑对外部世界的客观反映,是对物质最高级的反映形式;人的意识或思维能够认识客观世界。[1]

1. 马克思主义课程观的传播与发展

新中国成立后一段时期内,学校教育受苏联影响,分科较细,在中国特色的基础上课程开始逐渐文理并重。首先,课程观以辩证唯物主义和历史唯物主义为指导,各学科课程都比较重视理论与实践相结合,从实践出发,注重增加学生的认识,增加学生实际动手能力的机会,使传统课程观由学生只有感性认识到感性认识和理性认识相结合的转变。其次,课程建设注重思想政治教育和道德品质教育,以培养全心全意为人民服务的人才为教育目标,各学科教学都注重道德教育。在肃清传统教育观念的基础上,宣传无产阶级革命家无私奉献和英勇献身精神教育,注重爱国主义教育,培养爱祖国、爱人民、爱劳动、爱科学、爱社会主义的五爱公德教育。再次,在学校教育中以系统的基础知识和基本技能为教学内容,尽可能地为学生打下坚实的理论基础。最后,重视学生的智力培养和能力提升教育。

---

[1] 石中英等.教育哲学[M].北京:高等教育出版社,2019:108.

2. 当代课程观的发展

改革开放以后,课程观受欧美教育思想的影响,引进了以知识为中心的永恒主义课程观、要素主义课程观、结构主义课程观,以学习者为中心的经验主义课程观、人本主义课程观,以社会为中心的改造主义课程观等,这些课程观对我国当代课程发展具有很大影响,对传统教育造成极大的冲击,经过多年的发展和改造,进一步适应了我国的发展需要,但仍对传统教育思想有较大的影响。其主要有:

(1) 课程管理打破了原来的"集权制"课程模式,逐步走向"国家课程"和"地方课程"、"学校课程"并存模式,充分发挥国家和地方课程改革的积极性。

(2) 首先,在课程内容、组织结构、目标等设置上大胆借鉴国外先进课程理论,突出发展学生的个性和学习兴趣等。同时,既存在对课程开发中学生、社会、专业发展之间关系理解不够,也因缺乏理论基础,课程开发有一定的盲目性。其次,改革的起点不高,与国际接轨有一定的局限性。再次,只注重教材的改革,对课程理念关注不够。缺乏对教材、学生、教师、社会的完整性认识。最后,课程的发展只注重表面,对课程实施过程关注不够,对课程评价还没有形成有效的价值体系。在此,教师对课程发展关注不够或教师很少参与课程建设。

进入新世纪以后这几个方面逐渐得到解决。首先,课程理念理论水平逐步提高,基本改变了传统课程观的建设和发展模式。课程观的发展更加注重文化的多元性、个性和共性、公平性的发展理念。在具体的课程实施中更是注重了生态伦理观和生命价值观。其次,在政策上实现了国家课程、地方课程和校本课程统一整合。充分调动了国家、地方、学校在课程建设中的积极性,达到国家课程、地方课程和学校课程的内在统一。再次,在内容设置上实现了学科知识与个人知识的统一。在传统课程中忽视了学生个性发展,在现代教育理念和课程观中充分尊重学生的生命(既有心理上的也有身体上的)发展。最后,课程结构上逐步实现了课程的综合化。综合课程的发展有利于克服课程学科设置的壁垒,扩大学生自主学习的范围。

二、国外课程观的分析与批判

从 1918 年博比特(J.F.Bobbitt)以《课程论》一书为课程作为一个独立领域立下了里程碑之后,课程研究作为一个学术领域便沿着自己的轨迹蓬勃地向前发展。尤其在西方,课程研究的起落不时左右着教育研究的兴衰与走向,可见课程学科的独立意识之强。课程研究自身的逻辑理路较为清晰的另一表现是呈现出明显的研究范型的连续和更迭,先后经历了以五个 20 世纪最著名的课程理论家所创立和代表的课程研究范型,即以杜威(J.Dewey)为代表的民主的实用主义的课程研究、以博比特为代表的保守的现实主义的课程研究以泰勒(R.W.Tyler)为代表的目标操作主义的课程研究、以布鲁纳(J.S.Bruner)为代表的理性科学主义的课程研究、以施瓦布(J.J.Schwab)为代表的课程实践学的课程研究①。目前,讨论最多的课程观有以下几点。

(一) 理性主义课程观

古希腊思想家柏拉图创立的阿卡德米学园被认为世界上最早的学校,其办学目的主要在于培养为治理国家出谋划策的哲学家或最高统治者,一切教育活动都是围绕如何通过有效的方法学习理性知识,从而获得真理。在课程知识选择上,柏拉图根据认识过程由低到高划分的四个阶段,即相信、想象、知性、理性,将后两者划归为知识范畴,可作为课程知识。其中,知性知识是数学和科学研究的对象,涉及算术、几何、天文、音乐,旨在促使灵魂转向真理、养成抽象思维的基础上,引导人们对美与善的追求;而理性知识则指辩证法研究的对象,意在培养统治者的辩证能力,使他们实现灵魂的最终转向,获得最高的"善的真理"在课程知识组织上。柏拉图一方面基于发展受教育者理性的需要,将"四科"课程作为古希腊课程体系主干,并指出其训练是辩证法学习的前奏和准备;另一方面,他秉承循序渐进、启发诱导的原则,按照儿童年龄特征规定先学算术、几何,再习天文、音乐……从可见到可知,由意见至知识,从而逐渐提升人的心灵状态,并经选拔,使少数非常优秀的学生能够接受最高形式的辩证法学习,实现灵魂转向。

在课程知识呈现上,古希腊由于强调传递有关自然、社会和人生本源的形而上学的知识,以概念、范畴和语言为载体,并视所学具有绝对性和终极性,只注重服从权威、引经据典,将古典语旨希腊语与拉丁语看作唯一的教学呈现和学习的语言。

(二) 泛智论课程观

生活在欧洲从封建社会向资本主义过渡时期的夸美纽斯吸收了文艺复兴时期人文主义教育成果和哲学认识论的新发展,提出了著名的"泛智"教育思想,主张"把一切知识教给一切人们",从而奠定了近代资产阶级教育体系的基础。

在课程知识选择上,夸美纽斯较早期人文主义教育,强调更贴近生活、更切合实用,培养社会生活的积极参与者,形成百科全书式的课程设置。具体来讲,他在充实"七艺"的同时,将地理、物理等新兴的自然科学引入课程,并加入自然科学史、经济与政治生活的基本常识、国语和手工劳动等。

在课程知识组织上,夸美纽斯将"周全课程分为三类,包括语言、哲学和神学等主要课程,为更好掌握主要课程服务的历史和各种练习课的次要课程,以及由各种游戏、娱乐和戏剧表演组成的第三类课程。同时,在泛智内容排列顺序上,他主张"教育的自然适应性"通过构建统一的学制系统和课程知识圆周式排列方式,使各级学校或阶段所学知识完整、统一程度渐进,适合学生年龄和理解力。

在课程知识呈现上,夸美纽斯通过明确提出"国语学校"阶段,将本族语的地位大幅提升,体现了教育民族性与世俗性的增强。

---

① 李殿森.论课程知识的社会建构[D].西南大学,2006:20.

（三）知识中心课程观

知识中心课程观认为，知识是课程中不可或缺的要素，强调要把人类文化遗产中的最学术性的知识作为课程内容，并且特别强调重视知识体系本身的逻辑程序和结构，同时又被称为学科结构课程或学科中心课程。知识中心课程观的基本主张包括：一是强调知识的传授，特别要求以间接知识的学习为重点；二是以知识的学科逻辑体系来组织编写教材；三是以掌握学科的基本知识、基本规律和基本技能为目标。知识课程论斯宾塞、赫尔巴特、布鲁纳为主要代表，其中还有要素主义的巴格莱和永恒主义赫钦斯等。

在课程知识选择上，斯宾塞指出唯一合理方法，就是评判一门教学科目为完满生活做准备的程度，并由此形成了基本上包容近代自然和社会科学全部学科的课程设置。其中，数学和自然学科占极大比重，而且注重在与社会生产生活紧密联系中，体现课程知识的实用性。

在课程知识组织上，斯宾塞通过完满生活的五类活动划分，相应各安排了一组必学知识。第一，直接有助于自我保全的解剖、生理及卫生学；第二，为获得生活必需品而间接有助于自我保全的算术、几何、物理、化学、天文、地质、生物学和社会学等；第三，为抚养和教育子女需掌握的教育学和心理学等知识；第四，有助正确调节公民行为的政治、经济、文化等社会历史知识；第五，可供满足爱好和感情的文学、艺术和音乐。同时，他以进化论为依据，吸收了夸美纽斯等人关于教育应"顺应自然"的思想，主张课程教学和教材编排必须适合心智和能力演化的自然过程，进而提出由简单到复杂、由不准确到准确和由具体到抽象等教材编写和讲授原则，力图把教材的逻辑次序与心理次序统一起来。

赫尔巴特认为教育的主要任务之一就是要引起多方面的兴趣。他把兴趣分为认识周围现实和认识社会生活两类。其中，属于第一类的有经验兴趣、思辨兴趣和审美兴趣三种，属于第二类的有同情的兴趣、社会的兴趣、宗教的兴趣三种。赫尔巴特就从这种多方面的兴趣出发，为儿童规定了较为广泛的课程。

布鲁纳认为，"不论我们选教什么科，务必使学生理解该学科的基本结构"。这是因为：第一，易于理解和记忆。"现行的极其丰富的学科内容，可以把它精简为一组简单的命题，成为更经济、更富活力的东西"，学生易于理解，也有助于他们记忆。第二，易于触类旁通。"领会基本的原理和概念，看来是通过适当的'训练迁移'的大道"，能够实现知识技能的迁移，举一反三，触类旁通。第三，可以"缩小'高级'知识和'初级'知识之间的差距"。这对一些学生，特别是成绩差的学生更为有利。

知识课程中心论在知识呈现上，以一些特殊的概念、符号、范畴和命题被借助表达，而观察和实验也被看作判断一种表述是否为科学知识的主要方法，故数学语言和观察命题成为课程叙述的基本形式。他们看到了学科知识发展的价值，有利于系统地传授人类的文化科学知识；有利于学生继承和掌握人类文化遗产的精华；有利于学生掌握各门科学的原理和规律。但同时，又因过分重视知识，强调学科逻辑，重视学术性而忽略了学生学习的主体性、主动性和差异性。

(四) 学生中心课程观

作为与知识中心课程论相对的一种课程理论流派,学生中心课程论为课程不应该关注知识,而应关注学生的兴趣、动机和需要、能力和态度。学生中心课程观的基本主张包括:一是课程以学生作为根本出发点;二是课程应以学生的兴趣会生活为基础,以儿童的活动为中心;三是课程的组织应心理学化,考虑学生的心理发展顺序以利用儿童现有的经验和能力。学生课程起源于 18 世纪的欧洲,此后逐渐发展,并于 20 世纪二三十年代在美国形成,以卢梭、杜威、罗杰斯等为主要代表人物。

卢梭反对教师教给学生知识,也反对从书本中学习,强调教育必须服从儿童自然发展过程,服从儿童发展的"永恒法则",以儿童的"内在自然"或者说"天性"为中心,主张将儿童放归大自然,精心组织一系列活动使儿童在活动中学习,提出"不要对你的学生进行任何种类的口头教训,应该使他们从经验中取得教训",不要教他这样或那样的知识,而要他们自己去发现那些学问。

杜威强调确立"社会价值的标准",将"要素",即社会方面最基本和广大社会群体共同参与的经验有关的事物,放在课程设计的首位。因此,他提出课程中的各门学科必须代表"社会生活中的各种标准要素",并成为"启迪社会价值的工具"。在课程知识组织上,杜威认为应以儿童为中心,遵循知识的发展程序,由最初接触反映日常生活经验、关于如何做的知识过渡到运用间接获取的知识、经验,并最终达至科学化、系统化知识。可见,他特别强调知识组织与儿童经验发展的同步,并逐渐根据发展水平为其注入逻辑性。在课程知识呈现上,杜威一方面反对学科课程中以简单文字、符号传授知识的做法,强调知识呈现与社会生活经验的结合;另一方面又创造性地提出了"活动作业",认为多种知识应当以生动、实用、相互联系和依存的形式出现在课程之中,从而将人、学科知识和社会统一起来。

罗杰斯认为教育的目的在于使学生获得个人的意义。为此,他把课程的重点放在学生的情感上,而不是认知上,认为课程的职能是要为每一个学生提供有助于学生个人自由发展的、有内在积累的经验,课程的核心是情感(情绪、态度和价值观等)与认知(知识和理智技能等)和学生行动的整合,学生不是作为课程传递的对象,而是课程中的参与者。

学生中心课程论看到了知识中心课程的不足,看到了学生在学习中的地位和作用,强调学生学习的主动性和积极性,强调从生活实际出发来设计课程,有利于培养学生解决实际问题的能力。但同时,过分强调儿童个人的兴趣和经验,难以照顾到知识的系统性、逻辑性,难以保证教育质量。

(五) 社会中心课程论

社会中心课程论把重点放在当代社会的问题、社会的主要功能、学生关心的社会现象以及社会改造和社会活动计划改革等方面,把关注点焦点从知识与学生转向了社会。社会中心课程论的基本主张包括:社会改造是课程的核心,课程不应该帮助学生去适应现存社会,而是要建立一种新的社会秩序和社会文化;课程的价值既不能根据学科知识本身的逻辑来判断,也不能根据学生的兴趣、需要来判断,而应该有助于学生的社会反思,唤醒学生的社会意识、社会责任和社会使命;学生是社会的一员,应尽可能地参与到社会中去;广泛吸收不同社会群体参与到课程开发中来。主要以布拉梅尔德、弗莱雷、布迪厄、阿普尔等为代表。

布拉梅尔德认为课程方面的迫切需要时要让学生认识到社会中发生作用的各种政治、经济和社会的力量,看到不受控制的资本主义经济带来的混乱和社会的不安定现象。因此,学习课程应该包括各种社会问题。为使课程的结构具有意义上的统一性,要以人文学科为主体,以问题为单元来设计课程。

弗莱雷批评资本主义学校的课程已成为一种维护社会现状的工具,充当人民群众与权贵人物之间的调解者的角色,使人民大众甘心处于从属地位,或归咎于自己的天性无能。所以,他主张课程应帮助学生摆脱对社会制度的奴隶般的顺从。为此,他提出了"批判教育学",通过一种更民主的师生关系敦促现实社会的变革。

布迪厄指出,在资本主义社会里,知识成了文化资本的一部分,个人"拥有"的知识像所有的资本一样,至少部分地决定了他们在社会阶级结构中的位置。学校通过为不同阶级出身的学生提供不同的课程,从而让他们各自继承"父业",以维系社会的再生产。

阿普尔认为"意识形态"是"文化霸权"的核心,而隐形课程则是其中发挥着"霸权"功能的日常意义体系,实现着特定的意识形态的"再生产"。为此,他针对泰勒原理的四个所谓经典问题也提出了四个很有代表性的问题:(1)这是谁的知识?(2)知识是由谁来选择的?(3)为什么要这样组织知识,并以这种方式来教?(4)这对这个特定的群体是否有利?[①] 这些问题更为深刻地揭示了隐含与学校教育和课程中的阶级、性别和种族不平等的产生机制。

吉鲁认为一切文本都有其历史的以及文化的局限,其"论述"或多或少都与一个社会的主流文化,而忽略了其他的文化。这在促成学生社会化的同时,也使其忽视了分析课程背后隐藏的意义和价值。因此,吉鲁的课程主张既反文本,也反记忆,倡导在"文本情境"中了解自己与他人之间的关系,认同自己也认同不同文化背景下具有不同价值观的他人。

可以看出,社会中心课程论比较重视课程与社会的联系,从社会现实出发,以社会需要和社会反思来设计和组织课程,可以更好地位社会服务,促进社会的健康发展。但同时,由于片面强调社会需要与社会改造,在夸大了课程的社会作用的同时,也取消了课程问题的独特性。

(六)结构主义课程知识观

美国教育心理学家布鲁纳针对经验课程无视学科系统性、认识能力培养欠缺和分科课程缺乏结构化、真正知识未能掌握等弊端,以皮亚杰的发生学结构主义思想为基础,探讨课程改革,并建立了结构主义课程观。

在课程知识选择上,布鲁纳主张以学科为中心,提出"务必使学生理解该学科的基本结构",即每门学科中的基本概念、原理及其之间的规律与联系。他强调摒弃零星经验或

---

① 黄忠敬.要慎用目标模式的课程开发——兼论"泰勒原理"的局限性[J].当代教育与文化,2011(1):58.

知识结论的掌握,认为具有普遍意义的基本结构学习有助理解、记忆和迁移。

在课程知识组织上,布鲁纳提出"螺旋式课程",即以与儿童的思维方式相符合的形式尽可能早地将学科的基本结构置于课程中心地位,并随着年级的提升,使学科基本结构不断扩展和加深。他强调学科基本概念或原理的连续性,指出依据学生认知发展阶段特点,"阶梯性"地组织知识。

在课程知识呈现上,布鲁纳给予对猜想、推测等直觉思维的强调,提出应注意描绘形成丰富的图像,防止过早语言化。在此基础上,他十分重视影片、电视、幻灯片等装置的辅助教学功能,指出应与教师教学技巧紧密结合。

(七)后现代主义课程知识观

多尔在《后现代课程观》一书的最后,提出了以 4R——丰富性(Rich)、回归性(Recursive)、关联性(Relational)和严密性(Rigorous)为特点的后现代课程观。他主张课程通过参与者行为和相互作用形成,具有建构性、非线性和不断展开的动态性。

在课程知识选择上,多尔提议 3S——科学(Science)、故事(Story)和精神(Spirit)的结合,即课程内容体系首先包括培养学生科学理性及逻辑推理能力的科学知识,并赋予其故事性的丰富想象力,注重探索创造过程中的个体感觉与体验。为此,课程内容要求具有宽泛、一定非确定性和启发性,以达成促进探索的课堂气氛。

在课程知识组织上,多尔认为课程是所有参与者的共同开发和探索创造,强调个体反思及对反思的共同讨论,并指出挑战和干扰对这一自组织过程的变革具有重要影响,继而使课程成为一种经验转化过程。

在课程知识呈现上,多尔推崇隐喻和描述性方式,提出通过一些假设、猜测以及疑问的呈现,诱发学生参与其中,并使其历经与文本对话中各种可能性的探讨,意识到没有唯一正确的知识,应尊重和鼓励多元文化的发展。

三、课程观发展新趋势

进入新世纪和信息化社会,人们对知识的渴望,在多元文化的影响下,人类对美好生活的追求成为可能。课程知识在此背景下已经超越了传统上任何时代,它们以追求卓越、个性、独立性为主要目标,主要以公共知识与个人知识的共生、知识理性的多元化、未来生活的知识、完满人性的再造等成为课程知识观发展新趋势。

(一)普遍知识与个人知识的共生

近年来课程改革越来越强调个人对知识意义的建构性,但现实中的师生往往误读了知识的个体建构的原旨,矫枉过正,认为知识是纯粹意义上的个体理性认识的产物,从而贬损了学科知识的普遍性。否认任何超越学生个人知识之上的意义与价值,恰恰漠视了学生个人知识或经验的不成熟性与理性认识的待完善性。

事实上,知识是具有普遍性的。所谓知识的普遍性,亦即人们对知识达成的"共识"。建构主义的知识观否定知识是确定性、客观性与真理性的存在,但并没有全然否认知识的公共性。辩证地看,知识在特定的环境和条件下,它具有相对的稳定性,并具有比较广泛的解释力,它虽然作为教育实践得以展开的介质,但并非是一种霸权式的话语,而是在尊重学生个人知识的前提下,以公共知识去启发他们反思自身的境遇,把握知识的来龙去脉,拓展个人的精神、思想和知识的空间①。由此可见,普遍知识与个人知识的关系问题由待解决,主要有两个方面:

(1) 基础知识或者说普遍性知识是人类探寻世界所凝练的精华,是人类智慧的结晶,教师通过基础知识的传授,充实了学生的知识结构,拓展了其认识世界的视野。

(2) 在教师的引导下,学生以自身的个体知识经验与生活履历为基础来与新知识进行对话,在对话中建构独特性的个体知识。

达克沃斯认为,教师让学生直接接触他们正在研究的现象,然后要求学生解释他们的理解。这样一来,教师就不再是向学生作解释,而是和学生一起从他们正在形成的概念中寻求意义。可以这样认为,个体知识与普遍知识是相互制约、互为基础、和谐共生的。

(二) 全球化背景下的知识多元化

随着文化全球化的进程,社会阶级分层现象日益凸显,多元文化共存导致的社会价值观的冲突成了各国社会面临现实,而择选合理的主导价值取向是我们当前面临的主要问题。反映在课程文化中,多元文化价值融入课程是当今世界各个国家课程改革的潮流。于是,对课程知识的选择我们就面临着辨识主流价值与非主流价值的两难问题。

课程文化选择的多元性即体现了不同文化之间在课程目标、内容及组织形式方面的差异,更是为学生适应由不同民族、文化背景的人们组成共同的工作环境做好准备,并为学生参与全球性的竞争做好准备。因此,在课程设计上一方面应体现适应性与灵活性,要符合不同地域、不同学校、不同文化背景的学生学习的需要,要积极引导学生对多元文化进行比较、辨识、判断,进而确立主流价值,增强学生的价值理性辨别能力和选择能力;另一方面,增强课程内容的开放性与丰富性,使课程内容知识即能够反映全球多元文化的要求,让学生在学习过程中不仅能运用其价值认同、理解本土文化,传承文化传统,而且有更能够宽容对待其他民族文化的视野和胸怀。

(三) 通向未来的知识

可能生活是个体力图去实现合目的性和合伦理性的生活,是一种对富含人生价值和生命意义的理想追求。多少年来,我国基础教育关注是以传递知识为源泉,学生以学习功利性的知识作为基本的存在方式②。这样,掌握人"何以为生"的生物学意义上之赖以存活的"双基"成为教育的"天职",而对于人"为何而生"内在的生存意义和生命价值的终极性关怀却"讳莫如深",它从课程丰富的价值体系中抽取某一要素作为其本质和依据,遮蔽了课程的丰富意义和价值蕴涵。

通向未来的课程知识实现的路径为:一是学生现实生活和可能生活的需要的整合,使

---

① 阎光才.教育过程中知识的公共性与教育实践[J].北京大学教育评论,2005(2):57.
② 苏强.发展性课程观:课程价值取向的必然选择[J].教育研究,2011(6):83.

儿童通过接触课程逐步成为具有独立人格的人,能够意识到自我的存在,认识和批判社会存在,从而去改造自我和改造社会;二是人类群体的生活经验或生活经历及其发展需要,与学生面对的生活世界以及学生的认识价值实现的整合;三是功利性知识与人文性知识的整合,既认识到功利性知识对人类认识世界和改造自然的价值,也认识到人文性知识对个体自由精神的解放与生命成长的意义。

(四) 塑造完美的人性

课程的终极关怀是形塑个体真善美的人性。但是,传统课程是以"无知人"的人性假设来定位学生的。令人遗憾的是,在当下的课程活动中,多数教师并未改变这一思维方式,仍然采用刺激—反应—强化—再现的行为主义的操作教条,而旨在促成个体人性完满的课程活动则被化约为技术化的教学程式,剥夺、窒息了学生的学习权利与兴趣,阻遏了学生完满人性的形构[1]。

发展性课程观以知识为基础来塑造个体完美的人性。一方面,学生通过知识的掌握开阔了认识世界的视野;另一方面,又经由对知识的创造性诠释来感悟生命意义和价值,进而又返回自身与生活世界中。这样一个不断复演往返的过程,是个体人性走向完美、诉求幸福生活的特征。因此,无论在课程设计还是课程实施上,都应该将知识技能的掌握、生命价值的感悟、完美幸福生活的追寻相统一,以作为实现塑造个体完美人性的根基。

小结

课程作为学校教育传授知识的呈现模式,并不能完全展示知识的内涵,知识作为教育活动开展的必要要素,知识的领域和广度如何都是决定教育活动能否成功的重要因素。关于知识的解释还有很多种,但唯有不变的是知识每一天都有新的发现、新的内涵,因此造成课程知识内容选择愈加困难。在信息化时代,中西方文化交流的广度和深度、知识传播的速度既加深了对差异性的认识,也提高了知识更新的速度,但唯有不变的是,对知识都是异曲同工的,他们既有相同目的,也有共同追求,学校活动开展的意义亦是如此。

人类社会发展至今,知识分类更加广阔,对知识的无限追求是人一生的梦想,也是学校的初衷,如何用有限的课程知识彰显人类知识的全部是所有课程和教材的共同目标,但这似乎也是一个不能实现的理想,留给大家的更多是批判和完善,由此使学习者形成批判思维和理念,如此亦达到了本章的部分目的。

知识索引:《学科课程与活动课程的关系》(李臣.活动课程研究[M].北京:教育课程出版社,1998:70-72)。

复习与思考

1. 简述知识的性质。

---

[1] 苏强.发展性课程观:课程价值取向的必然选择[J].教育研究,2011(6):83-84.

2. 简述知识的教育价值。
3. 试论当前教育活动中什么样的知识最有价值。
4. 试述课程知识建构的哲学基础。
5. 简述课程发展的趋势。
6. 讨论赫尔巴特主义、进步主义、要素主义、社会改造主义、结构主义、人文主义、后现代主义等哲学流派对课程改革的影响。

阅读参考

[1] [英]罗素.人类的知识[M].张金言,译.北京:商务印书馆,2012.
[2] 于伟.教育哲学[M].北京:北京师范大学出版集团,2015.
[3] 石中英等.教育哲学[M].北京:高等教育出版社,2019.
[4] 方明.缄默知识论[M].安徽教育出版社,2004.
[5] [美]威廉·派纳等.理解课程:历史与当代课程话语研究导论(上)[M].张华,等译.北京:教育科学出版社,2003.
[6] [美]泰勒.论谢弗勒知识的条件.唐晓杰,译.瞿葆奎等.教育学文集·智育[M].北京:人民教育出版社,1993.
[7] 潘洪建.知识视域中的教学革新[D].西北师范大学,2002.
[8] 李殿森.论课程知识的社会建构[D].西南大学,2006.
[9] 任永泽.教育知识的性质研究[D].东北师范大学,2009.
[10] 郭元祥,吴宏.课程知识的本质属性及其教学表达[J].课程·教材·教法,2018.
[11] [比]普利高津,斯唐热.确定性的终结——时间、混沌与新自然法则[M].湛敏,译.上海:上海科技教育出版社,1998.
[12] 苏强.发展性课程观:课程价值取向的必然选择[J].教育研究,2011.

第五章 教学本质与教学观

【名人名言】

当我们问自己,什么是好的教学?我们试图确证那些特别有效的教学方法或内容中的技巧与手段。然而我们发现的作为所有必要的技巧、方法与手段,只有在它们被人性化地运用到学生身上时才是有效的。即使所谓"好"的展现内容的手段或是高效的技巧也可能会对学生的求知欲以及学习中的尊严造成伤害。因此,我们深信,教学论知识必须是责任、专业意向及伦理关怀结合在一起的。

——(美)奥瑟

【本章提要】

教学是学校的中心工作,是学校进行全面发展教育的基本途径,课堂教学的质量和效率最直接和最集中反映教育目的、培养目标与价值的实现。关于教学的概念,国内外学者从不同的角度对其进行了阐述。总地来说,教学是师生主体间互动与交往的认识与实践活动,这一活动的终极目的是最大限度地促进学生的学习与发展,致力于人的完善,为形成学生终身学习的能力奠定良好的基础,这也正是教学的本质所在。了解教学的性质、教学过程的本质,则有助于实现"好"的教学。好的教学追求一种融认知建构与情感激活、价值引导与人格陶冶、教学控制与情境创设为一体,使教与学交感互动、协调平稳的过程。

教学观就是教师对教学的认识或对教学的主张,对教师的教育教学活动有着重要影响。现代教学观的形成和发展经历了一个漫长的过程,当前对于创新人才的培养要求,促使传统的"适应性教学观"向"发展性教学观"转变。发展性教学观既强调教学对学生发展的主导作用,更强调教学促进发展的条件性,从而最大限度地促进学生的发展。

【学习目标】

1. 启发学生真正理解教学的本质内涵。
2. 引导学生掌握教学过程的本质和规律。
3. 指导学生以哲学的视角和思维思考、评判好的教学的标准。
4. 帮助学生树立正确的教学观。

第一节 "教学"概述

教学是教师的核心工作,教学的好坏不仅对学生的成长与发展具有重要影响,还是衡量和评价教师优劣的重要标准。作为一名将要从事教师职业的学生,要准确把握教学的内涵,追问和反思教学的基本性质,明确现代教学活动价值追求。

一、什么是教学

关于教学的概念,教学在不同时代被赋予的内涵与意义迥异。国内外学者从各自的角度对教学的内涵进行了解读,由于出发点和侧重点各有不同,对教学的认识有所不同,这对我们科学地认识教学的本质具有重要的参考价值。

(一)教学的词源分析

最早将"教学"二字合在一起使用的文献是《尚书·兑命》:"教学半。"有很多学者认为,这里的"教学"并不是一个词,而是两个词,分别指称"教"与"学"这两种活动。此处的"教"与"学"有广义的"教育"之意。唐代孔颖达疏:"上字为教者,音敩(音 xiào),下学者,学习也。言教人乃是益己学之半也。"说明当时的"教学"是指通过教人而学,并不是现代意义上的教学,而是"学习"。从甲骨文的源流来看,"教"是源于"学"的,是一种"督促"或"促进"学生"学"的活动。"教"以"学"为中心,"学"以"教"为条件。而"学"则指"觉也,以反其质",即不断地"觉悟"以回归本性(善性)的过程。因此,"教""学"不仅仅是指"知识的传递或获得",而且是指"引起学生积极地思想活动",以便更好地理解和实践伦理原则的过程。

在英文中,"教""学"可以从希腊文、拉丁文中找到源头。"teach"的古英文为 taecan,源于希腊语 deiknne,表达的是"解释"、"演示"、"引导"的意思,常与教师的行为有联系,作为一种活动;"learn"来自中世纪英语 lernen 一词,意思是"学习"和"教导";"instruct"含义是"传授"、"告知",源于拉丁文 instruere,有"积累"、"堆积"的意思。后来,人们的一般看法是:"教"用 teaching 表示,"学"用 learning 表示,而"教学"常用 instruction 表示。有时,"教学"也用 teaching-learning 或 teaching and learning 表示。

总结上述分析,英文"教学"的古典意思就是传递与获得知识。这个意思决定了英语"教学"词汇的基本特征,即以"知识"为核心,以"授受"活动为外在形式。

(二) 有关"教学"的不同界定

1. 我国教学的内涵发展

(1) 教学即学习

从教与学的构成来看,"教"与"学"是同源的。"教"和"学"统一为"敩"(音 xiào)。在篆字中,"敩"才开始简写为"学"。宋人蔡沈(1167-1230)对"教学半"的注解为:"教,教也……始之自学,学也;终之教人,亦学也。"意思是,一开始自己学,是一种学习;学了之后去教别人,也是一种学习。可见,"教学"最初的意思是指学习。

(2) 教学即教授

教学是指教师的教,这种看法在19世纪末20世纪初盛行于我国。我国1903年至1909年间,学校数量由719所增加到52348所,学生数量猛增,对教师需求量大,很多都是临时召集,没有经过培训,他们大多"素背诵而不讲解"。鉴于班级授课制的兴起对教师提出的客观要求,加上赫尔巴特"五段教学法"的流行,"怎么教"自然就成了当时的热门话题,于是"教授"一词被人们普遍接受,1913年公布的《高等师范学校规程》中就规定教育学科包括"教授法"。

(3) 教学即教学生学

为了矫正教学即教授而忽视学生学习的弊端,教育学界逐渐将教学理解为教学生学。陶行知就是主张将"教授"改为"教学"的代表人物之一。1917年陶行知先生从美国学成回国后,他考察了许多学校,发现当时的学校教育"先生只管教,学生只管受教",他认为"论起名字来,居然是学校,讲起实在来,却又像是'教校'",他又认为先生的责任不在教,而在于教学生学。在他看来,"事怎样做就怎样学,怎样学就怎么教,教的法子要根据学的法子,学的法子要根据做的法子"①。

(4) 教学即教师的教和学生的学

对这一理解,有三种典型的表述:教学是教师的教和学生的学的统一活动;教学是教的人引导学的人进行学习的活动;教学是师生双方以课程内容为中介进行教育学的共同活动。我国有关教育学的教科书和教育辞典等大多是将教学理解为教师的活动和学生的活动两个方面,并且这两个方面存在同一过程中,是彼此不可分割的关系。

从教学内涵的不断变化中可以看出,"教学"发生二次转变。"教学"第一次转变从"偏重于学"到"偏重于教",是在我国施行新式教育制度之后,即从个别教授转向班级授课之后实行的一场改革;"教学"第二转变是从"偏重于教"到"两者兼顾",因为发现"偏重于教"在发挥学生的主体性方面存在不足,教师需要注意学生的学。可以说,第一次转

---

① 顾明远,边守正等.陶行知选集(第1卷)[M].教育科学出版社,2011:347.

变是事实上的变化,而第二次转变则属于观念上的变化,能否变为现实,需要我们努力地践行。

2. 国外学者教学定义的五种方式

国外学者从同角度对教学有多种定义。美国教育学者史密斯在《教学的定义》一文中把英语国家对教学含义的讨论做出了教学的五种定义:

描述式定义:教学是传授知识或技能的活动。这一界定是对教学惯用意义的一种描述。如"教学是传授知识或技能"。

成功式定义:教学即成功,是学习者学会了传授者所教的东西,若学习者没有学会就不能称为教学。如"X 学习 Y 教授的内容的一种活动"。

意向式定义:教学是有意向的活动,是教师有意识地对学习者进行引导的行为。这一界定强调教师的意图对学生学习行为的重要性。如"教学是一种意在引起学生学习行为的活动"。

规范式定义:教学是一种规范性的行为活动方式,要求教学活动必须遵循一定的道德原则,不仅要求教师要引导学生学习,而且这种引导要符合一定的道德方式。如"讲授、训练、引导等是教学,而宣传、威胁、恐吓等则不是教学"。如"教学是符合特定道德条件的引起学习的活动"。

科学式定义:教学要符合科学的基本要求,要由可以得到经验证实教学效果命题来构成。有学者认为,教学必须满足三个条件:教师有一定引导学生学习的意图;说明一些学生需要学习的内容;选择恰当的学习方式方法。如:$a=df(b,c,\cdots)$。a 表示教学是有效的,b,c 等表示教师做出的反馈,=df 则说明随着命题之间的微小变化,a 将发生变化。①

这五种定义方式涉及"教学"的主观意向、外部行为特征、道德条件以及师生之间的互动等一系列要素。

3. 目前比较有代表性的定义

苏联教育家斯卡特金认为:"教学是一种传授社会经验的手段,通过教学传授的是社会活动中各种关系的模式、图式、总的原则和标准。"

美国教育心理学家布鲁纳认为:"教学是通过引导学习者对问题或知识体系循序渐进的学习来提高学习者正在学习中的理解、转换和迁移能力。"

我国教学论专家王策三认为:"教学乃是教师教、学生学的统一活动;在这个统一活动中,学生掌握一定的知识和技能,同时身心获得一定的发展,形成一定的思想品德。"

教学论专家李秉德认为:"教学就是指教的人指导学的人进行学习的活动,进一步说,指的是教和学相结合或相统一的活动。"

顾明远教授认为:"教学是以课程内容为中介的师生双方教和学的共同活动。"

比较起来,王策三教授不仅界定了教学活动的"性质",而且界定了教学活动的"目

---

① 中央教育科学研究所比较教育研究室.简明国际教育百科全书:教学[M].科学出版社,1990:233-240.

标";李秉德教授则突出了"教学""指导学的人进行学习"的特性;顾明远教授则提出了"教学"活动的"中介"课程内容。他们的这些定义,涉及了"教学"的结构、性质、目标、中介等要素,从不同的方面阐述了他们的教学观。

对教学定义的共同之处:第一,强调教师教与学生学的结合或统一,即教师教和学生学是同一活动的两个方面,是辩证统一的。第二,都明确了教师教的主导作用和学生学的主体地位。第三,都指出了教学对学生全面发展的促进功能。

通过以上分析,对教学本质的理解应从两个方面来进行:第一是目的论层面,它凭借哲学资源,对教学的目的进行价值论探讨;第二是借助工具论或方法论层面,它凭借心理学、社会学等资源,对教学的手段、方式、方法进行科学的探讨。因为教学活动是以教师能够和学生之间的社会化交往为前提和形式的心理和行为变化过程,人的心理和行为变化是有规律的,适应这种规律性变化是教学有效性的客观要求。教学的定义中应包含两个方面:教学应该怎样? 教学应该如何?

基于此,我们认为,教学是一种尊重学生理性思维能力,尊重学生自由意志,把学生看作独立思考和行动的主体,在与教师的交往和对话中,发展个体的智慧潜能,陶冶个体的道德性格,使每一个学生都达到自己最佳发展水平的活动。

(三) 教学与教育、智育的关系

1. 教学与教育

教学与教育既相互联系,又相互区别,两者是部分与整体的关系。教育包括教学,教学是学校进全面教育的一个基本途径。教学是一种偏向于"教"的专门性活动,是教育的主要实施方式。教学与教育是部分与整体的关系,教育包括教学,教学是教育的一个重要手段,教学是学校进行教育活动的一种基本途径,除教学外,教育活动还包括班主任工作、党团少先队工作、课外活动、社会实践活动等。教学与教育的关系是目的与手段的关系,教育是目的,是指促使学生向着良善的方向发生变化;教学是手段,是指通过课堂教学这一途径促进学生发生这种良善的变化。

2. 教学与智育

智育是向受教育者传授系统的文化科学知识和技能,专门发展受教育者智力的教育活动。智育是全面发展教育的组成部分,智育与德育、美育、体育等相并列,构成一个教育内容的完整架构,它的上位概念是教育。教学是教育活动的基本途径之一,智育主要是通过教学来进行的,智育的实现不仅可以通过教学,还可以通过课外活动、比赛活动、生产劳动、社会实践活动等;教学除了可以实现智育的目的外,还可以实现德育、体育、美育、劳动技术教育等目的。如果将教学等同于智育,容易导致对智育的途径和教学的功能产生狭隘化甚至唯一化的片面认识,在实践工作中,这种认识所产生的危害是有目共睹的。

3. 教学与上课

教学与上课之间的关系是整体与部分之间的关系,教学包括上课,上课只是教学中的一个环节,除上课外,教学还包括备课、课外作业的布置和批改、课外辅导、教学评价。但是,上课是教学中的核心环节,教学的任务主要是通过上课来完成的,上课是教学有效性实施和体现的过程。上课的环节和内容是生成性的,需要教师通过教学对生成的知识和能力及时地引导和培养,所以上课本身也是一门艺术。

二、教学的基本性质

关于教学的基本性质的论述,学界对其有着不同的看法。本书将教学的基本性质主要归纳为意向性、双边性、中介性和伦理性四个方面。

(一) 教学的意向性

教学的意向性包括两个方面:一是形式的方面,二是实质的方面。就形式的方面而言,教学的意向性是"引起或指导学生的学习行为";就实质的方面而言,教学的意向性是指"达成一定的发展目标",如某种态度、知识、技能、信念等。综合地说,教学的意向性是指"意在引起学生的学习行为以达到某种特定的发展目标"。根据这一关键特征,那些没有关注和引起学生学习行为的课堂行为如"灌输"不能称为"教学";那些不是由教师意图引起的"无意学习"、"条件学习"等就不能称为"教学"。

(二) 教学的双边性

教学是一种师生双边互动的活动。从这个意义上说,单独的"教"和不依赖于"教"的"自学"都构不成"教学"。教学作为一种师生之间的双边互动的活动,尽管与一般社会生活中人与人之间的互动有许多共同的特征,但无论是在形式方面还是在目的上,还都是有着自己独特的东西。就形式方面而言,教师要对师生之间互动的情况负有主要的责任;就目的方面来说,师生互动的独特价值在于:帮助学生克服学习态度上、认知方式上和行为习惯上的障碍,激发、激励、维持和更新他们的学习行为,从而更有效地实现教学的意向。从这个方面来说,师生之间的一般交往尽管对学生具有教育意义,但却不能称为"教学"。

(三) 教学的中介性

无论是要实现教学的意向性,还是要体现教学的双边性,都离不开一定的教学内容或材料。俗话说,巧妇难为无米之炊。历史经验也已经表明,从来没有无内容的教学,即使是禅宗那样的"当头棒喝式"教学也是有内容的。因此,教学内容的中介性也构成了教学活动的一个基本特征。对作为教学中介的教学内容的认识、理解、批判和应用,是实现教学意向的必要途径,也是师生双边互动的核心任务。

(四) 教学的伦理性

教学的伦理性是指,不管是教学的意向,还是师生双边互动的形式或教学的具体内容,都必须符合一定文化体系中伦理规范的要求,采取一种学生在道德上能够接受的方式来进行。从这个意义上说,那种动辄对学生进行讽刺、挖苦、侮辱和恶意体罚的行为就不能称为"教学"行为,也不能构成"教学"行为的一个要素。

"教学"概念的这四个关键特征从四个不同的方面说明了教学活动的基本规定性:"意向性"从"动机"或"目的"方面,"双边性"从"形式"或"人际关系"的方面,"中介性"从"内容"或"材料"的方面,"伦理性"则从"道德"或"价值"的方面。对于观察和分析一个具体的教学行为来说,只把握它这四个方面的特征是不够的。但是,这四个方面特征的分析却是理解任何一种教学生活所不可缺少的,也正是由于上述四个方面的关键特征,所以"教学"不同于"训练"、"灌输"、"宣传"。

三、现代教学活动与价值追求

教学活动是一种价值性的活动,总是具有某种价值指向,没有任何一种教学活动不包含人们对一定价值理想的追求。在教学活动中,人们总是会把这样或那样的价值理想赋予教学活动,并力图按照他们的理想、目的去规范和建构教学活动,从而实现对某种教育理想、信仰和价值的追求。"在社会历史领域内进行活动的,是具有意识的、经过思虑或凭激情行动的、追求某种目的的人;任何事情的发生都不是没有自觉的意图,没有预期的目的的。"因此,这在客观上决定了人们在教学活动中必须做出一定的价值取向或价值选择,以使教学活动能够朝着某种预期的目标和方向前进。

(一) 现代教学活动的目的

1. 教学活动具有目的性

教学活动的目的是教学论的一个核心问题,在教学活动中具有重要的地位和作用。教学活动的目的是整个教学活动的核心,也是教学活动的出发点和归宿,一切教学活动都是直接或间接地为了达到一定的目的而进行的。这是因为目的性是人类社会实践活动的一个根本特性,人的社会实践活动都是有目的的,它不同于动物的本能的生命活动。人的活动过程结束时得到的结果,在这个过程开始时就已经在活动者的头脑中观念地存在着。在社会实践活动中,人不仅使自然物发生形式变化,同时还在自然物中实现自己的目的。教学活动作为一种培养人的社会实践活动,也有自己预期的目的,这是毫无疑义的。但是,它作为一种人对人的活动与人对自然的活动至少有两点不同:一是人与人之间具有丰富复杂的交往关系,而不仅仅是对象性关系;二是这种关系的丰富性与复杂性导致过程上的动态生成性以及目的上的不可完全预期的特性,即教学活动的目的只能作有限预设。

2. 培养具有理性的人

现代教育活动的目的就是培养有理性意识、理性能力、理性精神、理性观的人,使学生成为自主学习、自主发展和自主反思的人。这里理性意识是与感性意识相对而言的,是指个体对于万事万物一种基本的生活态度,教育要唤醒学生的理性意识。理性能力是指人们应用概念、判断、推理等思想形式来认识和改造主客观世界的熟练性程度,教育要提高人的理性能力。理性精神是一种理性的心理体验,是一种强烈的情感状态或信仰,教育要提升学生的理性精神。理性观是人们对理性本身的看法或观点,而健全的理性观是指人们对理性的比较全面的认识和理解,教育所要培养的人就是具有健全理性观念的人。

（二）现代教学活动的价值追求

现代教学活动的价值追求是合理反思教学意向,促进师生关系的良好互动,体现教学的伦理性,反思教学创新实践,真正使教学成为"好"的教学,要处理好教学中的自由、控制与民主问题。教学自由顾名思义包括了"教的自由"和"学的自由",教学自由是保证教师形成真正教学意向的必要条件,是保证师生良好互动的必要条件,是保证教学合乎伦理的必要条件,是保证教学创新的必要条件。教学控制是指教师对教学活动进行管理和调整的方法与行为的集合,是保证教学目标实现的必要条件,是保证教学方式合理运用的必要条件。教学民主是当代教育教学追求的目标,在教学中要坚持民主平等的原则,师生平等参与、合作学习,突出学生的主体地位,创设民主和谐氛围,激发学生的学习潜能,指导学生学会学习。

第二节 教学过程的实质

教学过程是教学理论研究中的一个重要问题,也是组织教学活动的理论依据。教学的基本规律正是存在于教学发生发展运动的过程中。要探寻教学基本规律,完成教学任务,就要认真分析教学过程的实质。

一、教学过程的不同见解

教学过程是教师根据一定社会的要求和学生身心发展的特点,指导学生有目的地、有计划地掌握系统的文化科学基础知识和基本技能,同时身心获得一定的发展,形成一定的思想品德的过程。教学过程是在一定的时空条件下,通过一系列的教学活动分阶段完成教学任务,以实现教学目的的发展进程。它由活动的主体、活动的内容、活动的条件和方式组成。在教学过程中,教师和学生都是活动的主体,不过两者在教学过程中的地位有所不同。教师处于主导地位,学生处于服从地位,这是由教师的社会角色、资历和智能水平所决定的;活动的内容是师生在课堂教学过程中传授和学习的对象,也是学生得以发展的中介和工具;活动的条件和方式包括教学的时空条件、教学的组织形式、教学的手段和方法等。

（一）教学过程是一种特殊的认识过程

教学过程是教学活动的展开过程,是教学要素相互作用的过程。在教育界的基本共识是,认为教学过程是一种特殊的认识过程。其一,教学过程本质上是一种认识过程,它符合人类一般认识的特点;其二,这种认识过程不同于一般的认识过程,具有特殊性。这

一过程的特性具体表现为:

第一,认识的间接性。学生认识的客体是教材,教材是对客观世界的间接反映,这就决定了学生学习的内容是间接经验。教学过程主要以掌握人类长期积累起来的科学文化知识为中介,间接地认识现实世界。

第二,认识的交往性。教学活动是教师与学生组成的双边活动,在教学的过程中,既有教师的教,也有学生的学,教与学是相互作用的,老师的主导性和学生的主体性分不开。教学活动在师生之间的交往中实现,故而属于一种特殊的交往活动。

第三,认识的教育性。教学活动使教师与学生的认识得以丰富,同时使他们的精神、思想、意志、品德等方面也能够得到丰富发展。赫尔巴特指出,教学永远具有教育性。教学是形成品德的基本途径,知识涵养与人格的养成统一于教学过程当中。学生进行认识的过程同时也是接受德、智、体、美、劳全面发展教育的过程。

第四,认识的简捷性。教学过程中认识的简捷性与认识知识的间接性息息相关。教学过程中,学生学习的内容主要是已知的间接知识,具有间接性。通过学习间接知识可以减少学生探索的时间,避免弯路,因此具有简捷性。总而言之,教学过程走的是一条认识的捷径,是一种科学文化知识的再生过程。

第五,认识的制约性。教学过程中学生对新知识、新事物的认识受到多方面的制约。一是学生自身已有的知识结构影响学生认识发展的速度和深度;二是也受到教学过程中教学工具或教学设备等的制约;三是也会受到认识客体的制约。总之,教学过程要受到人类认识事物的一般规律的制约。

第六,有指导的认识。学生的认识是在教师指导下完成的,非偶然的,非尝试错误的,与一般认识过程有别,不是学生独立完成的。教师把学校的一切有利条件、合适的教学内容、科学的教学方法组成适合学生一定发展阶段和水平的某种教学模式,从而引导学生完成学生任务。

(二)教学过程是一种特殊的交往过程

交往说认为教学过程是一种特殊的交往活动,是师生之间进行知识与经验的传递与交流的过程,是师生双方以及生生之间多层次、多角度、多侧面的人际交往活动。最终目的明确指向促进学生发展,具有稳定性和对象的特殊指向性。交往双方主体都承担着特定的社会角色,承载着特定的社会期望,交往常常在固定的时间、空间进行,有严密的组织形式,交往的内容也是经过精心筛选和系统编排的人类社会的智慧精华。交往论超越教师中心论和学生中心论,强调师生平等对话,倡导自由民主、相互理解和关爱的人际关系。"交往说"突出体现了教育的民主思想,提升了教学过程中师生的主体地位,尤其突显了学生在教学中的主动精神,强调主体回归,认为教学的交往的本质是主体的实践活动,关注学生生命的发展,认为教学是教学过程、交往过程与师生的整体生命活动的统一。

(三)教学过程的诸多认识

目前,关于教学过程的本质,学界看法并不一致。传统教学理论认为,教学过程是学生在教师指导下学习知识技能、养成一定道德品质的过程。这种认识,强调教师传授知识的过程,偏重于学生知识的获得与巩固,忽视学生智力和能力的发展。经过教学理论与实践界广泛深入的讨论,我国对教学过程本质的表达形成了以下几种有代表性的观点。

发展说:教学过程是教师通过传授知识技能进而使学生形成和发展各种能力和个性品质的过程。

活动说:教学过程是教师的教和学生的学相结合的双边活动过程。

教育途径说:教学过程是实现教育目标的基本途径,是以智力为核心的德、智、体、美、劳结合教育的过程。

价值目标说:教学过程是教师引导学生掌握知识、认识世界、进行交往,以促进学生的身心发展,并追寻与实现价值增值目标的过程。

多质说:教学过程具有多层次、多类型的本质,是社会、认识、心理、生理等因素相互作用的过程。

经过上述的分析,我们可以这样界定教学过程:教学过程是学生在教师有目的、有计划的指导下,积极主动地掌握系统的文化科学基础知识和基本技能,发展能力,增强体质,并形成一定的思想品德的过程。① 教学过程是教学系统运转的过程,它是由教师、学生和教学内容以及其他要素的相互作用而构成的。只有用系统的观点才能完整地、准确地表述教学过程的本质特征。

二、教学过程的基本规律

什么是规律?列宁曾明确指出:"规律就是关系……本质的关系或本质之间的联系。"教学规律是指教学现象中客观存在的,对教学活动具有制约、指导作用,具有必然性、稳定性、普遍性的联系,即教学过程的规律。

(一)教与学的辩证统一

教学过程是教师和学生共同活动的过程,是"教师教"和"学生学"的矛盾统一过程。在完成教学任务的过程中,教师和学生分别充当一定的活动角色,组成师生双边活动的共同体,形成分工合作的角色关系,教师为主导,学生为主体,二者是不可分割相互联系的,在具体的教学活动中得到有机的统一。"教"和"学"相互依存、相辅相成。"教"离不开"学","学"也离不开"教"。

(二)直接经验与间接经验相统一

直接知识和间接知识相结合,这一规律要求我们在教学中必须以间接知识为主,使直接知识与间接知识有机地结合起来。教学中的间接知识主要是以书本知识的方式呈现的,因此,教学要以书本知识为主。学生认识的主要任务是学习间接经验,这样可以减少学生认识过程的盲目性,节省时间和精力,大大提高认识效率,使学生尽快获得大量的科学文化知识;学习间接经验必须以学生个人的直接经验为基础,间接经验是抽象的,不易

---

① 胡克英.教学过程.中国大百科全书·教育[M].北京:中国大百科全书出版社,1985:151.

理解的,学生要以个人以往积累的或现时的感性经验为基础,将这种知识转化为自己理解的知识;防止忽视系统知识或直接经验积累的偏向。传统教学中我们只重视书本知识,在实用主义教育观的影响下,我们又只偏向于学生的个人经验,这都是违反教学规律的实践活动,割裂了间接经验和直接经验的内在联系,影响了教学质量的提高。

(三) 掌握知识与提高能力相统一

在教学过程中学生既要掌握所学的知识,又要提高能力。知识和能力是既有区别又有联系的两个方面,两者是相互促进、相辅相成的。掌握知识是提高能力的基础,知识的掌握又依赖于学生认知能力的发展。教学中要促成掌握知识与提高能力相互转化的内在机制,知识不等于能力,掌握知识的多少并不完全代表其能力水平的高低。教学过程中要既要重视知识的传授,又要重视智力的开发,创造性地应用知识转化为能力,同时要防止重知轻能或轻知重能的倾向,将二者辩证统一于教学活动中。因此,教育者要探索二者相互转化的过程与条件,以在引导学生掌握知识的同时,有效地发展他们的智力和能力。

(四) 掌握知识与提高思想觉悟相统一

在教学过程中,教师不仅要向学生传授系统的文化科学知识,而且要对学生进行思想品德教育,处理好传授知识与提高思想觉悟的关系。学生思想觉悟的提高以掌握知识为基础,只有学生深刻理解知识,引起思想情感深处的共鸣,并在态度和机会追求上产生积极的变化,才能转变为高尚的思想品德。教师总是有意或无意地用一定政治思想观念和道德标准去直接或间接地影响学生的思想意识及世界观的形成。学生会根据教师的指导和教学,确定正确的学习目的及态度,形成正确的世界观。要防止单纯传授知识、忽视思想教育,或者脱离知识的传授而另搞一套思想教育的偏向。以教材为例,专家在编写教材中应该注意科学性与思想性的统一,教师教学也不能只顾着传授知识,忽视挖掘教材中的思想性;当然,教师也不应该只顾着传授道德,而忽视系统知识的学习。目前,我国主要的问题是教师普遍重知轻德,为了应试教学无暇顾及培养学生的思想品德,这是不可取的。

(五) 教师主导与学生主体相统一

教与学、教师与学生,这是贯彻整个教学过程中的最基本的关系。教与学各以对方的存在为自身存在的前提,两者相互依存、相互作用,有着极其复杂的关系。第一,发挥教师的主导作用是保证学生主体性的必要条件。只有教师主导,教学的高效性才能充分发挥,才能使学生更好地完成认识主体的作用,使学生的主体性不断提高,从而有效地学习知识,发展能力。第二,调动学生的学习主动性是教师有效教学的重要保障。只有认识到学生是学习的主体,充分发挥学生的主观能动性,才能真正发挥教育应有的功能。第三,防止忽视学生主体性和忽视教师主导作用的偏向。以赫尔巴特为代表的"传统教育"和以杜威为代表的"现代教育"是这两种偏向的典型表征。以教师为主导,以学生为主体,可谓是教学中师生关系的规律性联系,是各种各样师生关系理论的抽象概括,任何强调一方而忽视另一方的做法都是不合适的,应予以纠正。

（六）智力因素与非智力因素相统一

智力因素主要是指感知觉、记忆、思维、想象等认知心理因素。非智力因素主要是指兴趣、动机、需要、情感、意志和性格等个性心理特征方面的因素。二者是密切联系的。第一，智力因素和非智力因素相互依存、相互作用。智力因素是非智力因素的基础，非智力活动依赖于智力活动，并积极作用于智力活动。学生的兴趣、动机等非智力因素是在认识事物、掌握知识的过程中产生和发展的，离开掌握知识的智力活动，非智力活动很难发展。反之，学生是有主观能动性的人，学习动机的强弱、意志品质的持久等非智力因素直接影响学生的学习效果。从某种意义上说，智力水平大致相同的学生，在知识和能力上存在差异的原因就在于非智力因素的不同。第二，按教学需要调节学生的非智力活动，才能有效地进行智力活动，完成教学任务。一方面通过改进教学本身，使教学内容和过程富有趣味性、启发性、知识性，适合学生年龄特征，以便引起学生的求知欲；另一方面，提高学生的自我教育能力，使其能自觉地按教学要求调节自己的非智力因素，积极地进行智力活动，以提高学习效率。第三，防止忽视智力因素或忽视非智力因素的偏向。

三、好的教学及其标准

教育者必须以一种"好的教学方式"来达成学生学习效果的最大化。什么是好的教学方式呢？Passmore(1970)认为教学旨在促成学习，在这一过程中必须尊重学生的智力完整性以及他们独立判断的能力。Menges(1981)认为教学是"刻意设计一组场景，以达到期望的学习效果"。教学是鼓励学生参与搭建知识建构的过程(Christensen 等,1991)。合格的老师能创造环境达成学生学习效果最大化。老师不只是一个表演者，他们的影响存在于整个学习活动之。因此，优秀的老师在学习过程中，既是建设者、推动者，也是学习经历的分析加工者。

（一）什么是好的教学

教学在整个教育体系中居于中心地位，发挥着核心作用。教学好坏不仅直接反映教学质量高低，还会直接影响学生的发展。什么样的教学才能称为好的教学？好的教学不仅是人们对教学的不断追问和思考，更是一种教学实践的反思或重构。帕尔默认为好的教学就是对学生一种深情款待。夸美纽斯在《大教学论》里面提出，好的教学一般应该遵循几个原则：便易性原则、彻底性原则、简明性与迅速性原则等。

好的教学，从本质来说，是人们对实存或应然的教学形态的价值判断，呈现出的是一幅幅可见、可感的教、学交融的现实形态。好的教学就是必须致力于在各方面都追求更高的水平和境界，且对各方面要求的达成是一个不断实现的过程，简单地说，对教学而言，只有更"好"，没有最"好"！① 总之，好的教学是在于追求一种融认知建构与情感激活、价值引导与人格陶冶、教学控制与情境创设为一体，使教与学交感互动、协调平稳的过程。

---

① 于伟等.教育哲学[M].北京:北京师范大学出版社,2015:228.

1. 教学必然追求有效性

有效教学是近年来教学论理论研究的热点问题之一。有效教学通常可以理解为有效果的教学、有效率的教学和有效益的教学,即有效果、有效率、有效益。有效果的教学即一旦教学发生就存在,有效率的教学取决于经济意义上投入与产出之比,有效益的教学以促进学生的学习和发展为旨归。在"以人为本"的教育教学理念下,有效益的教学内在的统一有效果的教学和有效率的教学,以尽可能少的时间、精力和物力的投入,取得尽可能多的教学效果,可以避免低效教学和负效教学,通过有效率的教学促进学生的学习和发展。

2. 有效教学不一定就是"好的教学"

教学必然要追求有效性,但有效教学未必就是好的教学。即使某种教学可以高效地完成教学目标或者快速地提高学生的学习成绩,但这种教学是"好"的教学吗?有一种观点认为,有效教学是指"通过教师在一定时间的教学之后,学生所获得的具体进步和发展"。该观点是对有效教学的发展性理解:"学生有无进步或发展是教学有没有效益的唯一指标。教学有没有效益,并不是指教师有没有教完内容或教得认真不认真,而是指学生有没有学到什么或学生学得好不好。"如果作为衡量教学有效与否的唯一指标——学生的发展与进步是全方位的,不仅有学业水平,又有生活能力、精神和道德发展、交往能力等,那么这种观点是值得提倡的。但实际上,怎样才能衡量有效教学呢?这就要求学习进步和发展直观和可测量,直观和可测量的学习进步和发展是学习成绩。现有的教学有效性注重教学认识层面的有效,学生获得的进步和发展也仅仅是认知层面的教学效果。然而,教学是教师与学生共同参与其中的生命实践活动,教学并不只是实现特定目标的手段,其自身就是目的本身。

由此可见,即使某种教学可以高效地完成教学目标或者可以快速地提高学生的学习成绩,这种教学不一定就是"好"("美善")的教学。"美善"兼具"认识论"和"道德的"的两个方面。从"道德"的角度来看"什么是美善的教学"这样的问题,就是在探讨哪些教的行为为道德的原则所支持以及哪些教的行为可以引发合乎道德原则的行为。从"认识论"的角度看"什么是美善的教学"这样的问题,则是探讨所教的东西是否在理性上站得住脚,而最终极的目标则是要看对于学生获得的知识、信念或理解有无价值。①

现有的教学"有效性"仅仅诠释了教学认识的有效,学生获得的进步和发展也仅仅是认知层面的教学效果,教学本身所承载的道德承诺却被悬置。教学不是"工业生产",教学活动面对的不是无生命的冰冷的"物",而是有生命的活生生的"人"。教学或教育更多是一种"慢的艺术",是"慢工出细活"之事业。② 正如叶圣陶先生所说,教育或教学是"农业"而不是"工业"。可见,教学必然追求"有效性",但"有效"的教学却并不一定是"好"的教学。

---

① 单文经.教学引论[M].上海:上海科技教育出版社,2003:12-13.
② 于伟等.教育哲学[M].北京:北京师范大学出版社,2015:225.

(二) 对于好教学的不同认识

究竟什么是好的教学？学者仁者见仁、智者见智,对好的教学有不同的认识,有不同的标准。以下分别对石中英教授和于伟教授关于好教学的标准进行分析。

1. 理性化教学

石中英认为成功的教学就是教学的理性化。① 教学的理性化也可以称为教学的合理化或理性化教学,是指这样的一种思想过程:借助于经过严格定义的概念或范畴,对于种种的教学观念、制度、行为以及时间和空间的配置等进行系统的分析、检验、批判与重构,从而最大限度地减少教学认识和实践过程中非理性成分的过程及其结果,使得整个教学活动真正成为一种理性的思考或探险活动。其主要内容是:教学目的或价值的合理化,教学交往的合理化,教学工具、手段的合理化,教学伦理的合理化。具体包括以下方面。

(1) 理解教学目标

对于教师而言,理解教学目标意味着:第一,明确课程大纲中规定的教学目标是什么;第二,思考为什么制定这样的教学目标;第三,探索教学目标与教学内容之间的内在联系,或者教学目标是如何通过教学内容来实现的;第四,理解教学目标本身所包含的方法论要求;第五,区分教学目标的层次性;第六,理解教学目标的系统性;第七,考虑如何向学生解释这些目标及其学习的价值;第八,分析教学大纲中给定的教学目标有没有不足或需要完善的地方,等等。因此,教学目标对于教师而言,不仅是一个需要完成的"教学任务",而且是一个需要不断深入阅读、分析、理解和解释的"教学文本"。也正是通过这种对教学目标的阅读、分析、理解和解释,教学目标对于教师和整个教学活动的意义才能向教师显现出来,才能体现在教学活动的每一个环节,而不是成为一个等待被实现和被检验的任务。

理解教学目标,对于学生来说,也是一个比较复杂的思想过程。第一,弄清楚课程大纲中的教学目标是什么;第二,明白教师在教学过程中的要求是什么;第三,分析教学目标与教学内容之间的内在关联;第四,分析教学目标中所包含的学习方法建议;第五,理解不同学习单元之间教学目标的系统性;第六,理解教学目标的发展价值;第七,理解教学目标拓展的可能性,等等。可见,使学生理解教学目标,不仅仅意味着使他们知道教学所要达到的预期目的,而且要帮助他们更深刻地理解教学目标与发展目标、教学目标与教学内容、教学目标与学习方法等之间的丰富联系,从而能够更好地形成他们自己的学习目标,有效地从事学习活动。

从教育目标对于师生两个方面的意义来看,这种意义不是"给定的",至少不是"完全给定的",而是经由理性分析、探索和理解的途径而"生成的"或"发现的"。经过这样一个理性的分析、探索和理解的过程,那些最初存在于各种各样教学文件中的教学目标,不至于成为一种外在的制度性力量,将师生都置于一种工具的或被动的地位,而成为一种内在

---

① 石中英.教育哲学[M].北京:北京师范大学出版社,2007:166.

的理性力量使师生双方真正成为教学的主体,同时也使教学成为师生双方自主开展的一种实践活动。从这种意义上说,理解教学目标的过程,就是一个师生双方超越教学目标和重构个性化教学目标的过程。

(2) 建构师生关系

毫无疑问,良好的师生关系对于整个教学活动来说是至关重要的。从某种意义上说,将良好的师生关系看成是整个教学工作的基石是没有任何问题的。可是,要真正地建立良好的师生关系是一件很不容易的事情。这一方面是因为,在现代的教学情境下,一个教师要同时面对几十个学生,要想与每一个学生都建立良好的师生关系自然是非常不容易的;另一方面是因为,师生关系的建立受许多主客观因素的影响,如学生的身心发展特点、教师的学识和职业道德修养、学校的教育哲学等。尽管如此,每一所学校、每一个教师还必须在建立良好的师生关系上下功夫,以便为教学活动提供更好的条件。"建构"师生关系,就意味着师生关系不是给定的,而是"生成的",是建立在师生双方对彼此的认识基础上的。因此,师生双方对于彼此的认识状况在良好师生关系建立过程中是至关重要的。

教学的理性化不仅是教学论专家或教育理论工作者的事情,而且也是教师和学生的事情。教学过程是师生双边交往的过程,促进师生进行"批判性思考",这是教学理性化的前提条件,也是教学理性化追求的一个重要结果。建构良好师生关系的过程,就是一种师生双方不断地从常识性认识和感性认识走向理性认识的过程。在日常的教学生活中,教师要经常和学生进行理性的批判和对话,发展学生的理性,使学生形成理性的意识、精神与正确的理性观念。理性的教学就是合理化前提下的师生理性与非理性相统一的理性探险活动。

纠正师生关系中的某些不足或缺陷,也主要是靠双方理性的介入和反思。然而,在当前的中小学教学实践中,师生关系主要建立在一种常识性或感性认识的基础上,从而使师生关系经常陷入危机之中,正是由于这样,一部分教师发出了"教师咋这么难当"的感慨;而不少的学生们也抱怨很难寻到真正的"良师益友"。因此,在师生关系的建构方面不仅仅要用"心",更要用"脑"。如果单从对教师方面的要求来说,就是既要有"爱心",更要有"理智",二者缺一不可。

(3) 再思教学内容

教学是围绕着教学内容展开的师生双方积极主动的理性思考过程,实质上是"重新"思考或者发现教学内容的逻辑意义、经验意义、历史意义或实践意义的过程,亦即"再思"教学内容的过程(rethinking of subject)。一般而言,教学内容的组织本身是具有一定的逻辑结构,并具有一定的经验意义、历史意义或实践意义的。这些都是由课程编撰者清楚明白地写在课程大纲或教学计划之中的。教师与学生都可以借助于阅读课程大纲或教学计划来了解这些东西。但是,尽管他们可以通过比较直接的途径了解这些东西,可他们却很难通过简单的"识记"、"练习"等来真正地理解这些东西。如果他们要想真正地理解这些东西,就必须应用自己的理性力量,将教学内容本身的逻辑结构重新发现,将其所蕴涵的经验意义、历史意义及实践意义重新体验。

对教学内容的再思不仅针对那些隐藏着的总体结构和意义,而且针对那些具体的教学内容。对具体教学内容的再思主要体现为以下一些方面:教学内容本身的真理性如何?教学内容中所包含的问题、概念、命题、原理以及证据之间的逻辑性、一致性如何?它们是如何得到证实或证伪的?用于观点辩护的证据本身可靠吗?存在不存在污染证据、证据不足或反例等情况?等等。因此,这种再思使教师和学生不再将教学内容看成是一条条孤零零的知识陈述,而是将其看成是生产、选择和组织这些知识的人的一系列理性思考活动的结果。教师和学生要理解个别知识陈述,就必须理解产生它的理性思考活动的真实过程。

对教学内容的再思,从根本上改变了教学内容的存在形态和人们的教学内容观。同时,在这种教学内容的再思过程中,教师和学生能够体会到丰富的理智愉悦。这种由教学内容的再思所产生的理智的愉悦要超过任何外在的教学组织形式或手段所产生的愉悦,是一种最强烈和最持久的"教学美感",也是使学生产生和维持高水平内在学习动机的主要因素。

要结合教学内外环境或条件的变化,对教学内容进行重新思考、阐述或设计,从而使教学建立在比较充分的理性思考的基础上,而不是建立在传统的惯例、个人的权威或偶然的条件作用的基础上。

(4) 认同教学伦理

教学活动与其他任何的人类活动一样,是一种伦理性的活动。从事这种活动的师生双方都要"遵循"一些基本的伦理要求,遵循教学活动伦理要求的思想前提在于师生双方"认同"这些伦理要求。教学伦理要求的认同是指:第一,师生双方不仅从观念上"知道"或者"了解"有关教学活动的伦理要求,而且从情感上"接受"或者"接纳"有关教学活动的伦理要求,并愿意受其约束;第二,不是个别教师或学生接纳了某种教学伦理的要求,而是整个教师集体或学生集体接纳了某种教学伦理要求。只有这样,整个教学活动的伦理性才能够显现出来。师生双方只有遵循这些教学的伦理要求,教学活动才能够顺利进行。

师生双方认同教学伦理要求的关键在于:理解这些教学伦理要求的合理性,亦即对教学伦理要求进行理性的思考。教学伦理要想获得师生双方的认同,也必须为自己进行理性化的辩护。因此,师生双方认同教学伦理的过程就是教学伦理重新合理化的过程。让师生认同教学伦理的最好办法就是帮助或者促使他们对每一条教学的伦理要求进行理性的思考,看看它们的合理性究竟在什么地方,它们之中又有哪些是根本不合理的。也只有这样,教学的伦理要求对于师生双方才真正地具有约束作用和教育作用,而不至于被他们看成繁文缛节或空洞的说教。

总结以上论述,理性是教学的条件和基石,教学是一种理性的探险。充分地认识、尊重和利用师生双方的理性,是一切有效教学或成功教学的基本特征之一。

2. "好"教学的基本构成

于伟从教学意向的合理反思、师生关系的良好互动、教学伦理的实现保障、教学创新的反思实践论述了好的教学标准。① 其具体主要包括以下几个方面。

(1) 教学意向的合理反思

教学意向是教学活动展开的前提和基础。教学意向是指"意在引起学生的行为以达到某种特定的发展目标"。教学的意向性：就形式方面而言，教学的意向性是"引起或指导学生的学习行为"；就实质方面而言，教学的意向性是指"达成一定的发展目标"，如某种态度、知识、技能、信念等。教师能否自主地对自己所持有的教学意向进行反思、质疑、辩护和理解是判断教学"好""坏"的首要标准。教师要对教学意向进行反思、质疑、辩护和理解，这是一个动态的过程，也是一个开放的过程，贯穿于教学过程始终。教师对教学意向的反思、辩护可以从以下几个方面展开：① 自己所持的教学意向是什么？② 这种教学意向来源于何处？③ 为什么是这种而不是其他的？④ 有其他类型的教学意向吗？不同的教学意向间有什么区别？⑤ 自己所持的教学意向合理吗？如何判定？⑥ 自己所持的教学意向是如何在教学实践中体现出来的，效果令人满意吗？等等。

案例

黄江一中有两个风格迥异的老师，一个是黄老师，一个是文老师。

高三年级一共8个班，一班和二班是重点班。黄老师与文老师分别担任一班和二班的班主任。开学了，第一节课是班会。黄老师面目慈祥地站在讲台上说："同学们，明年你们就要站起来，接受祖国的挑选了，希望大家努力学习，把握这来之不易的学习机会，以优异的成绩接受祖国和人民的挑选。当然了，如果高考失利，那也没有什么关系，条条大路通罗马，在平凡的岗位上，我们照样可以做出不平凡的事业。"二班的学生们找到自己的座位坐定，文老师突然指着最后一排和最前一排的两个学生说："余强、林可，请你们想象一下，如果余强骑着自行车和开着'大奔'的林可在高速公路上相遇，那么，谁应该给谁让路？"余强和林可都直溜溜地站在那里，不知如何回答。"你们回答不出是吧，我来给你们答案。余强应该给林可让路，为什么呢？因为高速公路是为汽车修建的，你一个骑自行车的，没有资格在这条路上奔跑。这虽然是想象，但有一天可能就是事实，它可能发生在二班的每一个人身上！显然，骑自行车的是在高考中的失败者，开'大奔'的是高考中的胜利者！"文老师又说："大家或许注意到了，你们的座位都被我划定好了，请原谅我不给有些同学面子，我对座位排列的标准是，成绩好的坐前面，成绩差的坐后面。当然，如果你想坐到前面，离这辆'大奔'近一点，你就必须战胜一个个对手，让他们灰溜溜地坐到后排的自行车旁边。"

高考如期来临。二班以绝对优势战胜了一班，全班56人，55人达线，唯有余强一人名落孙山，上全国重点大学的有32人；而一班虽然也只有高潮一个人落榜，但达重点线的只有10个人。

一晃15年过去了，同学聚会的时候，二班的学生中有三个人没有来，一个是林可，身为副市长的他为了确保坐上市长的宝座，竟然买凶杀人，将另外一位副市长刺杀，现已被

---

① 于伟等.教育哲学[M].北京:北京师范大学出版社,2015:228.

拘留审查;第二个是陆彩霞,她因为窃取另外一家公司的核心技术机密触犯了法律,进了监狱;最后一个是余强,这15年里,他左突右奔,还是没有出人头地,连个"大奔"的司机也没有混上,他焦虑,他愤恨,终于,他的精神崩溃了,住进了精神病院。一班有两个人没有来,一个是杨柳,年初,这位刚正不阿的大记者,因为曝光一个黑社会团伙,被人暗杀,以身殉职;第二个是高潮,去年,德国一家自行车制造公司看中这个技术精湛的修车匠,高薪聘请他去了德国,做高级技工,天高路远,他实在没有时间飞回来。

聚会散后,黄老师说:"文老师,不是所有的人都必须成为英雄,平和的生活和工作是大多数人的人生状态。我更想说的是,英雄不是建立在将对手踩在脚下的基础上——英雄不是打出来的。"文老师抬起头来,已是泪眼婆娑。

资料来源:余文森等.有效教学的案例与故事[M].福州:福建教育出版社,2011:18-19.(有删改)

(2) 师生关系的良好互动

教学活动是一种师生共同参与的双边活动,这使得教学区别于单独的"教"或单独的"学",强调教学不仅是一种特殊的认识活动,更是一种师生双边的交往活动。师生之间良好的互动或交往是教学得以可能的重要前提,也是衡量和检验教学"好""坏"的重要标准。良好的师生关系是一种师生之间的双边互动关系,所谓双边互动即双方共同参与、互动共生的关系。这种双边互动关系在形式上是指教师和学生共同构成和参与教学,在目的上表现为这种互动不是教师与学生形式上的问答与对话,而是精神的交流、沟通和契合。因此,良好的师生关系是"你—我"之间的融合关系。

对于教师而言,仅仅认识到教学是一种师生之间的双边活动或者认识到良好师生关系的建立是衡量教学好坏的标准还远远不够,教师还必须认识到师生双边互动与一般意义上的人与人之间互动的独特性。这种独特性主要体现在互动的形式上和互动的目的上。就互动的形式而言,教师与学生之间的关系虽然是平等的"你—我"关系,但教师要对师生之间的互动交往负主要责任;就互动的目的而言,虽然"你—我"互动交往是一个共同成长的过程,但教师要时刻牢记师生互动的终极目的——即教学意向的实现。因此,教师要全心致力于帮助学生克服学习态度上、认知方式上和行为习惯上的障碍,激发、激励、维持和更新学生的学习行为,而不能满足于实现一般意义上的交往。

(3) 教学伦理的实现保障

教学伦理是指不管是教学意向的确立还是师生双方互动的形式和内容,都必须符合特定文化体系中伦理规范的要求,采取一种在道德上能够接受的方式进行。这使得教学区别于"教唆",强调教学不仅是一个知识传递的过程,更是一个价值引导的过程。从某种意义上说,教学伦理的保障和实现是衡量"好"的教学的核心标准。

对于教师而言,要保障和实现教学的伦理性,就必须从教学意向的确立、师生关系的建立、教学过程的展开以及教学过程的评价等教学全过程中遵循相关伦理规范的要求,要保证所有的教学工作都必须围绕和体现"是认识目的,而不是手段"的伦理准则。同时,对教学论里的实现而言,这是一个不断展开的过程,教师要不断对自己的教学行为进行伦理反思和改进,如此,教学才可能成为"好"的教学。

案例

瓦拉赫刚读中学时,父母为他选择了一条文学之路。不料一个学期之后,老师为他写的评语是:"瓦拉赫很用功,但过分拘泥。这样的人即使有完美的品德,也不可能在文学上发挥出来。"此后,父母只好根据瓦拉赫自己的意见,让他改学油画。可是瓦拉赫既不善于构图,也不会润色,不久又得了个全班倒数第一的成绩。老师给的评语是:"你是绘画艺术方面的不可造就之才。"

从此,瓦拉赫在学校绝大部分老师眼中是个不可造就的笨学生,只有化学老师发现了他的闪光点——做事一丝不苟,具备做好化学实验应有的素质,就建议他学化学。对瓦拉赫几乎绝望的父母只好接受了老师的建议。果然,得到老师重视的瓦拉赫变得格外用功。不久,他在同班学生中成绩遥遥领先。老师给的评语是"前程远大的高才生"。

瓦拉赫的成长经历告诉我们,老师除了要善于发现学生的"闪光点"之外,还要对孩子充满爱心和信任。化学老师正是发现了瓦拉赫"一丝不苟"的闪光点,给予充分的肯定和信任,让瓦拉赫获得了自信。同时,它还告诫老师千万不要过早地给学生下定论,特别是对学生前途的"失望性"结论。因为它只会给学生带来麻烦与遗憾。请记住,给学生下不良定论的老师是世界上最缺乏远见、最愚蠢的老师。

资料来源:李廷宪.教育伦理学的体系与案例[M].芜湖:安徽师范大学出版社,2010:141.

(4) 教学创新的反思实践

教学的创新性是指教学不仅是一个传递知识的过程,更是一个对知识进行批判、反思和创新的过程。教学的创新性使"教学"区别于"教书",强调教学不仅是一个传授或认识"确定性"知识的过程,更是一个发现、创造新知识的过程。教学的创新性是在教学意向达成、师生良好互动、教学伦理保障基础上实现的,在某种程度上说,教学的创新性不仅保证了教学活动本身的不断进步,而且促成了知识的创新、人的创新。创新是发展的灵魂,教学是否具有创新性使衡量教学"好""坏"的重要标准。

教学创新性的实现是一个复杂的过程,要实现教学的创新性,就是要培养学生的理性精神,教师首先要成为具有理性的人,具有健全的理性意识、基本的理性能力、强烈的理性精神和正确的理性观。其次,还要具有"理智上的诚实"和"理智上的宽容"。理智的诚实要求教师在教学过程中要允许学生对知识进行质疑和思考,不能以个人的权威压制学生的反思权利,从而为教学的创新提供可能的空间。理智的宽容要求教师要宽容教学中的不同的观点和看法,也要宽容教学中的错误,因为真理是一个不断追求的过程,创新也是一个不断试错的过程,只有宽容,才能更好地实现教学创新,使教学成为"好"的教学。

案例

美国教师如何教《灰姑娘》

老师:你们喜欢故事里面的哪一个?不喜欢哪一个?为什么?

学生:喜欢辛黛瑞拉(灰姑娘),还有王子,不喜欢她的后妈和后妈带来的姐姐。辛黛瑞拉善良、可爱、漂亮。后妈和姐姐对辛黛瑞拉不好。

老师:如果在午夜12点的时候,辛黛瑞拉没有来得及跳上她的南瓜马车,你们想一想,可能会出现什么情况?

学生:辛黛瑞拉会变成原来肮脏的样子,穿着破旧的衣服。哎呀,那就惨啦。

老师:所以,你们一定要做一个守时的人,不然就可能给自己带来麻烦。

……

老师:下面,请你们想一想,如果辛黛瑞拉因为后妈不愿意她参加舞会就放弃了机会,她可能成为王子的新娘吗?

学生:不会!那样的话,她就不会到舞会上,不会被王子遇到,王子也不会认识和爱上她了。

老师:对极了!如果辛黛瑞拉不想参加舞会,就是她的后妈没有阻止,甚至支持她去,也是没有用的,是谁决定她要去参加王子的舞会?

学生:她自己。

老师:所以,孩子们,就是辛黛瑞拉没有妈妈爱她,她的后妈不爱她,这也不能够让她不爱自己。就是因为她爱自己,她才可能去寻找自己希望得到的东西。如果你们当中有人觉得没有人爱,或者像辛黛瑞拉一样有一个不爱她的后妈,你们要怎么样?

学生:要爱自己!

老师:对,没有一个人可以阻止你爱自己,如果你觉得别人不够爱你,你要加倍地爱自己;如果别人没有给你机会,你应该加倍地给自己机会;如果你们真的爱自己,就会为自己找到自己需要的东西。没有人可以阻止辛黛瑞拉参加王子的舞会,没有人可以阻止辛黛瑞拉当上王后,除了她自己。对不对?

学生:是的!

老师:最后一个问题,这个故事有什么不合理的地方?

学生:(过了好一会儿)午夜12点以后所有的东西都要变回原样,可是,辛黛瑞拉的水晶鞋没有变回去。

老师:天哪,你们太棒了!你们看,就是伟大的作家也有出错的时候,所以,出错不是什么可怕的事情。我担保,如果你们当中有谁将来要当作家,一定比这个作家更棒!你们相信吗?(孩子们欢呼雀跃)

资料来源:余文森等.有效教学的案例与故事[M].福州:福建教育出版社,2011:36-38.(有删改)

(三)好的教学的标准

综上对什么是好教学的分析,可以看出,好的教学要以学生为出发点而非以自身的学科为出发点,促进学生在知识、技能、情感、人格等方面获得全面和谐的发展,注重教学过程生成性,必须是正当而有效的教学,要能够引导学生走向深度学习等。

1. 学生发展的教学理念

教学是在教学目标指引下,按照教学规律的要求有计划地开展的。课堂教学由传统的知识性教学转向现代化的学生发展的教学目标。"以学生为本"核心的教育教学理念是,教学必须促进学生在知识、技能、情感、人格等方面获得全面和谐的发展。新课程确立了"知识、技能,过程、方法,情感、态度、价值观"三位一体的课程与教学目标,这是发展性教学的核心内涵,也是新课程推进素质教育的集中体现。新课程改革提出了课程教学的"三维目标",即学生的知识与技能、过程与方法、情感态度与价值观的发展。任何割裂"知识、技能,过程、方法,情感、态度、价值观"三位一体的教学都不能促进学生的发展。传统课堂教学只关注知识的接受和技能的训练,"过程、方法,情感、态度、价值观"受到了冷落和忽视,这种教学在强化知识、技能的同时,从根本上失去了对人的生命存在及其发展的整体关怀,从而使学生成为被肢解的人,甚至是被窒息的人。

新课程的课堂教学则十分注重追求"知识、技能,过程、方法,情感、态度、价值观"三个方面的有机整合,在知识教学的同时,关注过程方法和情感体验。突出表现在:把过程方法视为课堂教学的重要目标,从而从课程目标的高度突出了过程方法的地位;尽量让学生通过自己的阅读、探索、思考、观察、操作、想象、质疑和创新等丰富多彩的认识过程来获得知识,使结论和过程有机融合起来,知识和能力和谐发展;关注学生的情感生活和情感体验,努力使课堂教学过程成为学生一种愉悦的情绪生活和积极的情感体验;关注学生的道德生活和人格养成,努力使教学过程成为学生一种高尚的道德生活和丰富的人生体验。这种对人的情感和道德的普遍关注是传统的以知识为本位的课堂教学所难于想象的,也难于企及的。

2. 师生之间的对话交流

建构主义学习理论强调,在教学过程学生是学习主体和建构者,教师是重要的引导者、咨询者,师生之间应该是合作伙伴,课堂教学是沟通、交流、对话的场域。师生是一个共同体,共同结成了教学共同体,结成了一个成长的共同体。现代师生关系理论表明,和谐良好的师生关系是开展教学活动的重要前提。师生关系状况直接影响着教师教、学生学的积极性和课堂气氛,从而影响着课堂教学效果。加强师生、生生之间的对话交流,让学生参与学习,激发教师和学生的内在发展动力,达到教和学的之间的融合。让课堂"活"起来,目的在于使学生和教师都能找回那丢失已久的"自我",建构起丰富的精神生活,享受生命生长的欢乐。"活",表面上是课程的内容活、形式活、情境活,实质上是师生双方的知识活、经验活、智力活、能力活、情感活、精神活、生命活。"活",意味着师生双方潜能的开发、精神的唤醒、内心的敞亮、个性的彰显和主体性的弘扬,意味着师生双方经验的共享、视界的融合与灵魂的感召。

教与学的关系问题是教学过程的本质问题。怎么理解教师教与学生学的关系?在传统的教学论中,教学被定位为教师对学生单向的"培养"活动,教师因此形成了强烈的本位意识,突出表现为:一是以教为中心,学围绕教转。教学就是教师将自己拥有的知识传授给学生。教学关系成为:我讲,你听;我问,你答;我写,你抄;我给,你收。在这样的课堂上,"双边活动"变成了"单边活动",教代替了学,学生是被教会,而不是自己学会,更不用说会学了。二是以教为基础,先教后学。学生只能跟着教师学,复制教师讲授的内容。教支配、控制学,学无条件地服从于教,教学由共同体变成了单一体,学的独立性、独立品格丧失了,教也走向了其反面,最终成为遏制学的"力量"。教师越教,学生越不会、越不爱学。总之,传统教学只是教与学两方面的机械叠加。新课程把教学定位为师生交往、积极互动、共同发展的过程,这是对教学关系的正本清源,与传统的本位意识相对立,在新课程中,教师逐步形成了"对话"意识,它意味着上课不仅是传授知识,而是一起分享理解,即教师与学生分享彼此的思考、经验和知识,交流彼此的情感、体验与观念,丰富教学内容,求得新的发现,从而达成共识、共享、共进,实现教学相长和共同发展。同是意味着上课不是单向的付出,而是生命活动、专业成长和自我实现的过程。所以,在新课程的课堂教学中,教师唱独角戏的现象少了,而与学生交流、沟通、合作、互动的现象明显多了。

好的教学强调师生、生生之间良好的互动,但要防止把"对话"变成"问答"。把传统的"满堂灌"变为"满堂问","知不知"、"是不是"、"对不对"、"怎么样"、"好不好"之类的毫无启发性的问题充斥课堂,一方面把整体性教学内容肢解得支离破碎,从而大大降低了知识的智力价值;另一方面把对话(师生之问、学生之问、学生与主体之间的平等互动的对话)庸俗化为问答,课堂上一问一答,表面上师生、生生在互动,实质上是用提问的方式去"灌",直到学生钻进教师事先设计好的套子里,使之"就范",才肯罢休。

3. 教学过程的生成性

新课程凸显教学的生成性。新课程凸显教学的生成性是由其所倡导的人本观、课程观、教学观所决定的。其一,从人学角度说,人是生成性的存在。学生是具有主观能动性的人,他作为一种活生生的力量,带着自己的知识、经验、思考、兴趣参与课堂活动,从而使课堂教学呈现出多样性、丰富性和随机性。教师不应该僵硬地用预先设定的目标规定学生、限定学生,否则就会束缚学生的自由发展,教师只能引导学生自由、主动地发展。其二,从课程角度说,课程不只是"文本课程",更是"体验课程"。这意味着,在特定的教育情境中,每一位教师和学生对给定内容的意义都有其自身的解读,从而对给定的内容不断进行变革与创新,以使给定的内容不断转化为"自己的课程"。教师和学生不是外在于课程的,而是课程的有机构成部分,是课程的创造者,他们共同参与课程的开发过程,从而使课程实施过程成为课程内容持续生成与转化、课程意义不断建构与提升的过程。其三,从教学角度说,教学是一个发展的、增值的、生成的过程。师生双方在教与学交往、互动的过程中相互交流、相互沟通、相互启发、相互补充,分享彼此的思考、经验和知识,交流彼此的情感、体验与观念,丰富教学内容,求得新的发现。

生成性是新课程课堂教学的亮点,它解放了教师、解放了学生、解放了教材,照亮了课堂,使课堂教学焕发出了生命活力。生成性也是新课程课堂教学的难点,课堂开放了、生成了,就可能出现"无序"的状态,这就给教师带来了挑战。生成与预设是一对矛盾统一体,新课程课堂教学呼唤高水平的预设和精彩的生成。"生成"是"现代哲学的最强音"。"生成性思维即是一种虽有框架,却又非凝固化的,十分善于捕捉变革中涌现出的某物,敏锐判断其具有的整体性价值,进而修正原有理论框架的能力。"因为生成性思维的差异性、相对性、不确定性、多元性、创造与自由等特点,使现代学校教学突破了只认同而不求异、只掌握而不生成的思维方式。传统教学理论认为教学过程主要是教师教的过程,现代教学理论认为教学过程是教师主导与学生主体相统一的活动过程。

"生成性教学"是后现代教学观所强调的一种教学形态,是指教师在师生互动的过程中,根据课堂中师生互动的状态及时调整教学思路和教学行为的教学形态。① 生成性教学的主要理念包括关注表现性目标、关注教学过程及教学事件、关注师生互动的教学方法等。表现性目标是指每个学生在与具体的教育情境的种种际遇中产生的个性化表现。它不明确规定学生在学习活动结束后要达到的结果,而只指明学生将要遇到的情景、将要处理的问题和将要从事的活动,强调学生在学习中个性化的表现和个人意义的获得。为了实现表现性目标,教师需要取消教学过程中限定的条条框框,让师生的主体性、创造性和个性得到充分的展现,因而就要关注教学过程及教学事件对学生的影响以及师生互动的教学方法与创造性教学过程的有机结合。

4. 正当且有效的教学

所谓正当性,就是用以衡量教学之好坏的价值基础和伦理标准,是教学之为教学的内在规定性。② 具体而言,教学正当性一方面要求尊重学生的主体性,在教学过程中时刻以学生为目的,而不能将其视为达成其他外部效果的手段;另一方面,守护教学的本己,避免将教学窄化为知识和技能的传授方式,令其丧失促进学生全面发展,尤其是精神成长的丰富内涵。有效性主要解决的是教学速度问题,而教学正当性则更多致力于教学的方向,好的教学就是要涵养、发扬教学的正当性,使它不要被有效性等其他价值原则所蒙蔽。

当代教育把"人"提到了前所未有的地位,关注人性、尊重生命成为教育的主旋律。"理想的教师不仅拥有所教学科的精深知识和使教学生动有趣的娴熟能力,而且他们显示出对学生的尊重,对学生谈论和思考的内容格外感兴趣和好奇以及对学生基于职业上的关心和关怀。"在教育教学中,教师关心、爱护、信任、尊重学生,与学生进行亲切的交流,形成融洽的关系。

5. 引导学生走向深度学习

在信息知识飞速发展的今天,知识更新速度不断加快,学生仅依靠简单的记忆而获得知识是不够的,需要学生学会学习、深度学习。所谓深度学习,就是指在教师引领下,学生围绕着具有挑战性的学习主题,全身心积极参与、体验成功、获得发展的有意义的学习过程。在这个过程中,学生掌握学科的核心知识,理解学习的过程,把握学科的本质及思想方法,形成积极的内在学习动机、高级的社会性情感、积极的态度、正确的价值观,成为既具独立性、批判性、创造性又有合作精神、基础扎实的优秀的学习者,成为未来社会历史实践的主人。

长期以来,我们的教师勤勉努力,但对于究竟如何实现在教学中对学生的核心素养的

---

① 王鉴.课堂研究概论[M].北京:人民教育出版社,2007.
② 汪明.什么样的教学是好教学?[J].中小学教材教学,2015(06):35-38.

培养,实现立德树人的根本任务,却考虑较少。如果教学仅停留在知识点的传递上而不去促进学生的主动发展,就偏离了其本义和目的。教学当然离不开知识的学习,但教学绝不是把储存在书本上的知识转移到学生的头脑里再储存起来,而是要把外在于学生的、和学生没有关系的知识,在教学中转化为学生主动活动的对象,从而与学生建立起意义关联,并通过学生个体的主动学习转变成学生成长的养分。这样的教学就抓住了它的根本——既实现了人类历史文化的代际传承,也实现了培养人、发展的根本目的。这样的教学才是真正的教学、好的教学。好的教学绝不是教师、学生、知识三方各自孤立、毫无关联地进行知识传授的过程,而是教师、学生、知识紧密联系在一起共同实现学生的全面发展的过程,是培养学生关键能力、必备品格和正确价值观的过程。

第三节 基于教学本质的教学观

教学观是指人们对教育教学这一事物以及它与其他事物关系的看法。具体地说就是人们对教育者、教育对象、教育内容、教育方法等教育要素及其属性和相互关系的认识,还有人们对教育与其他事物相互关系的看法,以及由此派生出的对教育的作用、功能、目的等各方面的看法。传统教学观的核心是"仓库理论",它以教师为核心,把学校当成单纯传授知识的场所,把学生看作接受知识的容器,把教材作为教学的唯一依据。其结果严重妨碍了学生的自主探究性,使学生的思维被禁锢,导致了学生高分低能的现象频繁发生,不能培养学生的全面发展。新课改背景下,教师要树立新的教学观,要以培养人的核心素养、促进人的全面发展为终极目标。不仅使学生掌握基本的知识和技能,还要培养学生正确的价值观和人生观,激发学生学习、热爱生活的乐趣,形成积极、健康向上的个性品质。

一、教学观的内涵及构成

教学观直接影响着教学质量的高低,进而影响整体教育的发展,因此,我们有必要对教学观进行深入的分析探讨,树立正确的教学观,为教育发展服务。

(一)教学观的内涵

教学观就是教师对教学的认识或对教学的主张,具体地说,就是教师对教学目标、教学过程、教学对象等基本问题的认识。这种基本认识对教师的教育教学活动有重要的影响。有什么样的教学观,就有什么样的教学行为。教学观支配着教师的教学实践活动,决定着教师在教学活动中采取的态度和方法。现代教学观的形成与发展是一个漫长的过程,与人们对教育的理解和认识密切相关。

(二)教学观的构成

关于教学观,可以从不同角度来考虑。一般而言,有教学优质化、特色化、国际化、民主化、现代化等的教学观主张。从教学观的构成要素来看，主要包括以下四个方面的内容：对教学对象的厘定、对教学任务的确立、对教学内容的选择以及对教学过程的理解。①

1. 教学对象的全体性

教学必须面向全体学生，真正做到有教无类。可以说，每一个学生都是教师的教育教学对象，即每一个学生都有权利获得教师的教导，每个教师都有义务面向每个学生开展教育教学。

在教师的眼里，学生无所谓好坏之分，都是"好"学生，都是可教之材，都是需要教师关注和帮助的对象。从学生的角度来讲，每个学生都有自己的特长和优点，也有短处和缺陷，每个人都是他自己，具有不可替代性，这些独特个性特点都应得到尊重。个体间只有发展水平的差异和发展潜力的大小，而没有好坏之分，不管学生处在什么发展水平，有什么样的发展潜力，老师都要一视同仁、尽心尽力、公平公正地对待每一个学生。尤其要注意对于那些发展水平低、更需要帮助的学生多付出一些耐心和精力，因为"罗森塔尔效应"表明，后进学生更需要教师的期待、鼓励、关爱和帮助，没有什么比老师的爱更能激发学生的潜力、融化学生的心灵。从老师的角度来看，每个学生都是一个复杂的教育教学对象，每个人的认识都是有局限性的，老师也不例外。面对发展具有复杂性、不确定性和丰富可能性的学生，老师不可能全面而充分地正确认识每个学生，也不可能完全把控学生的德智体美各个方面的发展情况和未来趋势，教师必须承认自己这种局限性，对学生的发展不要武断地下定论，更不能一棒子打死学生，而应该小心翼翼、认认真真、尽心尽力去呵护每一个生命，帮助每个孩子，做到不留遗憾，静待花开。

2. 教学任务的教育性

我们常说教育主要通过教学来实现，即教学是教育的基本途径，则教学任务具有全面性，促进学生德智体美全面发展。可见，需要树立全面性的教学任务观。关于教学的教育性问题，赫尔巴特早在其于1806年发表的名著《普通教育学》里就提出了"教育性教学"的观点，他说："不存在无教学的教育"这个概念，正如反过来，我不承认有任何"无教育的教学"一样，这里的教育指的是道德教育，他认为任何教学都有道德教育的价值。在今天我们理解教学的教育性，一般从两个方面考虑，一是从教师自身的身教的角度而言，在任何教学中，教师本身就是最大的教育力量，教师是学生学习的榜样，时时刻刻用自身的言行举止影响着学生，这种榜样的力量难以估量、价值巨大，会给学生一生都刻下不可磨灭的印象，教师也应该成为让学生一生都受益无穷的领路人；另一个方面就是从教育教学内容角度而言，我们都是把最有价值的知识教给学生，这些最有价值的知识里都含有各个方面的教育因素，包括品质方面、思想方面、观念方面、情感方面等，教师要深入挖掘和利用好教育教学内容，引导学生去感悟、体验，提升学生修养。

---

① 刘彦文.课程与教学问题专题研究[M].北京:中国轻工业出版社.2017.

3. 教学内容的综合性

在漫长的学校教育史上，教育教学中内容的综合性、一体化的特点比较明显，而且很多学生也因此成长为了"百科全书式"的大家。但随着学科知识越来越丰富、学科分化越来越具体，教育教学内容也越来越强调分门别类，知识有些支离破碎。尤其在今天，学科划分更加细致，知识分类更加清晰，分科教学大行其道，很容易导致所培养的人才缺乏对世界的整体认识能力和处理问题的综合能力。人本来就是一个整体性存在，世界也是一个整体，各个方面都有千丝万缕的联系，开展综合教育、培养人的整体性是教育应有之义。鉴于此，现代教学从儿童生命整体和儿童思维出发，提倡综合性教育，密切教学内容的有机联系，让学生认识完整的世界，从而培养学生的综合意识和能力，培养完整的人。为此，教师应积极应对教学综合性要求，不断提高自身的专业水平，增强综合教育能力。有什么样的教师就可能有什么样的学生，一个具有多学科基础、综合能力强的教师，在开展综合教育、培养学生综合能力方面必然更能应对自如。

4. 教学过程的生成性

生成性是人发展的重要特点，人是偶然、必然多因素影响的结果，作为促进人发展的教学活动必然具有生成性。教学是在教学目标指引下，按照教学规律的要求有计划地开展的。但这种计划性在教学过程中更多的是体现教学是有设计的、有准备的，但不代表这种设计就是固定的，像工业生产那样程序严格和易于质量控制，输出和输入都是可以预测的，而是在这种设计的一步一步展开实现过程中，有各种变化和发展。因为，这个过程是在教师与学生、学生与学生之间通过理解、沟通、交流进行的，这些师生之间、学生之间的一问一答、相互影响的结果具有随机生成性、不确定性，即教学有什么效果、有多大效果、对每个同学的效果如何等问题都是逐渐生成的。

秉持生成性教学观，意味着教学应承认学生的基础有差异，甚至参差不齐，经过教师的教育教学后，学生的成长也不可能"齐步走"，必然还是有差异，即所谓的"习相远"，因此教师不要强求千篇一律、千人一面，要尊重学生在已有个性基础上生成的新的个性，要更多地按照"个体内差异评价"的要求正确看待学生在原有基础上的进步、提高。同时，还要强调，任何教学活动要想得到教学的最佳生成效果，则需要重视学生的学习过程，只有给学生创造一个生成的学习过程，让学生自己一步步地去思考、分析甚至实践，把生成主动权还给学生，学生才能得到良好发展。

如何处理预设与生成的关系？预设与生成是辩证的对立统一体，是课堂教学的两翼，缺一不可。教学既要重视知识学习的逻辑和效率，又要注重生命体验的过程和质量。教学活动的"预设性"是从教师角度而言的，而从学生角度来看，作为未成年人，他们的认知特点与成人不同，教师预设的教学过程及结果并不一定完全能够在教学实践中得以实现，他们常常从自身的角度提出与预设不同的内容与方法。这使得教学活动过程表现出一定的"生成性"。

预设是根据一定的事实材料和理论知识，对研究对象的未知性质及其原因或规律的某种推测性的说明，是一种将认识由已知推向未知，进而变未知为已知的一种思维方法。

预成性思维是"一种先在设定对象的本质,然后用此种本质来解释对象的存在和发展的思维模式"。预成性思维认为规律是事物内部的、本质的、必然的联系,包含于事物表象之中,能够正确反映并代表事物,具有客观性、普遍性、稳定性等特点。预成性思维视域下的教学形态主要表现为"预设性教学",即教学活动过程有内在的、本质的、必然的规律,所有教学行为都是由其本质和规律事先决定的。教学活动是教师的教和学生的学的双边活动。从教师角度而言,作为专业的教学人员,受过系统的专业教育,懂得一定的教学理论与方法,因而从理论出发预测性地设计教学活动的过程及结果,是切实可行的,也是有科学的理论依据的。

二、"发展"教学观的确立

近几十年来,东西方国家的教学思想的发展都反映出在教学观念上由知识性教学向发展性教学转变。这一转变所涉及的实质上是教学价值观如何重新确定、教学质量评判标准如何裁定、教学组织工作出发点如何把握等最基本的教学理论问题。

(一)"发展"教学观的提出及含义

发展教学观的出现是现代国际社会竞争的积极产物。1957年苏联第一颗人造地球卫星上天,对美国朝野震动极大。美国在科技上的落后促使其开始对传统教育进行反思和谴责。美国全国科学院受命于1959年在伍兹霍尔召开了由美国的三十五位一流科学家参加的会议,著名教育心理学家、教育理论家杰罗姆·S·布鲁纳主持会议。会议集中讨论了美国科技之所以落后于苏联,其中一个主要的原因就是,美国传统教育(经验课程论和分科课程论)的严重不适应性:要么是忽视了学生学习知识的系统性,只片面强调培养学生的认知兴趣和经验,以致使学生既无系统的知识,又不能全面有效地发展智力;要么就是偏重于单纯的知识传授,片面地追求知识的全面,而忽视了知识的基本结构,忽视了学生智力的发展,以致越搞越烦琐,把学生带进了"知识迷宫"。会议决定由布鲁纳组织人力锐意改革中小学课程,改革的中心是"教什么,怎样教和达到什么目的"。《教育过程》一书便是布鲁纳对大会讨论所作的总结报告。在书中他阐述了自己的"教学观"。其观点归结起来,在理论上,他在坚持传授好基本的系统知识这一前提下,着重于学生的智力和创造性才能的发展;在实践中,他坚持实行发展性教学,以引导学校儿童发展创造性思维,掌握"机灵的预测、丰富的假设和大胆迅速地做出试验性结论"的天赋。

苏联的赞可夫也树起了教学改革的大旗,进行了大面积的教育实验。他主编的《教学与发展》一书于1975年出版,该书成为现代的"发展教学观"演化发展的重要里程碑。他认为,教学应"同时完成双重任务:既在掌握知识和技巧方法上达到高质量,又在学生的发展上取得重大的进步"。他指出:要使掌握知识和技巧的过程"成为学生积极发展的源泉",而且"不应当把我们的原则理解为似乎背离了高质量地掌握知识和技巧这一任务……学生在一般发展上的成绩,乃是自觉而牢固地掌握知识和技巧的可靠基础"。他认为,这些任务的完成乃是"以尽可能大的教学效果来促进学生的一般发展",其中所有的教学原则的确立和教学方式方法的选择使用,都应为了这一"目的"。这就把学生的"一般发展"突出地放到了教学目标的位置上。他既辩证地阐明了知识技巧的获取和智力发展的"源泉"与"基础"的关系,又把这一目标的实现牢牢地建立在两者相统一的联系之上。这就是赞科夫教学论体系的独特之处和突出的贡献。与布鲁纳、赞科夫同时代或稍后的,如维果茨基的"最近发展区"理论、日本的"自主学习论"、巴班斯基的"最优化教学理论"、东欧北美的"启发学"、普莱西的"程序教学"等教育流派,乃至当前不同国家教育学对发展教学观的研究,都在不同程度上推动了发展教学观的创新与发展。

当前,我国教育理论界对于"发展性教学观"的内涵有着不同的表述,这里对其内涵主要概括为:"发展性教学观"主要是指教学活动着眼于学生在知识、能力和个性等"从事创造性劳动的基础"方面的协调发展,强调学生在自身发展中的主体作用和主观能动性,培养"个性化"的"创新型人才"。大学教师能否确立并在教学过程中贯彻落实"发展性教学观",是当前我国大学以培养创新人才为主要取向的教学改革成功与否的关键。

(二)"发展"教学观的内容

大学要培养出创新人才,应从"适应性教学观"转向"发展性教学观"。与传统的适应性教学观不同,发展性教学观坚持"学生本位"的教学目标观,强调学生的全面发展;坚持"学生中心"的教学关系观,强调学生发展的主体作用;坚持"探究导向"的教学过程观,强调学生创新能力和创新精神的培养;坚持"人本主义"的教学评价观,强调学生的未来发展。

1. 教学目标观:注重"学生本位",强调学生的全面发展

教学目标是教学活动的出发点和归宿,教学目标的确立制约着教师对教学内容的选择、教学关系的判断、教学方式与方法的运用以及教学评价的开展,进而直接影响教学效果与人才培养质量。

"学生本位"的教学目标观认为,作为人才培养重要途径的教学,其根本目标应是促进学生的未来发展,教师应该立足于、服务于人的全面发展的现实需要,科学设计、组织教学过程。在教学过程中,知识的传授并不是教学的首要任务,学生掌握知识的多少、所学知识是否系统并不是最重要的;促进学生的知识、能力、个性尤其是创新精神和实践能力的全面协调发展,才是大学教学的根本要求。"学生本位"的教学目标观注重知识的系统传授,但更强调学生获取、融合和运用知识的能力、知识创新能力和以创新精神为核心的健康个性品质三个方面的素质培养。

2. 教学关系观:注重"学生中心",强调学生发展的主体作用

教学关系即指教学过程中"教"与"学"的关系,它是构成教学模式、影响人才培养质量的重要要素。与传统的"教师中心"相对应,"发展性教学观"强调教学的"学生本位"和"学生中心"。在教学关系上,它认为"学生是教学过程中最基本、最活跃的因素,他是教学过程中作为目的而存在着的、具有主动性、积极性和独立性的个体;而教师则在教学过程中作为引导学生有效地朝着人类已有的知识经验并按照一定的要求改造学生的力量,其存在的终极目的是为学生的学习和改造服务"。教师对于学生发展的作用不仅体现在

对学生的知识传授上,更表现为充分尊重学生的个性、兴趣和需要,进行以学生为主体、师生互动的参与式教学,不断创设问题情景,通过对学生学习的启发、引导和点拨,达到培养学生乐于学习、善于学习、自主自信、个性健全等综合素质的目标。

3. 教学过程观:注重"探究导向",强调学生创新能力和创新精神的培养

教学过程是对教学目标的贯彻落实。"发展性教学观"认为,大学教学过程主要是发现知识的过程,传承知识不是主要目的,而是发现知识的必要手段。从"适应性教学观"向"发展性教学观"转变,要求大学教学从单纯追求知识掌握的"传承导向"转向"探究导向",即引导学生在探究的基础上,逐步实现对知识的自我选择、判断、体验、反思,进而促进学生的创新能力和创新精神培养。在探究型教学活动中,教学的目标是开放的,自始至终渗透着学生对知识进行的价值判断、对知识的改造和再造,学生作为"批判的思想者"而存在,知识(教材)只是作为师生意义生成的材料。这样的教学过程,一方面体现了学生作为学习的主体对认识活动的主动性、选择性,有利于培养其怀疑意识、批判意识和探究意识;另一方面有利于培养其科学精神,既敢于对各种知识进行质疑和反驳,又对各种意见和观点保持一份理解和宽容。

4. 教学评价观:注重"人本主义",强调学生的未来发展

教学评价既是对教学过程和教学效果的事实判断,又是在一定的教学观念支配下的价值判断,评价主体的教学目标观不同,评价的标准与侧重点、手段与方法自然不同,评价结论必然大相径庭,对学生发展的影响自然大不相同。

"发展性教学观"着眼于学生的全面发展,主张将服务和促进学生的未来发展作为贯穿评价过程,凸显教学评价的"理解性和发展性"。从"适应性教学观"向"发展性教学观"转向,需要把学生看作正在不断发展、有待发展的人,以动态发展的眼光看待、发现学生的缺点、优点和进步,积极关注、鼓励学生的成功和收获,从而为学生的进一步发展提供精神动力和方向指导,帮助学生发现学习中存在的问题并找出解决办法,引导他们了解、明确自身发展的优势和潜能。

(三)实现"发展"教学观的条件与要求

发展性教学是一种以培养和发展学生主体性为主要目标的教学。教学工作在具备哪些条件时才能真正成为发展性教学呢?可从以下几个方面来进行探讨。

1. 要有正确的发展观念

关于人的身心发展的可能性,历史上从来都是争论不断的。在人性论上,性善论和性恶论对人的先天德行做了完全相反的估计,各自设计的个性品德发展模式也截然相反。在学生有无发展潜能的问题上,在理论上和实践中也有很大分歧。一方面,在实际工作中,许多人往往从学生的现实表现推断学生没有出息,没有潜力。不少人坚持僵化的潜能观,认为学生的智力水平是先天决定,教育对此无能为力。另一方面,现代科学研究,尤其是一系列脑研究,都证明人的大脑拥有巨大的潜能,国内外也有不少人开展了潜能开发的

探索等等,都提供了有利的经验支持。发展性教学要求人们在这些有争议的问题上坚持正确的发展方向,这就是要坚持积极的发展观,乐观地评价学生的天性,相信学生内心潜藏着巨大的发展能量,坚信每个学生都可以获得有效发展。

2. 要有强大的学习动力

学生是教学认识的主体,学生能否掌握知识技能和获得全面发展,首先要看本人是否努力。也就是说,学生参与教学活动的愿望和投入教学活动的程度是学生能否在教学中能否获得有效发展的重要主观条件,它是学生能否发展的动力基础。学生学习的动力来源于他的各种需要和追求。教学要有效地促进学生发展,必须重视学生学习动力的有效激发、提高和培养。激发和培养学生学习动力有三种主要途径。第一种是外在奖惩,即利用学生对各种物质和精神奖励的追求以及对可能出现的惩罚的恐惧与逃避,来促使学生努力学习。不过,此类措施也易产生负面作用,应慎重使用。第二种是教学本身的吸引力,即通过提高教学活动的艺术性,使教学成为富有活力和魅力的活动,从而促使学生产生学习愿望,自然地参与教学活动。第三种是学生的个性力量,即利用学生的自尊感、进取心、理性追求、意志力等个性因素,促使学生积极参与教学活动,发挥个人的智慧潜能。教学实践的大量经验表明,提高教学吸引力和发挥学生的个性力量,是激发和培养学生学习动力的主渠道。学习兴趣依靠教学过程来不断巩固,具有持久性和增力效果,是稳定可靠的学习动力因素。个性力量是一种内在的人格力量,对个人行为具有重要影响,这种力量一旦觉醒,对学习活动的驱动就会相当强大而持久。因而,在激发和培养学生学习动力的教学策略上,发展性教学主张多关注内在动力,使学习动力与发展方向保持内在的关联性。

3. 教师要有创造性劳动

教师的创造性劳动是发展性教学的重要条件。教学促进学生发展并不是自发地实现的,而是专门设计和精心组织教学活动的结果。不同教师组织和设计的教学活动对学生发展的影响也有很大的不同,教师工作的性质和质量直接决定着教学促进学生发展的可能与程度。为了使教学真正具有发展的价值,教师需要付出大量精力,需要创造性地开展工作,需要充分发挥其主导作用。教师要真正关注学生身心的全面发展,并能把关于学生全面发展的一般追求具体化到教学的每个环节之中;教师要研究学生发展的规律性,了解学生身心发展的阶段性、年龄特征、个别差异,并能遵循学生的身心发展规律来设计和组织教学活动;教师要优化教学过程,体现因材施教原则,发挥学生的主体性,使教学方法和组织形式多样化,提高教学过程的艺术性,增强教学实效;教师还要不断提高自身修养,探索教学艺术,提升教学能力等。

4. 教师要善于创设教育情境

新课程从以人为本、回归生活、注重发展的教育理念出发,大大丰富了情境的内涵,并对情境创设提出了新要求,情境创设因此成了新课程改革在课堂教学领域内的一个热门话题。德国一位学者有过一个精辟的比喻:将15克盐放在你的面前,你无论如何也难以下咽;但将15克盐放入一碗美味可口的汤中,你早就在享用佳肴时,将15克盐全部吸收了。情境之于知识,犹如汤之于盐。盐需溶入汤中,才能被吸收;知识需要溶入情境之中,才能显示出活力和美感。

知识本身具有丰富生动的实际内容,而表征它的语言文字(包括符号图表)则是抽象和简约的,学生所学的正是语言文字所汇集成的书本知识即教材。这就要求学生不论学习什么知识,都要透过语言文字、符号图表把它们所代表的实际事物想清楚,以至想"活"起来,从而真正把两者统一起来。从教育心理学角度讲,这样的学习就是有意义的学习。相反,如果学生只记住一大堆干巴巴的文字符号,而没有理解其中的实际内容,这样的学习便是机械的学习。

教学情境就是以直观方式再现书本知识所表征的实际事物或者实际事物的相关背景,是学生认识过程中的形象与抽象、实际与理论、感性与理性以及旧知与新知的关系和矛盾。捷克教育家夸美纽斯曾说:"一切知识都是从感官开始的。""在可能的范围内,一切事物应尽量地放在感官的跟前,一切看得见的东西应尽量地放在视官的跟前,一切听得见的东西应尽量地放到听官的跟前……假如有一个东西能够同时在几个感官上面留下印象,它便应当用几个感官去接触。"虽然这种论述未免有绝对化之嫌,但的确也反映了教学过程中学生认识规律的一个重要方面:直观可以使抽象的知识具体化、形象化,有助于学生感性认识的形成,并促进理性认识的发展。

"境"是情境教学的一个维度,"情"则是另外一个维度。教师必须用情感激发学生的学习心向,正如有的学者所指出的,从血管里流出来的是血,从山泉里流出来的是水,从一位充满爱心的教师的教学里,喷涌出来的则是一股股极大的感染力。它可以使学生产生同样的或与之相似的情感。在教学中,如果教师上课冷漠,那么学生听课也必然冷漠;教师无激情讲课,学生必然无激情听课;教师无真情讲课,学生必然无真情听课。没有激情,课堂教学就像一潭死水;没有真情,师生即使面对面,也犹如背对背。只有激情和真情才会在师生间产生一种互相感染的效应,从而不断激发学生学习的热情,唤起学生的求知欲,诱发学生进入教材的欲望。情感激发的目的在于为课堂教学提供一个良好的情绪背景,学生兴致勃勃、兴趣浓厚、兴高采烈。

总之,创设情境既要为学生的学习提供认知停靠点,又要激发学生的学习心向。这是"情境"的两大功能,也是促进学生有意义学习的两个先决条件。

5. 发挥学生的主体活动

发挥学生的主体活动是教学促进学生发展的落脚点。一个人从事什么样的活动以及怎样从事这些活动,是决定一个人身心发展的关键所在。教学活动要有效地促进学生发展,就必须高度重视和研究学生的主体活动问题,努力优化学生的主体活动。学生获得发展,一般落实为学生主体结构的完善和丰富,它是学生主体活动的产物,是活动内化的结果。只有通过丰富多样的主体活动,才能建构不断完善的主体结构。为了实现教学促进学生全面发展的宗旨,应在优化学生的主体活动方面下功夫,要注意全面建构学生的主体活动。要使教学具有最大的发展效果,就要认真研究每个科目中学生主体活动的类型有哪些以及各种类型的活动之间的关系是怎样的,在此基础上,全面设计教学活动中学生的主体活动结构。

6. 要优化教学内容

教学内容对学生发展有特殊的重要性。教学内容对学生发展的影响作用主要取决于教学内容的数量、质量和适宜性等。比如，教学内容是走在学生发展水平的前面还是跟在发展水平的后面？教学内容是封闭好还是开放好？教学内容是经验性强好还是理论性强好？而这些都是教学内容优化需要研究的问题。赞可夫、达维多夫等人在发展性教学研究中强调，教学内容应该走在学生发展水平的前面，立足于最近发展区，具有难度和挑战性；教学内容应该具有大容量，即信息量要大；教学内容应该突出理论知识，以理论知识为主。这些结论尚存在争议。但是，从立足于加快学生心理发展的角度来看，尤其是从促进学生智力发展的角度看，强调教学内容的理论性、挑战性、信息量大等因素是非常必要的。

总之，发展性教学既强调教学对学生发展的主导作用，更强调教学促进发展的条件性。只有在观念正确、目标明确、教师创造性地开展工作、学生学习动力充足、学生的主体活动优化、教学内容适应的条件下，教学才能最大限度地促进学生发展，从而实现真正的发展性教学。

第四节　古今中外教学观的分析与批判

古今中外不同历史时期产生了多种不同的教学观，对其进行系统的分析与批判，有利于教师和学生对教学观的产生与发展过程进行进一步的了解和认识，有利于形成批判性思维，帮助树立其正确的教学观。

一、中国教育史上教学观的分析与批判

自教育产生以来，教学活动的终极目的都是为了促进学生的发展。历史上关于教学的改革和探索，就是要使教学发挥更好的育人功能，满足学生的学习需求。我国教学思想的发展经历了三个阶段：古代以个别教学和自主学习为主要特征的教学观，近代以解放人性为主要特征的教学观，现代以学生的全面和谐发展为指导的教学观。

（一）古代以个别教学和自主学习为主的教学观

个别教学是我国古代教学的主要组织形式，有利于教师根据学生的资质和学业水平进行因材施教。与此同时，我国古代教学特别强调学生"自求自得"，在一定程度上采取发现学习，通过自主学习来掌握知识和获得进步。这些提高了我国古代教学的针对性和有效性。总体来看，我国古代的教学思想主要发端于先秦教学思想，尤其是儒家教学思想之中。在后世，大多是对这些思想的深化、补充和发展。

孔子在长期的教学实践中，概括总结出了一系列有价值的教学理论，对后世产生了极

深的影响。第一,立足个别教学,实行因材施教。孔子提倡"有教无类",极大地扩大了教学对象,不过使学生的情况变得较为复杂。孔子就根据学生的实际情况采取灵活的个别教学,通过启发诱导,实行因材施教。第二,自主学习是学有所成的根底。遵循"学而知之"的认识路线,学是求知的途径,也是求知的唯一手段,并在此基础上提出了教学必须要做到学、思、行相结合。"学而不思则罔,思而不学则殆"表明学和思之间具有高度的关联性。

《学记》作为《礼记》中的一篇,是世界上最早、体系最严整的教育理论著作,总结与发展了先秦及其先秦以前的教学思想,提出了许多更为详细的教学思想。《学记》首次提出了教学相长之说:"学然后知不足,教然后知困。知不足,然后能自反也;知困,然后能自强也。故曰:教学相长也。"在最佳时机进行教育教学;要循序渐进而不超越学生的年龄和能力范围去施教;要相互学习观摩,取长补短。关于教学方法,主张启发式教学法:"故君子之教,喻也:道而弗牵,强而弗抑,开而弗达。"

韩愈是唐代著名的文学家、思想家和教育家。其代表作《师说》很好地阐明了有效教学与教师的关系。南宋著名的理学家、大教育家朱熹对教学的"学"作了很好的诠释。

(二)近代以解放人性为主要特征的教学观

20世纪20年代前后,以美国为代表的西方教育思想大量传入我国,激发起一些知识分子的教育改革热情,各种教育思潮、改革运动和实验不断涌现。

陈鹤琴是我国近代学前教育理论和实践的开创者,一生致力于有民族特色的儿童教育研究。他提出了"活教育"理论。他提出了17条"活教育"的教学原则:凡是儿童自己能够做的,就应当教儿童自己做;凡是儿童自己能够想的,就应当让他自己想;你要儿童怎样做,就应当教儿童怎样学;鼓励儿童去发现他自己的世界;积极的鼓励胜于消极的制裁;大自然、大社会是我们的活教材;比较教学法;用比赛的方法来增进学习的效率;积极的暗示法胜于消极的命令;替代教学法;注意环境,利用环境;分组学习,共同研究;教学游戏化;教学故事化;教师教教师;儿童教儿童;精密观察。

陶行知是我国现代杰出的人民教育家,毕生从事教育事业,致力于探索民族教育的新路。他重视教育与生活的联系,提出了"教学做合一"的生活教育理论。

(三)现代以全面和谐发展为指导的教学观

党的十一届三中全会之后,我国各项事业都进入了恢复和发展时期,教学理论与实践的研究也逐步繁荣。在20世纪80年代,我国开始了中小学教学改革实验。这次改革坚持以"全面和谐发展"的教育思想为指导,始终遵循整体优化原则,以教育内部结构改革为中心,探求教学的整体优化,提高教学过程的效率。

具有代表性的实验如中科院心理研究所卢仲衡主持的"初中数学自学辅导教学实验"、上海青浦县(今清浦区)顾泠沅开展的"尝试指导、效果回授教学实验",愉快教学、成功教学、暗示教学法、情境教学法、八字教学法、六步教学法等在各地试验并采用。这些改革力图改变教学中采用单一的注入式教学方法的状况,以便更好地调动起学生的学习积极性,从而更有效地发挥教学的育人作用。

2001年6月8日,教育部颁发了《基础教育课程改革纲要(试行)》,在肯定了我国基础教育课程建设取得显著成绩的同时,指出了我国基础教育面临的问题,即总体水平还不高,原有的课程已不能完全适应现代发展的需要。此次改革对基础教育的课程目标、结构、标准、评价以及教学过程等都进行了调整,构建起符合素质教育要求的新的基础教育课程体系。

进入21世纪,在新课程改革的背景下,"以学生为本"成为最核心的教育理念。因此,教学必须尊重学生的个性,促进学生的个性发展,使学生在知识、技能、情感、人格等方面获得全面和谐的发展。

二、外国教育史上教学观的分析与批判

古今中外,许多教育家总结了大量有关教学的宝贵经验、思想和理论。这些宝贵的经验、思想和理论是前人智慧的结晶,对今天的教学理论研究和教学实践工作具有重要的指导意义。

(一) 传统主要的教学观

1. 苏格拉底的教学观

雅典著名思想家苏格拉底(Socrates,公元前469—前399年)在其教学中使用对话、提问、暗示、诘难、归纳等方法,激发学生思维,以使之主动寻求答案,称之为"产婆术",教育史上认为这是西方最早的启发式教学。苏格拉底在教学中总是力求寻找具有普遍意义的原理与观念,并将其视为教学的最终目的。其教学过程的基本特征是:"由普遍经验概括开始,进而达到构成特殊事实的基本概念的更适合的定义。"古罗马著名教育家昆体良(Marcus Fabius Quintilianus,35—95)系统地总结了罗马的教学成就和自己从教二十余年的教学经验(特别是教学法方面的经验),写成十二卷的《雄辩术原理》,被誉为古代西方的第一部教学法专著。他认为,"教学要能培植各人的天赋特长,要沿着学生的自然倾向最有效地发展他的能力"。教学时要注意智力劳动和休息互相调剂,最好的休息是游戏。他详尽地研究了教学法,提出学习的三个顺序递进的阶段——模仿—理论—练习,而尤重练习的作用。这些都是很有价值的。

2. 夸美纽斯的教学观

1632年捷克大教育家夸美纽斯(Johann Amos Comenius,1592—1670)出版了教学论史上划时代的著作《大教学论》,是理论化和系统化教学理论的创立者。17世纪因此而被称为教学论的世纪。夸美纽斯受到德国教学法革新家拉特克(Wolfgang Ratke,1571—1635)和英国哲学家培根(Francis Bacon,1561—1626)的思想的影响,更受到伊里亚斯·博定(Elias Bodin,1600—1650)所著《"自然的"教学论》("Natural" Didactie)一书的直接启发,却不像其先辈那样把思维的视野仅局限于具体的教学方法,而是尝试将"教学法"变成"教学论"(didactic)。夸美纽斯给"教学论"下的定义是:"教学论是指教学的艺术","是

一种把一切事物教给一切人类的全部艺术"。因此,正是夸美纽斯第一次确定了教学论的概念并构成了它的体系。

在《大教学论》中,他对教学理论问题作了广泛而系统的论述:"主要目的在于:寻求并找出一种教学的方法,使教员因此可以少教,但是学生可以多学……"在适应自然的教学观的基础上,夸美纽斯重点探讨了教师教学的规则与技巧:建立秩序,讲求方法;激发兴趣,学有所乐;直观形象,保持注意;启发思维,因材施教;顺性量力,循序渐进;耐心指导,慎用惩罚等,并由此形成了以"教"为中心的西方教学论传统。他在教学论史上的作用是开拓了教学的两个方面——客观方面(教学规律)和主观方面(运用这些规律的艺术),从而为教学理论(教学论)和教学艺术奠定了基础。

夸美纽斯在他的《大教学论》一书中对教学原则、教学方法、教学组织形式等都有论述。《大教学论》中,在教学组织形式方面夸美纽斯总结新旧各教派学校中实行班级授课制的经验,提出并全面系统地论述了班级授课制,他认为班级授课制是最有教学效率的教学组织形式,要求用班级授课制来代替个别教学;他所说的班级授课制,就是把不同年龄、不同知识水平的儿童,分成不同年级,通过班组进行教学。但过分强调集体教学,忽视了个别指导,而且认为每个班的学生越多越好,这是不科学的。在教学原则方面提出了直观性原则、量力性原则、激发学生求知欲原则、巩固性原则、系统性和循序渐进原则。在教学方法方面强调教师可以少教,学生可以多学。

3. 赫尔巴特的教学观

德国著名教育学家赫尔巴特(Johann Friedrich Herbart,1776—1841)的主要教育思想体现在《普通教育学》一书中,最主要的教育思想是教学心理化和教学过程阶段论。他在裴斯泰洛齐教学"心理学化"思想影响下,对将心理学引入教学进行了长期的研究。在教育史上第一次建立了以心理学为基础的教学理论,并第一次把教学论作为教育学的相对独立的组成部分。他将统觉(apperception)原理运用于教学之中,正确阐明了多方面兴趣(经验、思辨、审美、同情、社会、宗教等六方面兴趣)是传授新知识、形成新观念的基本条件,是教学方法的基础。

赫尔巴特重视教学的作用,并提出了一个非常重要的原则,明确提出了教育性教学(ErzieherischeUnterrich)的概念,认为:"教学如果没有进行道德教育,只是一种没有目的的手段;道德教育如果没有教学,就是一种失去了手段的目的。"他认为教育(道德教育)通过,而且只有通过教学才能真正产生实际作用,教学是道德教育的基本途径。他运用心理学的研究成果具体阐明了教育和教学之间的本质联系,使德育获得了坚实的基础。

赫尔巴特创立了教学过程的明了(给学生明确地讲授新知识)、联想(新知识要和旧知识联系起来)、系统(作概括和结论)、方法(把所学知识用于实际)四阶段论,使杂乱无章、混淆不清的教学过程逐步走上了有章可循的轨道。后来被他的后继者威勒(TuiskonZiller,1817—1881)加以发展,成为分析、综合、联合、系统和方法等五个阶段。威勒的学生赖因(Wilhem Rein,1847—1929)又把这五个阶段称为预备、提示、联系、总结、应用,成为传统教学的一个重要模式,被称为"五段教学法"。赫尔巴特及其学派建立起以掌握书本知识为主旨的被称为传统教学论的完整理论体系,提高了教学论的理论水平。并曾统治欧美教育界达半个世纪之久,甚至影响到东方的中国和日本。

在赫尔巴特教学理论的发展中,也存在着许多弊端,他把教学完全从属于教育,将二者等同,具有机械论的倾向。例如,只重教,轻视学,虽然也提出重视学生的兴趣等,但其重点放在教师的教上;其教学形式阶段论,其侧重点在于实现学生对知识的有效接受和掌握,过于强调教师在教学中的作用,相对忽视了学生的个性发展。

(二) 现代主要的教学观

1. 杜威的教学观

1916年美国实用主义教育家杜威(John Dewey 1859—1952)发表其教育代表作《民主主义与教育》,批判继承了古希腊以来几乎全部教育家的理论,对柏拉图、亚里士多德、洛克、卢梭、康德、赫尔巴特和福禄培尔等都作了许多批判性的评论,提出了许多有价值的见解。杜威是美国实用主义教育家,被美国人称为"创立美国教育学的首要人物"。在教学内容上,他反对单纯传授书本知识,主张以儿童的亲身经验代替书本知识;在教学组织形式上,他反对传统的课堂教学,认为班级授课制是"消极地对待儿童,机械地使儿童集合在一起,课程和教法划一",不利于儿童的发展;在教学过程中的师生关系上,他反对以教师为中心,要求教师不要起主导作用,主张以儿童为中心,以学生的主动活动代替教师的讲授。20世纪是儿童教育的世纪,这与杜威及其学派提倡"儿童中心"观点密不可分。用杜威自己的话来讲,促进儿童成为教学的中心,是完成了"哥白尼式的革命"。他对传统教学进行了尖锐的批判,由此,他提出了著名的"做中学"(learning by doing)理论。他认为:"没有一些游戏和工作,就不可能有正常的有效的学习。""教学应从学生的经验和能力出发,使学校在游戏和工作中采用与儿童、青年在校外所从事的活动类似的活动形式。"①

杜威非常重视学校对学生优良思维习惯的培养,他认为学校所做的一切都是为了培养学生的思维能力。他特别强调思维在经验中的重要作用,认为凡是"有意义的经验"都是在思维的活动中进行的。于是,形成了反省思维教学法。杜威根据人的思维的发展阶段,提出了教学过程的五个步骤:第一,创设情境;第二,确定问题;第三,提出假设;第四,验证假设;第五,形成规律。杜威所推崇的教学方法,是一种"从做中学"的方法,具体讲是一种在经验的情境中思维的方法。他强调在教学中要重视学生的主动性和创造性,使学生主动地活动,积极地思维,并注意学生的兴趣与需要,这是很有见地的,为"发现法"的教学方法奠定了基础。但是,忽视了系统知识的传授,降低了知识的地位,过于重视活动,泛化了问题意识,简化了认知的途径,影响了教育质量。

2. 布鲁纳的教学观

布鲁纳是美国认知心理学家。他主要研究知觉、思维以及儿童的发展,并把心理学理论应用到教学改革上。他1960年出版的《教育过程》被称为有史以来教育方法最重要而且最有影响的一本书,是一部划时代的著作。他的主要观点是:

---

① 单中惠,朱镜人等.外国教育经典解读[M].上海:上海教育出版社,2004:218-219.

一是在课程内容上,强调学科的基本结构。布鲁纳《教育过程》认为,"不论我们选教什么学科,务必使学生理解该学科的基本结构",并提出了掌握学科结构的基本原则:动机原则,即学生有内在的学习愿望;结构原则,任何知识结构都可以用动作、图像和符号三种表象形式来呈现;程序原则,引导学生通过一系列有条不紊地陈述一个问题或知识结构,以提高他们对所学知识的掌握、转化或迁移;强化原则,教学规定适合的强化时间和步调是学习成功的重要一环。二是在教学目的上,重视发展学生的智力。布鲁纳主张,教学应着眼于儿童认知结构的扩展以促进认知能力的发展。儿童认知能力的发展应该是教学活动的核心任务,课程的设计、方法的选择均要围绕进行并为此服务。也就是说所教授的学科结构必须与儿童的认知结构特征相适应,教育过程应依据儿童各年龄阶段的认知结构的特点进行,使教学过程本身就是促进儿童智力发展的过程。三是在教育时机上,主张早期学习。布鲁纳在强调学习学科的基本结构和发展认知能力的同时,提出了一个大胆的假设:"任何学科都能够用在智育上是正确的方法,有效地教给任何发展阶段的任何儿童。"他认为,在发展的每个阶段,儿童都有他自己的观察世界和解释世界的独特方式。教给特定年龄的儿童某门学科的任务,就是要按照儿童观察事物的方式去教那门学科的结构。那么任何一门学科,即便是高深的理论学科,也可以通过我们的"翻译工作"以简要易懂的形式出现而为儿童接受。四是在教学方法上,倡导发现法,他主张让学生主动地发现知识而不是被动地接受知识。布鲁纳的"发现学习"和"发现教学"以培养创新精神和实践能力为主要目的,即构建旨在培养创新精神和实践能力的学习方式及其对应的教学方式。其基本程序一般为:创设发现问题的情境,建立解决问题的假说,对假说进行验证,做出符合科学的结论,转化为能力。布鲁纳认为"发现"依赖于"直觉"思维,他主张在教学中采取有效方法帮助儿童形成直觉思维能力,要鼓励学生去猜想。

3. 赞可夫的教学观

列·符·赞科夫是苏联著名的心理学家、教育学家。1957—1977年,他组织领导了教学与发展的大规模实验。1975年出版的《教学与发展》一书是其思想的集大成者。他提出了教学要走在发展前面,在学生的发展上下功夫,以尽可能大的效果来促进学生一般发展。所谓一般发展,就是不仅发展学生的智力,而且发展情感、意志品质、性格和集体主义思想。[①] 赞科夫认为,在传统教学条件下优生的发展受阻,而差生的发展几乎毫无进展,是因为没有把学生的一般发展看作最重要的任务。赞科夫的实验教学特别注意对差生的帮助,他认为要解决学习差的问题,就要增强学生的学习信心,培养他们的求知欲,发展他们所缺乏的心理品质。

在教学过程中,他强调着重发展观察力、思维力和操作力,并提出了一系列教学原则:(1)以高难度进行教学的原则。"难度"这一概念的含义,一是指教材有需要克服的障碍,二是指学生的努力。教材有需要克服的障碍,学生才去努力掌握,才能促进其智力、能力、情感、意志的发展。以高难度进行教学,旨在引起学生的思考,促进学生特殊的心理活动过程,而并不在于无限度的难。"难度的分寸"限于"最近发展区",但不能降低到"现有

[①] [苏]列·符·赞科夫.和教师的谈话[M].杜殿坤,译.北京:教育科学出版社,1980:142.

发展水平"。(2)以高速度进行教学的原则。为了辅助高难度教学,使学生学到的知识质量得以提高,通过从多方面理解知识,克服传统教学中的那些不必要的重复;使教学材料的难度、范围以及速度要与学生"最近发展区"的实际学习可能性相适应。但是,"高速度"并不要使教学进度无止境地快,背离教学的巩固性原则。赞科夫并不反对复习,而是要求改变旧的复习方法,主张对教材从多方面联系起来理解。(3)理论知识起主导作用的原则。赞科夫首先表明,确定这条原则,并不贬低知识和技巧以及学龄初期儿童获得知识和技巧的意义。但他认为"理论知识是掌握自觉而牢固的技巧的基础。掌握理论知识,不仅不妨碍技巧的形成,而且恰恰相反,乃是形成技巧的条件"。教给学生规律性的知识,目的是要学生能够举一反三、闻一知十。(4)使学生理解学习过程的原则。所谓让学生理解学习过程,就是要让学生掌握知识之间的联系,认识所要学会的不同的技巧之间的差别,在哪些部分容易发生错误以及如何防止错误的发生。让学生理解学习过程,最根本的是要形成学习"内在的诱因"或动力,即发自内心需要的求知欲。其实质是要学生学会学习方法和思考方法,成为积极学习的主人;是要求创造条件引导和培养儿童成为独立的学习主体。(5)使全班学生(包括"后进生")都得到发展的原则。赞科夫认为在传统教学的普遍实践中,对差生提供的"真正智力活动的可能性是最少的",所以教师更应在他们的发展上系统地下功夫。

赞科夫的发展性教学理论针对传统教学理论中的根本性缺点,把教学与发展问题放在核心地位,对传统教学进行了系统的改革。他的理论是建立在真正有理论指导的、长达二十年的教学实验基础之上,具有可靠的实践基础,是对传统教学论的一次有力的挑战和重大的突破。他所遵循的"实践—理论—实践"的科研道路,给人多方面的启示。但是,由于他"坚持标新立异"的思想,对传统教学论否定过多,对教学原则的表述也有失准确,所以尽管他一再宣称其原则体系的优越性,但70年代以来苏联所出版的许多教学论著作,只吸取其中的合理精神,而无一沿用他的原则名称。

(三)当代主要的教学观

1. 人本主义教学观

20世纪50年代,人本主义心理学开始引入教育学界。人本主义教学理论的代表人物是马斯洛(1908—1970)和罗杰斯(1902—1987)。教学目的:不仅在于学生知识的积累和技能水平的提高,更应该关注学生健全人格和良好人性的培育。教学的本质是促进学生成为一个完善的人。教学过程是一种社会互动过程;师生之间应该是一种平等、民主的关系。

罗杰斯(C.R.Rogers)的非指导性教学也称"学生中心教学",他强调学习不能教授,只能促进。教师的任务不是教学生学习知识(这是行为主义强调的),也不是教学生如何学习(这是认知主义强调的),而是为学生提供各种学习的资源,提供一种促进学习的氛围,让学生自己决定如何学习。教师应该成为学生学习的"促进者",学生自身具有学习的潜能,"促进者"只需要为他们设置良好的学习环境,提供各种学习资源,使他们知道如何学习,他们就能学到所需要的一切,所以"促进者"主要指导和激发学习者的动力与潜能。

"非指导"不等于不指导,而是另一种指导,即指导学生学习的心理氛围,它强调指导的间接性、非命令性。非指导教学的关键在于促进形成学习的良好心理氛围和友好的师生关系。合作教学的精髓在于要求教师遵从人道主义原则,将学生培养成有个性的公民,而不要强制地对待学生。

2. 建构主义教学观

20世纪80年代中期,建构主义作为一种教学理论而兴起,其主要观点体现在突出学生的主体地位上。在教学观上,建构主义认为,学生是其自身知识和意义的主动建构者,教师是学生主动建构意义的帮助者、促进者以及学习的辅导者,而不是知识的传授者、灌输者。教师帮助学生从现有的知识经验出发,在真实的情境中,通过操作、对话、协作等进行意义建构。建构主义主张合作学习,学习者以自己的方式构建对事物的理解,从而不同人看到事物不同方面,不存在唯一的标准的理解,但我们可以通过学习者的合作而使理解更加丰富和全面。

建构主义教学的典型模式有支架式教学、情境式教学和交互式教学等。建构主义的教学观给教育领域带来了一系列的观念变革,在理论与实践上对全世界的教育改革都产生了影响,但建构主义存在不足之处。建构主义所讲的教学没有具体目标,没有针对目标的内容和联系与反馈活动,所以不符合教学设计所定义的教学,无法提供给人们具体的可操作的教学设计方式。从哲学的角度来看,建构主义走向了与客观主义相对立的另一个极端,即相对主义和主观主义,他们过于强调世界的不确定性,否认本质、规律和一般的存在。

3. 后现代主义教学观

20世纪后半叶,教学论受到后现代主义思潮的影响。后现代主义是第二次世界大战后在西方产生的一种社会思潮。后现代主义(postmodernism)教学理论于20世纪70年代在欧美孕育产生,其重要代表人物是美国学者多尔(W.E.Doll)。多尔于1993年出版了《后现代课程观》一书,从后现代主义的立场对课程与教学问题进行了重新解读,提出了许多新颖而独到的观点。后现代主义教学论强调应该重新建立新的知识学习和理解方式,强调学生在学习过程的主体性和创造性,强调应该重新确立师生关系,后现代主义主张消解教师的话语霸权,铲除对秩序和权威与日俱增的服从,鼓励在课堂教学中以师生平等对话代替教师的传授与灌输,以培养求知者的民主意识和创新精神。教学过程是一种人与人之间的对话关系,教师是学习共同体中的首席。在教学过程中,他把教学过程视为一个诠释与创造、交往与对话的过程。

本章小结

本章主要分为四个部分的内容。首先,主要厘清教学的概念,从教学的词源分析、国内外对"教学"的不同界定以及教学与教育和智育之间的关系来对教学这一概念进行全方位的认识和理解;其次,对教学过程的本质和规律进行了系统的论述,进而探讨什么是

"好"的教学,从而指导学生以哲学的视角思考好的教学标准;再次,基于教学本质对指导教育教学活动的教学观进行了全面的论述,并阐述了当下"发展教学观"的含义和实现条件,从而进一步实现学生主体性的培养和发展;最后,对古今中外的教学观进行了系统的分析和批判,有助于帮助教师和学生对教学观的形成和发展进一步地了解,从而帮助学生树立起正确的教学观。

复习与思考

1. 列举几个教学定义,并说说自己的观点。
2. 对与教学概念有关的"教育"、"智育"、"上课"等进行辨析。
3. 思考并提出你认为"好"的教学标准。
4. 谈谈对不同教学过程的本质认识。
5. 如何理解教学过程的基本规律?
6. 理解现代教学的主要理论流派核心观点,并进行评述。
7. 请你结合自身受教育经历,谈谈我国教学存在哪些问题及如何规避。

阅读参考资料

[1] 石中英.教育哲学[M].北京:北京师范大学出版社,2007.
[2] 于伟等.教育哲学[M].北京:京师范大学出版社,2015.
[3] 项贤明.教育学原理[M].北京:高等教育出版社,2019.
[4] 王策三.教学论稿[M].北京:人民教育出版社,1985.
[5] 全国十二所重点师范大学编写组.教育学基础[M].北京:教育科学出版社,2008.
[6] 刘志军等.教育学[M].北京:高等教育出版社,2011.
[7] 田慧生.深度学习:走向核心素养[M].北京:育科学出版社,2019.
[8] 张立昌等.教学哲学[M].北京:中国社会科学出版社,2009.

第六章 教师职业与教师观

【名人名言】

一个教师如果不落后于现代教育的进程,他就会感到自己是克服人类无知和恶习的大机构中的一个活跃而积极的成员,是过去历史上所有高尚而伟大的人物跟新一代之间的中介人,是那些争取真理和幸福的人的神圣遗训的保存者。他感到自己是过去和未来之间的一个活的环节……

——[俄]乌申斯基

【本章提要】

教师职业是一个从一般性职业不断走向专业化的职业,具有价值性、教育性、复杂性、创造性等特点。因此,教师就必须获得专业性发展,包括教师群体外在专业性提升和教师个体内在专业结构的更新与完善。教师要想担当起教书育人、提高国民素质的重要使命,就必须明确自身的角色定位,不断提升自己的生存境界,真正做到为人师表;尤其是要树立正确的职业信念和教师观,并对古今中外各种教师观有自己的理解和合理的评判。

【学习目标】

1. 了解教师职业的演变过程;掌握教师职业的性质和特点。
2. 理解教师专业发展的本质内涵及其价值取向。
3. 明确教师的角色定位。
4. 知晓什么是教师职业信念和教师观,并懂得教师应该具有什么样的职业信念和教师观。
5. 能够合理评判各种不同的教师观。

百年大计,教育为本;教育大计,教师为本。这表明教师是教育事业发展的关键所在,直接关系到民族振兴、国家兴旺发达之伟业。然而,教师是什么?教师职业是怎样一种职业?什么样的教师才是一名合格、优秀乃至卓越的教师?对于这些问题的解答,就必须对教师职业的根本性质是什么、教师的角色如何定位、应该怎样解读和认识"教师"这一称谓,亦即应该具有什么样的教师观等相关理论进行深入探讨。

第一节 教师职业性质与教师专业发展

教师职业古已有之,而教师职业的性质并非一成不变。伴随着时代发展、社会变迁,教师职业从一般性职业过渡到专业性职业,这不仅意味着教师职业的地位和价值越来越高,同时也意味着这一职业对于从业者——教师的要求亦越来越高。

一、教师的职业性质

教师是履行教育教学职责的专业人员,承担着教书育人、培养社会主义建设者、提高民族素质的使命。教师职业的由来与发展是一个渐进的过程。1966年,联合国教科文组织和国际劳工组织在《关于教师地位的建议》中提出,教师工作应被视为一种专门职业,这是对教师职业性质的明确界定。

(一) 教师职业的历史演变

教师职业是人类社会中一种古老而常新的职业之一。它伴随着学校教育而产生,又随着教育的普及以及教育理论与教育实践的不断丰富与发展,而逐渐成为一种受人尊敬的、专门的职业。从其历史演变来看,教师专业发展经历了从兼职到专职、从专门到专业、从注重数量到关注质量的发展历程。

1. 教师职业产生——从兼职到专职

"教师"这一概念与教育发展、教师职业的发展密切相关。在制度化教育正式形成之前,教育与人们的生产生活融合为一体,年长者就成为最初的教师,以长者为师、能者为师。原始部落的氏族首领与具有生活经验和生产经验的长者,为了本部落的生存和发展将日常生活经验、生产知识、风俗习惯等传递给下一代,如燧人氏教民熟食、伏羲氏教民狩猎、神农氏教民农作等。于是,这些部落首领、长者、能者就成为最早的兼职教师,教授的内容主要是必备的生产和生活技能,方法以示范和模仿为主。

专职教师出现于学校产生之后。中国的早期学校教育萌芽于原始社会末期,如成均、虞庠之学。到奴隶社会才开始出现了以教为主的学校,如夏代的校、序,商代的瞽宗,西周时期的国学与乡学等。由于中国奴隶社会中土地的最高所有权为官府所有,使得其教育上出现了"学在官府,学术官守"的现象,尤其在西周表现尤为明显。这种学术官守的垄断现象使庶人和平民没有受教育的权力。到春秋战国时期,出现了社会的大动荡和大变革,列国纷争、大国称霸、战争激烈,使"学在官府"的教育逐步走向衰落,而新的教育形式——私学开始兴起。私学的出现打破了学校教育为官府垄断的局面,扩大了受教育对象,使教育内容与教育方式得到了新的发展,而且私学以具有知识技能的贤士为师,教师可以自由授徒讲学,学生可以自由选择教师,逐步使教师职业成为一种相对独立的社会职业。

在古希腊也出现了以教学为职业的哲学家,即"智者派"。他们是活跃在古希腊各邦的一批职业教师、演说家、作家等,以授徒讲学、教授修辞学、论辩术和政治知识为主的职业教师。他们周游希腊各城邦,收学费,传授修辞学、政治学、哲学,为青年人参加公共生活做准备。到中世纪,僧侣学校、教会学校主要以僧侣、牧师、神父为师。随着教育的发展,尤其是教师行会的出现,能够评价一个人是否有能力做老师,逐步形成了一套学术评价机制。

随着世界各国初等学校的兴办及其对教师数量需求日益增加,对教师的挑选和任命也变得严格,在为他们提供必要生活保障的同时,也要求他们不能再从事有碍教学工作的职业,使教师职业开始专职化。

从这一时期的教师职业来看,他们凭借掌握的学术文化、政治、军事、外交等专长,主要从事做官、教学等活动,而逐步成为职业教师。从总体上说,古代官学和私学等教育实体形成以后,有了教师从业的资格问题,如至少要掌握并使用文字,教师从兼职走向专职。但是,与我们今日所指的教师还不在同一个层面上,还不具备专业水平和专业技能,这时的教师还不是一种专门的职业。而且当时的教育尚处于一种非常散漫的状态,学校与教师的教学工作还没有统一的标准和要求,教师教什么、怎么教、何时教都由教师自己决定,受教育者对教育的需求也不强烈,也没有对从事该行业的人进行专门培养的意识与需求。

2. 教师专业地位确立——从专门到专业

18世纪60年代第一次工业革命发生后,人类社会进入工业化时代,普及义务教育成为必然要求,人们也日益认识到如果一个教师缺乏职业训练,就直接影响教育质量和教育效果,这意味着教师数量增加和教师职业专门化的发展需要。随着初等学校、国民学校、初级中学的大量出现,一些国家开始设置师范教育机构,以专门培养教师——师范教育开始出现。欧美各国相继出现了师范学校并颁布了师范教育的法规,教师职业发展进入了一个新的阶段,开始了专业化进程。

从世界范围内来看,师范教育最早出现在法国。在1681年,"基督教兄弟会"神甫拉萨尔在法国里摩日创立世界上第一所师资培训学校,成为人类师范教育的滥觞,标志着西方国家教师教育职业向着规模化方向发展。此后,奥地利、德国等也开始出现了短期的、以学徒制为主的师资培训机构,进行职业培训。1794年,巴黎师范学校的建立开创了人类师范教育先河,主要培养已受过实用知识训练的公民,使他们在各方面最有能力的教授的指导下,学习教书的艺术。

到18世纪中下叶,随着资本主义国家对初等义务教育普及的需求以及教育科学化运动的推进,欧美各国出现了师范学校及其相应法规,如中等师范学校的设置、教师的遴选、教师资格证书规定、教师地位待遇等,使师范教育开始出现制度化、系统化特征。这些专家的师范教育机构注重对教师进行专门的教育培训,并将其作为提升教育质量的重要手段。

在中国,1897年成立的南洋公学师范院开启了中国师范教育的先河。这是我国教育史上第一所师范学校。它的建立标志着我国师范教育的从无到有,具有非同寻常的意义。

之后,京师大学堂师范馆建立,标志着中国高等师范教育开始,成为中国历史上的第一所师范大学。同时,与师范教育密切相关的教育制度也相伴而生。例如,《奏定学堂章程》标志我国师范教育制度的正式建立。它是中国近代第一个以教育法令公布并在全国实行的学制,根据初等教育、中等教育、高等教育等几个阶段的划分,对学校教育课程设置、教育行政及学校管理等作了明确规定。它对中国近代教育产生了重大影响。

20世纪以后,世界发达国家和地区的教师教育,先后经历了从中等教育水平的师范学校教育到高等教育程度的师范学院教育,从师范学院的独立培养到综合大学的本科教育,加上大学后专门的课程训练的转变,并逐步形成了教育学士、教育硕士、教育博士的教师教育体制,这一转变的实质既是教师教育的质量升级,也是教师专业水平的规格提升。

20世纪60年代中期以后,随着出生率下降而对教师需求量的降低,由于经济原因,教师培养机构成为政府削减开支的对象,以及公众对教育质量的不满引发对教师教育的批评,提高教师"质"的要求取代了对"量"的急需。对教师素质的关注达到了空前的程度。例如,英国在1963年发表《纽瑟姆报告》,提出改变师范教育的形式,而采用教育专业课和普通课同时进行的培养方式,以解决教师"质"的问题。在1966年,联合国教科文组织与国际劳工组织在《关于教师地位的建议》中提出"应该把教师职业作为专门职业来看待"。这是首次把教师作为专业的政策动议。此后,出现了教师培训、教师专业发展等诸多相关主题,对教师问题表现出极大的关注。

在这一阶段,专门培养教师的教育机构(师范教育)开始出现,师范教育作为一种师资培养的专业教育,是现代社会的产物。师范教育的产生与发展,标志着教师职业从经验化和随意化走向专业化。该时期强调"能力本位"的师范教育理念,以教学技能及其相关学习能力为重点的技术模式,有助于提高教学的有效性,较好地解决了师范教育的数量问题,但单纯的技术操练使学术失去了批判分析能力以及思考、应对复杂教学过程的能力,难以培养有效从事教学工作的教师。

3. 教师专业发展运动兴盛——从注重数量到关注质量

从20世纪80年代开始,教师专业发展逐步成为当代教育改革的主题和焦点之一。美国于1980年的《时代周刊》发表《危机!教师不会教》,引发公众对教师质量的担忧,开启了培养高素质教师的帷幕。之后,以美国优质教育委员会1983年发布的《国家处在危机之中:教育改革势在必行》及以霍姆斯小组为代表的机构对教师教育发表了系列报告为动力,逐步形成了一场声势浩大的教师专业发展运动,强调师资人才高学历化,师资培育体制一体化,师资任用证书化等。随着教育发展对教师质量的要求不断提高,在世界范围内各国都将促进教师专业化置于本国教育改革的中心议题。

在中国,1986年颁布《中华人民共和国义务教育法》,规定国家要建立教师资格考核制度,对合格教师颁发资格证书。师范院校毕业生必须按照规定从事教育工作。国家鼓励教师长期从事教育事业。1993年颁发《中华人民共和国教师法》,明确指出教师是履行教育教学职责的专业人员,承担教书育人、培养社会主义事业建设者和接班人以及提高民族素质的使命。教师应当忠诚于人民的教育事业。1995年颁布《教师资格条例》,进一步明确教师应该具备的专业素质:热爱教育事业;良好的思想品德;相应的学历或者经国家教师资格考试合格;教育教学能力。为了建立国家教师资格考试制度,严格教师职业的准入,确保教师队伍质量,2013年教育部印发了《中小学教师资格考试暂行办法》《中小学教师资格定期注册暂行办法》的通知,要求各地结合本地实际情况认真执行,标志着我国教师职业正式进入了提升质量的新阶段和新征程。2015年全面推行教师资格全国统一考试制度。考试坚持育人导向、能力导向、实践导向和专业化导向,坚持科学、公平、安全、规范的原则。2020年8月,国务院常务会议决定推进师范毕业生免试认定教师资格考试改革,由院校考核教学能力。允许教育类硕士及以上学历毕业生、公费师范生免试认定教师资格。

在这一时期,世界各国为了提高教师质量、提升教师的地位都加强了教师教育的投入与实施,以及教师队伍建设相关政策制度的建设。从关注教师"数量"到"质量"转变,而且为了更高效地提升教师质量,并转向对教师专业发展过程中的规律性探索和研究。

(二) 教师职业的一般性与特殊性

1. 教师职业的一般性

教师职业的一般性主要是教师职业作为众多社会职业之一所具有的性质。作为一种社会职业,教师职业具有社会性、经济性、技术性、伦理性等特征。社会性充分体现了社会的分工,是劳动者社会角色获得的体现;经济性意味着在所承担的职业岗位上完成工作任务后,能够获得报酬和收入;技术性是一个职业岗位具有的技术要求和技术标准;伦理性指从事职业过程中,在处理人与人、人与社会相互关系时应该遵循的各种道理与道德准则。

2. 教师职业的特殊性

教师职业的特殊性主要是指其作为一种专业所具有的特性。专业具备三个方面的基本特征:不可或缺的社会功能,完善的专业理论和成熟的专业技能,高度的专业自主权和权威的专业组织。教师职业作为一种专业具有价值性、复杂性、教育性、创造性、长期性等特征。

(1) 价值性

在教育发展的漫长立场中,不同的教育思想流派,如要素主义、永恒主义、进步主义等,因其哲学立场、心理学基础等方面的差异而表现出不同的教育目的、教育理念和教育方式。当今,人们对教育价值问题的认识,已经突破了某一学科知识的价值界限,而拓展到整个教育系统的价值。例如,我国当前的教育要求育人为本,促进学生主动而富有革新地发展,培养学生创新精神和实践能力,教师在这一目标价值引领下,就要作为教育教学活动的设计者、实施者,创造性地对"何谓好的教育"、"何谓好的教学"等进行深入思考。

价值性体现在社会发展价值和个人发展价值两个方面。对于教师前者指教师作为一个教育工作者所承担的社会责任、义务、使命以及实际的社会贡献,这是教师职业所以存在的根本依据和实现自身主体价值的根本途径;后者指教师这一职业对于教师这一主体的价值和意义,是教师在社会系统和职业体系中享有的各种权利、待遇、地位以及自我发展和精神上的自由程度。个人价值在于这种劳动能够创造巨大的社会价值,同时教师劳动比一般劳动更具有自我实现的价值。

(2) 复杂性

教师职业的复杂性表现在不同方面:第一,教师劳动对象是复杂的。教师劳动对象是年轻一代,他们有自身的身心发展规律,具有自觉意识和人格尊严,有丰富的情感体验和独特的个性,他们作为独一无二的个体,其年龄特征、个性特点和发展潜力以及生活成长背景等都是有差异的。学生个体发展的复杂性决定了教师劳动要比其他劳动复杂得多。第二,教师劳动过程是复杂的。教师劳动过程是一种体脑结合的复杂劳动过程,以知识信息的传递、运用、创生为主要形式,不同于物品的传递和生产工具的简单操作。他们要综合运用自己的知识、智力、能力、品质等来完成教书育人的使命。第三,教师劳动内容是复杂的。教师的劳动,既要传授知识又要发展学生的智力,既要关注理论知识又要培养学生的实践技能,既要让学生"学会"又要使学生"会学",既要关注学生的现在又要着眼其未来。第四,教师劳动任务是多方面的,其根本任务是教书育人。所谓教书育人,就是教师通过承担各门课程的教学,向学生传授系统的科学文化知识,引导学生树立科学的世界观、人生观,指导学生主动地、有效地进行学习,营造良好的教学氛围来促进学生健康、快速地成长。[①]"教书"要让学生在掌握知识的同时还要掌握学习知识的方法,这是复杂的;"育人"是对学生做人、做事与价值观念的引导和培养,是更高的境界,也是更加复杂和艰难的。对教师而言,教书与育人是相辅相成的,教书是育人的基本方法,育人是教书的最终目的,二者有机结合才能达到教书育人之目的。这是对每一位教师的基本要求,也是其义不容辞的责任。

(3) 教育性

教师作为整个教学活动的教学主体,教师自身就是活生生的教育影响。教师作为一种育人的专门性职业,他们面对的是鲜活的生命个体,其一言一行都会在无形之中影响到学生,教师必须以自己的知识、思想、品德来育人,必须将自身的理论知识熟记于心以传授给学生,教师的活动方式与其整体素质就是一种劳动手段和教育影响。同时,青少年学生作为身心发展尚未完全成熟的一代,具有较强的向师性和模仿性,对教师往往具有一种特别的依赖感和信任感。在他们心目中教师具有较高的权威和力量,这种"权威不是以武力而是以爱护、情感和孩子内在的接受为基础"[②],就成为实施教育的影响,学生以其所具有的表达方式对这些做出反应,这就要求教师要做到为人师表、以身作则。在一定意义而言,教师职业的育人功能几乎渗透于教学生活的各个方面,教师的言行举止、人格、才学等处处都是学生学习的榜样。教师的科学探究精神和人文精神,以人为本的理念,对学生发

---

① 全国十二所重点师范大学编写组.教育学基础(第3版)[M].北京:教育科学出版社,2014:128.
② 马克斯·范梅楠.教学机智——教育智慧的意蕴[M].李树英,译.北京:教育科学出版社,2001:94.

展成长的关怀,对民族与人类社会现实境遇和未来发展前景的关注等,对学生都有重要的教育意义。

(4) 创造性

教育区别于其他社会领域的根本特征是有目的地对人才的培养。教师职业是以育人为根本职责的创造性职业。这种育人工作需要多方面、多主体的力量来协调完成。教书和育人是同一过程的两个方面,是一体两翼的,它体现了教师职业的本质特征。在不同的时代、不同社会,"教书育人"有不同的目标、内容和方法,但教师"教书育人"的职业性质是不会改变的。从"教书育人"的实质而言,教师职业是比其他社会职业更具有创造性的认识和实践活动。这是因为,教育对象具有发展性和复杂性,教育内容具有多样性和丰富性,教育环境具有不可控性和变化性等,这些都决定了教学实践方式的多元性、灵活性与创造性。因此,教师也应根据各异的教育内容、不同的教育对象和教育条件,运用自己的知识经验和教学能力进行教学方法和教学方案的设计,因人、因事、因地制宜地进行创造性教学,在其教学过程中发挥教学机制,逐步形成自己的教学风格和特色。

(5) 长期性

教师职业的长期性表现在两个方面:第一,教师劳动的周期是漫长的,劳动成果不是立竿见影的。也就是说教师这一职业,其育人效果具有迟效性。教师的劳动"产品"是身心全面发展的人,是一种特殊的精神产品,具有周期长、见效慢之特征。"十年树木、百年树人"是对教师职业长期性的形象表达。在这一漫长的过程中,教师使学生由不懂不会到了解熟练,由知之较少到知之较多,都需要教师潜移默化地影响、循序渐进地引导。例如,学生良好学习习惯的养成,良好道德品质的形成,其中某一错误行为或缺点的改过迁善,其过程是漫长而曲折的,都需要教师长期的劳动付出。相比而言,这与其他的社会产品的生产及其效益要复杂而漫长得多,而且要花费更多的心血和精力,需要持续的投入和关注。第二,教师影响的深远性。教师对学生的影响不是一蹴而就的,不是立竿见影的,但却可能是滴水穿石、伴随一生的。教师一句话就可能成为影响学生的转折点,一个眼神、一次抚摸就给学生带来莫大的鼓励与支持,并成为持续前行的力量。"教师的身体可以退出教育过程,精神却永远融入了学生的心灵,滋润着学生的未来生活,他是无法完全从学生那里隐退出去的。学生是教师内在素质的体现者,教师借学生之身巧妙地扩展着自己。在这里,学生的一举一动都反映着教师的影子,学生的生命就是教师的生命,学生的成败深切地牵动着教师的心灵……教师的劳动在学生身上结出果实,学生的活动再现教师的精神"[①]。

(三) 教师职业的根本性质

《中华人民共和国教师法》(1993年)对教师这一概念进行了全面、科学的界定:教师是履行教育教学职责的专业人员,承担教书育人、培养社会主义事业接班人、提高民族素

---

① 刘次林.教师的幸福[J].教育研究,2000(5):22-26.

质的使命。它首次从法律上明确了教师职业的专业性。其包括以下两个方面的内涵。

1. 教师职业是一种专门职业,教师是专业人员

这是教师专业的基本性质。教师职业属于一种专业,教师是在发展着并逐渐走向完善和成熟的专业人员。教师职业的专业性被普遍认可并走向自觉建设是20世纪中叶以后才出现的。1966年10月,国际劳工组织和联合国教科文组织在《关于教师地位的建议》中提出,教师工作应该被视为一种专业。此后,20世纪80年代掀起的"教师专业化"改革浪潮,促进了教师的专业化进程。教师职业是一种专门性职业,教师就是专业人员。在国际劳工组织制定的《国际标准职业分类》中,教师也被列入"专家、技术人员和有关工作者"的行列。在中国,《中华人民共和国教师法》(1993年)将教师视为"履行教育教学职责的专业人员";在《教师资格条例》和《<教师资格条例>实施办法》(1995年)中,提出通过资格认定来体现教师的专业要求。

2. 教师职业是促进个体社会化的职业,教师是教育者

教师作为专业人员要依社会要求,有目的、有计划、有组织地对学生施加影响,通过向学生传授人类知识经验的精华,规范其行为品格,塑造其价值观,引导其将外在的社会要求转化为内在的个体素质,从而实现个体社会化,使之成为合格社会成员。

二、教师专业发展

教师职业是一种专业性职业,这就要求教师必然具有专业水准,获得专业发展。何谓教师专业发展?教师专业发展的价值取向有哪些?教师专业发展的最高境界是什么?对于这些问题的思考,有助于每一位教师更好地获得自身的专业发展。

(一) 教师专业发展内涵辨析

当前,对教师专业发展的理解可谓是"仁者见仁、智者见智"。这些主要可以归纳为三类:"第一类是指教师的专业成长过程;第二类是指促进教师专业成长的过程(教师教育);第三类认为以上两种含义兼而有之。"[1]持第一类观点的有霍伊尔、佩里、富兰和哈格里夫斯等人。霍伊尔认为:"教师专业发展是指在教学职业生涯的每一个阶段,教师掌握良好专业实践所必备的知识与技能过程。"[2]佩里从中性意义上指出,教师专业发展意味着教师个人在专业生活中的成长,包括信心的增强、技能的提高、对所任教学科知识的不

---

[1] 叶澜,白益民.教师角色与教师发展新探[M].北京:教育科学出版社,2001:222.
[2] Hoyse, E.Professionalization and education.In Eric Hoyle & Jacquette Megrry(Eds.) ,word yearbook of education 1980:Professional development of teader[M].London:Kogan Page,1980.p.42.

断更新拓展和深化以及对自己在课堂上为何这样做的原因意识的强化。① 富兰和哈格里夫斯指出,教师专业发展既指通过在职教师或教师培训而获得的特定方面的发展,也指教师在目标意识、教学技能与同事合作能力等方面的全面的进步。② 台湾学者罗清水认为:"教师专业发展乃是教师为提升专业水准与专业表现而经自我抉择所进行的各项活动与学习经历,以期促进专业成长改进教学效果,提高学习效能。"③

持第二种观点的有利特尔、斯帕克斯和赫什等人。利特尔从两种研究路径来探索教师专业发展的两面性:一是关注教师掌握教室复杂性的过程,二是注重影响教师动机和学习机会的组织和职业条件。斯帕克斯和赫什则将专业发展、教师培训、在职教育等作为可以相互替代的词语运用。

持第三种观点的威迪恩则从五个方面来理解:(1) 协助教师改进教学技巧的训练;(2) 学校改革整体活动,以促进个人最大成长,营造良好的气氛,提高学习效果;(3) 是一种成人教育,增进教师对其工作和活动的了解,不只是停留在提高教学效果上;(4) 是利用最新的教学成效的研究,以改进学校教育的一种手段;(5) 专业发展本身就是一种目的,协助教师在受尊敬的、受支持的、积极的气氛中,促进个人的专业成长。④

此外,国内还有研究者认为,教师专业发展是指教师在外部条件包括教育制度、教师教育制度、教师管理和评价制度、教师文化和社会环境等的支持下,通过不断的专业学习,更新教育观念,改进教育实践,促使自身专业水平和专业表现不断发展和完善的过程,强调教师专业的自主发展。主要包括教师群体专业发展和教师个体专业发展。前者指教师职业不断成熟,逐渐达到专业标准,并获得相应的专业地位的过程。后者指教师作为专业人员,从专业理想到专业知识、能力、心理品质等由不成熟到较成熟的过程,即专业新手—专家型教师、教育家型教师的过程。⑤

从国内外已有研究来看,教师专业发展作为专业成长过程,包括教师的专业成长过程及其促进的过程;而且是一个多层面的、多等级的发展过程。

综上所述,我们认为,教师专业发展是教师个体专业不断发展的历程,是教师不断接受新知识、增长专业能力的过程。教师要成为一个成熟的专业人员,需要通过不断的学习与探究历程来拓展其专业内涵,提高专业水平,从而达到专业成熟的境界。⑥

---

① Perry, P. Professional development. The inspectorate in England and Wales. In Eric Hoyle & Jacquetta.Megrry(Eds.) , word yearbook of education 1980:Professional development of teader [M]. London: Kogan Page, 1980.p.143.

② 周南照等.教师教育改革与教师专业发展:国际视野与本土实践[M].上海:华东师范大学出版社,2007:350.

③ 罗清水.重视教育在国小教师专业发展的意义[J].研习资讯,1988(4):1-7.

④ 叶澜,白益民.教师角色与教师发展新探[M].北京:教育科学出版社,2001:292.

⑤ 全国十二所重点师范大学编写组.教育学基础(第3版)[M].北京:教育科学出版社,2014:128-129.

⑥ 教育部师范教育司.教师专业发展的理论与实践(修订版)[M].北京:人民教育出版社,2003:50.

（二）教师专业发展的价值取向

当前，教师职业作为一种专业，已经取得了人们的共识。但是，由于学术界秉承的理论基础和立场的差异，对教师专业发展的价值取向也有不同。目前，探讨较多的主要有理性取向、实践—反思取向与生态取向。

1. 教师专业发展的理智取向

理智取向以"知识基础"的可确定性为假设，关心的问题是"什么样的知识对于教学是必要的"；认为优秀的教师要具备"学科知识"与"教育知识"两种知识。学科知识主要指知识、技能与价值观等；教育知识即帮助学生获得知识的知识与技能。理智取向的教师专业发展体现为以下几个方面：

首先，理智取向下，"专业知识与技能"是教师专业发展强调的重点，而教师的个人观念、生活与经验等不是其关注点。它将教学过程视为一个抽象的、一般的过程。持此取向的研究者，"一般是遵循科学实证的研究范式，基于严密的逻辑论证，利用各种现代技术工具，集中对课堂教学形式、教师行为、学生反应等进行观察、描述乃至量化分析，从而探究这些变量之间的相关关系，寻找教师的有效教学策略与技巧，总结教学过程的一般形式，为教师教学提供具有高度针对性及可操作性的建议"①。

其次，教师教学的理智基础是专业知识，它是有效教学的重要因素。舒尔曼（Shulman,L.S.)认为教师知识结构主要包括七类②：（1）学科内容知识；（2）一般教育知识；（3）课程知识；（4）学科教学知识；（5）学生及其特点的知识；（6）教育情境的知识；（7）有关教育宗旨、目的、价值和它们的哲学与历史背景的知识。教师获取这些知识的来源主要有：（1）学科领域的研究；（2）教育学术研究；（3）实践智慧等。

再次，在理智取向视角下，"课程"的内涵主要是"学科"。学科知识和教学类知识构成了教师专业知识的核心。这种取向关注"自上而下"的课程发展模式，强调校外专家的权威。在实践中，教师的教学活动多被框定在一个"给定的教材与教育目的"之中，教师能够自由发挥的空间较小，多进行技术处理或理智处理。舒尔曼对此曾提出一个典型的教学过程，包括：理解；转化；教授；评价；反思；新理解。在技术理性支配下，教师专业发展立足于知识的占用与应用，追求技术的精确性和教学的控制性，着眼于规则化的教学行为，注重教学的操作性，而忽视个别差异性。

最后，理智取向因注重技术理性，追求高度的程序化和精确化，导致了"操作主义"的倾向。在技术理性视域中，熟练的、自动化的教学技能完美准确地达成预设目标成为教师专业发展的诉求。虽然教学技能的娴熟提升了教学效率，但其固有的模式化和机械化遮蔽了教学过程中的创造性、学生的主体性以及教师的教学自主权。况且，成为优秀教师不在于一味模仿，而要在充满不确定性和复杂性的教学情境中，关注教学技能背后蕴含的价

---

① 靳玉乐，王磊.理智取向教师专业发展的理念与策略[J].教师教育学报,2014(6):24-31.
② Shulman,L.S.(1987) Knowledge and Teaching:Foundations of the New Reform. Harvard Educationl Review,57,1.p.1.

值、教师的教学信念以及对教学过程的反思。当然,理智取向的教师专业发展在受到批评的同时,也有值得肯定之处:(1)该取向较为容易践行;(2)对"确定性"的寻求;(3)关注教师专业发展的实质性内容;(4)以熟练教学技术追求高效率教学。

2. 教师专业发展的实践—反思取向

首先,实践—反思取向注重实践与反思,关心的问题是"教师实际知道些什么",以及"如何让教师知道他们知道些什么"。它认为教师专业发展的目的不在于外在的、技术性知识的获得,而是通过内在的反思,促进教师深入理解相关专业活动。因此,它具有关注实践和主张反思两大特点,主张通过写日志、讲故事、观察、讨论等方式进行反思,以促进自己的专业发展。该取向对"教师"这个"人"的关注,远远超出对"教学"这项"活动"的关注,尤其注重教师"个人理论"的重要性:(1)教师是一个具有独立性的"人";(2)教师个人生活与其专业生活密切相关;(3)教师的"个人理论"对于教师的专业活动具有更直接的意义。

其次,实践—反思取向主张教师通过教育叙事、行动研究等方式在实践中反思,通过反思提升实践。因此,教师的成长发展不是"被造"的过程,而是由于内在的"自造"过程。教师专业发展主要依靠实践与反思,而不是知识技能的学习。

最后,实践—反思取向强调教师在实践中的反思,主张教师本人在实践中的体验与建构。通过反思促使教师的深入理解和意义生产,从而促发"反思性实践"的追求。一般来说,反思方式大致有三种:一是"叙事",即通过写日志、讲故事进行反思;二是"合作的自传";三是"个人史"或"生活史"的叙述与描述,注重教师的角色认同、教师的社会化等。

在实践—反思取向下,"课程即(教师的)经验"。对教师而言,课程不应该是被"实施的",而是"建构出来的"。它主张应该根据主题、问题来组织课程内容,将理论学习、实践体验、讨论反思等整合起来,使课程学习的过程成为一个持续探究的过程。因此,课程实施方式要以探究、发现模式来实施,引导学生自主发现、自主探究,在探究中形成个体的实践性知识。

综上所述,实践—反思取向带有了更多主动探究的成分,可以称得上是一种探究性的专业发展。随着实践性知识观的发展,当前,持这一取向的学者也逐渐增加。其贡献可以总结为以下几点:(1)以"实然"态度看待教师、教学、课程,尤其对教师不做"黑箱"处理,为教育改革提供了可靠的现实基础;(2)强调教师在其专业发展、课程发展中的地位和参与;(3)教师专业发展不能与其日常工作相脱离,而应该以某种适当的方式相结合。

3. 教师专业发展的生态取向

首先,生态取向认为,教师专业发展不能只强调知识技能的掌握或教师的反思,而需要将其置于人、事、物构成的群体中,形成一个动态的、发展的生长环境,建构一种"教师文化"或"教学文化"。它们能为教师的工作提供意义、支持和身份认同。因此,建构良好的文化环境是促进教师专业发展的理想途径。

其次,生态取向认为知识的获得是多元化的,通过书本学习、专家传授、实践反思等都可以获得知识。教师在其所生存的教师群体中,通过沟通交流和文化熏染也可以获得成长与提高,他们以此获取的知识就来自于群体文化。因此,该取向更多关注"文化"、"合作"、"背景"、"社团";认为教师专业发展的理想方式是一种合作的发展方式,即由小组的教师相互合作确定自己的发展方式。

生态取向与理智取向、实践—反思取向的区别在于:它超越了主要关注教师本身的局限,而以更为宏观的视野,开始尝试在制度(或机构)的层面上探讨教师专业发展问题,转而关注其专业发展中各因素关系。合作发展史该取向教师专业发展的理想方式。

综上所述,三种不同的教师专业发展的价值取向反映了对教师专业发展内涵的不同理解及对其研究的逐步深化,为我们对教师专业发展提供了认识的途径与方式,可以用表6-1表示:

表6-1 三种取向的教师专业发展

取向类型	关键内容	途径/手段	核心词
理智取向	教师个体知识技能获得	培养与培训	知识技能
实践—反思取向	教师个体实践行为的改进与反思	个人或合作的探究与反思	实践反思
生态取向	教师群体的相互学习与共同发展	建构合作的"教师文化"或"教学文化"	合作、文化、社团等

(三) 追求专业自觉的教师发展

如前所述,教师专业发展包括教师群体外在专业水平的提升和教师个体内在专业结构的不断完善;而教师专业发展的最高境界应该是教师专业自觉的达成。

1. 教师专业自觉的内涵

"自觉"是一个哲学概念,是自己感觉到、觉悟到。自觉是内在自我发现、外在创新的自我解放意识。"专业自觉"一词随着教师专业化的提出而被研究者赋予新意。专业自觉是指"行为主体根据自己'专业'的一种关于何为何不为的自我意识,并以此自我意识指导专业实践"[①]。有学者认为,教师专业自觉是指"从教师个体角度理解教师专业化,教师专业化依赖于、取决于教师对专业活动的认同、接受并能够积极主动地参与教育活动、创造性地开展教育活动"[②]。也有研究者提出,"教师专业自觉是教师意识到自身是专业发展的主体,清晰地认识到自身的专业知识、能力和价值观,反思和调整自己的教育观念与行为,在成长过程中不断完善自身以实现专业发展目标的意识和自觉行为"[③]。

可见,教师专业自觉的内涵是丰富的,主要包括:

(1) 是一种精神追求。教师专业自觉是根据社会发展的时代需要,按照教师专业发展要求,不断获得教师角色期待和规范的精神追求。

(2) 是一种心理反应。教师专业发展的内动力是其专业自觉,它促使教师积极主动

---

① 蔡连玉.教师专业自觉:一种素质教育资源[J].中国教育学刊,2011(4):70-72.
② 舒志定.论教师的专业自觉[J].教师教育研究,2007(6):10-13,23.
③ 郑洁.教师专业自觉:胜任力发展的内在诉求[J].教育探索,2013(5):98-99.

地进行职业规划,是社会发展的客观需求在个体心理上的反应。

(3) 是一种理想状态。教师专业自觉是其独特专业生活方式的基础,是促进其专业发展的基石,也是其努力实现预定目标的一种理想状态的反映。

2. 教师专业自觉的属性

教师专业自觉的形成与发展是一个渐进的过程,在此过程中教师清晰地认知专业工作的目标、内容、策略等,并积极主动地投身其中,通过调试、改进和反思不断解决教学问题、提升教学质量。一般而言,它具有以下属性:

(1) 主体性,即教师是自觉发展的主体。
(2) 发展性,即教师专业自觉不是一蹴而就的,是一个觉醒与增强的过程。
(3) 建构性,即教师专业自觉不是自发产生的,而是主动建构的。
(4) 互动性,即教师专业自觉的形成过程不是孤立的,而是在与外部环境的多种因素互动中产生的。

3. 教师专业自觉的特点

一是自觉意识到提升专业水平的必需性和紧迫性,积极主动地进行专业水平的提升实践;二是自觉意识到在专业发展中所存在的问题,不断反思总结自身的经验,形成解决问题的方法和相关的教研成果;三是具有更高层次的精神境界,构建属于自己的充实的、富有的、自足的精神世界。[1]

4. 教师追求专业自觉的前提假设

(1) 教师专业发展依赖教师主体性假设。教师主体性是专业自觉的基础与前提。没有教师主体性地充分发挥,就难以真正形成专业自觉。专业自觉与教师主体性相互影响、相互促进,具有专业自觉的教师能促使其主体性更好地发挥。从该假设看,教师作为自主性和独立性的个体,具有专业知识、专业理念,在教学过程中能够将其转化为指导学生学习、促进教学理论与实践融合的方法和力量,进而促进教师专业自觉的实现。

(2) 职业动机假设。职业动机是直接引起、推动并维持人的职业活动以实现一定职业目标的心理过程。不同的职业动机是由各异的因素激发的。教师职业动机包括权力动机、成就动机、亲和动机、能力动机等。例如,教师的成就动机是其具有的试图追求和达到目标的驱动力。从该假设看,教师拥有成就动机驱力,就希望达到预期目标,并向着成功前进;同样,能力动机也促使教师基于过去的经验,持续提升个人能力,以解决问题为荣,努力创新。

(3) "理性人"假设。理性人假设是一个经济学概念,又称经济人假设或最大化原则。它认为每一个从事经济活动的人都是力图以自己的最小经济代价去获得自己的最大经济利益。也就是说,每一个行为主体都会充满理智地进行估算和判断,以实现自身价值观下的利益最大化。从该假设来看,教师作为一个知识的化身,也会在教师职业道德价值

---

[1] 舒志定.论教师的专业自觉[J].教师教育研究,2007(6):10-13,23.

观规约下进行决策,以便有利于自己的教育教学工作。

5. 教师追求专业自觉的阶段表现

教师专业自觉的实现不是一蹴而就的,而是一个逐渐发展的过程,具体表现为专业认同、专业反思和专业自觉三个方面。①

(1) 专业认同。教师专业认同是教师对自身专业活动与价值的理解、接受与认可。既包括表层的为了谋生而认同,又包括深层的教育意义上的认同。促进教师专业认同的重点是在深层意义上进行引导。只有教师建立起专业认同,才能从专业活动中获得价值感,形成专业自觉。因此,专业认同是教师专业发展的基础性要素。基于专业认同的专业自觉是扎实的、深刻的。

(2) 专业反思。专业认同是教师对专业的肯定与认可,而专业反思是教师所进行的理性思考。专业反思是教师专业自觉的表征。教师在教育教学过程中,从教学思想、行为等方面不断检验是否符合教育规律,是否科学等,这在一定程度上反映了教师对其专业发展的清晰度和明确性,也反映出专业自觉的形成不是一个自发的过程,而是一个逐步觉醒和增强的过程。

(3) 专业自觉。专业自觉是教师的一种品质,是教师个体自我意识发展的主体表征,是内心的觉悟和自我意识的主动觉醒与成熟。② 坚守专业自觉是教师对自我的一种超越,是其教育挚爱与真善美的生命追寻。具有专业自觉的教师能够"在教学的苦乐成败中吸纳成长的源泉,把教师的自我、所教学科和学生编织成复杂而又清新的联系网"③,能够在教学中整合自身优、彰显生命本质、迸发教育力量。

6. 教师追求专业自觉的路径策略

(1) 改革与完善职前教师培养模式。职前教师培养的质量是影响教师队伍素质的关键性因素。近百年来,随着我国师范教育的兴起与发展,教师教育机构的办学定位、学校管理等方面都受到政治、经济、文化等因素的影响。当前,随着教师教育改革的深入推进、一系列教师工作新政策的提出,尤其是新时代对高素质教师的需求等,对职前教师培养模式、课程设置、教学实习等教育环节提出了新的要求,职前教师培养改革与完善势在必行。

(2) 赋予教师充分的教育专业自主权。教师专业成长是一个个体发展与群体发展相结合的过程,也是一个理论与实践相结合的过程。教师专业成长需要在教育实践中进行自主的探索、自由的表达,主动进行尝试与改革,这就需要赋予教师充分的专业自主权,为其营造适宜教师自主成长的良好氛围,提供充足的条件保障。教师专业自主权是衡量教师专业化水平的一个重要标志,教师专业成长需要教师进行自主地专业判断,自主决定教学行为,采取教学策略。因此,追求专业自觉的教师专业发展,需要赋予教师充分的专业

---

① 舒志定.论教师的专业自觉[J].教师教育研究,2007(6):10-13,23.
② 陈玉琨.教育培育美好人性[M].上海:华东师范大学出版社,2012:总序1.
③ 帕克·帕尔默.教学勇气——漫步教师心灵[M].吴国珍,等译.上海:华东师范大学出版社,2005:203.

自主权。

(3) 鼓励教师在实践中反思成长。任何一位教师的成长都是在一定的教育实践场域中进行的,受到多元价值观、实践文化的影响,这需要引领教师在实践中学习和创新。通过教师教育课题研究,加强引领,增强教师对教育实践问题的研究与反思意识,提升其实践研究能力。通过教师专业发展学校,来建构教师专业学习的共同体,使更多的教师扎根本土教育教学实践,参与到共同体的学习和发展之中,搭建起协作团队和交流平台。

(4) 创建自主创新的学校文化氛围。如果说自主创新是教师专业成长和发展的"引擎",那么,创新的文化氛围则是教师自主创新的"文化能源"。教师专业发展离不开特定的学校文化和社会氛围,教师在传承文化也在不断地创新文化。因此,要为其发展搭建平台,创建自主创新的学校文化氛围。

第二节 教师角色与存在状态

教师作为教育事业发展的关键所在,肩负着提高国民素质、促进个体发展的重要使命。而教师将以什么样的角色、怎样的生存状态才能不负使命?这就是本节所要着重探讨的内容。

一、教师角色

教师在教学中的角色是其社会属性和社会关系在教学中的反映,是人们对教师期待的体现,也是教师在教育教学活动中的一整套行为规范。它规定了教师在教育教学情境中应有的心理和行为方式。

(一) 教师角色的概念界定

教师角色指教师在教育系统内的身份、地位、职责及相应的行为模式。它是教师在一定的社会背景下从事教育教学活动时所表现出来的一整套行为规范,以及社会对教师行为的期望表达;也是教师多种社会属性和和社会关系在教育活动中的反映。教师角色在不断地发展与丰富,它随着教育发展、教师职业发展以及社会发展而变化。

古今中外,在不同时期对教师角色有不同的表述。美国学者雷道(F.Redl)和华顿保(W.Watenbery)认为,教师应具有十种角色:(1) 社会的代表;(2) 知识的源泉;(3) 裁判员或法官;(4) 辅导者;(5) 学生行为优劣的观察者;(6) 认同的对象;(7) 父母的替身;(8) 团体的领导者;(9) 朋友;(10) 情感发泄的对象。① 也有学者从教师情感因素出发将其从消极到积极作用分为:替罪羊,侦探和纪律的执行者(消极作用);家长的代理

---

① 黄坚厚.教师的多重角色[J].教育资料文献,1978(8):23.

人,知识的传授者,模范的公民(权威者角色);治疗学家,知己与朋友(支持的作用)。①国内有研究者提出,教师是"人类文化的传递者"、"新一代灵魂的塑造者"、"学生心理的保健医生"、"学者和学习者"、"人际关系的艺术家"、"教学的领导和管理者"②等。

从古至今,教师都被赋予了多重角色期待和称谓,教师成为集多个角色于一身的智者的化身。这些角色既蕴含着社会的理想与期待,也意味着一种标准与警醒。教师角色作为一个历久弥新的话题,在不同历史时期有着不同的角色变化,通过对传统教师角色规定的寓意解释与各种教师"隐喻"分析,能够帮我们理清教师角色的历史实践样态,从而在其历史演变中为新的教师角色建构提供有益启示。

(二) 传统教师角色规定的寓意

教育教学活动,不但是师生之间的知识授受活动,而且是其相互交往、情感交流、共享共创的活动。因此,教师的角色是多元的、变化的。分析传统教师角色规定的寓意,目的在于更好地认识与理解当代教师角色要求。

1. 传道者角色

"师者,所以传道授业解惑也。"这是对教师传道者角色的经典表达。"道"即天地人生之理。"传道",即向众人讲授解释天地人生囊括的知识之理。在古时指传授圣贤之道。古代要求教师要教三德、三行。《周礼·地官·师氏》曰:"以三德教国子:一曰至德,以为道本;二曰敏德,以为行本;三曰孝德,以知逆恶。教三行:一曰孝行,以亲父母;二曰友行,以尊贤良;三曰顺行,以事师长。"③这就是要求教师通过传道、授德,提高受教育者的德行。在《论语·卫灵公》中也有"君子谋道不谋食,君子忧道不忧贫"之说。意思是君子计谋于道而不计谋于食,忧虑道之不明而不忧虑衣食。许慎在《说文解字》中提出"师教人以道者之称也",即"老师"是"教给人们懂得道理的人"的称呼。由此可见,教师要致力于道行理想、践行正道,以弘道为使命。

"传道"是教师职业"为其所应为"的内在要求。这一角色将教师与天道联系起来,增加了教师职业的神圣性和权威性,提高了教师的职业地位。但是,古代所传之道多为儒教之道,包括儒家教义、经典知识、对国家民族的精神认同以及内圣外王的理想人格。而今,教师应该通过传道者角色的引领,使人从现在走向未知,"让受教育者的性格和精神福祉(人格)产生持久的好转变化"④。

2. 示范者角色

"学高为师,身正为范"、"桃李不言,下自成蹊"等都强调教师的道德和言行是学生学习和模仿的榜样。学生具有较强的向师性,教师的道行、言谈举止、为人处世方式等都会

---

① J.W.索里,C.W.特尔福德.教育心理学[M].高觉敷,等译.北京:人民教育出版社,1982:83.
② 田慧生,李如密.教学论[M].石家庄:河北教育出版社,1996:97.
③ 转引柳诒徵.中国思想史(上)[M].北京:中国大百科全书出版社,1988:148.
④ 菲利普·W.杰克森.什么是教育[M].吴春雷,马林梅,译.北京:北京时代华文书局,2015:155.

对学生产生潜移默化的作用。"师者,人之模范也。"教师的示范者角色既强调德行优先又注重言传身教。

从古至今,知礼修德都是教师素质的基本要求,德乃教育之源、教师之本。德行优先的示范性角色要求教师要不断提升道德示范力,加强德行修养,增强自身道德能力,以高尚师德和人格魅力影响学生。在我国,优秀的师德传统源远流长。在古代,孟子认为,"教人治人,宜皆以正直为先"。《礼记》有言,"师也者,教之以事而喻诸德者也";"德薄者,终学不成也"。张载认为,"师范也者,学子之根核也。师道不立,而欲学术之能善,是犹种稂莠而求稻苗,未有能获也"。当前,《中小学教师职业道德规范》从六大方面,即爱国守法、爱岗敬业、关爱学生、教书育人、为人师表、终身学习,进行了明确规定。

德行行动是高尚师德的外化。教师身教重于言教,其身正,不令而行;其身不正,虽令不从。众所周知,教育者影响受教育者的不仅仅是其所教授的某些知识,更重要的还有其行为、生活方式以及对日常现象的态度等。因此,教师的言传身教是最直接、最有效的示范和引导,是其以身作则、为人师表的重要手段。只有如此才能保证教书育人的实效性,进而促使学生由"亲其师、信其道"到"乐其道",乃至"新其道"。正如法国社会学家涂尔干在论及道德时所言:"从根本上讲,真正的德行在于以一种适当的方式行事,能够将自己身上的某种内在的方面加以外化,而根本上不在于对高尚的图景和动人的品格闷头进行精神建构和个人沉思。"① 古今中外,很多教育家成功的秘诀就在于其以身作则、行为世范,如孔子在弟子及其后世中享有的威望、裴斯泰洛奇被奉为"爱的教育之父"、陶行知在学生心中的深刻印记等。当今,更加强调高尚师德是对学生最生动、最具体、最深远的教育,要求教师要以德立身、以德施教,用社会主义核心价值观滋养和教化学生灵魂,用自己的模范行为帮助学生扣好人生的第一粒扣子,真正成为学生学习与生活中的良师益友、人格上的楷模。

3. 权威者角色

教师权威是"教师在角色要求下控制或约束学生的权力"②。涂尔干在《教育与社会学》中提出,教育在本质上是一种权威性的活动。教师作为社会的代言人,是其所处的时代与国家的重要道德观念的解释者;同时,也必须具有坚强意志和权威感的道德权威。③由此可见,教育称得上是一种权威性的活动,离不开社会赋权以及教师自身的坚强意志、道德和人格力量。

韦伯从合法统治的角度提出了权威三类型说。④ 一是传统的权威。这是在长期的传统因素影响下而形成的,它源自人们对权威者合法性的确信。例如,传统的"师道尊严"使教师具有的权威身份和地位,被学生和社会所尊崇。二是感召的权威。这种权威来自个体的人格魅力,它源于人们对英雄、典范和具有卓越品质的人的敬爱。例如,《学记》中

---

① 涂尔干.教育思想的演进[M].上海:上海人民出版社,2003:290.
② 教育大辞典编纂委员会.教育大辞典(第六卷)[Z].上海:上海教育出版社,1992:451-452.
③ 张人杰.国外教育社会学基本文选[M].上海:华东师范大学出版社,1989:21-23.
④ 顾明远等.中国教育大百科全书(第2卷)[M].上海:上海教育出版社,2012:850.

的"亲其师,信其道",是说一个人由衷地敬佩自己的师长,就会深信老师传授的知识道理。正是教师良好的人格魅力和深刻的文化底蕴,使其具有了吸引人的力量,这是教师通过长期的教育实践而形成的独特的感染力和号召力的体现。三是合法的权威。它来自人们对规则的合法性认可以及对按规行事的权力的信任。例如,2020年8月,中共中央、国务院发布《关于深化教育教学改革全面提高义务教育质量的意见》,首次明确提出教师惩戒权这一问题,并要求制定实施细则。在《中小学校学生违规行为惩戒实施暂行办法》中指出,对携带危险品入校、扰乱正常课堂秩序、侮辱师生言行情节严重的等,班主任可施以批评教育、背诵、劳动等有利于学生成长的科学惩戒方式。对教师来说,教育惩戒权就是一种合法的权威。

在中国传统文化中,教师是"权威者"。"天地为大,亲师为尊"、"一日为师,终身为父"等古训都体现了对教师职业地位的肯定与推崇,教师是知识的化身、社会的代言人。"不打不成器"、"棍棒成才"等传统教育理念使家长和社会期待通过教师来实施,将各种规范和要求甚至体罚等施加给学生,使教师具有管控和支配权,学生成为被支配和管控的对象。这些是社会赋予教师的外在权威,是每一个为师者都具有的,它与教师的职业角色密切相关。但是,只有"学而不厌、诲人不倦"、"严师出高徒"等内在品质,才能使教师自身获得内在权威,因此,当代教师应从根深蒂固的传统角色中走出来,迈向符合新时代发展所需的教师角色。

(三) 各种教师"隐喻"分析

在理解和表达教师的角色的过程中,很多时候人们会使用隐喻的方式。隐喻作为一种修辞手段,就是用一种物体或概念以喻指代替另一种物体或概念,从而暗示两者之间的相似性或关联性。在教育教学中,有一些著名的教学隐喻,以及熟知的教师隐喻。这些教师隐喻既凸显了教师职业的特殊性及价值性,也在一定程度上为其职业增加了压力和动力。尤其是在新时代背景下,教师的无私奉献与为人师表等特征也在多元文化背景中被不断地解读和演绎。正是对教师角色的不同理解与诠释,形成了诸多具有隐喻性质的教师角色表述,如"蜡烛"、"春蚕"、"园丁"、"灵魂工程师"等。"隐喻不单单是作为一种语言修辞的手段而出现,而且也是作为一种基本的教育思维方式而存在,是研究者把握研究对象、表达增加观点的一种基本方式。"[①]对不同的教师隐喻的分类与分析,能够更好地透视出整个社会对教师的认知方式与思维方式,也更有助于我们理解与分析不同时代背景下教师角色的基本特征。

1."春蚕"与"蜡烛"隐喻

"春蚕到死丝方尽,蜡炬成灰泪始干",是唐代诗人李商隐对春蚕和蜡烛的赞美,后来这句话常常被用来歌颂教师。因为教师与诗中"春蚕"、"蜡炬"一样,都具有默默无闻、无私奉献、执着坚贞的精神。以春蚕作喻——吐尽洁白丝缕,形容老师呕心沥血地教导学生的辛苦;以蜡烛作喻——点燃求知火焰,形容老师燃烧自己、照亮别人的无私。

---

① 石中英.教育学研究中的概念分析[J].北京师范大学学报(教育科学版),2009(3):31-40.

借助"蜡烛"与"春蚕"隐喻,可以看出教师职业的独特价值。教师作为"蜡烛",所散发出的光芒必定以照亮学生的前程为目标;同时,教师作为"春蚕",所吐出的蚕丝也为了给学生织锦为缎。这充分肯定了教师在学校教育中对学生的重要引领导向作用和奉献精神。在此意义而言,蜡烛精神对我国教师队伍建设和教育发展具有一定的积极意义,这与我国相关的政策要求也是一致的。例如,《国家中长期教育改革与发展规划纲要(2010-2020年)》中要求,把促进学生健康成长作为学校一切工作的出发点和落脚点。但是,这一隐喻在高度赞扬教师的崇高精神的同时,并不能完全涵盖教师职业形象,"蜡烛"和"春蚕"自身的有限性决定了其功能的局限性。在教育过程中,教师具有教育者、学习者、研究者的多重身份,不但要"照亮"学生、促进学生的成长,也要"照亮"自己、促进自身的专业发展,从而实现师生之间的教学相长。教师不但要"吐丝"——传授知识技能,也要教会学生"抽丝"——学会学习,从而促进学生成为学习的主体。

因此,在教学实践中,对于"春蚕"与"蜡烛"的隐喻,也需要进行批判性思考。它们赋予教师更多的是崇高道德形象,注重教师的无私奉献精神,有助于弘扬尊师重道的传统风气;但是,这种观点也有将教师无限拔高、抽象为圣人的倾向,而忽视了教师自身生活、社会地位和专业发展。教师在付出博爱的同时也要不断地自我发展和成长,既要关注学生当下也要面向未来,进而成为师生共同发展中的"灯塔"。

2."园丁"隐喻

"教师是辛勤的园丁"是一种最常见的教师隐喻。"园丁"观点是一种农业思维模式的反映。教师像培育花木的园丁一样,对学生如苗圃一般进行浇灌、施肥等劳作,以促进其成长。这种表述自然而亲切,体现出教师辛勤劳作、甘为人梯的形象。

把教师比喻为"园丁",折射出教师对学生孜孜不倦的精心培育。但是,教师作为"园丁"与普通的园丁最根本的不同就在于对待生命个体目标和态度的差异。因此,"园丁"这一表述也隐含着一定的问题:

首先,忽视了学生的个别差异性,教师要进行因材施教。面对各异的生命个体,教师不可能像园丁修剪花木一样,将各种花木扭曲成盆景,裁剪出统一高度和尺寸的景观,而是需要尊重学生生命成长规律,根据学生的个别差异性进行因材施教,既要培养学生的集体精神,又要张扬学生的个性特长。

其次,忽视了教学过程的双边性,教师要激发学生的积极主动性。这种观点只看到教师作为外在因素的作用,而忽视了学生个体内在的主动性。园丁在培育花木过程中,根据其生长习性可以最大限度地发挥自身的作用。而教学过程是教师与学生相互作用、共同参与的双边活动,学生不是被动地接受"修剪",而是进行多维度、多层次的互动交流,教师要充分调动和激发学生的积极主动性,促进学生进行自主学习、合作学习、探究学习等。显然,这些不是普通的园丁能够实现的。

因此,关于"园丁"的隐喻赋予教师的类似于传统的权威形象。而在现代教育意义上,教师恰恰需要超越传统角色内涵,在师生的教学相长中建构起新时代的教师身份,在教与学的双边活动中促进学生知识观、价值观的建构与塑造。

3. "灵魂工程师"隐喻

"人类灵魂的工程师"是苏联著名教育家加里宁对教师的赞誉。它作为教师的特定称谓,意指对学生思想道德和健全人格培养;形象地表达了教师职业的光荣与神圣使命。教师在年轻一代的品格塑造中起到了不可替代的关键作用,并影响着他们良好道德品质和行为习惯的养成。因此,教师被誉为"灵魂工程师"。

在一定意义而言,"人类灵魂的工程师"可以看作一种工业思维模式的折射。从其内涵表征也引发我们深思:

(1) 学生的"灵魂"能否被设计。学生的"灵魂"主要指其精神世界,包括精神、思想、情感、人格、价值观等。而它们的形成与发展是在一定的经济发展、文化环境、政治氛围、家庭状况等诸多因素相互作用中才能进行,因此,学生的"灵魂"也是在相关环境中逐渐形成的,是难以像工程师设计图纸一样来预先设计的。同时,教学过程是教与学形成的双边活动,其中蕴含情感的唤醒、智慧的激发、能力的提升等,而不是像工程师一样按照预定的尺寸规格批量生产的过程。

(2) 教师能否按照设计方案塑造学生。众所周知,工程师要按照严格的工序要求和操作步骤进行工作,预定的方案不可以随意更改;而教学过程虽然也有预设,但它面对复杂多变的教学因素时更多是生成性的。只有"匠师"才按照预定的教学方案亦步亦趋地进行,而一位优秀的教师需要在具体的、生动的教学情境中发挥教学机制,将观察、互动、聆听和反思等有效融入教学。因此,教师也难以像工程师一样执行既定方案来塑造学生。

这种观点体现了教师工作对学生心灵培育和人格发展的促进作用,肯定了教师职业的高尚。但是,也有欠妥帖。它有将教师神圣化的嫌疑,夸大了教师在教育活动中的作用。似乎教师可以像上帝一样,按照预定的方案塑造学生的灵魂,但又难以发挥自身的主动性和创造性,仅仅作为既定方案的执行者,在此意义上,该观点又有自相矛盾之处。

4. "一桶水"隐喻

"教师要给学生一碗水,自己要有一桶水"的观念,在一段时间以来深深地影响着教师的观念和行为。这种说法意味着教师扮演了一种知识灌输者的角色。这一隐喻强调教师的知识与能力的储备量,及其对学生的影响。

"一桶水"观点有一定的合理性,在于对教师"传道"任务的肯定。相对而言,教师知之较多、知之较早,在知与不知、知多与知少的矛盾中,需要教师以传授方式增加学生的知识能力。但是,在此观点影响下,过多地强调教师知识"量"的储备,却忽视了"质"的标准与提升,也忽视了教师"给水"的方法,将学生当作"装水"的容器,被教师不断地"灌水"。尤其是在经济突飞猛进,互联网、大数据、人工智能等快速发展的社会,学生信息来源日益多元化、快捷化、智能化、即时性,教师有一桶水已经远远满足不了学生的需求,而需要具有"源头活水",需要作为一个协调人,"为学生的学习尽可能多地提供资源,创造一个积极学习的环境,让学生自己健康、和谐地发展"[①]。

---

① 陈向明.教师的作用是什么——对教师隐喻的分析[J].教育研究与试验,2001(1):18.

这一观点形象地表达了对教师专业知识和能力在"量"上的要求,折射出应试教育理念下的教师观。在当前21世纪的学校,不能再将教师与学生看成主动"倒水者"和被动"接水者",要从培养"记忆者"转向"探究者"、"思考者"。在终身学习理念以及人工智能与教育深度融合的时代背景下,静态的"一桶水"的教师观是不恰当的,也不符合社会发展的需求。随着智能技术、互联网技术与教育的深入融合,人类学习日益变得网络化、数字化和个性化,人工智能、虚拟现实和3D模拟的新技术等,要求教师的知识应该是时时更新的"活水",教师必须时刻"重置",更新自己的知识结构和角色。尤其是在当前,新时代教师更要"充电蓄能",学习补充智能教育知识。智能技术引发的新时代教育教学与学习文化的变革,使掌握了这些人工智能(Artificial Intelligence,缩写AI)的教师如虎添翼,而不懂AI知识的教师将会无所适从。

此外,还有隐喻,教师是"打火机"还是"火柴"。如果教师作为"火柴",与"蜡烛"观点相似,在燃烧殆尽后也变成灰烬,做出了牺牲;而如果教师作为"打火机",可以不断地充气来维持光亮,教师不但要点燃学生学习的热情和智慧的火把,而且自己也要不断地充气,以源源不断的新知识的补充来应对现代教育的新挑战和新课题。教育不是注满一桶水,而是点燃一把火;"打火机"之喻反映了教师对学生的点燃、唤醒、激发作用。

综上所述,诸如此类的隐喻都在某种程度上传递着教师形象,反映了一定的社会期待和诉求。不同维度的隐喻不但增加了教师职业表达的具体性和形象性,还有利于人们从多角度审视和理解这些日常用语中所蕴含的教育思想、教育主张等。当然,随着社会的发展和教育改革的推进,教师隐喻会有新的发展与解读,也会对教师角色进行新的定位与思考。

二、教师的存在状态

教师的存在状态是指在特定社会背景下教师的物质生活和精神生活境况。这里着重指的是教师的精神生活状态。教师精神方面的生存状态,是"由教师的职业生命存在和职业生命活动所表现出来的生存状态,主要包括身心健康、职业压力、职业倦怠、职业满意度等方面的内容"①。教师的精神存在状态不同,他们对教师职业的认识与表现也各异。

(一)探寻教师存在状态的意义

百年大计,教育为本;教育大计,教师为本。2018年中共中央国务院出台了《关于全面深化新时代教师队伍建设改革的意见》,在同年9月教师节,习近平总书记在全国教育大会上对教师队伍建设提出了新的要求,并提出全社会要尊师重教。在新时代,面对新的征程和历史使命,我国教育事业的发展亟须加强教师队伍建设,打造一支强有力的教师队伍。因为教师是教育事业发展的首要资源。我们无论怎样强调教学质量亦即教师质量的重要性都不会过分,对教师生存状态的探寻,是提升现有教师队伍质量的关键环节。"善之本在教,教之本在师。"生存状态关系着教师自身的专业发展,更直接影响到学生成长和

---

① 杨翠娥.走向生命关怀的教师专业发展[M].北京:知识产权出版社,2015:148.

教学质量,也涉及家庭与社会的和谐。因此,研究教师生存状态具有重要的理论与实践意义。

(二) 教师存在状态分析

根据马克思、恩格斯对不同社会状态中人的自由程度差异而经历的生存、享受和发展的层次划分,教师存在状态也可以分为三种,即生存型、享受型和发展型。①

1. 基本生存型

以生存为目的的教师,将教师职业看成自己维持生存或获取地位的基本手段,他们的工作"几十年如一日",只是为了获得一份稳定的收入以维持生计。因此,教师职业不是他们的首选和所爱,而是其不得已而为之的事情。当他们以这样的心态来面对教育教学时,就可能有如下几点认识和表现:

(1) 将教书视为知识的搬运。教师职业成为一种单调乏味的简单重复,在机械地重复劳动中教学热情和活力也逐步消磨殆尽。对这样的老师而言,教师职业是一种"异己的存在",在长期的机械教学中,出现了教学能力的退化、教学活力和灵性的丧失,面对繁重的教学任务和教学改革,感受到的是压力和绝望,至多称得上是"教书匠",而缺少思想和创造性,也难以潜心教学,更奢谈持久的专业发展。

(2) 将教师工作视为一种无奈的选择。这一类教师对教师职业的兴趣不是来自内心的情感,而可能是出于薪水的制约而不得不履行的义务,因此,在其职业生涯过程中很难真正体验到作为一名合格教师的幸福感和快乐感,也难以真正将自己与其工作交融于一体。面对日益严峻的社会压力和对高素质教师的要求,他们满腹牢骚、忙于应付,也容易将这种不良心态和情绪带入教学中影响学生,致使学生在此环境中,逐渐变得谨言慎行、看老师脸色行事,在心里形成心灵阴影,甚至导致双重人格。由于对教师职业失却了积极的态度和内心的热情,也谈不上真正关心学生和潜心学术,更难以美好的心境感受教师职业的丰富意蕴。

(3) 以教师职业为跳板。对一部分教师来说,"教书只不过是获得更好的职业之前用以谋生的权宜之计罢了"②。在面对未来教育教学发展及其自身专业发展时,总是出现支吾踌躇、反应消极,几乎看不到他们对于教师职业的自豪感和坚定信念。所以,学生的成长、学校的发展似乎与其无关,以一个"旁观者"的身份出现,而更多关注的是自己得到的待遇以及利己的发展机遇。

2. 自足享受型

以享受为目的的教师,将教师职业看作体验生活的重要手段,承认它是生存所需,但并不止于此,他们不只是将教师职业作为谋生的手段,而是有着更高的人生追求,将其视为自己的梦想以及展示才华和实现人生价值的舞台。他们能够对自己的工作充满热爱,

---

① 叶澜.教师角色与教师发展新探[M].北京:教育科学出版社,2001:82.
② 崔俶奎.教育学论文集·教帅[C].马萨莉,赵大砒,译.北京:人民教育出版社,1991:550.

满怀热情地投入并在平凡的岗位上找到自己的位置,能够将职业价值与个体生命价值的追求密切联系起来。对他们而言,可能有以下几种情况:

(1) 将学生成长视为快乐源泉。这些教师将学生的成长进步看作教书的意义所在,乐于和学生交往并为学生的成就而感到欣慰,在付出与给予中获得满足感和成功感。他们可能会因为说服改变一位犯错的学生而感到满足,可能使一位好学的学生迈向更高的台阶而欣悦,也可能在与学生的多次沟通交往中体验到教书职业的芳馨。所以,他们具有工作的积极性和成就感,虽然可能会一辈子默默无闻,但将自己的一生奉献给教育事业。

(2) 热爱教师职业。对于一位热爱教师职业的老师来说,吃苦也是享乐。那些充满着天真灿烂的笑脸和充满青春活力的身影,是他们眼中最美的风景。在学校这片净土中,教师职业带给他们的是心灵的宁静;在这一方激情荡漾的讲台上,他们展现的是蓬勃生气的洋溢。每一天,他们都以浓厚的兴趣、出自内心的热忱,面对教育教学工作,也因此成为那个喜欢教书也适合教书的人。

(3) 在付出中获得满足。对于一些教师而言,选择教师职业就是选择了付出和给予,意味着为了学生的成长而甘做知识人梯和求知向导。他们深知:"教育是无名无利且没有尊荣的事。教育者所得的机会,纯系服务的机会,贡献的机会,而无丝毫名利尊荣可言。"①但他们依然将教师职业看成生命的全部,认为"给"永远比"拿"更快乐,全心全意地付出,并将生命的意义融于"教师"这一职业中。

3. 创新发展型

以创新发展为目的的教师,将教师职业看作服务社会、实现自我理想的重要途径。他们不是将教师职业当作生存的手段,也非看作付出后的心灵满足,而是以促进学生发展与自我完善为最高目标。因此,他们怀着崇高的服务社会理想走进教师职业,以培养社会所需的人才为己任,以学生积极主动的发展为最高目标,并因此不断地学习、研究与反思。因此,终身学习和自我教育是其发展的推动力,在教学过程中表现出更强的自觉性、主动性和旺盛的生命力。在他们看来,教师职业是其毕生的事业,是体现人生价值的途径,也是获得幸福感和持续发展的源泉。

第一,教师应该是教育活动的组织者、研究者和反思者。一位具有创新发展追求的教师,不会满足于作为知识传递者或扬声器的角色,而是一个有自己的思想见解和有独立判断力、创新力和决策力的人,他们面对扑面而来的各种信息能够有效地分析、把握和运用,能够时刻关注学科发展的动态和前沿,更会在教育教学实践中不断地研究和反思,并且将研究与反思作为专业发展的生活方式和内在需要。这些教师也在持续的研究与反思中获得发展与新生。

第二,终身教育和自我教育是教师专业发展的推动力。进行终生自我教育,这对教师来说是一种义不容辞的神圣职责。教师要不断地学习和提高,并能够随时将自己所学的知识在不同的时空中运用,根据不同的社会需求和社会关系不断补充、完善和更新自己的知识结构。尤其是在当今信息化、人工智能背景下,只有这些进行终生学习和自我教育的

---

① 华中师范学院教育科学研究所.陶行知全集(第1卷)[M].长沙:湖南教育出版社,1984:256.

高素质教师才能保证高质量的教育,并在自己的教师职业生涯中焕发出生命的活力。

第三,教师职业是付出与收获兼具的有意义活动。这些教师心甘情愿投入教师职业,并将其视为毕生追求的快乐的职业。他们认为自己付出的同时也在收获,在促进学生成长的同时自己也在发展,在影响周围人的同时也在从中受益。因此,他们体验着双向的收获与幸福。这些教师将个人理想与社会进步密切相连,将教师职业作为他们参与社会创造、实现自我理想的有意义的活动,并以此作为职业幸福和生活的动力源泉。

上述三个类型的教师职业存在状态是不同职业立场和观点的反映。从"生存型"、"享受型"到"发展型"三种状态来看,"生存型"教师出于生计考虑,立足功利,以被动和消极的态度看待教师职业;"享受型"教师主要从兴趣出发,立足非功利,以"教育爱"来对待自己的职业;"发展型"教师主要从社会和自身发展需要,立足超功利视角,以自我完善和服务社会来审视教师职业。因此,它经历了"功利""非功利"到"超功利"的发展,体现了教师职业状态的升华。当然,这三种存在状态并非绝对的、互斥的,它们最大的区别在于是否将"生计"作为首先考虑的要素。享受型和发展型的教师同样有"生存"需求,发展型的教师也有"享受"之需。生存、享受和发展的三种存在状态是一种从低到高的提升,一位教师可能依次经历这三种状态,也可能直接进入享受状态,也可能一直停留于生存状态。教师的职业认同和态度影响着其发展状态和水平。

三、教师为什么必须"为人师表"

德国教育家第斯多惠指出,教师是学校里最重要的师表,是直观的最有教益的模范,是学生的最活生生的榜样。英国哲学家、教育家约翰·洛克也认为,做导师的人自己便当具有良好的教养,随人、随时、随地,都有适当的举止和礼貌。教师的工作对象、劳动任务及其职业特点等决定了必须"为人师表"。

由教师的工作对象决定的。"为人师表,以身作则"是教师的人格魅力,也是当今社会中教师的应然表现。学生具有很强的向师性,教师的言传身教会在学生身上长期发生作用,甚至会影响他们的一生。教师的言行是学生道德和行为的标准,对其长期具有耳濡目染、潜移默化作用。

由教师的劳动任务和其职业特点决定的。为人师表是优化社会风尚的重要保证。在一定程度而言,良好社会风尚的形成取决于社会成员的文明素养。与其他职业相比,教师职业更具有示范性、复杂性、教育性、长期性等。教师仪表行为,具有其他任何职业都无法比拟的影响力和社会作用,而且这种广泛而深刻的影响,不会随着学生学业的结束而消失。

(一)"为人师表"的本质内涵

"为人师表"一词最早见于《北齐书》中"杨愔重其德业,以为人之师表"一句,指人品学问方面做他人学习的榜样。教师为人师表即教师在教育教学过程中,用自己的言行做出榜样成为学生学习效仿的楷模和表率,从而影响和教化学生。教师的为人师表表现在做人做事、思想道德、言行仪表等各个方面,是学生"直观的教科书"、"天然的榜样"。教师的职业特点及其特殊的社会角色和身份,决定了教师必须为人师表。正如卢梭所言,"你要记住,在敢于担当培养一个人的任务以前,自己就必须要造就一个人,自己就必须是一个值得推崇的模范"①;"热情的老师,你要保持纯朴,谨言慎行……你既然不能防止一个孩子在外面学别人的样子,所以就必须集中精力把那些样子按适合孩子的形象印在他的心中"②。

(二)"为人师表"的内在逻辑

"为人师表"是师德内涵的直接表达。"学为人师,行为世范"是为人师表的重要内容。其中,"行为世范",即以教师的思想道德素质为基础的政治方向、意志性格、道德情操等,作为育人典范,以德行和品格教化人。良好的师德能够以美德化育美德,以正义培育正义,促进学生的精神成长。因此,教师德行是学生精神成人的指引与基础,师表是教师职业德性的最直接表达。

"教书育人"是为人师表的核心内容。教师职业是以育人为本的,启迪人的智慧、培育人的灵魂是其根本指向。教师面对能力、性格等各异的教育对象,不仅要传授科学文化知识,还要培养其思想道德品质和健全的身心素养,使学生不断增强社会责任感、创新精神和实践能力。在此意义而言,教师身负繁重的教育任务,无论国家的教育发展和改革规划,还是社会大众对优质教育的热切期待以及学校教育目标的设计,最终都是为了人才的培养,需要教师付诸实施。因此,教书育人是教师职业为人师表的重要内容。

"无私奉献"是为人师表的道德形象。乐于奉献、公平公正,以敬业精神为基础,以协调师生关系为主要内容,是教师最基本的道德形象,是其从事教学工作的基本行为规范,是教师自己对职业行为的自觉要求。在现实中,复杂的教育对象、繁重的教育任务等决定了一名合格教师必须具有无私奉献的精神,也正是在此理念和背景下,教师无怨无悔、甘当人梯,在建构起教师职业认同的同时,也建构起"师表"的道德形象。

"教育方式"是为人师表的重要表征。教师无论是否意识到自己是学生主要的模仿对象,其一言一行、处世态度、思维方法、基本理念等都会影响学生。一名具有优秀道德品质和鲜明的教育方式的教师,能够在日常生活和教学过程中,通过质疑、调查、探究等方式,促进学生主动地、富有个性地学习,都会在此过程中建构起"师表"的特征。因此,教师作为学校里最重要的师表、最直观的模范,是学生最活生生的榜样。

(三)"为人师表"的功能与价值

1."为人师表"的功能

(1)示范功能。在学生心目中,教师是社会的规范、道德的化身、人类的楷模、父母的替身。具有高尚师德的教师是其模仿的榜样,他们对行为举止、科学精神、求知态度等,甚至握笔的姿势都急于模仿。可见,学生成长离不开教师的示范、指导和潜移默化的影响。

---

① 卢梭.爱弥儿[M].李平沤,译.北京:人民教育出版社,2005:96.
② 卢梭.爱弥儿[M].李平沤,译.北京:人民教育出版社,2005:99.

（2）激励功能。为人师表的激励功能是指教师的为人师表可以引导学生去学习和效仿，激发和鼓励学生向榜样看齐。德国教育家第斯多惠就认为，教育的艺术不在于传授的本领，而在于激励、唤醒和鼓励。这句话的核心就是强调教育的激励功能。这种功能主要源于教师的师表力量、榜样作用。我们很难想象到一位没有热情和德行的教师，能够去激励学生的主动性，唤醒和鼓舞学生。教师的教育智慧、教育爱、优秀德行等对学生而言都是一种激励上进的源泉。

（3）内化功能。为人师表的内化功能是指："学生会在内心深处相信并接受老师的观点，认同老师的行为，从而依据老师的思想、道德、言行举止而改变自己的态度和行为。"[①] 在日常生活和学习中，教师是学生的一面镜子，教师的言行会在学生的心灵上留下痕迹，他们敏感的心灵为着接受一切美好的东西而敞开。因此，教师的为人师表能够矫正学生的不良品行、内化良好品行，处处成为表率。

2."为人师表"的价值

（1）塑造学生的美好心灵。教师为人师表，以身示范，能够培养学生积极的心理品质，塑造学生美好的心灵，促进学生人格的完善。在物质生活日益丰裕的今天，学生的健全心理、美好心灵的培育显得尤为重要。教师的良好师德和模范言行是最生动、最直观的呈现，有助于学生纯化思想，形成正确认知，净化心灵。

（2）树立教师的威信。教师为人师表、以身作则，是其威信建立的源泉。教师威信是其教育教学行为对学生影响所产生的众望所归的心理效应，体现为对学生的凝聚力、号召力、吸引力和影响力等。教师威信的形成是多种主客观因素相互作用的结果，但最终还是由其自身主观因素所决定的。教师的为人师表从仪表、作风、习惯、德行、知能等反映其精神面貌。在教学中，教师以端庄的形象，结合教学内容谈古论今，发挥教学机制，就会被看作智慧的化身，自然会享有崇高的威望。

（3）促进社会主义精神文明建设。在一定程度而言，学校可以看作社会主义精神文明建设的基地，教师是精神文明建设的实施者和传播者。教师通过言传身教体现和传播精神文明是对教师整体素质和行为取向的客观要求。教好书和育好人是教师的根本职责。因此，教师努力展现健康文明的时代风貌是对社会主义教师文明建设的推动和促进。

（4）传承人类文明的优秀成果。教师是人类优秀文化的传递者、开发者和创新者。在教育活动中，教师将人类社会积累起来的知识经验进行传承，对人类文明进行解读、分析和开发，并在此基础上进行开拓创新。他们以丰富的学养培育新一代，以诲人不倦的精神促进教学，以一致的言行影响学生，从而使人类文明的优秀成果得以传递、继承、开发与创新。

---

① 郭成.教师职业道德修养专题[M].北京：当代世界出版社，2001：168.

第三节 教师职业信念与教师观的确立

教师专业成长的核心体现为教师职业信念的形成,以及在此基础上合理、正确教师观的确立。那么,何谓教师职业信念?教师职业信念是如何形成的?教师应该具有什么样的教师观?本节将围绕这些问题进行深入探讨。

一、教师职业信念

关于"信念"的研究,古希腊哲学家柏拉图和亚里士多德的著作中就有提及,当时它被视为"低于知识的层次,被看作是不属于知识范畴的一些事实的表达"①。其后英国学者罗素在《人类的知识》中进行了较为细致的考察。随着社会心理学的发展,心理学、社会学等领域都对此产生了很大兴趣。现代哲学认为,信念是"对力量的真实性及实践行为的正确性抱有内在的确信","信念往往以目的、动机的形式贯穿在人们的实践活动中,并与情感、意志相结合,形成一种稳固的观念意识支配人们的行动"②。在心理学上,"信念是主体对自然和社会的某种理论原理、思想见解坚信无疑的看法。它是人们赖以从事实践活动的精神支柱,是人们自觉行为的激励力量"③。在社会学上,"信念是对某一事物的坚信,其基点是相信,由相信发展为信心、信任,在此基础上形成信念。信念既是现实生活在人的精神世界的某种内化,也是群体性文化因素的选择性积淀"④。虽然,不同学者对信念的表述各有侧重,但其基本内涵是一致的:即主体对客观事物坚定不移的确信及其表现出来的强烈的心理与行为倾向。教师作为教育工作的主体对教师职业也存在着确信、忠诚、厌倦等态度倾向,这些与教师的职业信念密切相关。教师的职业信念直接影响着教育行为和质量,主要包括教师对其职业的认知、追求及与职业信念相关的职业心理等。

(一)何谓教师职业信念

教师职业信念是职业信念中的一种,但又区别于一般的职业信念。教师的职业信念是关于他们对教师职业的认可、态度、价值、期望等。教师的职业信念是由一系列原则组成的,它渗透于教师的头脑中支配着教师,对教师的职业行为具有导向和动力作用,与教师的人生观密切相关、相辅相成。它意味着教师对教育教学工作的一种执着和坚定态度,这种态度源于教师的专业自觉。在一定意义而言,教师职业信念是其人生观的反映和折

---

① 中国大百科全书总编辑委员会.中国大百科全书·心理学[M].北京:中国大百科全书出版社,1991:262.
② 冯契.哲学大辞典[Z].上海:上海辞书出版社,1992:1215.
③ 林传鼎.心理学词典[Z].南昌:江西科学技术出版社,1986:307-308.
④ 黄谷香,姚剑建.社会转型期反文化信念成因及对策分析[J].天水行政学院学报,2002(2):7-9.

射,在教师的职业活动中,职业信念是教师奉守的信条。教师职业信念是在社会职业文化环境中,通过社会文化和个体建构的相互作用而形成的,不容易被觉察和意识到,潜伏于教师心灵深处而形成一种稳定的、持久的力量。"教师信念是积淀于教师心智结构中的文化价值观念,并以内隐的方式存在并发挥作用"①。它是教师专业发展过程中不可或缺的内在动力。教师职业信念是其执着的教育追求和教育爱的源泉,是其认识、理解和从事教育的精神支撑。坚定的职业信念能够使教师忠诚于教育事业、坚守职业道德、追求职业奉献的原动力,是教师发展的核心竞争力和文化软实力。

关于教师职业信念,引起了不少研究者的关注。例如,有学者认为教师职业信念是指"教师在对自己所从事的职业有力一定的认识的基础上在教师劳动价值方面所产生的坚信不疑的态度"②;有研究者提出它是"教师在职业活动中所特有的具有动力作用的教育观念协调,它直接支配、调节教育教学活动,影响教育的效率,是教师从事教育工作的心理背景"③。

教师职业信念对教师发展而言具有重要意义。它是教师职业发展中的激励性、原则性和方向性力量。具体表现为以下几个方面:

(1)对教师职业行为的导引作用。一般而言,教师的职业信念通过其职业行为体现出来,教师职业行为是教师职业信念的动态表现。在教师的职业行为中,其职业信念能够给教师提供一种理性的力量,在教师的教育教学行为中发挥着隐性的引导作用。这种导引作用具体表现为:第一,在教育教学行为发生之前,教师的职业信念起着决策作用。一位教师在采取某一种教学行为,受到多种不同要素的影响,并受到一定的客观条件和具体教育情境的制约,但教师职业信念仍然起主要作用。第二,在教育教学行为过程中,教师职业信念发挥着监督作用。教师的职业信念对教师教育教学行为具有一定的激励、强化作用或者否定、制止作用。如果教师的教学行为符合教学实践的需求,教师职业信念就对其给予强化;否则,就对其发出否定命令以使教师及时中止或者调整该行为。第三,在教育教学行为发生之后,教师职业信念起着评价作用。教师职业信念给予的肯定性或者否定性评价影响着教师的职业行为。如果教师的职业行为与其自身职业信念相一致时,教师职业信念给予其行为肯定性评价,使教师获得精神上的满足感和欣慰感,并能够进一步强化和坚定该信念,并继续对以后的职业行为产生积极影响;否则,则对其行为给予否定性评价,使教师产生自责感和愧疚感,从而改善自己的教育教学行为。由此可见,教师职业信念是一种无形的力量,影响着教师职业行为及其教学决策过程。

(2)对教师发展的目标导向作用。对于一位刚入职的教师而言,职业信念能够使其确立人生方向和职业目标,激发内心对教育事业的热情,从而尽快融入教育教学工作中去。如果没有目标指引,教师就可能每天处于一种疲于应付的状态,机械重复每日的教学工作,而缺少充满智慧的创造性教学活动。教书就成为一种简单的谋生手段,教师也只是

---

① 周洪宇.中国好教师——习近平总书记"四有"好老师讲话解读[M].武汉:湖北科学技术出版社,2015:114.
② 王卫东.教师职业信念问题初探[J].华东师范大学学报(教育科学版),2000(4):8-13.
③ 张大均.教育心理学[M].北京:人民教育出版社,2004:412.

教书匠式的存在,缺乏更高的追求。

(3) 对教师发展的意志坚定作用。坚定的意志是个体心理能动性的最高体现,是其追求目标、志向及行动的坚持力。个人的意志水平高低不是与生俱来的,而是经过后天培养的。当一位教师具备了坚定的职业信念,就可以使其勇于面对教育教学中出现的各种复杂问题,发挥个人的潜能、克服困难,以坚强的意志去应对和解决。

(4) 对教师发展的精神动力作用。具有坚定的职业信念的教师,能够将教书育人视为为之奋斗一生的事业,全身心地投入到教育教学工作中去,以新的教育理念和教育方法探索教书育人之道和教育规律。这种职业信念就成为支撑教师的精神力量,促使教师在教学工作中取得骄人的成就。

(二) 教师职业信念的构成

教师职业信念是用来理解教学实践、教师专业发展的重要概念。近些年来,我国学界开始关注教师职业信念在教师教育中的重要作用,在借鉴和引用国外研究成果的同时,也在我国教育理论与实践中,进行了积极探索。信念影响行为,信念往往诉诸行动。"教师信念不是一个固定不变的先验的体系,而是在教师的生活和教学工作情境中逐渐形成,影响教师的教学实践,并且是通过在教学情境中反思而发生改变的多种观念的综合。"[①]教师职业信念主要包括教师角色信念、教师知识信念与教育价值信念。

教师职业角色信念。这是指教师在角色扮演中,将职业角色的社会要求转化为个体需求,坚信对教师职业的正确认知,并将其作为规范自己行为的指南,形成职业自尊心和自豪感。例如,一位教师坚信教师职业是崇高而光荣的,给别人说起自己的职业时,会油然而生一种幸福感,充满一种自豪感。这说明该教师已经具有了角色信念,因为他对教师职业形成了自己的坚定信念,并从中获得了自尊心和荣誉感。

教师教育知识信念。教育知识是教师对教育活动规律、内容、特点、方式等基本知识的认识、掌握和应用,是其教育信念建构的基础。教师教育知识信念是教师对学习的本质的认知。教师不同的知识理解和认知直接影响到教师自身的教学意识和教学行为。例如,从知识的确定性维度看,对知识性质的认同会导致其采用不同的教学理念和思想来处理教学内容。如果将知识看作是确定的、客观的事实,那么,教师就会以旁观者的身份看待对待知识,将学生视为接受客观知识的人;否则,如果视知识为不确定的、情境性的,教师就可能以参与者的角色引导学生进行知识的探究学习。因此,教师首先要对教育知识有一个科学的认知,把握教育规律,了解教育特点等,以进行科学规范的教育活动。

教师的教育价值信念。教育价值信念是教师对教育对人和社会的意义或作用所持有的判断、观点和看法。它主要是对教师为何而教的基本认识。对这一问题的科学认识与回答是决定教师正确的教育活动方向和增强从教动力的关键。教师具有正确的教育价值信念,能够促使其对教育保持一种敬畏,并将其视为自身生命中重要组成部分,热爱教育事业,热爱学生。

---

① 朱旭东.教师专业发展理论研究[M].北京:北京师范大学出版社,2011:7.

(三) 教师职业信念与教师专业自觉

教师职业信念是教师专业发展的灵魂和精神支柱,能够促使教师形成专业自觉,激励教师不断超越当下,超越"有限性"。教师职业信念的形成是一个动态的、发展的过程;教师职业信念的要求及其困境都会影响教师专业自觉及专业发展。相对于复杂的教育工作而言,如果只有单纯的职业热情,往往会显得肤浅,因此,内在的专业自觉是一种隐性的坚定与执着。教师专业自觉不是自然而然就能够习得的,而需要教育哲学的滋养、教师职业信念的涵养。

教师职业信念形成是一个动态的、发展的过程。信念是内隐于个体之中的一种思想观念状态,是认知、情感和意志的有机统一体。教师的职业信念是促使教师进行教学行动的内在动力,也是教师意志力的体现,其形成是在长期的生活、学习和教学工作中逐步进行,并通过教师的行动表现出来的。例如,职前教师经过学习和生活经验积累,形成了对教师职业认识的最初样态,这是对教师职业的应然状态的设想,带有理想化色彩;在入职以后,教师职业信念从理想走进实践状态,随着对教育、学生的认识和实践知识的积累,其职业信念也不断发展变化;尤其是通过自身教学实践、学习共同体、专业培训等途径,教师的职业信念也不断完善和转变。

教师职业信念的要求促进教师专业自觉的养成。教师职业信念要求包含两个方面:第一,教育是一种培养人的活动。第二,教育是作为培养人的活动,不能只是规范和约束,更要启迪和教化。具有这些信念的教师,能够对教育活动产生认同,接受并积极主动地参与教育活动,创造性地开展教育活动,从而实现教师的专业自觉。教师专业自觉促使其理性地审视自身专业水平和教育活动,将教育活动作为研究对象,能够自觉意识到提升自身专业水平的必要性与迫切性,从而不断反思自我、完善知识结构、更新教育理念、提升教育能力;能够自觉意识到教育实践活动中的问题,并运用相关理论加以创新性解决;能够在教育活动过程中不断建构自觉地精神世界,在与自我、他人的对话中建构起富有的、灵动的内心世界。

教师职业信念困境影响教师专业自觉。教师职业信念困境包括三个方面:即退化、放逐和割裂[1]。教师职业信念形成与发展的过程并非一帆风顺,在教育实践的指导中存在着退化、放逐和割裂等困境。坚定、科学的教育信念,是一位优秀的教师所必需的,但是,"胆怯、疲惫、谦虚、不喜欢抛头露面、顺从类型的操劳过度"[2]往往是教师的实际表现。虽然这种表述具有一定的夸大色彩,但我们可以从中窥见其背后隐藏的教师职业信念的退化现象。在教育实践中,尤其是新世纪以来随着基础教育新课程改革的进行以及教育改革的深化,大部分教师都具有了比较先进的教育理念、教育观、教师观、学生观等,但是这些往往淹没于传统的日常教育生活和现实教育评价体制中,而崇高的教育信念逐渐被遮蔽、走向退化。教师职业信念的"放逐",使教师在教育过程中出现规避、放任和不相信教育信念的现象。教师职业信念的割裂主要是由教育信念与教育实践的冲突而造成的。教

---

[1] 于伟等.教育哲学[M].北京:北京师范大学出版社,2017:276.
[2] [美]菲利普·库姆斯.世界教育危机[M].赵宝恒,译.北京:人民教育出版社,2001:265.

师的职业信念影响和调控着教师的认知和行为,而教育实践的复杂性和不确定性往往可能会打破教师当下的思维方式,使其难以有效地贯彻教育信念,从而使其陷入困顿的状态。因此,在促进教师专业自觉的意义上,对于教师的职业信念困境需要及时发现和干预,由同行、外部专家等采取切实的措施给予化解和突围。

二、教师观的确立

教师观即关于教师职业的基本观念、看法,是人们对教师职业认识、期望的反映。既包括对教师职业性质、职业责任和职业价值的认识,也包括对教师这一专门职业应具备的基本素养及其专业发展的理解。

(一) 基于育人的教师观

教育的原点是育人。"教育以生活中的人为基本出发点,在人的生活世界中,教育是因人之自我生成、自我完善的需要而产生……教育的存在根据和基本使命就是要使人生成为人。"①因此,育人是衡量教育过程和结果的价值标准。人的生成和完善是教育价值体系中内在的、目的性价值,也是规定教育的基本尺度。

教师是学校教育工作的主要组织者和实施者,其根本任务是教书育人。教师是履行教育教学职责的专业人员,承担教书育人、培养社会主义事业建设者和接班人、提高民族素质的使命。可见,育人是教育的生命与灵魂,是教育的本质要求和价值诉求,也是教师工作的主导思想。关心每一个学生,促使其主动地、生动活泼地发展,根据学生身心发展规律和教育规律来提供适合的教育,是每一个合格教师的职责。由此,"使人日臻完善,使他的人格丰富多彩;表达方式复杂多元;使他作为一个人,作为一个家庭和社会的成员,作为一个公民和生成者、技术发明者和有创造性的理想家,来承担各种不同的责任"②。基于育人的教师观,"育人"是教师进行教育活动的目的、对象、主体,要在教育的全过程中做到"以人为本",不但注重知识技能的传授与掌握,还要重视对人的情感、意志、创新精神等的培养,以及对人生价值的引领和对人生意义的追寻,从而促使学生在"体力、智力、情绪、伦理各方面的因素综合起来,使他成为一个完善的人"③。

(二) 基于个体发展的教师观

教师作为教育工作者,首先面对的是个体的人,促进个体发展是教师的天职,也是教育存在的合理性依据。个体发展是指"个体生命从开始到结束的一生中身心诸方面及其

---

① 鲁洁.教育的原点:育人[J].东师范大学学报(教育科学版),2008(4):15-22.
② 联合国教科文组织国际发展委员会.学会生存——教育世界的今天和明天[M].华东师范大学比较教育研究所,译.北京:教育科学出版社,1996:2.
③ 联合国教科文组织国际发展委员会.学会生存——教育世界的今天和明天[M].华东师范大学比较教育研究所,译.北京:教育科学出版社,1996:195.

整体性结构与特征所发生的一系列变化的过程"①。2016年9月,《中国学生发展核心素养》正式发布,它为当前学生的成长发展竖起了"标杆"。所谓"学生发展核心素养",主要是指学生应该具备的、能够适应终身发展和社会发展需要的必备品格和关键能力。"中国学生发展核心素养"分为三个大的方面,即文化基础、自主发展和社会参与,综合表现为人文底蕴、科学精神、学会学习、健康生活、责任担当、实践创新六大素养,又具体细化为十八个方面。学生发展核心素养的落实主要通过课程改革、教学实践和评价改革等方面来进行,需要每一位教师基于核心素养、关注个体的长远发展,在当前信息化、人工智能等新技术背景下的,积极有效地开展教育教学工作。

教师与学生都是学校教育中的特殊主体。教师作为专业化的教育人员,具备专业化的素质和引导学生发展的责任。在促进学生的个体社会化和个体个性化中,教师要遵循个人的身心发展规律,充分发挥自身的引导作用,以有效地组织教育活动,培养个体的自觉能动性,促使学生真正成为发展的主体。基于个体发展的教师观,教师不但要促进个体思想意识、个体行为的社会化,还要促进个体角色和职业的社会化,使学生为从事一定的职业角色做好准备。同时,要促进学生个体的主体意识和主体能力的形成与发展,关注学生的个性差异、形成个人的独特性,开发个体的创造性,促进学生个人价值的实现。

(三)基于共享教育生活的教师观

生活即个体或群体生命活动的样式。教育作为一种复杂的实践活动,教育生活是师生群体围绕教与学而形成的一种独特的生活样态。随着信息化、网络化、大数据为核心的新时代的到来,共享教育生活成为教育的新理念。日本学者岸根卓郎指出:"新的教育理念,必须基于这种认识:不是以人为中心客观地观察对象,而是人与对象相对没有中心,人在与对象的相互共存的关系中,现实地用内心并伴随价值判断追求真理,这才是真正的学问。"②在此背景下,以"共生共享"为旨归的教育理念,就要求教育中内在各因素的和谐共生。基于共享教育生活的教师观超越了单一的学生生活、教师生活样态,共同教育生活成为师生日常生活中的特殊部分。对学生来说,共享的教育生活是其生命快速成长、基础性文化道德素养形成的重要部分,对教师而言,它是教师职业生命中的主要构成部分。师生共享的教育生活质量是师生生命质量的重要构成,正是在看似平凡的教育生活中,师生都得到了最真实的改变、成长与发展。

第四节 古今中外教师观的分析与批判

在当前教育改革深化的背景下,教师观的实践性审视与体系化梳理显得尤为重要。

---

① 全国十二所重点师范大学编写组.教育学基础(第3版)[M].北京:教育科学出版社,2014:36.
② 岸根卓郎.我的教育论:真·善·美的三位一体化教育[M].何鉴,译.南京:南京大学出版社,1999:239.

从古今和中外不同视角对教师观进行梳理分析，概括性地呈现在新时期致力于教育改革的教师面前，在一定程度上能够实现古今贯通、洋为中用，并从中得到一些借鉴与启示。

一、中国教育史上教育观的分析与批判

从古代"以德为师"到今天集多种角色于一身，教师角色和职能在继承与更新中发展、完善。我国的教师观从古至今都渗透着"以德治教"的思想轨迹。随着现代社会世俗化趋势的强化和信息技术的强劲发展，"人民教师"的道德使命、责任担当无不浸透在时代的教师观中。

（一）中国古代以德行为核心的教师观

"师，教人以道者之称也"是中国古籍《周礼》中最早对"师"的界定。中国古代的教育家对教师的认识与理解，主要体现于道德理性和教育思想中，形成了具有一定传承关系的教师观。例如，中国先秦儒家中，荀子最先提出"尊师"之说。他立足于孔子的礼教思想，力主尊师，将天、地、君、亲、师并列，认为"上事天，下事地，尊先祖而隆君师"。儒家思想中尊师的强调主要源于其德治和仁政的政治理想和教育功能观。荀子看到了教育对人的教化作用，所以强调："国将兴，必贵师而重傅；贵师而重傅，则法度存。国将衰，必贱师而轻傅；贱师而轻傅，则人有快，人有快则法度坏。"①荀子主张"性恶论"，把教师视为"礼"的化身，认为："礼者，所以正身也；师者，所以正礼也。"荀子之后，"师"与"道"联系在一起，形成了影响深远的儒家师道观。古代儒家教育名篇《学记》中"师严然后道尊，道尊然后民知敬学"是对"师"与"道"之间关系的明确表述。在中国古代，为了重道而尊师，教师是社会正道的代表，担负着神圣的社会责任，教师也因此被赋予崇高的社会使命和地位。

教师作为"道"之化身、"德"之典范、"礼"之代表，儒家对教师也提出了一系列要求与规范。"其身正，不令而行；其身不正，虽令不从。"这是对为官、为师应发挥表率作用所提出的要求，希望教师以自身道德垂范来感召人、教化人。

以道德为本位的教师职业定位，要求教师仁智双修、博学善教。例如，孔子主张教师要"学而不厌，诲人不倦"，《学记》提出"记问之学，不足以为人师"，董仲舒主张"兴太学、置明师，以养天下之士"等，都体现了中国古代对教师学识的强调。同时，还重视教师对教学方法的运用。例如，孔子强调"循循善诱"，《学记》中提出的教学相长、长善救失、启发诱导等原则，以及学思结合、问答练习等教学方法，都是中国古代教育思想的体现，也是教师观的反映。

中国古代教师观，在"师"与"道"的共生共存中得以丰富与发展。但是，在提倡尊师重道的同时，也有将师生关系君臣化、要求学生无条件服从的弊端；同时，教师的生存状态、社会地位与其所传之道、统治者对传道的态度密切相关，有些政令制度不顾教师生命安危地将其与"道"绑在一起。这种以儒家思想为核心的教师观，历经朝代更替却以继承为主，直到近代"西学东渐"，才开始艰难的现代演变与转化。

---

① 孙培青，李国钧.中国教育思想史(第1卷)[M].上海：华东师范大学出版社，1995：93.

(二) 中国近现代的教师观

在中国,从1840年进入半殖民地半封建社会,西方列强的入侵及西学东渐使中国教育也受到强烈冲击。维新派力主建立国民教育制度,培养新型教师和国民,兴办师范学校。随着现代学制的建立,师范教育应运而生,教师培养开始由师范学校制度化展开,且以西方的教育学、心理学、教授法等为主要教师训练课程。这一阶段,中国教师概念的现代化初露端倪。之后,开始了进一步发展。尤其是五四新文化运动对封建教育制度的声讨,以及杜威实用主义教育思想的影响,"圣贤式"的教师形象受到批判,加之一批卓越的教育思想家立足于中西文化,对教师及其培养进行了一系列创建性的改革。例如,以陶行知为代表的实践家,一方面,对传统教师及师范教育提出批评,要改变"为教书而教书,为营生而教书"的错误观念;另一方面,要求教师以"爱满天下"之情怀,以"改造社会"之精神,做到以身作则、诲人不倦。认为教师的作用在于"教学生学,而非教",是要认识、解放和努力培养儿童的创造力。他不但在理论上,而且在实践中亲身躬行,树立了光辉的师者形象。

新中国成立之后,作为"人民教师"的地位得以确立并逐渐提升,教师走下"神坛",走向世俗化,"教师不再是'圣贤'的代言人,也不再是'道统'的神圣代表,而是以传授科学知识、培养专门人才为己任"①;同时,在教育民主和科学化影响下,教师这一概念也向着民主化、科学化和人性化不断发展。随着我国经济社会发展和民主进程的推进以及教育改革的深化,极大地撼动了传统的教师知识权威角色,"教师的职责越来越少地传递知识,而越来越多地激励思考;除了他的正式职能以外,他将越来越成为一位顾问,一位交换意见的参与者,一位帮助发现矛盾论点而不是拿出现成真理的人。他必须集中更多的时间和精力去从事有效果的和有创造性的活动:互相影响、讨论、激励、了解、鼓励"②。尤其是随着新世纪以来进行的新一轮基础教育课程改革的实施与推进,要求教师日益成为学习的促进者、研究者以及终身学习者。

当前,在互联网、大数据、人工智能紧密联系、相互依托的新时期,教师不但要主动适应信息化、人工智能等新技术的变革,而且要提高思想政治素质,弘扬高尚师德,"以德立身、以德立学、以德施教、以德育德,坚持教书与育人相统一、言传与身教相统一、潜心问道与关注社会相统一、学术自由与学术规范相统一,争做'四有'好教师,全心全意做学生锤炼品格、学习知识、创新思维、奉献祖国的引路人"③。作为学生发展的引导者、知识体系的组织者、共生关系的对话者、教育教学的研究者、不断发展的学习者,已经成为新时期教师的多元角色定位。未来已来,智能时代的教师要做智能教育风向的观察者,做智能教育问题的深思者,做智能教育知识的学习者,做智能教学行动的践行者,做智能文化创新的

---

① 阮成武.主体性教师学[M].合肥:安徽大学出版社,2005:51.
② 联合国教科文组织国际发展委员会.学会生存——教育世界的今天和明天[M].北京:教育科学出版社,1996:107-108.
③ 中国政府网.中共中央 国务院关于全面深化新时代教师队伍建设改革的意见[EB/OL].(2018-1-31)[2020-9-10]http://www.gov.cn/zhengce/2018-01/31/content_5262659.htm.

引路人;做培育智慧生存的时代新人。①

二、外国教育史上教育观的分析与批判

相对而言,外国古代整体呈现出理性引导者的教师观;近代以来,随着政治、经济、文化的根本性变革,教育发生了巨大变化,主知主义、自然主义、实用主义、人本主义、建构主义等教师观也得以蓬勃发展。

(一)外国古代以理性为核心的教师观

相对而言,外国古代教师观是以理性为核心的,从"古希腊三贤"苏格拉底、柏拉图、亚里士多德的教育思想来看,他们为欧洲各国教育思想和教育制度奠定了基础,在前后师承的、深邃的思想体系中理性是全部教育工作的核心。

苏格拉底是一位伟大的思想家,"不仅开创了理性主义人本主义的先河,更影响了西方哲学研究乃至西方人的思维方式"②,对整个西方世界产生了不同寻常的影响。他提出"美德即知识",认为一切知识均从疑难中产生,因此,要"自知无知";认为教育的首要任务是培养道德、"教人怎样做人";在教育方法上创造了"产婆术",教师要像助产士一样对学生进行思想的"接生",通过不断地反诘和归纳,引导学生独立思考、解决问题、发现真理。这成为西方近现代启发式教学思想的渊源。

柏拉图是西方客观唯心主义的创始人,是苏格拉底思想的直接继承者,在其著作《理想国》中用著名的洞穴比喻来解释理念论,并向我们描绘了一幅理想的乌托邦的画面。他师承了"苏格拉底法",将回忆已有知识作为一种教学和启发的过程,反对灌输和强制性学习,提倡通过问答形式引导学生探索现实问题、追求理念世界。他强调理性,理性训练是其教学思想的主要特色,认为关于理性的知识只有通过反思才能真正掌握、举一反三。因此,教师要善于点拨、启发、诱导学生思考后茅塞顿开,从而喜获"理性之乐"。

亚里士多德被誉为西方理性之父,是古希腊哲学的集大成者,构筑了西方哲学的体系。他既继承了其师柏拉图的思想灵魂,也提出了自己独特的教育思想。他的"吾爱吾师,吾更爱真理"正是其不限于教师权威、不断超越发展和创新的体现。他认为天性、习惯和理性是使人善良而有德性的三个要素。若使他们协调一致,需要通过立法和自由教育来进行。在他看来,"理性"是应该注重加以培养的,"以理性作为至善追求的核心概念",认为只有通过培养人的理性,才能使其有德行。因此,"理性不但构成了亚里士多德追求至善的逻辑起点和最终检验标准,并将至善本身看成理性的自我展开,而情感作为低级的情欲被排除在至善追求之外"③。由此,从外国古代教师观与中国古代教师观的差异可以

---

① 胡小勇.智能时代,教师为未知而教[EB/OL].(2020-9-8)[2020-9-10]http://nercel.ccnu.edu.cn/info/1091/5803.htm.
② 程海东.重读先哲:苏格拉底[M].长春:长春出版社,2013:159.
③ 吴先伍.理性与情感:亚里士多德与孟子伦理思想的差异[J].安徽师范大学学报(人文社科版),2005(1):37-42.

管窥一斑,西方古代教师观注重理性,保持发展和革新的活力。但是,在进入中世纪之后,"一切真理都在圣经上写着"将教师神圣化,教师往往以冷酷态度执行纪律,以严苛手段体罚学生,致使其盲从和被动接受。①

(二) 外国近现代的教师观

近代社会以来,教育随着政治、经济、文化的根本性变革而发生了巨大变化。在文艺复兴、宗教改革和启蒙运动的基础上,"工业革命是影响西方近代教育进一步发展的具有决定性的重要因素"②,随着文化科学的进步,主知主义、自然主义、实用主义、人本主义、建构主义等教育思想也蓬勃发展。

(1) 主知主义教师观。赫尔巴特是主知主义教育思想的代表。他的"主知主义"教育思想因将其教育学说建立在观念心理学基础上而得名,并成为传统教育伦理的标志,提倡以课堂为中心、以书本为中心、以教师为中心,被称为"老三中心"。他主张教师在教育教学中的主导地位,侧重知识的传授,认为教育是为儿童未来生活做准备。该教师观认为,教师要具有良好师德和扎实专业素养;提倡"教育性教学"、"教育惩戒"等方法,认为"教育性教学将更容易和更可靠地为使一些教学内容激发学生的智力活动服务,其他教学要做到这一点比较费力,并在有些情况下是徒劳的"③;在师生关系上,树立起"权威与爱"的师生关系,确立了教师中心的地位。但是,这种教师观把"知"放在首位,主张教师以监督、命令、体罚等消极方法来管制儿童,在一定程度上反映出其保守和落后的一面。

(2) 自然主义教师观。卢梭是自然主义教育思想的代表人物。对传统的古典主义教育残害人性和违反自然的弊端,卢梭提出了自然教育原则:教育要"顺应自然"。裴斯泰洛奇、福禄培尔等自然主义倡导者认为,教育目的是为了培养自然人,促进儿童身心健全发展。自然主义者认为,教师育要具有高尚的品质、丰富学识、耐心谨慎,倡导教师对学生进行启发教育,用发现法和自然后果法培养学生的观察思维力和道德品质。"把孩子交给一个连他本身都没有受过良好教育的人培养,又怎能培养的好呢?"④因此,这种教师观主张教师对儿童天性的开启,鼓励教师突破教条灌输的教学模式;但是,也因其过分强调儿童的自然成长,而忽视了教师在教育教学中的重要引导作用。

(3) 实用主义教师观。实用主义教师观以杜威为代表。针对主知主义教师观倡导所带来的过分注重形式和教师控制、"只见物不见人"的传统教育,杜威发表了"哥白尼式革命"的宣言,提倡以学生为中心、以经验为中心、以活动为中心的"新三中心",强调教师要由外在的专制者变为"平等者中的首席","反对旧式教学的'独裁之王'或新式教学的'无用之物'这两种极端化的教师观"⑤。这也启发我们,要改变传统课堂教学中教师的控制者角色,创立新型师生关系;转变教师的权威意识;转变教师的课程价值取向;从而使教学

---

① 阮成武.主体性教师学[M].合肥:安徽大学出版社,2005:30.
② 吴式颖,阎国华.中外教育比较史纲(近代卷)[M].山东:山东教育出版社,1997:12.
③ 赫尔巴特.普通教育学·教育学讲授纲要[M].李其龙,译.北京:人民教育出版社,1989:246.
④ 卢梭.爱弥儿[M].李平沤,译.北京:人民教育出版社,2004:24.
⑤ 郑洁,李长伟.杜威的教师观:重读与启示[J].天津市教科院学报,2003(1):56-59.

回归生活世界。

(4) 人本主义教师观。人本主义教师观以罗杰斯为代表。他认为在传统教育中,"教师是知识的拥有者,学生只是被动接受者;教师以通过演讲、考试等方式支配学生的学习,而学生无所适从;教师是权力的拥有者,而学生只是服从者"①。因此,主张以"学习的促进者"代替"教师"。该观点要求教师全面了解和完全信赖学生,尊重学生人格,建立良好师生关系;教师要有同理心;采取多元化教学方法等。该观点强调教师要帮助学生最大限度地发挥自己的潜能,满足学生求知欲等,为我们的教学提供了积极的参考;但是,人本主义理论自身的不足,片面强调以学生的自由活动为中心,也会导致系统知识的学习和教师主导作用的发挥,而且以学生为中心的教学不能仅仅停留在满足学生个人自发兴趣上,而应该看到社会对个体发展的影响等。

(5) 建构主义教师观。建构主义教师观主要以皮亚杰、维果斯基为代表。建构主义者认为,知识不是传授获得的,而是学生自己建构的,因此,教师也不是知识授受者,而是学生建构知识的支持者、学习的促进者与知识的引导者;教师要以积极的态度激励学生、关爱学生;教师要采用鼓励为主、惩罚为辅的教学方法等。该观点强调学生作为学习的主体,注重教师要激发学生的主观能动性使其建构自己的知识体系,促进学生主动探索,具有积极意义;但是,完全否定"传授"、社会交往在教学和个体知识建构中的作用,也不免会陷入狭隘的困境。

本章小结

1. 教师职业经历了由兼职到专职、再到专业的发展过程;伴随着这一过程,教师发展也必然走向专业化发展。教师的专业发展目前有三种价值取向,即理性取向、实践—反思取向和生态取向;而教师专业发展的最高境界就是达成专业自觉。

2. 教师角色作为教师在教育系统内的身份、地位、职责及相应的行为模式,是其社会属性和社会关系在教育活动中的反映,也是人们对教师期待的体现。教师的存在状态包括在特定社会背景下教师的物质生活和精神生活境况;生存状态关系着教师自身的专业发展,更直接影响到学生成长和教育质量。教师职业的性质、特点以及角色、生存境界决定了教师必须为人师表。

3. 教师的职业信念是关于对教师职业的认可、态度、价值、期望等,包括教师角色信念、教师知识信念与教育价值信念,对教师的职业行为具有导向和动力作用。而教师观则是关于教师职业的基本观念、看法,是人们对教师职业理性认识和理想追求的反映;既包括对教师职业性质、职业责任和职业价值的认识,也包括对教师这一专门职业应具备的基本素养及其专业发展的理解。坚定的职业信念与合理正确的教师观,是教师担当教书育人重要使命的根本保障。

---

① 董世华.教育知识与能力简明教程[M].武汉:华中师范大学出版社,2016:119.

复习与思考

1. 如何理解教师的职业性质?
2. 教师专业发展的内涵是什么? 当前教师专业发展的价值取向有哪些?
3. 什么是教师角色? 新时期教师应该是什么样的角色?
4. 如何理解教师的生存状态?
5. "为人师表"意味着什么? 教师为什么必须"为人师表"?
6. 什么是教师观? 教师应该具有什么样的教师观?
7. 结合实际,谈谈你对不同教师观的理解与看法。

阅读参考资料

教育部关于印发《幼儿园教师专业标准(试行)》、《小学教师专业标准(试行)》和《中学教师专业标准(试行)》的通知

资料来源:教育部门户网站.教育部关于印发《幼儿园教师专业标准(试行)》、《小学教师专业标准(试行)》和《中学教师专业标准(试行)》的通知[DB/OL].(2012-2-10)[2020-9-1]http://old.moe.gov.cn/publicfiles/business/htmlfiles/moe/s6991/201212/xxgk_145603.html.

为贯彻党的十七届六中全会精神,落实教育规划纲要,构建教师专业标准体系,建设高素质专业化教师队伍,教育部研究制定了《幼儿园教师专业标准(试行)》、《小学教师专业标准(试行)》和《中学教师专业标准(试行)》(以下简称《专业标准》)。

《专业标准》是国家对幼儿园、小学和中学合格教师专业素质的基本要求,是教师实施教育教学行为的基本规范,是引领教师专业发展的基本准则,是教师培养、准入、培训、考核等工作的重要依据。当前和今后一个时期,各地教育行政部门、开展教师教育的院校、中小学校和幼儿园要把贯彻落实《专业标准》作为加强教师队伍建设的重要任务和举措,认真制订工作方案,精心组织实施,务求取得实效。

各地、各校要采取宣讲、讨论、座谈、培训等多种形式,组织开展《专业标准》专题学习活动。充分利用报刊、电视、网络等各类媒体,广泛宣传《专业标准》的重要意义和主要内容,进一步提高全社会对教师专业特性的认识。通过学习宣传,帮助广大中小学、幼儿园教师和师范生准确理解《专业标准》的基本理念,全面把握《专业标准》的内容要求,切实增强专业发展的自觉性,把《专业标准》作为开展教育教学实践、提升专业发展水平的行为准则。

各地、各校要紧密结合实际,抓紧制订贯彻落实《专业标准》的具体措施。要依据《专业标准》调整教师培养方案,编写教育教学类课程教材,作为教师教育类课程的重要内容。将《专业标准》作为"国培计划"和"省培计划"等各级培训的重要内容,依据《专业标准》制定教师培训课程指南。将《专业标准》作为中小学和幼儿园教师考核的重要依据,进一

步细化考核的内容和指标。教育部将组织编写《专业标准》解读,组织有关专家赴部分师范院校进行宣讲,并结合教师资格考试改革试点工作,适时修改完善教师资格考试标准和考试大纲。

中共中央 国务院《关于全面深化新时代教师队伍建设改革的意见》

资料来源:中国政府网.中共中央 国务院关于全面深化新时代教师队伍建设改革的意见[DB/OL].(2018-1-31)[2020-9-1]http://www.gov.cn/zhengce/2018-01/31/content_5262659.htm.

百年大计,教育为本;教育大计,教师为本。为深入贯彻落实党的十九大精神,造就党和人民满意的高素质专业化创新型教师队伍,落实立德树人根本任务,培养德智体美全面发展的社会主义建设者和接班人,全面提升国民素质和人力资源质量,加快教育现代化,建设教育强国,办好人民满意的教育,为决胜全面建成小康社会、夺取新时代中国特色社会主义伟大胜利、实现中华民族伟大复兴的中国梦奠定坚实基础,现就全面深化新时代教师队伍建设改革提出如下意见。

一、坚持兴国必先强师,深刻认识教师队伍建设的重要意义和总体要求。
二、着力提升思想政治素质,全面加强师德师风建设。
三、大力振兴教师教育,不断提升教师专业素质能力。
四、深化教师管理综合改革,切实理顺体制机制。

该文件在教师发展中具有标志性意义,是新中国成立以来党中央出台的第一个专门面向教师队伍建设的里程碑式政策文件,将教育和教师工作提到了前所未有的政治高度。到2035年,教师综合素质、专业化水平和创新能力大幅提升,培养造就数以百万计的骨干教师、数以十万计的卓越教师、数以万计的教育家型教师。尊师重教蔚然成风,广大教师在岗位上有幸福感、事业上有成就感、社会上有荣誉感,教师成为让人羡慕的职业。

人工智能赋能新时代高素质专业化创新型教师

资料来源:2019年10月30-31日,由《中国远程教育》杂志社主办的"2019(第十八届)中国远程教育大会"(简称2019CDEC)在北京成功召开。教育部教师工作司司长任友群在开幕式上作了题为《人工智能赋能新时代高素质专业化创新型教师》的主题报告。

我国教师队伍是"一支了不起的力量"。党中央和国务院高度重视教师队伍建设工作,教师队伍取得长足发展,全国现有各级各类专任教师1673万人。这个庞大的职业群体有力支撑起世界上最大规模的教育体系,被习近平总书记称为"一支了不起的力量"。

积极推动人工智能和教育深度融合。《人工智能与教育北京共识》指出:各国要制定相应政策,推动人工智能与教育、教学和学习系统性融合,利用人工智能加快建设开放灵活的教育体系,促进全民享有公平、有质量、适合每个人的终身学习机会,从而推动可持续发展目标和人类命运共同体的实现。这个文件反映了全球对人工智能与教育的基本认识。

人工智能助推教师队伍建设行动试点。在人工智能助推教师队伍建设行动中,人工智能也同样发挥着两方面的作用。一方面作为"手段和工具",要在智能助手、情境化学习、教师培养、帮扶贫困等多个方面发挥作用。另一方面作为"知识和内容",教师需要掌握人工智能相关知识,对于全体教师都要提升信息素养。

他们为什么优秀?——十年百余名全国教书育人楷模分析报告

资料来源:人民教育编辑部.他们为什么优秀?——十年百余名全国教书育人楷模分析报告[J].人民日报,2019-9-18.

2010年,教育部启动全国教书育人楷模评选活动,10年来已评选出100余位教师楷模,相对于全国1600多万教师,何止"万里挑一"!他们何以成为楷模?他们为什么如此优秀?

他们用整个生命来热爱教师这个职业!

他们都在"教书育人"方面有了重要突破!

他们都专注于人的"灵魂"的塑造与改变!

每一位"大先生"都是时代的精神丰碑!

智能时代的未来教师

资料来源:余胜泉.智能时代的未来教师[J].中国教师,2019(7).

随着大数据、人工智能、5G等新一代信息技术的发展与普及应用,未来的教育将进入教师与人工智能协作共存的时代,教师与人工智能将发挥各自的优势,协同实现个性化、全纳、公平与终身的教育,促进人的全面发展。人工智能究竟会对教育产生怎样的影响?智能时代的教师将承担怎样的角色?

北京师范大学未来教育高精尖创新中心执行主任余胜泉教授从智能时代的教育发展趋势、智能时代的教师面临的挑战、智能时代的教师新角色三个方面对教师未来角色进行了分析和展望,并提出,未来的教育将进入人与人工智能协作的时代,人工智能不能取代教师,但使用人工智能的教师却能取代不使用人工智能的教师。

参考文献

[1] 教育哲学编写组.教育哲学[M].北京:高等教育出版社,2019.

[2] 教育学原理编写组.教育学原理[M].北京:高等教育出版社,2019.

[3] 叶澜,白益民.教师角色与教师发展新探[M].北京:教育科学出版社,2001.

[4] 石中英.教育哲学[M].北京:北京师范大学出版社,2007.

[5] 舒志定.教师教育哲学[M].北京:北京大学出版社,2012.

[6] 教育大辞典编纂委员会.教育大辞典(第六卷)[Z].上海:上海教育出版社,1992.

[7] 张人杰.国外教育社会学基本文选[M].上海:华东师范大学出版社,1989.

[8] 张大均.教育心理学[M].北京:人民教育出版社,2004.

[9] 田慧生,李如密.教学论[M].石家庄:河北教育出版社,1996.

[10] 帕克·帕尔默.教学勇气——漫步教师心灵[M].吴国珍,等译.上海:华东师范大学出版社,2005.

知识链接

［DB/OL］.（2012-2-10）［2020-9-1］http：//old.moe.gov.cn/publicfiles/business/html-files/moe/s6991/201212/xxgk_145603.html.

［DB/OL］.（2018-1-31）http：//www.gov.cn/zhengce/2018-01/31/content_5262659.htm.

［EB/OL］.［2020-9-1］http：//zxxx.net.cn/Article/Detail/Overview/5341.

余胜泉.智能时代的未来教师［J］.中国教师,2019（7）.

人民教育编辑部.他们为什么优秀？——十年百余名全国教书育人楷模分析报告［J］.人民日报,2019-9-18.

第七章　价值教育与价值观

【名人名言】
一个人的价值,应该看他贡献什么,而不应当看他取得什么。

——爱因斯坦

【本章提要】
　　本章主要从价值理论、价值教育、学校教育中的价值观教育三个方面进行论述。在价值理论方面,主要从价值的内涵与本质、中西方哲学中的价值论以及马克思主义哲学中的价值论等方面进行分析;在价值教育及其意义方面,主要从价值教育的内涵、本质、目的、特征及其载体等方面进行分析;在学校教育中的价值观教育方面,主要从价值观的含义、学校价值观教育的意义、影响学校价值观教育的因素以及我国社会主义核心价值观教育等几个方面进行分析。

【学习目标】
　　1. 了解价值的内涵与本质,理解中西方哲学思想中价值论的主要观点,掌握马克思主义哲学中的价值论思想。
　　2. 掌握价值教育的内涵、本质与目的,了解价值教育的特征与载体。
　　3. 掌握价值观的含义,理解学校价值观教育的时代意义,了解影响学校价值观教育的因素以及我国社会主义核心价值观教育实施的过程。

　　价值教育是将哲学核心的价值理论与教育实践理论相结合的重要概念。研究价值教育既要从哲学视角解读与价值相关的概念,如社会、民族、文化、精神、道德等,又要从教育学科视角对新时期教育理论及教育实践开展相关研究,使价值教育研究既有哲学研究的深度,又具教育实践研究的广度,使价值教育既关注理论上的延伸,又能对教育实践起到指导作用。因此,价值教育研究成为教育哲学研究的关键内容。

第一节 价值理论概述

理解价值的含义是把握价值教育内涵的前提。价值概念的本质是属人的,离开了人就不能称其为价值,在作为主体的事物与作为客体的事物之间产生一定的有用性,也不能称其为价值。因此,只有当具有某种属性的客体满足作为主体的人的某种需要时,客体价值才能体现在价值关系当中,这是我们认识价值含义的基础。

一、价值的内涵与本质

准确阐释概念的内涵是科学把握概念的本质,合理确定概念外延,传递逻辑思维的基本要求,也是消除相关歧义、与概念使用者达成共识的基本条件。事实上,有关价值内涵的研究是一项十分复杂的系统工程,加之研究者认知的差异性与理解的局限性,使人们对价值内涵的理解难以达到"一般性"本质的全面认识,在实际运用中遇到各种不可避免的困难与问题。因此,探索价值的内涵与本质成为学界一直关注的核心内容。

(一)价值的含义

价值是一个贴近人们实际生活的概念,普遍应用于生活中的各个领域当中。价值在各学科中被赋予了不同的含义,如价值存在于经济学、政治学、人类学、伦理学、教育学等学科中,构成了经济价值、政治价值、文化价值、精神价值、艺术价值、教育价值等相关概念,这些概念是基于价值的一般内涵表现出的不同形态。

深入把握价值的内涵,需要从哲学视角进行分析。哲学视角下的价值含义反映了不同领域中价值概念的共同属性,它与具体学科领域中的价值概念属于共性与个性、一般与个别的关系,因此,更具广泛性与抽象性。从哲学视角分析,价值概念属于关系范畴,是指客观事物对于主体需要产生的积极意义,即客观事物对满足主体物质需要与精神需要所具有的独特属性及功能。"价值对人类认识活动和实践活动都有重要意义,人类任何活动,都是追求价值和实现价值的过程,价值问题是人类与生俱来的问题,价值关系是人类实践的一个基本关系。"①当客观事物或现象能够满足主体需要时,对于该主体而言,它是具有价值的;相反,如果客观事物或现象不能满足甚至妨碍主体需要的实现,则该事物对于主体而言是无价值的,甚至是有害的。马克思提出过关于价值的著名论断:"对于没有音乐感的耳朵来说,最美的音乐也毫无意义,不是对象。"②因此,价值概念属于关系范畴,分析价值的存在,首先要了解主体的需要。客观事物或现象价值的大小随其满足主体需要,利于实现主体目标的程度高低而不同,当客观事物或现象满足主体需要的范围越大,

---

① 李德顺.价值论:一种主体性的研究(第3版)[M].北京:中国人民大学出版社,2013:6.
② 马克思恩格斯文集(第一卷)[M].北京:人民出版社,2009:191.

价值越大;反之,则价值越小。

在研究价值含义的过程中,主体和客体是探讨价值意义的必要因素。广义上的主体是指价值关系中的行为者,是判断价值存在与价值大小的人的主观因素;与主体对应的客体是价值的承担者,蕴含主体需要的价值,二者处于统一的价值关系当中。主体的需要会因个人变化而发生变化,主体需要的变化将影响对客体价值的判断,客体满足主体不同需要的属性赋予了客体不同的价值特征。

人们总是在一个特定的语境中使用着价值的意义,任何价值的意义可归属于物质价值与精神价值两个层面。物质价值是客观事物或现象存在的价值属性及功能之于主体物质需要的满足、统一与适应,主要包括自然价值和经济价值。精神价值是主体在追求"真"、"善"、"美"的过程中,在思想上和精神上对客观事物或现象提出的需求,主要包括知识价值、道德价值和审美价值。物质价值与精神价值层面总是统一于主体的需要中。例如,现代教育中价值教育重视个人对价值含义的综合理解,即重视人们对物质价值与精神价值的双重认知。一方面,现代教育肯定人的物质需要的满足是保障基本生活的前提条件,教育教学活动中正确引导受教育者理解经济利益、物质生产与生活、社会物质条件和资源、生态环境条件等方面对满足人的生活需求所具有的物质价值意义;另一方面,教育教学活动针对当前多元价值体系的客观事实,教导受教育者秉持合理的、高尚的精神需求,包括对知识认知、思维能力、心理需求、意识形态、情感、信仰、理想等方面的精神价值。因此,对价值含义的正确理解须以价值的质的规定性为基础,全面进行解读,分别从物质价值与精神价值两个层面深入剖析客观事物或现象之于主体需要的满足,这样才能避免片面地理解价值的真正含义,引发价值思维与价值判断的混乱。

综合上述内容,我们认为:"价值这个普遍的概念是从人们对待满足他们需要的外界物的关系中产生的。"①价值含义是指作为主体的人在实际生活中建立起的一种主客体关系的主体性描述,是客体的属性、存在、变化及功能与人的物质生活、精神生活需求保持一致、接近或满足的性质和程度。袁贵仁认为:"一方面,加之离不开人和人的需要,一个没有人的世界也就是一个没有价值的世界;另一方面,价值也离不开客体,客体及其自然属性是价值的承担者,客体对主体的作用是价值关系的客观基础。"②当客体的属性、存在与功能对主体产生积极利益和效果时,客体是具有正价值的;相反,客体是具有负价值的。对价值含义的分析只有置于特定的语境中才具有统一性与现实意义。

(二) 价值的本质

我国对价值本质的探究离不开兴于20世纪80年代中期的中国价值哲学思想。价值哲学学界分别利用西方哲学、中国哲学、马克思主义哲学等哲学学科关于价值的阐释和话语情境,结合中国价值哲学特有的研究方法解析价值的质的规定,研究成果主要集中在"人论"、"意义论"、"需要满足论"、"效应论"、"综合层次论"等观点中。尽管支撑这些观点的理论不尽相同,对价值含义的理解也众说纷纭,但研究的重点均聚焦于对"价值一

---

① 马克思恩格斯全集(第19卷)[M].北京:人民出版社,1995:406.
② 袁贵仁.价值观的理论与实践:价值观若干问题的思考[M].北京:北京师范大学出版社,2006:5.

般"概念的理解上。"价值一般"是指人类生活专属领域中价值的共同属性与抽象意义，也就是通常意义上的价值本质。既然价值的含义是个人根据客观事物的存在、属性从自我价值理想和价值目标进行比较与分析后进行的判断与评价，那么，人们对价值本质的理解必然源自于人对物质生活以及人生意义的整体理解。

本质是事物本身固有的、区别于其他事物的根本属性。价值存在于主客体间的相互关系，并以客体满足主体需求的效益作为依据，因此，价值本质需从主客体参与的实践结果进行理解，它是主客体相互作用中产生的促进主客体发展、完善、成长的积极效应。既然"价值是主客体相互作用中产生的功能，是客体对主体的作用和影响状态"①，那么，对主客体相互作用中产生的积极效应的回应必然来自于主体的判断与评价。基于这种观点，价值的本质可以理解为客观事物的存在事实与主体评价的统一。例如，当我们提及"木材"时，木材存在的事实已先于作为概念的"木材"而存在，木材存在的事实价值存在于与之关联的主体范围，包括木材加工厂、家具厂及各种制作木质工具的地方。在任何情况下，主体都会自然而然地将个人思维融入价值评价当中，例如，如果我们发现一些木材横在了道路中间，就会引发关于价值判断的思维，对于经过的司机而言，横在路中的木材是障碍物，具有负价值，但对于正急需木材生火做饭的人而言，这些木材恰似雪中送炭，则具正价值。这说明，在复杂的价值关系中，主体评价客观事物事实存在的是否具有价值，主体首先要明确客观事物或现象存在的客观事实，然后要清晰地了解该事物的存在对于不同主体的功能与价值意义，再使用语言来承载主体对客体的评价。因此，主体评价与客体的存在事实同等重要，任何脱离主体评价依托的价值是不存在的，也是毫无意义的。

价值的本质特征主要包括以下几个方面：一是主观性。主体的主观意向是评价价值有无、大小的根源，是建立主客体价值关系的脉络体系，任何价值判断皆因个人的价值理想和价值取向形成反映主体自身需求的特点。二是客观性。价值关系中人的需要具有客观性，客体的价值属性也具有客观性，客观性是可以通过语言的描述表达出来的。三是多元性。客观事物或现象本身具有多种属性，不同属性对不同主体具有特定的价值，在不同的环境和条件下同一属性对主体不同的需要也具有多种价值意义。四是实践性。人们总是在各个实践活动中去把握、认识和评价客体的价值属性、价值功能和价值意义，凡是为人们在物质上、精神上带来满足的客观事物和现象，只有在实践中得以印证才能达到主体预先设置的价值理想和价值目标。五是时代性。社会的发展、时代的变迁、民族精神的向度为人们创设了不同的生存环境和生活场景，人们的思想意识和价值观念随着时代的变迁而不断更替，对客观事物或现象的价值理解必将随之发生改变。

(三) 我国的价值哲学

价值哲学是关于价值的含义、本质、结构、标准和评价的哲学学说，主要研究主体需要、主观意识、主体行为以及各类客观事物对主体在物质上与精神上实现满足的各种现象，考察各种价值对个人成长与社会发展产生的功能与意义。简言之，价值"是特指主客

---

① 邬焜.价值事实、价值反映与价值评价[J].学术界,2000(6):183-189.

体关系的一种内容"①。我国的价值哲学兴起于改革开放,在近现代哲学学科发展进程中逐渐得到应有的重视。价值哲学的研究历程分别经历了几个重要的时期,每个时期形成了研究重心,分别为价值的本质研究、价值评价研究、价值观研究、社会主义核心价值观研究等,随着研究重心的转移,逐渐建立起以实践为根基的主体性价值哲学研究范式。总体而言,我国价值哲学研究历程可分为三个关键阶段。

第一阶段为 20 世纪 80 年代初到 90 年代初,价值的含义及其本质成为这一阶段研究的主要内容。开展价值哲学研究的首要任务是回答"什么是价值"、"价值的本质是什么"等这类前提性问题。在这一时期,我国哲学学界的相关研究将目光聚焦在价值的特性与实质、价值与认识、价值与真理等问题上,采用本体论、认识论、辩证法等哲学研究方法,在价值的本质、价值的意义、价值的实现、价值的作用等领域提出诸多主流观点。

第二阶段为 20 世纪 90 年代初到 90 年代中期,该阶段主要研究价值评价问题。在明确价值本质的基础上,学界研究的重点移至价值评价上,越来越多的学者认为,判断与评价是衡量客体价值最直接的手段与方式,评价结果关涉主体对客观事物或现象的态度与行为,是客观事物带给主体价值的预期评判。这一阶段,价值哲学主要研究价值评价的产生、方法、实施、途径、结果应用等内容。

第三个阶段为 20 世纪 90 年代中后期到现在,该阶段主要研究价值观念。价值观是价值哲学理论体系的关键概念,它贯穿于价值哲学研究的整个过程,占据着十分重要的地位。价值观念是人们思想中形成的认知事物、辨别是非的一种稳定的思维或价值取向,它反映了某一时期的时代精神、社会需求及社会实践事实等多个层面。当前,价值哲学与相关学科,如教育学、心理学、伦理学等相关学科共同将研究重点置于考察价值观的内涵、变革、构建等内容,一方面探析价值观概念的相关理论,另一方面以社会转型引起的价值观变革为切入点,探索社会主义核心价值观的时代意义、教育与建构。

从我国价值哲学整体发展所取得的研究成果来看,澄清了价值含义、本质与价值评价合理性等关键概念的实质内容,进一步明晰了价值观结构体系,实现了马克思主义哲学研究与价值哲学的交融,比较了东西方价值哲学的差异与发展现状。在"价值与历史观的研究、价值观与价值观念问题研究、中国古代价值哲学思想研究、现代西方价值理论研究、价值理论体系建构研究、价值的选择研究"②等方面均有涉及。因此,在探讨价值哲学、社会主义核心价值观的含义与逻辑等理论上,取得了诸多研究成果。

当前,我国价值哲学研究的中心任务是科学合理地构建社会主义核心价值观。一方面,我国价值哲学对多元价值社会引发的价值观与道德素养的失落与滑坡进行了批判,认清了诸多市场经济所带来的边缘化价值观念和思潮;另一方面,利用教育树立"富强、民主、文明、和谐,自由、平等、公正、法治,爱国、敬业、诚信、友善"的社会主义核心价值观,为理论建构赋予了符合传统文化与现代社会制度要求的内在逻辑与时代意义,突出了提出、理解、认知、培育社会主义核心价值观的意义与价值。

---

① 李德顺.价值新论[M].北京:中国青年出版社,1993:34.
② 陈国新,田斌生,杨南玉等.马克思主义哲学现代化研究[M].昆明:云南大学出版社,2007:191.

二、中国哲学中的价值论

价值理论是中国哲学思想的核心内容,贯穿于整个中国哲学体系。例如,儒家思想将人的价值与人的道德品性密切关联,认为人的价值是人获取道德认知与践行德行的重要体现,肯定了人的价值对推进精神文明所起的重要作用。随着百家争鸣繁荣局面的出现,中国哲学思想体系中的价值理论也随之得以发展。

(一) 中国哲学的价值观念

我国哲学中关于价值理论的论述由来已久,可以说自哲学思想发源之日起,我国的哲学家与思想家对价值的探索就从未停滞。自古以来,中国哲学界针对价值概念的含义与"贵"的表达存在千丝万缕的联系,"贵"本来是指社会中掌握特权的阶层和社会等级,经过对其含义时代性的扩展,后被理解为高尚的与值得尊重的客观事物。儒家思想倡导的道德实践原则"礼之用,和为贵"①,是指按照"礼"来处理一切事情,就是要使人和人之间的各种关系恰到好处,都能调解适当,使彼此融洽。儒家提倡的"礼"规定了一套宗法社会的伦理规范和行为准则,要求每个社会成员按照礼制规定的程序,各安其位,遵循规律,和睦相处,因而,"礼"在促进个人遵守社会制度规定,合理处理人际关系等方面发挥重要的作用,它是社会价值与个人价值的统一体。因此,儒家表达的"贵"是对"礼"的价值的一种公共态度。

现代社会中,尤其在经济社会领域,"贵"代表着客观事物或现象对于主体而言充满丰富的价值意义与功能,是对传统儒家思想"贵"的含义的进一步扩展,体现了不同社会发展阶段对价值大小程度的表述方式。与"贵"对应的概念有"价格"、"价钱"等词语,它们均指客观事物的价值大小,价值大的事物自然就以"贵"来形容与评价,"价格"就高,"价钱"就好。

中国哲学对客观事物价值的变化也有论述:"论其有余不足,则知贵贱。贵上极则反贱,贱下极则反贵。"②司马迁的这句话运用了辩证的方法,诠释了货物流通周转的规律及做法,认为当物价贵到极点,就一定会下跌,此时要尽量卖出;物价贱到极点,就一定会上涨,此时要及时买入。这从经济学视角形象地解释了投机之道,体现了古代商业的智慧。

先秦哲学中诸子百家从各自身哲学观点出发,对价值的内涵进行了独到的理解与阐释。儒家以"仁""德"为思想基础,以道德为依托,提出了道德具有至高的价值;道家认为绝对的"道"才是价值最终的载体,是人们追求的精神目标;法家认为事物的价值是通过"力"显现出来的,提出了唯力价值论;墨家提出了"兼爱"的民本价值观与"贵义"的社会行为为价值观。诸子百家的价值观点代表了中国哲学发展以及价值哲学发展的精神核心内容和博大精深的价值智慧。

---

① 论语·泰伯.
② 史记·货殖列传.

(二) 中国哲学价值论的核心价值观念

中国哲学中主要的价值观念为"真"、"善"、"美"、"诚"、"利"。中国哲学家们普遍认为,"真"、"善"、"美"是人生追求的最终目标,求真、求善、求美是人的最高需求,客观事物或现象的价值必定体现在追求"真善美"的过程中,以满足"真善美"需求的具体实践效果衡量价值的有无与大小。价值可以依据作用的对象,划分为目的性价值与工具性价值,目的性价值强调客体满足主体追求改变世界和自身条件的精神需求,工具性价值强调客体满足与实现主体目标的实践的、具体的物质需求。从这个角度来看,"真"、"善"、"美"、"诚"属于目的性价值,"利"属于工具性价值。

儒家思想将"善"与道德价值等同起来,"求善"即是培养道德修养,而达到善,需要通过"求真",即认知的过程,体现了知识的价值,"圣则吾不能,我学不厌,而教不倦也";"美"是对艺术价值的认知与追求,艺术的价值在于它可以教人提升向善求真的思想境界和主观诉求,在评价价值的大小时站位更高。道家讲儒家的"真"称为"诚","诚"是天、人、万物之间交流无碍的基础,这里的"诚"已经超越了单纯的道德范畴。墨家思想中的"利"并非普通意义上的个人私利、物质之利,而是指"功益之利",体现的是功用价值。墨子认为的"利"是对百姓利益、国家发展起到良好作用的事物,它们的价值是不言而喻的。

儒家思想将"善"与"美"结合起来,善代表了评价道德的标准,美代表了评价艺术的标准,而道德的价值高于艺术的价值,艺术的价值是通往道德价值的有效方式。道家思想同样重视"善"与"美"的关系,提出了价值相对性,即善与不善、美与恶的相对性,"天下皆知美之为美,斯恶已;皆知善之为善,斯不善已"①。当"美"的艺术价值出现时,"不美"的审美观念也随之显现在人们的头脑中,同样,当"善"的道德价值彰显时,"不善"的道德思维和评价方式也会呼之欲出。从这个意义上看,老子的相对价值观念,旨在化解各种不必要的执着与偏执。

儒家思想也阐释了"善"与"利"的价值关系。"利"一般是指能够满足人们生活需要的客观事物,具有物质价值。儒家试图平衡"善"与"利"之间的价值关系,当"善"与"利"同时出现时,"善"的价值一定高于"利"的价值,然而儒家认为"利"的价值对于人们维系自身生活也是重要的,两者不应该出现不可调和的矛盾。在"利"的价值基础上,通过实践,达到"至善"的道德目标,是儒家思想价值论遵循的价值理想与原则。

(三) 儒家哲学思想中的价值论

儒家思想贯穿中国哲学思想发展的主线,是成熟的、开放的、兼容性极强的思想体系,它对中国文化的影响至深,我国其他哲学思想中的价值理论均在继承或修正儒家价值哲学思想的基础上建立起来。

1. 道德的价值

儒家思想中的道德是以"仁"为中心的中华传统美德的集中体现,意义深远。孔子将

---

① 老子·第二章.

"仁"区分为"安仁"与"利仁"："仁者安仁,知者利仁。"①"安仁"是出于吾心之自然,无所为而为之,也就是说为了仁而行仁;"利仁"是知道行仁有利,有所为而为之,也就是说认为行仁有利而行仁。两种行"仁"的出发点不同,两者的属性也因此而有根本的差别。从道德价值观点上看,"安仁"是人的道德素养在追求最高"仁"的目标时,其行为实践所体现出的价值;属于目的性价值或内在价值。孔子将"安仁"中的道德要求与"利仁"中的追求物质价值目标实现区分,并有详细的阐释。"士志于道,而耻恶衣恶食者,未足与议也。"②儒家推崇"安仁"之价值理想,将实现仁的理想寄希望于人人能够在物质生活价值之上去追求道德价值,在必要的情况下,甚至要做到舍生取义。同时,儒家也不完全否定物质价值带给人们的生活利益,"因民之所利而利之"③,强调人们"富之"后而"教之"的积极意义。因此,儒家认为从"利仁"出发达到"安仁"的必然要求必须以道德的价值是瞻。

2. 人的价值

儒家思想十分重视个人价值,认为实现道德价值的至高要求"仁"的承担者是人,人具有区别其他动物的独特、优秀的品质,以及超越一切他物的主观能动作用,是最具价值的主体,离开人的价值来探讨道德价值是无稽之谈,承认人的价值是伦理道德的根本前提。这里的"人"是指人的群体以及主体意义上的个人。"人人有贵于己者,弗思耳。人之所贵者,非良贵也。"④,孟子认为"良贵"是个人之于他人最尊贵、最宝贵的价值,人人皆有。"良贵"与"人之所贵"的差别在于,前者是别人无法剥夺的固有的个人价值,后者是随时可能被剥夺的价值;前者是个人内化的道德素养、价值观念的体现,是人的内在属性,后者是外在因素影响下所形成的个人价值。后世之人继承儒家关于人的价值的思想,更强化了人兼备万事万物之能力与作用的属性,认为:"唯人兼乎万物而为万物之灵,如禽兽之声,以其类而各能得其一,无所不能者,人也。推之他事,亦莫不然,唯人得天地日月交之用,他类则不能也。人之生真可得之贵矣。"⑤

3. "义"的价值

在儒家思想体系中,"义"是处理人际关系的重要依据,也是个人道德修身的价值取向,属于伦理道德范畴。孔子看来,"义"是君子的本质规定,是君子区别于小人的人格魅力与个人价值。"君子义以为质,礼以行之,孙以出之,信以成之。君子哉!"⑥儒家思想在谈及"义"的价值时,往往将"生"与"义"放在一起进行比较:"生,亦我所欲也;义,亦我所欲也。二者不可得兼,舍生而取义者也。生亦我所欲,所欲有甚于生者,故不为苟得也;死

---

① 论语·里仁.
② 论语·里仁.
③ 论语·尧曰.
④ 孟子·告子(上).
⑤ 邵雍.皇极经世·观物外篇.
⑥ 论语·卫灵公.

亦我所恶,所恶有甚于死者,故患有所不辟也。"①也就是说,当"生"与"义"发生冲突时,具有较高道德素养、秉持道德理想的君子应舍弃生命,坚持道德的原则,这才是真正的"义"的表现形式。但是,"义"的价值体现需要具备一定的前提条件,即人要在尊敬他人的基础上,保持一种个人尊严,个人尊严在特定的时期也比"生"更为重要。因此,践行道德理想,要以"义"的价值作为重要途径与方式。

4. "和"的价值

"和"是中国哲学中的重要理论范畴,被儒家视为道德的中心原则。不同时期儒家思想关于"和"的理解是不一样的,但普遍认为"和"是正确处理人际关系最重要的指导思想,即通过各类方式使人与人之间的交往达到和谐的状态。"礼之用,和为贵。"②"君子和而不同。"③"天时不如地利,地利不如人和。"④儒家认为,"和"的价值在于使个人在人际交往中,能够践行道德素养,深谙为人处世之道,约束与控制好自我的思想与行为,从而与他人保持一种和谐友善的关系。《中庸》提到:"喜、怒、哀、乐之未发,谓之中。发而皆中节,谓之和。中也者,天下之大本也。和也者,天下之达道也。"⑤意思是,"中"是稳定天下之本;"和"是为人处世之道,而"和"是需要个人通过对处事之道的认知、理解、修养等过程才能真正实现。所以,君子通过修身养性,在为人处世过程中应该做到言行恰到好处,即"质胜文则野,文胜质则史。文质彬彬,然后君子"⑥。这样才能使"和"的价值得以充分的体现。

儒家思想中充满着丰富的价值理论,以上阐述了以儒家道德思想为核心的价值理论。然而,更多的儒家价值理论观点存在于与其他中国哲学思想的融合与争辩当中。因此,各个不同历史时期的价值理论共同构成了中国哲学丰富多彩的价值理论体系。

三、西方哲学中的价值论

传统西方哲学思想中的价值理论在很大程度上基于道德理论的相关研究。例如,亚里士多德将善分为内在的善与外在的善,刘易斯又将善分为外在价值、内在价值、功利价值、固有价值、贡献价值等五个方面。现代西方哲学思想进一步拓展了价值理论与道德理论间的关系,如探索道德价值与一般价值的关系,突出了伦理学与道德论在分析价值问题中的重要作用与主导地位。

(一) 西方哲学价值论的发展

西方哲学中的价值理论具有悠久的历史,古代希腊以来西方哲学中就有关价值问题

---

① 孟子·告子(上).
② 论语·学而.
③ 论语·子路.
④ 孟子·公孙丑(下).
⑤ 中庸.
⑥ 论语·雍也.

的探讨与研究。早期传统的西方哲学研究中有关价值的研究范围较广,包括认知价值、审美价值、道德价值、宗教价值等问题,这些问题是人们将各个时期哲学思想观念与价值理论结合的研究内容,代表了某个社会发展阶段有关价值含义的研究成果。从狭义上看,西方价值哲学的研究是19世纪中叶出现的关于价值问题的理论。从这一时期开始,西方价值哲学研究重点聚焦于典型价值哲学,典型价值哲学研究一般的价值问题,这些研究成果对现代西方价值哲学的发展起到了基础性作用。

按照西方价值哲学研究的时间脉络,可分为三个阶段:一是古希腊罗马和中世纪的古代价值哲学,二是文艺复兴时期至19世纪中叶的近代价值哲学,三是19世纪中叶以来的现代价值哲学。自现代价值哲学开始,价值哲学独立于哲学,以专门学科的形式出现,不再是哲学的有机组成部分。

对西方价值哲学含义的认识,需要理解西方"哲学"一词的本意。从词源上看,"哲学"(philosophy)一词是由 philo 和 sophos 构成,分别是希腊文"爱"与"智慧"的含义。古希腊哲学家对智慧格外推崇,善于探讨"智慧"(知识)带给人们的价值。苏格拉底甚至将"智慧"与人的美德(virtue)等同起来,将人类道德问题作为研究对象的学科——伦理学(ethics)即是价值论的研究。伦理学要解决一个基本问题——道德和利益的关系,即"义"与"利"的关系。早期西方哲学试图将"义"与"利"统一起来,因此,柏拉图建立起一个本体论(Ontology)、伦理学与价值论互为一体的庞大理论体系,在该理论体系中,"善"起到了联结作用。可见,伦理学与价值论两者具有深刻的哲学理论渊源,在研究价值理论中无法跨越对伦理学的研究。伦理学的发展历经多次变化,亚里士多德将伦理学视为政治学的分支,不再是哲学的分支;伊壁鸠鲁派将伦理学置于哲学的中心地位;中世纪经院哲学家又将伦理学视为神学的组成部分;现代西方哲学将伦理学放置在多元学科体系当中进行研究。因此,现代西方哲学中关于价值的哲学探讨较之以往,视野更为广阔。

西方价值哲学研究主要包含三个方面:一是研究认识价值的主体地位,即人的需要、利益、理想、尊严等方面的问题;二是研究个人的社会主体地位,即人的自由、平等、人格、尊严等方面的权利问题;三是专门的伦理学研究问题。三个方面内容涵盖了认知论、伦理学、价值论的研究的核心问题,虽然这些研究聚焦于繁杂多元的学科内容,但价值论问题仍占据中心地位。自19世纪后,西方哲学出现科学主义与人本主义两种哲学思想走向,科学主义属于认识论范畴,人本主义属于价值论范畴。科学主义研究偏重于探索应用哲学,走向科学哲学,而人本主义研究的地位在逐渐上升,构成西方哲学的主体部分,价值哲学从而得到了学界更广泛的关注。

纵观西方哲学研究发展的整体脉络,构成了从重视本体论的古代哲学到重视认识论的近代哲学,再到重视价值论的当代哲学。从哲学研究重心的转移上看,价值论在西方哲学发展史中的地位日益凸显,成为当代西方哲学中的重要内容。

(二)西方价值哲学中价值的含义

当代西方价值论研究的方式主要包括两种:一是从广义的价值论出发,围绕人的价值与道德问题开展哲学研究;二是从狭义的价值论理解人的价值和道德的意义,将价值论作为哲学的一个分支学科,利用哲学研究方法开展相关研究。不同研究方式对价值论学科性质、范畴及其与哲学的关系的认识是不同的,对"价值"含义的理解也存在差异。19世纪末以来,"价值"(value)的概念被引入哲学研究中,并被哲学学者频频使用。"价值"在传统西方哲学中多指相对的概念,即"善"与"恶"或"好"与"坏",随着"价值"概念深入人们的日常生活,其含义多指"好的"、"有意义的"、"有作用的"等。

在西方价值哲学中,"善"是道德层面的核心概念,而道德与价值之间经历了复杂的分分合合的探讨过程,因而,学者们常常将"善"与"价值"联系起来。例如,一些价值论研究者认为,"善"与"价值"具有同一含义,"善"代表着对社会及个人有价值的事物和行为,从本质上看,它不能等同于"正义"、"正确"、"应当"、"责任"、"义务"、"美"、"真"等概念;另一些研究者将"善"区别于"价值","价值"概念包含"善",还包含"正义"、"正确"、"应当"、"责任"、"义务"、"美"、"真"等概念,这些词汇使用范围皆归属价值范畴。"善"与"价值"含义的争论直接影响着西方价值哲学的性质、研究范围、与哲学关系的定位等关键问题。

对西方价值哲学中的价值概念要从历史的角度进行观察。早期智者派从提出"人是万物的尺度"的命题开始,就认识到主体和客体之间存在的价值关系以及主体评价客体的主观思想。既然人是衡量万物存在意义的尺度,那么,当客观事物对人有益即为"善",对人有害即为"恶",知识、理性、美德对人是有益的,因此,它们就具有价值,价值成为区分善、恶与好、坏的评价结果。伊壁鸠鲁认为,对价值的认识要比对事实的认识更为重要,他从直观的感性出发认识价值的含义,把快乐等同于幸福、等价于价值,并以快乐作为一切取舍的标准。斯多葛派将价值、善、好视为同一含义的词语,把对价值的追求归于人的本性需要,认为顺应自然就是服从命运、服从神意,从而走向神学价值论。中世纪经院哲学认为主体与客体的关系是人与神的关系,上帝创造的一切事物都具价值,人们在遵循神的旨意而采取的行动才具有价值意义。近代西方哲学突出人类的理性和智慧,将知识、真理和科学方法等同于价值的含义,证明科学知识、科学方法对人类社会生活带来的价值意义。"真正合法的目标,是要开辟人类的理智道路,给人们提供认知和改造自然的工具,给人类生活提供新的发现和力量。"①"什么知识最有价值"的经典问题也是在这一时期被提出来的。近代西方哲学思考人怎样才能从自然机械因果律的束缚中摆脱出来,从而实现人、自然、社会三者的统一,在认识外在世界、客观存在的必然规律的基础上,使一切外在自然、社会环境成为能够满足人们的需要,实现人的价值。此时,学者们从哲学、伦理学、美学等不同科学视角研究价值的含义和意义,并明确了事实认识和价值认识的差异。黑格尔哲学还从存在的事物和合理性、价值性角度阐释实在的事物和价值的事物之间的关系,"凡是合乎理性的都是现实的,凡是现实的都是合乎理性的"②。总之,从西方哲学发展历程可以看到西方价值理论发展的整个过程,其丰富的价值理论为我们深入认识价值含义、价值意义,在实际生活中运用价值理论形成价值观念提供了基础。

---

① 北京大学哲学系外国哲学史教研室.十六—十八世纪西欧各国哲学[M].北京:商务印书馆,1975:232.
② 黑格尔.小逻辑[M].贺麟,译.北京:商务印书馆,1980:420.

(三) 中西方价值哲学的比较

在当今价值多元化的时代背景下,中西政治、经济、文化不断融合与交汇,价值哲学的发展呈现出全球化与现代化的走向,中西价值哲学研究必然在交流与学术碰撞中实现创新与自身发展,以适应时代的要求。从价值哲学研究发展的历程来看,20世纪70年代末以来,我国价值哲学已近30年的研究历程,涌现出一些具有代表性的学者及著作,如江畅的《现代西方价值哲学》、万俊人的《现代西方伦理学史》等,这些代表作引介西方价值哲学思想并结合我国当时价值哲学研究成果,进行详细评论。从上述内容中我们知道,现代西方价值哲学发祥于19世纪下半叶,20世纪70年代研究的重心由一般价值问题转向现实价值问题,由偏重宏观的价值问题转向具体的实践价值问题,这种转变符合当时社会转型期的要求。我国价值哲学研究虽然较之西方价值哲学起步较晚,但初期的研究重点同样以一般价值问题为始端,包括价值含义、价值分类、价值体系、价值取向、价值评价等理论。理论探索是实践的基础,厘清这些概念为价值理论的应用提供前提条件,具有进步意义。

由于我国价值哲学起步晚于西方价值哲学,在当代价值哲学理论研究过程中,很大程度上借鉴了西方价值哲学已有研究成果,因而,构建我国价值哲学体系结构成为现代价值哲学的重要任务。通过比较中西价值哲学研究成果,两者研究的差异主要表现在以下两个方面:

一是中西价值哲学在内容上的差异。西方价值哲学经历了几次重大的研究中心转移,从20世纪70年代开始,西方价值哲学研究内容实现了向个人生活密切相关的现实问题的转移,这种转移增强了价值哲学的应用意义和作用。正如J.拉歇尔斯所说:"以前,哲学关于我们应当怎样生活的讨论一直是一般性的和抽象的,可是突然间学究式的哲学家开始撰写起了关于人工堕胎、种族和性别歧视、公民不顺从、经济不公、战争甚至动物的待遇这类问题的著作。"[①]西方价值哲学的这种"接地气"的转变为解决当时的社会问题提供了许多有力的理论支撑。我国的价值哲学虽然起步晚,但在研究初期,已经直接与社会发展及人们的生活结合起来。例如,我国当代价值哲学研究在20世纪70年代末80年代初便融入关于"真理标准"的大讨论,并将关于人的价值以及人与社会的价值关系列入研究的主要内容,颇具西方价值哲学研究中心实现转向后的实用性。然而,随后我国价值哲学研究的中心发生了转移,开始关注于价值的一般问题,即运用哲学学科研究范式探索价值的理论问题,逐渐忽视与现实问题结合起来讨论价值的意义,这与西方价值哲学的发展脉络形成对比,其发展路径恰与西方价值哲学相背而行。

二是中西价值哲学在方法上的差异。西方价值哲学综合运用哲学的思辨法、逻辑法、辩证法等方式,将相关学科研究成果及独特的研究方法融入价值哲学研究中,使研究成果更具全面性、科学性、合理性,渗入社会科学、人文科学、自然科学等各个学科领域。我国价值哲学研究方法相对单一,墨守成规,主要使用哲学的思辨法与逻辑法,实证研究、定性

---

① Rachels,James,1998,"Introduction of modern ethical theory", in Steven M.Cahn & Peter Markie (ed.),Ethics:History,Theory,and Contemporary Issues,New York,Oxford:Oxford University Press.p.475.

研究与定量研究等方法也是直到现代价值哲学的研究中才得以运用。

从上述内容与方法的比较来看，中西价值哲学的研究路径与取向存在不少差别，我国的价值哲学正在试图改变与缩小与西方价值哲学研究的差距，在借鉴、吸纳与创新的基础上，不断增强与西方学者的交流与对话，探索学科前沿问题，面对我国社会发展与转型期出现的各类现实性问题，我国价值哲学研究正在提炼贴近实际生活的重大问题，为政府决策提供理论服务，为塑造个人价值理想提供思想上的保障。

四、马克思主义哲学中的价值论

马克思主义哲学是深刻揭示世界观、人生观和价值观的哲学体系，是我国社会主义建设和改革实践活动的精神支柱。马克思主义价值理论是人类文明宝贵的精神财富，"是以对价值及其相关概念的征求解释为基础，产生和发展于认识世界和改造世界的实践过程之中，是指导人们进行社会实践活动的科学理论武器"①。阐明马克思主义哲学中的价值论的丰富内涵，明晰当代实践中的应用，对我们理解价值、价值观的理论内涵及思想实质具有举足轻重的意义。

（一）马克思主义价值论内涵

从价值哲学的根本性理解出发，马克思主义哲学中价值论具有独特的理论魅力和现实意义。为更好理解马克思主义哲学价值论的含义，我们需要从以下几个方面展开探讨。

1. 正确认识价值与需要的关系

马克思主义认为"需要"是分析价值最基本的理论依据，也是价值理论体系中最重要的概念之一。作为哲学研究的共识和生活常识，没有"需要"的存在就没有论及价值的意义，价值是主体需要以及客体对主体需要的满足。马克思主义哲学从历史唯物主义观点出发，运用主客二分的方法研究"需要价值论"，认为人的主体需要是衡量价值的标准，这种需要包括物质需要和精神需要、个人需要和集体需要、整体需要和局部需要等，总而言之，价值是客体存在对主体需要的满足。然而，人的主体需要又可分为正当的和非正当的，并非皆具价值性，对非正当需要的满足事实上是不具价值的，这就要求我们在探讨价值概念时，从人类整体性思维视角出发，全局全面地考虑价值问题。

观察价值现象，思考价值问题，要从人的发展和社会发展的全面性展开，既看到人的发展对社会的发展起到的推动作用，又要看到社会发展对人的发展提供丰富的资源和条件，两个方面是互为目的的。那么，对价值的理解就应该突出人的社会价值功能及内在思想潜能，而不能简单地从工具性和物质性层面理解。因此，马克思主义哲学看到了需要价值论具有一定的局限性。价值是人对自身本质的追求，不能仅仅停留在基本需要的满足上，而应该对需要不断反思、更新、创造和发展，随着需要的提升，个人的追求不仅考虑自身需要，更要思考如何改造世界、改变他人。因此，讨论需要价值论中的价值关系及主体

---

① 罗国杰.马克思主义价值观研究[M].北京：人民出版社，2013：31.

需要,应该为主体提供提升价值境界的空间,超越个人价值世俗,拥有更高的价值追求,以求价值共性目标的实现。

2. 正确认识价值与事实的关系

马克思主义哲学认为价值与客观事实是统一的,对价值的认识又要研究价值与事实的差异。休谟在探讨人性论的过程中,将人类的知识分为事实知识与价值知识;他认为事实来自于经验,事实知识是可以从经验中得以证明其存在,属于真假范畴,而价值属于非经验性的范畴,是人思维活动的体现,不能用经验证明其存在。按照同样的思路,康德将世界划分为事实世界与价值世界,认为事实世界是可以用感官证明的现象世界,是事实的存在,而价值世界存在于人的思想中,具有不可把握的特性,两种世界有本质上的区别。由此,引发了哲学界对事实与价值关系的争论。马克思主义哲学认为,事实本身是有限的价值,价值本身是理想的事实,也就是说客观存在的事实具有某些价值上的局限性,价值本身具有事实上的潜在发展空间。例如,如果事实可以证明时空隧道的存在,并能将人传送至过去或未来,这将成为人类科学发展史上重大的科学发现,具有重大的事实价值;如果无法证明时光隧道的事实存在,这就为人类科学研究提供发展空间,同样具有价值意义。因此,价值属于关系范畴,事实与价值不能等同起来,若认为价值就是事实,价值的追求便毫无意义可言。

事实不是价值,而是人对事实的理解,是关联客观事实与人之间的某种作用与效应。事实与价值是可以实现相互转变的。马克思主义哲学认为,事实具有价值性和事实性双重属性,事实存在的价值在于它固有的事实性,而没有任何价值的事实不能称为事实。人们说"存在"、"是"的时候,表达的是现实存在的"事实"状态,人们说"应该"、"理想中"的时候,表达的是想象中的"事实"的应然状态,即可能成为现实的"事实",当想象中的"事实"真正成为现实中的"事实"时,可以认为这是价值的实现。

3. 正确认识价值与真理的关系

价值与真理的关系是价值论中的核心问题,它们既有区别,又相互制约。离开真理谈论价值是不现实的,是没有根据的。人的实践活动必须以正确认识、尊重事实规律为前提,避免盲目的主观判断带来无效和错误的价值判断。价值的实现依赖对真理的认识,对真理的认识也依赖于人们在实践活动中对价值的理解。真理具有强烈的客观性,与价值的主观性形成鲜明对比。实践活动本身是具有目的性和价值性的,其最高目的在于追求真理;因此,求真务实是我们做任何事情的原则,在追求真理的过程中,我们一步步也在实现着个人价值,体现为人生价值与生命价值。

将真理与价值的统一来自人们对人与世界关系的正确认识与理解。人总是在改造世界的过程中不断提升认识世界的能力与程度,如果割裂人改造世界的目标、能力与人的自我价值实现,那么,真理与价值就毫无关系可言,对价值的理解就会陷入唯心主义的漩涡。马克思主义哲学始终认为,人认识世界是为了改造世界,改善人类生活质量,升华个体的生命价值,从这个意义上看,离开价值的真理与离开真理的价值都是没有任何意义的。

4. 正确认识价值与主体的关系

价值研究首先要观察主客体之间的关系,主体性问题是价值哲学理论的基础,是价值理论研究的基本概念。主体具有多样性、时代性、民族性等特征,不同的主体具有不同的精神属性,也有不同的需要、选择与衡量标准。价值世界的多样化来自于价值的多元化,当复杂的主体与多元的价值置于同一层面时,价值的主体性与主体的价值性得以统一。价值的主体性体现为人的内在驱动性与主动性,一切价值都以人的认知、思想、评价、反思等过程为根本出发点,所以,可以将其归属为人的价值。人的价值建立体现在改造世界的基础上,不是单纯的物质化的价值,在探讨价值时,要尽力摆脱物化价值的较低层次的理解,物质本身无法实现自我升级与创造,最终依赖于人的实践活动。因此,物化的价值并非主体的最高价值理想。

主体的价值层次分明,包括集体价值与个人价值、社会价值与个体价值、物质价值与精神价值、现实价值与潜在价值等,每个层次的价值都是价值体系结构中的关键内容。评价价值与创造价值均源自作为主体的人,人的主观性、能动性、创造性、现实性成为认知、理解价值得共同力量,为实现价值理解上的全面,需要价值主体建立全面的思维视角,培育全面的思维能力,避免片面地、机械地、抽象地看待价值和理解价值,甚至剥离主体与价值的联系。因此,马克思主义哲学要求主体与客体之间形成有机的、全面的、多元的统一。

5. 正确认识价值与实践的关系

马克思主义哲学的核心概念之一是实践,人的一切活动皆是实践活动,发现真理离不开实践,解决实际问题离不开实践,形成价值观念离不开实践,实践是人们思想的源泉,是认知世界、改造世界的基本形式和要求。对于研究价值而言,实践活动的重要成果是个人形成一定的价值观念。价值观念是人们基于个人的经历和经验在实践生活中做出的认知、理解、判断和选择,是个人分辨是非的价值取向。价值观念形成过程是从感性到理性、从认识事物的表象到发现事物发展规律的过程,也是现实中价值运动的主观活动与客观反映。实践是人们目的性的价值活动,其本身具有价值观念与价值思维,是推进价值运动的主动力,主体的价值观念在实践活动中逐渐形成并内化于个人思想中,随着价值观念的不断加强,稳定的思想意识和思维方式在逐步形成,最终以理想与信念的形态呈现在头脑当中,并反作用于社会生活的方方面面。

价值观念可以被分为正确的与错误的,当正确的价值观念占据社会的主流思想时,个人的实践活动才能有效促进社会的发展,个人形成的价值观念可以被证明是正确的。此时,正确的价值取向与舆论导向要对错误的价值观进行批判与修正。如何区分正确与错误的价值观念成为教育活动必须肩负的责任,通过教育使受教育者树立正确的价值观念与价值理想,践行正确的价值实践活动,符合马克思主义哲学价值论的主导思想与要求。

6. 正确认识价值与评价的关系

对价值的思考必然涉及价值评价,价值评价分为社会价值评价与个人价值评价。社会价值评价是指价值拥有客观性、共通性、规范性、多样性的本质特征,价值评价的主体秉持某一态度,对社会价值进行关于社会价值理想、价值诉求、价值心理和价值认同的评价。个人价值评价是指从个人需求出发对客观事物或现象进行符合个人价值心理、价值愿望、生活目标的评价过程。两种评价有时处于同一过程当中,拥有统一的价值评价标准。价值评价区别于对其他事物的评价,这种评价过程本身是站在评价主体的价值立场上,评价主体的价值选择与价值取向对评价结果产生直接的影响作用。

马克思主义哲学认为,价值评价是以个人价值认知和理解为基础的,在完成价值评价过程、得到评价结果时,作为评价主体的个人会对结果再次进行价值裁定与监督,形成价值反思。无论是价值认知、价值评价、价值反思,都需要在某一特定的社会历史发展阶段中对评价对象全面认识与客观考察。这是为了避免认识的片面性以及由草率的评价引起不彻底的反思。为给主体提供一定的价值评价参考标准,提高价值评价的效果,马克思主义哲学提出,在价值评价过程中应遵循某些社会价值规范。社会价值规范体现了价值评价的社会标准和要求,具有广泛的、共同的社会价值思想基础,能够反映社会整体的价值体系和价值追求,具有适应时代发展与变化的能力,起到时代引领和精神感召作用。因此,"经过长期努力,中国特色社会主义进入了新时代,这是我国发展新的历史方位"[①]。面对新时代的到来,社会价值规范总是代表着社会主流价值观的方向,为主体合理认识价值与评价的关系,为科学有效进行价值评价,带来理论与实践上的支持。

从上述六个方面看到,马克思主义哲学对价值含义的理解是全面的,它权衡了价值与相关的多种因素之间的关系,使人们对价值的含义、认知、构成、应用、评价等各个方面有了更深刻的理解。

(二)马克思主义哲学价值论的作用

马克思主义哲学思想中的价值理论内容丰富,具有普遍性与基础性,对研究价值相关概念提供重要的理论要素。把握马克思主义哲学价值论的作用,对分析价值论的实践功能起到重要的促进作用。

1. 马克思主义哲学价值论有利于理解实践论

哲学的核心是关于世界观的学说,马克思主义哲学认为人们认识世界观的最高目标是改造和创造世界,仅仅停留在认识世界的层次不足以完成哲学的崇高使命。改造世界首先要正确认识世界,其次要辩证地看待认识世界与改造世界之间的关系。世界观是人们看待世界的观念和想法,其中包含如何看待人与社会、人与自我、人与自然等对应概念之间互动与互为的关系。新时代哲学与人文科学、社会科学、自然科学均有千丝万缕的联系,各个学科发展离不开哲学理论的融入与研究方法的应用。然而,现代哲学并不能成为凌驾于其他科学之上的"至高科学"。马克思主义哲学思想将唯物主义与辩证法、历史观与自然观有机结合起来,为人们认识世界、改造世界提供理论指导。马克思主义哲学价值论的意义在于正确指导人们的实践活动,实践活动是真理与价值统一体的应用,实践活动

---

① 习近平.决胜全面建成小康社会夺取新时代中国特色社会主义伟大胜利——在中国共产党第十九次全国代表大会上的报告[M].北京:人民出版社,2017:10.

的目的是创造价值;创造价值是人的价值的集中体现,正是在人追求个人价值的过程中不断开展着实践活动。马克思主义将能否获取价值衡量实践活动成败,因为,价值的实现既可以检验认识世界的真实与客观程度,同时又是观察满足人民需要的程度。马克思主义哲学的世界观实质上是关于实践与价值的世界观,当真理体系与价值体系相结合发生作用时,实践与价值的关系才能达到理想中的平衡点。

2. 马克思主义哲学价值论有利于理解认识论

认识论是马克思主义哲学的重要内容,它是探究人们认识的本质、结构、基础、过程、规律等方面的哲学学说,认识论以实践为基础,以不断的反思与实验为途径,是人在认识活动中最基本的价值需要,对这种需要的满足依赖于主体能动性的施展。人的主体能动性体现在实践活动当中,实践以认识客观物质世界为基础,认识以客观物质世界为对象,因此,实践与认识同属一个过程。人的需要具有天然的目的性,认识对象的选择、认识方法的确定、认识过程的执行、认识结果的评价等各个环节都伴随着主体的价值取向与价值目标。主体的需要规定了认识的向度,保障认识前行的动力,伴随主体需要的不断更新与提升,认识活动相应地呈现出无限的可能性与发展的空间。在实践与认识的互动互为过程中,价值扮演着重要的角色,发挥着重要的作用,它将人的利益与需要作为实践与认识的目的。

3. 马克思主义哲学价值论有利于理解历史观

唯物主义的历史观认为,社会发展遵循的历史规律具有客观性、必然性与主观合理性,也即是客观可以制约主观,同时主观也"制约"着客观。处在社会发展中的人们既要遵守社会发展的历史规律,又要以自身的需要作为实践活动的出发点,充分发挥主观能动性作用,推动社会发展。社会的发展总是处在各种矛盾运动中,在不同的历史阶段实现不断地进步,不断满足人的需要,使人与社会、个人与集体、民族与社会实现共同发展,达成和谐状态。人在历史实践活动中通过价值追求突破物质与精神上的束缚,凸显自身的个性,体现人格特征,从而达到自身的自由与解放。在马克思主义哲学看来,这种天性的解放与个人的奋斗过程均以价值取向为根本。社会中的个人在价值关系中具有两种属性,一是评价客观事物或他人满足自身需要的价值主体,二是成为满足他人或社会需要的价值客体。双重属性的个人放置于历史观下进行观察,就必定表现出不断满足与持续奉献相结合的实践特征。对于社会发展而言,个人的奉献价值是价值的主要体现;对于个人而言,作为主体需要的满足与作为客体的奉献都是价值的主要体现形式。因此,在马克思主义哲学唯物主义历史观的视角下,人的价值的存在与大小是在通过实践活动满足他人与社会发展需要上体现出来的。

第二节 价值教育及其意义

关于价值的教育自古有之。在教学实践活动中实施价值教育不仅能够使受教育者对周围客观事物的价值拥有新的评价与看法,还能对受教育者的价值观念与价值取向产生一定影响,使之建立与时代发展和社会进步相呼应的价值观体系与心理基础。因此,价值教育构成了现代教育框架中不可或缺的一部分。

一、价值教育的内涵

价值教育的产生有其思想上的根源,这种中西方的思想根源是不同的。西方价值教育的根源主要源自科学主义与人文主义之间的对抗,我国价值教育主要源自传统文化与现代文化间的碰撞。因此,现代价值教育的主旨在于促进个体全面发展中确立正确的价值立场、树立崇高的信仰与精神追求,体现较高道德素养的教化功能。

(一)价值教育的背景

哲学中价值是人围绕生活与发展的主题对客观事物与现象展开的思考,是探索客体满足主体需要之间关系的核心概念,回答"什么是价值"、"事物是否具有价值"、"什么是价值的意义"、"价值体现在哪些方面"等问题。将价值概念引入教育中,构建价值教育,回答"如何辨认与传递价值观念"、"个体如何理解与分析价值意义"、"如何引导个人价值观的形成"等问题。因此,价值教育关注的是价值如何参与"人"的教育活动以及对人的成长产生哪些作用。

教育与价值研究古来有之,中西方价值教育研究存在诸多差异。研究时间上看,从斯宾塞的《论教育》起就有了西方国家价值教育研究,然而,随着科学主义、理性主义与技术主义带给社会的信仰危机、精神危机、道德危机等问题日益凸显。"现代主义的真正问题是信仰问题。用不时兴的语言来说,它就是一种精神危机,因为这种新生的稳定意识本身充满了空幻,而旧的信念又不复存在了。如此局势将我们带回了虚无"①。直到20世纪晚期西方国家才集中出现影响力较大的价值教育思潮,这些价值教育思潮带有明显的实践目标,它们的兴起推动了西方价值教育研究的目的、内容、形式等方面的发展。美国社会学家英克尔斯(Alex Inkeles)指出:"大规模的复杂社会中,没有任何一种个人属性能比它所受到的教育更能一贯地、强有力地预言他的态度,价值和行为。"②由此可见,人是在接受教育的过程中不断实现价值观的塑造的。

从价值教育研究根源来看,西方国家的价值教育是建立在当代理性主义、科学主义、

---

① [美]丹尼尔·贝尔.资本主义文化矛盾[M].北京:生活·读书·新知三联书店,1989:74.
② [美]英克尔斯,史密斯.从传统人到现代人[M].顾昕,译.北京:中国人民大学出版社,1992:197.

技术主义导致的个人价值冲突和矛盾等问题的基础上的,西方国家价值观既推崇个性张扬,凸显自我,又推崇理性与理智给国家发展带来的巨大进步,解决好理性主义与非理性主义、技术主义与经验主义、人文主义与科学主义之间的矛盾与冲突成为西方国家价值教育的最大目标。

西方学者对价值教育含义的理解不尽相同。英国教育学者莫妮卡·泰勒(Monica J.Taylor)认为价值教育是一个综合性术语,是由整体的、精神的、道德的、社会的、文化的统称。① 澳大利亚学者拉夫特(Lovat,T.)提出,价值教育是在学校中通过任何显性或隐性的方式促进学生对价值观认知和理解的实践活动。② 美国岸本大学学者安德里和布里特认为,价值教育是一个总括性术语,涵盖不同的内容,但主要是针对价值观和道德观的教育活动。③ 从不同的学者的观念中可以看出,西方学者认为的价值教育是一个涵盖面广、内容丰富的综合性概念,但价值观必然是价值教育的核心内容。

我国价值教育研究起步较晚,源于中西方价值观念、传统文化与现代技术文明之间发生的冲突。进入21世纪后,西方文化和价值观的渗入对我国传统价值观和思维方式带来较大的冲击,价值教育研究被提上日程,价值教育中心内容集中在如何继承中华民族传统美德、如何减少西方价值观带来的负面影响、如何建构符合我国社会发展需要的价值观等方面。

中西方价值教育根源决定了价值教育未来发展的方向与研究的重点内容。随着科学技术的迅猛发展,西方国家普遍存在打破人性与物性之间的平衡的现象,在社会发展各个领域中造成不同程度的影响,为解决棘手的社会问题,教育领域中凸显了价值教育的地位与作用,价值教育要求追求在理性主义的时代洪流中更多关注教育在个性发展与规约中体现的双重意义,人的共性与个性不存在本质上的冲突,价值教育要在激发个性、传递共性的过程中发挥平衡作用。我国拥有悠久的传统文化和价值观念,现代价值教育面临的多重问题有待破解,传统文化与现代文化、西方价值理念与我国传统价值思维、传统道德与现代道德素养等方面的差异构成了我国价值教育研究的中心内容。我国价值教育以培养德智体美劳全面发展的人作为目的,将提升人的道德素养、人生信仰、精神境界作为教育核心任务,将社会主义核心价值观作为价值教育思想基础,是实现立德树人根本任务的重要途径。

(二) 价值教育的内容

自20世纪末,西方国家关于价值教育研究方兴未艾,构建了价值教育理论框架与知识体系,然而,由于各国政治、经济、文化存在差异,各民族持有的价值观也不尽相同,"善

---

① J. Mark Halstead, Monica J. Taylor. Values in educaiton and education in values [M]. London Washington D.C:Falmer Press,1996:13.

② Terry Lovat,Ron Toomey.Values education and quality teaching[J].Springer,2009.

③ Andrew M.,Rodney C.Britt.A survey and analysis of the values/moral education approaches currently being recommended and sponsored by the fifty state departments of education[J].Auburn:Auburn University,1977:9.

恶观念从一个民族到另一个民族……更变得这样厉害，以致它们常常是相互直接矛盾的"①。对于哪些方面属于价值教育内容并未有明确的界定。例如，西方许多国家将公民教育、道德教育、宗教教育、审美教育等教育领域纳入价值教育的内容中，可以看出，西方国家价值教育内容从本国发展的实际出发，涵盖广泛的社会领域；价值教育内容的复杂性决定了价值教育理论体系的复杂性，也决定了价值教育的目标和实施过程。

我国依据本国发展现状确定了较为明确的价值教育内容。党的十六届六中全会提出了建设社会主义核心价值体系的战略目标与根本任务，据此，我国价值教育内容确定为马克思主义指导思想、中国特色社会主义思想、爱国主义精神及以改革创新为核心的时代精神。价值教育内容符合时代要求与国家发展的客观实际，契合传承中华民族传统美德的教育目标。党的十八大提出了社会主义核心价值观，分别从国家层面、社会层面和个人层面明确了人们应该秉承的价值目标、价值取向和价值准则，使我国价值教育内容更加明确和具体，为实施价值教育提供了指导。党的十九大报告提出培育和践行社会主义核心价值观，培养担当民族复兴大任的时代新人，发挥社会主义核心价值观对国民教育、精神文明创建、精神文化创作的引领作用，强化教育引导、实践养成、制度保障，把社会主义核心价值观融入社会发展各方面，转化为人们情感认同和行为习惯。价值教育内容更为丰富，深入社会各个领域当中，体现出价值教育的重要性在逐步提升，价值教育的实践功能也在逐步凸显。

价值教育内容根据受教育者群体的年龄结构、身心发展程度的不同而发生改变。青少年价值教育与大学生价值教育内容存在差异。实施价值教育依赖于价值主体的判断能力和水平，不同年龄阶段的受教育者对同一客观事物或现象开展的价值分析存在很大差别。因此，主体心智发展程度影响价值教育内容。然而，从价值教育内容也有普适性特征，即适用于任何年龄阶段和心智发展程度的内容，这些价值教育内容是作为中国公民应该持有的，也是有责任和义务传承下去的文化、思维、价值观念等内容，它们主要包括中华民族优秀的传统文化教育、社会主义核心价值观教育、人类公认的基本价值教育三个方面。2010年颁布的《国家中长期教育改革和发展规划纲要（2010-2020年）》中，要求社会主义核心价值体系融入国民教育全过程，这要求价值教育内容更具针对性和具体性。一是要引导受教育者树立正确的世界观、人生观和价值观，强化理想信念教育作用，使他们秉持正确的政治思想观念和政治立场，加持中国共产党的领导，坚持社会主义制度；二是要塑造中华民族精神，使受教育者具备强烈的爱国主义情感和创造精神，勇于改革创新，建立符合时代发展要求的价值观；三是培育良好个人品格和道德素养，形成法律意识，掌握法律知识，养成诚实守信的良好品质；四是发挥公民教育优势，使受教育者建立起自由平等、公平正义的思想和态度，能够解决复杂问题，积极面对多变复杂的社会现实。

二、价值教育的本质与目的

"纵观历史，世界上的任何一个国家，都为教育树立了两个伟大的目标：使受教育者聪

---

① 马克思恩格斯全集（第3卷）[M].北京：人民出版社，1995：433-434.

慧,使受教育者高尚。"①使人聪慧是教育的认知基础,使人高尚是教育的价值追求。价值教育旨在教化受教育者培养人文主义价值取向,依据正确的价值标准认识和了解身边的社会,看待生命的价值与意义,坚守一定的人生信仰,实现理想的人生价值。

(一) 价值教育的本质

教育活动是人类繁衍生息和发展不可或缺的永恒活动,在人类发展历程中不断改变着不同的形态和方式。教育既具有不变形,又具有历史性和独特性,根据教育活动的本质属性,价值教育的本质可分为一般本质和特属本质。

价值教育的一般本质是指在不同历史阶段和不同层面上,价值教育共同具有的、统一的、绝对的、稳定的属性。现代教育意义上,价值教育本质是关注于人的存在价值的教育活动。价值教育的一般本质将人的生物学存在形态与作为社会存在形态结合起来理解人的价值在教育活动中的意义,既符合教育的本质要求,又从价值理论关于人的价值的层面进行剖析,明确了人的价值在教育活动中的核心地位。雅思贝尔斯在论及教育本质时,突显人的生存价值在教育中的作用和彰显。他说:"所谓教育,不过是人与人的主体间灵肉交流活动(尤其是老一代对年轻一代),包括知识内容的传授、生命内涵的领悟、意志行为的规范,并通过文化传递功能,将文化遗产教给年轻一代,使他们自由地生成,并启迪其自由天性。"②存在主义者雅斯贝尔斯认为,教育活动必然关注的是人的潜力如何被调动起来,如何实现人的灵性与可能性得到充分的生成,价值教育涉及人的灵魂的教育活动,单纯知识的传授和灌输不能达到价值教育目的,只有教育中触及灵魂的价值教育才能教人正确认识自我,教人合理评估自我,从而达到人的存在的价值。

价值教育的特属本质是区别于其他教育形态的独有的本质。价值教育使教育关注人的存在意义,这是价值教育的本质属性,也是价值教育的本真状态。"本真的教育是一种既教人怎样生存,又导人为何而生的教育。这两方面教育的统一是人的生存本性所决定的。"③生存是人的基本的存在方式,但人也有更高的存在方式,价值教育本质更多地关注人的高级的存在方式和目标。"教育使人有追求,有理想,有创造,有超越,有意义世界的建构,有种终极性的关怀;它引导人,使得这种人的属性得以从他身上萌发、形成、伸张、提升……因为正是这种属性才使他有别于世界上其他的物,使他成为真正的人。"④价值教育的内容体现在高级存在方式当中,是超脱物质需求的精神上的教育。价值教育的形式是通过学科知识的学习,逐步上升为人的思想意识、价值观念、思维活动、民族精神、人性关照、理想信念等层面。因此,价值教育的特属本质区别于其他教育形态的差别就在于,价值教育的内容、实施形式、教育目标等方面均是围绕着人的思想意识和价值观念开展的,而且可以将价值教育较为完美地融入其他学科教学过程当中。

事实上,关于价值教育本质的研究就是要回答价值教育目标、内容、方式等最根本的

---

① [法]托克维尔.论美国民主[M].北京:商务印书馆,1988:524.
② [德]雅斯贝尔斯.什么是教育[M].邹进,译.北京:三联书店,1991:3.
③ 鲁洁.走出功利化教育的陷阱[M].北京:人民出版社,2005·158.
④ 鲁洁.人性的两重性:实然与应然[M].北京:人民出版社,2005:11.

问题,价值教育的本质教人求真、求善、求美的过程中,为人提供可以达到真善美的意识、思想、方法、途径。从价值教育本质到价值教育的各个要素,首先是围绕着人的生存目的性问题,将教育各个要素统一起来,为受教育者提供各种有关价值导向和价值方向性的指导;其次,在价值教育全程中以价值性和精神性的活动为实践基础,开展各类教学活动。总之,价值教育的本质是将人的生存目的性问题作为核心,关注人的生存价值和价值观念,树立正确的世界观、人生观和价值观,教人追求真善美的教育属性。

(二) 价值教育的目的

任何人类活动均具有目的性,目的性是人类活动的本质属性。价值教育也是有目的、有意识地培养人的活动。教育目的随着社会发展和教育发展中需求的变化而发生变化,不同的社会历史发展阶段影响人的培养目标,规定着教育的目的,也规约着价值教育的目的。价值教育的目的要遵循教育目的的要求,服从教育目的的规定性,也就是回答"培养什么人"、"为谁培养人"的根本性问题。

确定教育目的是建立在人们的价值取向之上的。一般而言,教育目的体现的价值取向包括以下几个方面:一是教育目的的价值取向是主导个人价值,还是主导社会价值,抑或是主导个人价值与社会价值的综合。事实上,个人价值与社会价值并不存在本质上的冲突和矛盾,现代教育中,将个人价值与社会价值的共同实现视为教育总目的的根本规定。二是根据个人价值取向或社会价值取向做出选择后,会在价值取向的内部偏重于某一方面的价值取向内容。例如,如果选择个人价值取向作为确立价值教育目的的价值基础,价值教育内容的设置上将考虑偏重于价值认知的获取,还是偏重于价值判断能力的提升,或是偏重于价值实践行为的产生等方面。如果选择社会价值取向,价值教育内容将考虑价值教育重点推动社会政治因素、经济因素还是文化因素发展的问题。三是在确立的价值取向影响下,价值教育活动中如何开展教育教学活动,如何真正体现价值取向引导下的教育发展、教育内容、教育效果。

价值教育目的应该以立德树人根本任务为指导原则,价值教育主体是人,因此,价值教育目的应展现"人"的存在价值与生命价值。美国发展心理学家、教育学家托马斯·克里纳(Thomas Lickona)指出:"古往今来,教育有两大目标:使受教育者聪慧和高尚。"[1]价值教育是围绕人的价值开展的教育教学活动,其目的必然将人的存在价值、生命价值、人生境界的提升视为首要任务。价值教育活动集中体现了人的价值性存在,在教育实践活动中,教育主体的精神追求得到不断满足,实现超越物质追求的价值教育理想和目标,对受教育者的主观世界进行改造,并在教育实践过程中,价值主体带来创造性的教育成果,获得稳定的、持续的、丰富的教育收获,使价值教育目的的逐步达成;同时,也使个人的价值世界得到建构和完善,价值境界实现不断地提升。

---

[1] Thomas Lickona.Educating for character:how our schools can teach respect and responsibility[M].New York:Bantam,c1991:6.

三、价值教育的特征

价值教育是价值理论与现代教育体系结合,适应现代社会生活的一种教育范畴。其基本特征可概括为时代性、长期性、全民性和实践性。

(一) 价值教育的时代性

价值观具有明显的时代特征,它既是一种社会意识形态,也是一种民族群体公认的思想观念,社会发展决定着主流价值观的属性与存在形式,时代变迁影响着价值观的核心内容与价值取向,价值观必然带有社会历史发展特征。价值教育以培育受教育者树立社会主流价值观为核心任务,做出符合主流价值观和社会发展实际的言行,因此,表现出明显的时代性。

在特定历史时期和时代背景下,价值教育内容随之发生变化。价值教育内容总是在某一社会历史阶段根据主体的需要、利益、取向等因素确定;同时,价值主体和社会存在也在发生着变化,价值教育内容受到外部客观事物和价值观念等因素的影响。价值教育的形式随着教育内容的变化而改变,传统的价值教育形式主要以灌输和说教的形式开展,现代教育手段和技术的发展使价值教育的形式呈现多样化趋势,各种教育模式的运用使教育内容更加贴近受教育者的情感和思想,引发了他们的兴趣和接收价值观的主动性,同时也提升理想信念教育、公民教育、道德教育等教育的效果。因此,价值教育印有深深的时代烙印。

(二) 价值教育的长期性

价值观虽然会随着时代变化、社会变迁、价值主体需要多样化而发生改变,但价值观是哲学领域的核心概念,其本质属性决定了价值观具有稳定性的特征。思想观念的影响力是长期的,对价值主体行为的影响是根深蒂固的。从价值观传承与更替的角度看,旧的价值观在其形成之初是被大多数个人接受的,这些接受者在思想上形成的统一认识构成了该民族精神的核心内容;旧的价值观在长期一段时间内具有强烈的生命力,是民族发展的动力之源,是社会发展的思想基础,发挥着重要的根深蒂固的影响作用。新的价值观念是在修正或改变旧的价值观念的基础上形成的,新旧价值观的碰撞与冲突并非一日即可解决。价值主体也需要一个长期过程去理解和适应新的价值观念,一旦新的价值观取代了旧的价值观,则又进入一个长期稳定的发展阶段,新的价值观也逐渐发挥着根深蒂固的影响力,指引价值主体的行为。"价值关系只有在主体的实践中才会形成,一个人对某事物的价值认识和体验,如果能被实践证实,就会强化自己对这种价值客体的理解,经过多次的加工,就会在头脑中固化为一种稳定的态度,形成一种新的价值观念。"[①]

价值教育在于选择符合时代发展要求的价值观作为教育内容,通过主体的思维、行为、情感、意图等方式体现价值教育的实践效果。在价值教育实施的过程中,价值主体在

---

① 李德顺.价值论:一种主体性的研究(第 3 版)[M].北京:中国人民大学出版社,2013:164.

学习、认知、理解、内化价值观的长期过程中,主体表现出在分析和解决问题时,持有稳定的思维定式和价值取向,随着个体经验和阅历不断丰富,个体价值观念的取向也会不断地调整与修正,这就形成了价值教育的长期性特性。

(三) 价值教育的全民性

实施价值教育无法脱离价值主体的参与,价值教育过程是全民参与的教育活动。人是价值的主体,离开人的价值判断和价值理解,价值的意义就无从谈起。在实际的生活中,价值观的形成离不开个体对价值关系深入的分析、理解、拓展和总结,在个体树立特定价值观的基础上,会影响到周围群体对此价值观的认识与关注,一旦群体接受了价值观念,并将其设定为主流的价值观念,那么,此价值观不再仅仅隶属于个体,而是需要群体共同参与和践行的。价值观的传播方式也会随之发生改变,要求全民族达成共识,朝着共同的价值目标开展实践活动。

价值教育是以社会核心价值观念为内容的教育活动,承担着将社会核心价值观念传递给全体民族成员的重任。社会核心价值观代表着整个民族的价值体验、价值理想、价值取向,是全民性的集体的价值取向。价值教育的全民性特征是现代社会民主的重要内容,也是教育民主化的必然要求,它代表着一个国家、一个民族对全民思想教育的重视程度,推动着整个社会核心价值观的传承、创新与发展。

(四) 价值教育的实践性

价值教育承担重大的历史使命和民族振兴的大任,价值教育的实践作用在新时代背景下得以凸显。价值教育实践性的主要体现:一是对民族文化、精神的传承。社会主义核心价值观与中华优秀传统文化一脉相承,拥有共同的渊源,《礼记·大学》中的八目"格物、致知、诚意、正心、修身、齐家、治国、平天下"源自于中华优秀传统文化时代价值概括的"讲仁爱、重民本、守诚信、崇正义、尚和合、求大同",中华民族精神蕴含丰富的中国优秀的价值观念,激励着中华各族人民砥砺前行,价值教育的实践过程就是对中华民族精神的传承与发扬。二是价值教育体现马克思主义哲学思想与基本理论。马克思主义基本理论的核心是实践,实践是认识外部世界最根本的方法,也是检验真理的唯一标准。社会主义核心价值观中强调理论与实践相结合的重要性,价值教育中"以认识促实践,以实践发展认识"的观点已成为教育基本指导思想。当前,社会发展需要进一步强调实践的作用,只有在践行价值观的过程中才能彰显价值教育的现实意义。三是价值教育的实践推动着社会文明的进步。"文明是包容的,人类文明因包容才有交流互鉴的动力。……人类创造的各种文明都是劳动和智慧的结晶。每一种文明都是独特的……一切文明成果都值得尊重,一切文明成果都要珍惜。"[①]实践是推动社会文明进步、人类社会发展、思想道德素养提升的原动力,价值教育实施中要求受教育者对文化含义不断地进行更新,保持最新的理解与认知;同时,在对文化认识与时俱进的基础上,拓展价值、观念、文明、技术等概念含义的外延,为价值教育实践活动提供最广泛的认知基础。

---

① 习近平.习近平谈治国理政[M].北京:外文出版社,2014:259.

四、价值教育的载体

教育载体是承载各种具有教化功能的要素或要素体系,是联系各个教育要素的桥梁,也是实施教育活动的综合组织形式。教育载体形式多样、形态多变,从不同的方位和视角观察教育载体,发现教育载体在不同教育场景中显示出不同教化功能和教育优势特征。价值教育中,教育载体形式同样丰富多样,彰显不同价值教育功能。

(一) 理想信念教育载体

理想信念是价值观念的核心内容,围绕理想信念开展的教育活动是树立社会主义核心价值观的前提。"理想信念是人们的世界观、人生观和价值观在奋斗目标上的集中体现,是建立在实践基础上具有神圣性和崇高性的价值追求……坚持理想信念教育,就是要坚持社会主义的主导价值观,引导人们正确认识社会发展规律,树立牢固的社会主义观念。"①受教育者理想信念的形成为顺利完成价值教育任务、提升受教育者教育的积极性与主动性、发挥创新创造精神具有重要意义,因此,理想信念教育是价值教育的重要载体之一。

理想信念是主体形成正确世界观、人生观和价值观的基础,在价值教育过程中,理想信念教育是基本的教育内容,呈现在不同学科教学过程中和各类价值环节中。事实上,各个学科教学中都蕴含着丰富的理想信念教育内容。例如,思想政治课程引导受教育者认同建设中国特色社会主义的思想,将中国特色社会主义思想转化为个人的理想信念,形成中国特色社会主义的奉献精神,树立为中国特色社会主义事业奋斗的坚定信念。又如,在数学教学过程中,可以利用学科发展的历史和典型人物形象开展理想信念教育,以达到价值教育的目标。

新时代背景下,理想与信念同样重要,托克维尔认为:"一个社会要是没有这样的信仰,就不会欣欣向荣;甚至可以说,一个没有共同信仰的社会,就根本无法存在。"②理想信念是推动人与社会共同发展的精神动力之源。然而,人们的理想与信念容易受到追求物质利益思想的影响,出现理想崩塌、信念危机的时代诟病,受教育者心智发展过程中更容易受到这种思想的负面影响,暴露理想和信念上的弱点。在人生不同发展阶段,由于个人的社会经验和阅历积累不同,价值主体会表现出不同的理想与信念特征,理想信念教育的中心和重点也随之发生转移。为消减物质追求的负面影响,理想信念教育应加强对外界客观影响与错误信仰之间的关联,使受教育者深刻理解错误信仰的根源,从而增强对正确的人生信仰、道德信仰、政治信仰的认知。

理想信念教育是价值教育的重要载体,能够促进受教育者正确认知人生价值,将人生价值与祖国的命运联系在一起,培育积极向上的人生态度,提高个人价值判断的准确率,

---

① 郑永廷,江传月.主导德育论——大学生思想政治教育一元主导与多样发展研究[M].北京:人民出版社,2008:189.
② [法]托克维尔.论美国的民主[M].董国良,译.北京:商务印书馆,1988:524.

赋予判断结果的评价意义,从而增强价值教育的效果。

(二) 生命教育载体

生命教育是人如何看待生命意义的教育活动,作为价值教育的载体之一,生命教育中蕴含各种价值含义。人的生命不仅是物质形态存在的生理上的意义,还是由各类精神形态价值构成的,价值教育更关注人的生命价值如何体现。

生命教育中要解决的首要问题是"生命的价值是什么",这一问题也是价值教育重点问题之一。生命价值首先是生命个体存在的价值,当一个人珍爱自己的生命与他人的生命时,就具备探讨生命价值的前提条件,生命存在更高层次的意义在于使生命实现升华。生命的升华是指在物质形态生命存在意义上实现精神层面的意义,这是作为社会个体生命的追求目标。在学校价值教育中,教育者通过引导受教育者认识生命、尊重生命、敬畏生命、热爱生命等过程,将不同层次的生命价值输入给受教育者,使生命价值教育与道德教育、思想政治教育、学科教育有机结合起来。

价值教育与生命教育在教育内容上存在共同的部分。生命教育具有丰富的教育内容,包括生命健康教育、生命安全教育、生命价值教育、生命成长教育等方面,是全方位关注生命个体发展与成长的教育过程。生命教育与各个学科教育相融合,其内容也将扩展到社会实践中各个领域。由于生命教育内容极为丰富,在生命教育开展过程中,应挑选受教育者接受能力范围的内容,这样才能使其产生共鸣。

价值教育与生命教育同样重视教师的作用。教师在受教育者思想发生变化过程中扮演者引导者角色。教师关注学生的生命成长是开展生命教育的根本要求,当教师承担生命健康教育教学任务时,需要经常和受教育者进行交流和沟通,在教学中指导学生积累知识,在生活中引导学生感受生活的意义,在学生遇到困惑和心理上的困扰时,能够帮助学生解决实际的具体问题。

价值教育与生命教育共同的目标在于使受教育者正确认识生命价值,在人生中充分体现生命价值。价值教育要求受教育者能够多视角、多元化地看待生命价值问题。生命教育要求受教育者能够多维度、多层次地理解和践行生命价值。教育要求不同,但教育的目标都是让价值主体学会如何看待人生、看待生命,实现包容与和谐,达到人生幸福。

(三) 民族精神教育载体

民族精神代表一个民族整体精神状态与性格特征,是民族文化、民族价值观、民族实力的本质体现。民族精神与民族文化共同构成民族群体的核心与灵魂。民族精神是一个国家综合国力的代表,也是向世界展示民族发展潜力的重要标志之一。民族精神教育是价值教育的重要载体之一,是受教育者理解民族精神、崇尚民族精神、发扬民族精神的重要途径。

自古以来,我国民族精神教育就利用民族精神中的道德思想、集体精神、团结协作精神等优秀民族精神元素实施教育,受教育者在接受民族精神教育过程中,通过切身的感悟和感受,学习了解民族发展历程、民族精神形成的渊源与发展史、民族发展过程中遇到的困境与磨难,对民族精神逐渐理解、深刻体悟,既传承了中华民族文化中的优良传统,又使主体增进了民族自尊心和民族自豪感,对自身的人文品质、人格特征的形成起到促进作用;在民族自豪感的感召下,受教育者被激发出对中华传统文化和价值的尊重与理解,承担起传承中华传统文化和优良美德的责任,凸显了民族精神教育的主体性特征,为民族精神文化的继承、发扬、创新提供了教育上的支持和精神上的支撑作用。

在多元文化碰撞与交融的现代社会中,民族精神正在接受不断考验,西方文化的渗入要求民族精神教育与价值教育更加注重精神层面的教育力量。一方面提倡对世界多元文化和价值观的包容和理解,在尊重的基础上,去伪存真,学习符合我国社会发展和民族精神的文化与价值观;另一方面承担起对本民族的文化保存、继承、发展、创新等任务,教化受教育者"学会透过自己民族文化的观点观照其他民族的文化,也能从其他民族文化的观点透视本民族的文化,从而使他们真正能'胸怀祖国、放眼世界',能自觉地、富于鉴赏力地从世界其他民族文化中吸取有价值的东西,使我们民族文化更具世界意义,使中华民族为人类做出更大的贡献"①。因此,民族精神教育承担价值教育部分教育职能,为受教育者扎根民族精神、传承民族文化、培育民族情感具有重要的推动意义。

第三节 学校教育中的价值观教育

学校价值观教育是价值教育体系的重要组成部分,是建立在教育活动与发展基础上促进受教育者形成主流价值观念的有目的有组织的教育形式,也是学校道德教育的核心环节。学校价值观教育的质量直接影响我国社会主义现代化建设的成败与民族精神的凝聚力,在现代学校教育中举足轻重。

一、价值观

研究价值观的含义首先要了解什么是观念。观念是人们认识事物的基本素材,当人们对外部世界的认识转化为观念的时候,经过了对认识的验证,从而形成稳定的知识体系。观念来源的说法主要有自然观念论和经验观念论两种说法。自然观念论强调观念的自然属性,这种观点认为,人们对外部世界的认识是与生俱来的,观念的事物先于经验存在与人的头脑当中,也就是说,观念是人人皆有的思想意识。"如果不存在一种超越个别事物的客体观念,或者认识世界的先验能力,人们对于世界的认识就不可能具有普遍性。"②经验观念论认为,观念并非是先于经验存在与人的思想当中的,而是由个人的经验形成的。例如洛克的"白板说",他认为一切观念都来自于人对外部世界的认识与体验,人的思想认识同"白纸"一般,通过经验的获得在上面撰写内容,因此,观念来源于对外部世界的认知。马克思主义辩证唯物主义和历史唯物主义认为,观念形成是人们对于世界

---

① 肖川.教育的使命与责任[M].长沙:岳麓书社,2007:52.
② [美]梯利.西方哲学史[M].葛力,译.北京:商务印书馆,1995:336.

的认识不断积累、修正、更新、完善的过程,正确的观念能够准确表达外部世界的属性,错误的观念则歪曲客观事实。因此,观念具有客观性与主观性等特征。

(一) 价值观的含义

价值观是一个复杂的概念,一般而言,它是指主体运用善恶、美丑、是非等标准对客观事物或现象存在的价值认识和评价持有的基本观点,是主体意志、情感、需要等方面的反映。价值评价的标准与尺度是形成价值观念的基础,而善恶标准构成价值观念中最重要的评价标准,当主体缺乏对善恶的判断能力时,就无法形成正确的价值观。

伴随时代的发展与社会的变革,对善的理解也出现变化,在此过程中,价值观也会随之发生改变。价值主体会根据自身的生活状态和环境形成个体的价值观,当个体处于不同成长阶段时,会形成不同的价值观。然而,个体的价值观具有长期性与稳定性的特征。只有那些人类思想中永恒意义的基本的善,才会存在人类公认的普遍意义上的价值观。不同的学科对价值观的理解与研究重点各不相同,"哲学关注价值观反映的主客体间的关系,伦理学关注价值观对人们言语行为的引导性和规约性,社会学关注社会因素及社会变迁对价值观的影响,教育学关注教育干预对个体价值观形成和变化的影响,自然科学关注科学技术与人文价值之间的关系"[1]。然而,无论价值观在什么学科当中,均是人们价值追求中持有主观观点和立场的具体体现。

价值观有正误之分,正确的价值观是真实反映客观事物与现象,符合社会发展规律和人们根本利益的价值观念,错误的价值观是曲解客观事实,有悖于人类历史发展规律和人们根本利益的价值观念。人类社会发展离不开正确价值观在人类思想上的支撑,只有当人们秉持社会主流价值观时,才能树立符合实际的远大发展目标,推动社会进步。

正确的价值观对于人类的意义主要表现在两个方面:一是教人顺应自然规律与人类历史发展的潮流。价值观既然是时代的产物,就应该遵循时代发展的趋势和规律。价值观形成的过程中,按照人类整体发展的法则与自然规律,要求人们自身存在改造自然的意识与能力。人们在改造大自然和推进社会进步的同时,也在不断提升求真、求知的能力和水平。任何违背自然规律和社会发展趋势的行为终将以失败告终,正确的价值观的现实意义不仅在于影响个体树立价值取向,也在于促进群体的甚至整个社会的发展。

二是促进主体个性与人格的发展。人本身具有利用开放性思维潜力施展个性的诉求,这是由人的本性决定的,任何人持有的价值观念都应该得到他人的尊重与理解,客观事物的价值正是通过价值主体持有的价值观念体现出来的。施莱格尔提出:"只有人的个性才是人的根本和不朽的因素。对这种个性的形成和发展的崇拜,就是一种神圣的自我主义。"[2]价值主体持有的价值观念是主体个性与人格的集中表现形态,人类历史上出现的压制与抑制人性发展的做法都是徒劳的,也是不符合价值发展规律的。社会发展进程中,正确价值观念引导下的教育活动重视主体个性与人格的发展,这是将个体成长视为社会进步的目标,而非一种工具的教育理念。同时,将个人放置于社会秩序中充分展现其个

---

[1] 杨宜音.社会心理领域的价值观研究述要[J].中国社会科学,1998(2):82.

[2] Steven Lukes.Individualism[M].New York:Harper& Row,c1973:68.

性特征与人格魅力也是符合现代教育理论和实践的价值向度。

(二) 价值观的功能

价值观的功能对于价值主体而言主要包含下面几个方面。

一是价值观的行为引导功能。价值观是人们在生活中形成的关于价值需求关系的思想观念。人的行为的根本动机源自于已经形成的价值观念,在动机的引导下,人的行为具有明确的指向性,当价值主体面对生活中的问题时,价值观对行为的引导作用就会被激活,使人按照价值观的判断标准采取相应的应对策略。马克斯·韦伯认为,人的价值观在对工作选择、职业生涯规划、棘手问题的解决等方面具有决定性作用。例如,单纯追求物质享受、秉持物质至上价值观的人,总是容易迷失在物欲横流的社会当中,导致唯利是图、道德丧失。而那些将物质财富视为证明自己能力、持有博爱胸怀和利他主义价值观的人,总是将个人财富施与他人,从事慈善和社会公益事业。因此,不同的价值观会指向不同的个人行为。

二是价值观的培育道德功能。价值观与道德既相互联系又相互区别,既相互促进又互相制约。在道德基础之上构建的价值观,是社会倡导的公认的价值观;相反,与道德背离的价值观要受到人类社会的谴责和限制。因而,它们的共性体现在都是对客观事物的认知态度,对客观事物的认知是价值观与道德素养形成的基础条件;区别体现在道德是基于善的认知与实践的态度,而价值观是中性的,是个体性的价值判断。价值观概念的外延较道德概念含义更为广泛。价值观有利于培育道德素养体现在对外与对内两个层面上,对外层面表现为价值主体针对他人行为或社会现象进行的道德评判;对内层面表现为对于自我行为的主动性反思,当主体意识到自己的行为有悖于秉持的价值观要求时,就会出现道德不安与寻求合理处置方法的主观意识。

三是价值观的认知映射功能。价值观反映主体对外部世界的认识与理解,它是主体对于认知内容的提炼与概括。价值主体对客观事物或现象的正确理解将有助于形成积极向上的价值观念,对客观事物或现象的错误理解或偏差将造成人们树立不正确的价值观念,现今时代中诸多的价值观都是价值主体认识世界、表达自我的重要途径与方式,也就是说,从现有价值观念中可以感知当前价值主体认识世界、诠释世界的脉络与思路。

(三) 价值观的类型

价值观的分类方式多种多样。例如,美国著名心理学家奥尔波特将价值观分为六种类型,分别为理论型价值观、经济型价值观、审美型价值观、社会型价值观、政治型价值观和宗教型价值观。心理学者格雷夫斯将价值观分为七种类型,即反应型、部落型、自我中心型、坚持己见型、玩弄权术型、社交中心型、存在主义的价值观。根据各种分类方法观点可将价值观归纳为三大类别。

一是无意识型价值观。这类价值观相对独立于与他人交流沟通的过程,是一种沉浸在自我欣赏、自我思考、自我塑造的生活状态当中,价值主体树立价值观并不依赖于与他人的互动,而是完全出自于自我兴趣与喜好。无意识型价值观引导个人行为往往只关注个人的成长,忽略整个社会或集体的发展。

二是个人型价值观。此类价值观是无意识型价值观的深化,它更加关注主体个人利益是否能够实现或实现程度的大小。在诸多场合下,主体将个人利益凌驾于他人或集体之上,试图通过一切方法和手段实现自身目的,并追求利益的最大化,持有这类价值观的往往是对物质需求十分强烈的人,将物质财富、社会地位、个人权力视为价值观的终极目标。

三是社会型价值观。此类价值观从社会的视角观察价值观、考察个体价值观与社会发展的关系。该价值观主体对多样化思想、文化、观念等方面采取的是一种包容、理解的态度,谋求人类文明的共识与一致性,求同存异,同时不断追求客观真理和规则,伴随社会变革和时代发展,赋予价值观与时俱进的内涵与理想。社会型价值观还将个人发展目标、自身的利益与集体利益的共同目标统一起来,倡导利益共同体,实现互利互惠。因此,社会型价值观集中体现了个体与他人的统一、多样与原则的统一、开放与稳定的统一,是我国社会主义核心价值观倡导的主流价值观之一。

二、学校价值观教育的意义

学校价值观教育是有计划、有组织、有目的开展价值观教育的主要方式,是受教育者获取正确的价值认知、树立远大的价值理想、坚定崇高的价值信念的主要途径。教育者正是通过课堂教学、社会实践、校园文化等育人平台,将中华优秀传统文化、道德观念、中华民族爱国主义优良传统等思想与精神传递给受教育者。因此,合理高效地利用学校价值观教育促进受教育者全面发展、培育正确的价值观念符合时代要求并具有现实意义。

(一)学校价值观教育的时代内含

1. 学校价值观教育的时代背景

当今是一个充满竞争与合作的时代,各国的竞争不仅体现在以经济、军事、科技为核心的硬实力之上,更体现在以核心价值观为核心的文化软实力上。同时,通过国与国、民族与民族之间的交流与合作,各自独特的文化特征与核心价值观念也在向对方不断地输出,影响着对方的主流思想体系与价值理想。当一个国家未树立稳定的、共识的核心价值观,民族的成长与国家的发展便失去精神支柱和思想的共识,严重的话会丧失维护民族利益的竞争力以及意识形态领域中的话语权和主导权。社会主义核心价值观是中华民族精神的凝练,是中华民族公认的核心价值体系,它的出现将整个中华民族的精神与价值观念高度统一,增强国际上的民族竞争力,促进国家发展与民族进步。

改革开放以来,我国一直重视学校价值观教育对受教育者产生的影响力,认识到任何时期,不能忽略或轻视受教育者的价值观教育。社会主流意识形态和价值观教育不仅促进学生个人精神成长、提升思想境界发挥基础性作用,更是通过个人的发展对整个国家和民族的发展提供精神支撑,凝聚思想共识。教育学界认识到,学校价值观教育是顺利完成"立德树人"根本任务、培养德智体美劳全面发展的人的内在需要与现实愿望。新时期的学校价值观教育将更具理论与实践意义。

2. 学校价值观教育的理论意义

学校是价值观教育主要阵地,"学校的价值观反映了社会、教育系统、国家课程、视察和评价的价值观与结构"①。学校开展价值观教育建立在对价值观与价值观教育相关理论的基础上,新时代提出的新要求使价值观教育理论研究面临新的课题,当前学校价值观教育的理论研究主要集中在以下两个方面。

一是在理解新时代社会变革对教育提出新要求的基础上开展价值观教育相关的理论研究。马克思认为:"随着每一次社会制度的巨大历史变革,人们的观点和观念也会发生变革。"②党的十九大已经明确我国已进入了"新时代",为适应"新时代"的要求,习近平总书记强调了培育和践行社会主义核心价值观教育的重要性,使学校教育进一步深化社会主义核心价值观教育的思想认识,明晰新时代学校价值观教育的目标体系,安排价值观教育工作部署,要求学校在实施价值观教育时,必须站在"新时代"的历史方位上,回顾学校核心价值观教育所取得的成绩,评价教育效果,总结经验,开展相关理论研究工作。

二是将学校价值观教育从理论转化为教育实践。教育教学工作是教育理论与教学实践的有机结合,以教育理论指导教学实践,再以教学效果验证与完善教育理论的过程。学校价值观教育不能仅停留在口头上的理论引导,而应独立于其他学科的专门教学实践活动,这样才能凸显价值观教育的重要性与独特性。教育工作者及从事教育研究的学者们一直以来在探索建构一种能够将价值观教育理论与教育实践相融合的实践范式,这种实践范式可以依托"新时代"要求,设计出具有较强可操作性的教育方法与教学手段,开启教育理论中知识形式与教学实践活动的通道,真正保障学校价值观教育的教学质量与教学效果。

3. 学校价值观教育的实践意义

践行学校价值观教育是对理论合理性与科学性的验证。新时代下学校实施价值观教育的实践特征与意义主要表现在以下两个方面。

一是不断探索与建构学校价值观教育实施的新模式与新方法。价值观教育有别于其他专业学科教学工作,价值观教育专注于受教育者思想变化与社会主流价值观的形成。学校实施价值观教育的重点在于正确认识受教育者群体的特殊性,针对受教育者群体的身心发展状态与结构特征,采用不同的价值观教育方式,保证教育效果。新模式与新方法的开发与利用,必须建立在受教育者的客观条件的分析之上,有的放矢,从不同视角与不同层面开展针对性的研究。在理论上,将马克思主义哲学历史唯物主义思想与方法,将认识论、辩证法综合运用在理论建构当中,结合学校教育实际,建立"知行合一"的价值观教育范式,开发新型价值观教育模式,完善现有价值观教育的方法。

二是在实施学校价值观教育的过程中,实现立德树人根本任务。习近平总书记在全国教育大会上指出:"要把立德树人融入思想道德教育、文化知识教育、社会实践教育各环

---

① [英]莫妮卡·泰勒.价值观教育与教育中的价值观(上)[J].教育研究,2003(5):35.
② 马克思恩格斯全集(第7卷)[M].北京:人民出版社,1972:240.

节,贯穿基础教育、职业教育、高等教育各领域,学科体系、教学体系、教材体系、管理体系要围绕这个目标来设计,教师要围绕这个目标来教,学生要围绕这个目标来学。凡是不利于实现这个目标的做法都要坚决改过来。"立德树人是新时代教育的本质要求,是中华民族永恒的教育价值追求。社会主义核心价值观是新时代道德的"最大公约数",是社会主流价值观的集中体现,坚持社会主义核心价值观,是立德树人的客观要求。立德树人的根本任务可分为立德和树人两个层面理解,立德是任务的基础,树人是任务的目的,将立德与树人统一起来,可起到互相影响、相互促进的作用。学校实施价值观教育契合立德树人根本任务的具体要求,符合我国培养全面发展的人的育人"初心",具有现实意义。

（二）学校价值观教育的实施途径

价值观教育要渗入受教育者的日常生活,"不仅是一个认识过程,还应当是一个实践过程。它是把社会要求逐步'内化'为个体思想、观念、品质,进而'外化'为行为习惯的过程"①。以学校价值观教育为主渠道,实现人生价值的塑造和生命价值的意义。学校价值观教育依据一定的教育原则进行,教育原则主要包括以下三个方面。

一是理论与实践相结合的原则。学校价值观教育既是一种理论不断创新的活动,又是重在教育实践的活动,只有遵循一定的原则,按照教育规律开展实践活动,才能保障价值观教育的指向性与实践性。学校教育是树立受教育者正确人生观、世界观和价值观的重要场所,价值观教育目标即是将受教育者置于社会现实当中,引导其做到敏而好学、明辨是非,秉持爱国主义情怀;同时,坚持马列主义、毛泽东思想和中国特色社会主义理论体系,对受教育者树立崇高的人生目标,提升其自身理论修养和解决问题的能力。

二是理想与现实相统一的原则。马克思主义认为,人是社会关系的总和,人的思想观念反映了社会现实,社会现实造就了价值观念。目前,我国以物质财富为标准衡量人生价值的观念仍然广泛存在,落后腐朽的价值观也在影响着价值观教育的方方面面,如果脱离现实去谈论理想,将是空中楼阁,毫无意义。社会主义核心价值观仍处在不断完善和发展的进程中,学校价值观教育应遵循价值理想与社会现实的统一,以现实状况提炼出符合时代精神的价值目标,不应提出过高或过低的价值衡量标准,确保学校价值观教育目标性与实践性同步实现。

三是过程与结果相结合的原则。处于社会转型期的现代教育不断接受外在社会因素的影响,物质诱导会对学校价值观教育造成冲击,尤其对教导当中的核心价值观体系产生不良影响。而培育价值观念是主体经历长期的不断内化的教育过程。教育质量是教育过程和教育结果双重评价结果的统一,只关注过程的成败而忽略教育结果,或者只看重教育结果而忽视过程评价,都是片面的、肤浅的。学校价值观教育是在明确不同阶段目标、制定定期的考核与评价方式,对教育实施过程与教育结果开展详细的评估与判断,遵循过程与结果相结合的原则,突出学校价值观教育过程的中心任务和教育结果的评价意义。

学校价值观教育实施途径主要包括以下五个方面。

---

① 教育部社会科学研究与思想政治工作司.思想政治教育学原理[M].北京:高等教育出版社,1999:184.

一是通过思想政治课程实施价值观教育。思想政治教育蕴含丰富的价值观教育内容，是实施价值观教育主要途径之一。"我们认为，最关键的就是要把社会主义核心价值观的基本内容和精神实质有机融入思想政治理论教学内容之中。"①通过思想政治理论课程的学习，受教育者可以牢固政治信念和政治态度，坚定对中国特色社会主义的道路自信、制度自信和理论自信，珍惜当前美好的学习生活时光，培育高尚的道德品质。从马克思主义思想政治哲学理论的学习中，掌握基本的方法论和认识论，感受到个人的主体性价值，深刻理解社会主义核心价值观中的三个层面的内涵，使受教育者从教育中来到实践中去，主动思考党和国家的历史和发展趋势，增强爱国情怀与中国特色社会主义的自信心。

二是通过学科课程融入价值观教育。习近平总书记在2016年全国高校思想政治工作会议上倡导："各门课都要守好一段渠、种好责任田，使各类课程与思想政治理论课同向同行，形成协同效应。"②当前，课程思政教育模式经过探索与实施，取得了良好的教育教学效果，事实上，较之课程思政教育开展之前，许多学校已经依托学科课程实施学校价值观教育。学科知识中蕴含价值精神，教学技能中隐含价值判断、价值情感，即价值导向指引着学科课程的整个教学过程。"价值观深深地嵌入在学校的各种文化、语言关系中。""教与学的过程本质是一个价值过程，除了某些特殊情况，应该说所有的教学都是与价值观相连的。"③一般而言，课程可分为人文社科类课程与自然科学类课程，这些专业和学科课程都可以将价值观教育融入其中。例如，人文社科类课程蕴含丰富的体现社会主义核心价值观要求，可以从历史的、文化的、道德的、意识形态的等视角，加强受教育者对社会主义核心价值观的认同感与民族责任感。自然科学类课程也可以从历史的、逻辑思维的视角，强调遵循客观规律、培育尊重客观事实的重要性与价值意义。合理、科学、积极地运用好学科课程教育为学校价值观教育提供教育平台，是价值观教育研究中的重点内容。

三是通过社会实践实施价值观教育。丰富多彩的社会实践活动是学校价值观教育的重要组成部分。例如，美国学校价值观教育是通过两种主要方式开展的，一是融入课堂中的价值观教育，二是借助课堂以外的校园实践活动开展价值观教育。从某种意义上看，实践活动的价值观教育效果更为有效。学校价值观教育并非局限在校园场域内，社会实践活动可以让受教育者切身了解现实社会中发生的变化，通过现场教学、访问访谈、角色扮演等方式，深入社会一线进行调查研究，可以使受教育者明白树立社会主义核心价值观的现实意义，树立为人民服务的价值理想，建立高尚的道德情操、责任感与使命感。

四是通过校园文化建设实施价值观教育。校园文化是陶冶情操、促进思想道德素质提升的重要途径。校园文化包括校园硬件与软件，硬件主要包括学校的基础设施，如图书馆、大礼堂、教学实验设施等；软件主要包括学校历史、学校精神、学校文化、校园活动等。学校价值观教育可以很好地利用校园文化建设，激发与整合各类教育资源，吸引受教育者

---

① 韩文乾.高校社会主义核心价值观教育的基本路径和关键环节[J].河北大学学报（哲学社会科学版），2015(4).

② 习近平.把思想政治工作贯穿教育教学全过程开创我国高等教育事业发展新局面[N].光明日报，2016-12-09第1版.

③ ［英］莫妮卡·泰勒.价值观教育与教育中的价值观（中）[J].教育研究，2003(5):35,50.

的注意,引起他们的兴趣,宣传与传播践行价值观念的重要性,传递正能量,将价值观念具体化与生活化,从不可捉摸的精神世界带到可以参与其中的现实生活中。

五是通过学校管理实施价值观教育。教育要体现以人为本、以生为本的教育理念,学校的管理是一个复杂的有机体,管理的方式与手段对教育质量产生较大的影响。符合现代教育发展趋势与国家发展要求的教育管理思维将价值观教育、思想道德教育融为一体,对受教育者进行宣传和教育,关注他们的身心综合发展,注重师资队伍的师德师风建设,学校要求充分发挥各部门、各团体组织在价值观教育中的作用,通过将社会主义核心价值观融入具体的学校管理办法中,以求实现学校价值观教育的总体目标。

三、影响学校价值观教育的因素

从宏观的角度来看,影响学校价值观教育的因素主要包括多元的社会价值观念、家庭环境、学校教育过程、主体自身条件等几个方面。

(一) 社会价值多元化影响因素

价值体系是一个开放性的系统,树立价值观念需要在开放性的社会中汲取资源并得以验证,这要求学校价值观教育放置在非密闭的环境中开展。随着改革开放和社会经济体制机制的变化,国际的交流不断加强,信息流通的速度快速提升,社会的政治、经济、文化、科技等领域发生巨大变化,中西方价值观念和文化融合不断加快,由此引发的冲突、碰撞、矛盾对受教育者的身心发展将产生重要影响,社会多元化的价值观念成为影响学校价值观教育的重要因素。

在社会价值多元化的环境中,教育者与受教育者首先应认清社会主流价值观对于新时代要求体现的意义与价值,将社会主义核心价值观作为施教与受教过程的主旋律。当接触到的价值观念与主流价值观相悖时,应及时消除负向价值观念容易引发的价值取向偏离、价值认知混乱、价值理想歪曲等可能性。"每一个人都力图创造出一种支配他人的、异己的本质力量,以便从这里面获得他自己的利己需要的满足。因此,随着对象的数量的增长,奴役人的异己存在物王国也在扩展,而每一种新产品都是产生相互欺骗和相互掠夺的新的潜在力量。"①当人的价值观出现偏差,就会逐步走向自我的异化。例如,受市场经济发展的影响,物欲纵横、金钱至上的价值观念容易渗入受教育者的思想观念当中,冲击着他们的理想信念,导致价值理想的模糊,甚至缺失。学校价值观教育应及时发现并实施相应的价值观教育,让受教育者理解负向价值观念的危害,从而崇尚中华传统文化中核心价值观的意义。其次,基于观察多元的价值观念对价值选择产生的影响,教育者与受教育者要增强对拜金主义、个人主义、享乐主义等负向价值观的理解,这种理解要蕴含批判性的思考与判断。负向价值观念的形成往往是由于个人迷失在形形色色的价值观中,无法正确辨别孰优孰劣,个人衡量人生价值的标准与尺度出现了失衡现象,物质需求的满足高于精神需求的满足,将物质利益凌驾于精神之上,用掌握物质资源多少去衡量成功与否,

---

① 马克思恩格斯文集(第一卷)[M].北京:人民出版社,2009:223-224.

往往是这个时代导致价值观迷失的主要原因,学校价值观教育去除这些消极影响成为实施教育的重要目标。再次,教育者与受教育者在学校价值观教育中要加强思想道德教育,增强道德认知,培育积极向上的道德情操,也是塑造社会主义核心价值观的有效途径。

经济全球化、文化全球化是时代发展的潮流,是人类社会发展无法改变的趋势。"既然全球化是大势所趋,那么,正确的选择只能是主动融入、自觉对接,只能是从世界发展大势中来定位和把握我国主流价值文化的发展前景,主动地与包括西方在内的世界各价值主体进行平等的对话,对于全球伦理、普遍价值提出建设性的主张。"①学校价值观教育要在主动顺应潮流发展的基础上,不断革新教育模式,才能保障价值观教育质量,实现价值观教育目标,体现学校价值观教育的时代性、多样性特征。因此,不能从教育原则与教育理念上排斥多元化价值观的现状,更不能在教育实施过程中有意回避各种价值观念的阐述,而应该以积极的心态,应对多元化价值观带给教育的影响,积极疏导,趋利避害,化弊为利。

(二)家庭影响因素

家庭影响因素对学校价值观教育也产生极大的影响作用。俗话说,家长是一面镜子,家庭成员的言传身教使受教育者从小耳濡目染,对价值观念产生潜移默化的影响,这种影响具有稳定性与长期性。事实上,家庭教育对受教育者的影响不低于学校价值观教育的影响力,良好的家风对树立价值观念起到十分重要的作用,家庭成员看待事物的视角与方法、家庭教育方式、长辈的价值取向和价值评价等都会决定价值主体的价值选择,也会对价值主体产生心理暗示,影响其关注外在世界的眼光与思维方式,也会影响解决问题采用的策略。"帮助孩子扣好人生的第一粒扣子,迈好人生的第一个台阶,要在家庭中培育和践行社会主义核心价值观。"②因此,使受教育者具备良好的心理状态,形成良好的道德素养,建树社会主义核心价值观,成为现代家庭教育的目标。

提高学校价值观教育质量,就要重视家庭教育的影响力。这可以从三个方面观察。一是重视家庭教育理念对价值观教育产生的影响。因接受文化教育程度不同,教育观念不同,每个家庭成员教育晚辈的方式也各不相同,一般而言,文化程度较高的家庭更注重教育方式的选择,"孟母三迁"的故事告诉我们教育环境与教育方法对受教育者的成长产生极大的影响作用。作为父母,都希望孩子在文化知识学习以外拥有良好的个人品质,成为全面发展的人,而影响个人品质的家庭因素最重要的部分就是家庭教育理念。

二是家庭价值观对价值观教育的影响。受教育者的价值观念是从小到大不断积累与发展的结果,并非一蹴而就。"核心价值观的内化,包括理性认知、情感认同、理念信奉和自觉践行,往往是一种润物无声、潜移默化、长期熏陶、积淀养成的过程。"③受教育者在成长的过程中,通过学习父母对客观事物或现象的价值判断,形成类似的价值判断标准,确

---

① 江畅,戴茂堂,周海春.我国主流价值文化及其建构研究[M].北京:人民出版社,2013:322.
② 中共中央文献研究室.习近平关于青少年和共青团工作论述摘编[M].北京:中央文献出版社,2017:40.
③ 王学川.试论社会主义核心价值观的民族特性[J].理论与现代化,2016(1):85-88.

立价值判断标准使人形成固定的思维认知模式。为保障家庭价值观念对学校价值观教育产生正面影响,家庭教育成员要完善、规约自身的言行举止,树立正确的价值观念,从心理状态、思维模式、道德认知等方面影响受教育者。

三是家庭环境对价值观教育的影响。家庭环境因素包括物质基础与精神需求两个层面,物质基础是家庭生活的基本条件,如家庭经济状况良好的家庭能够给予受教育者更多的教育资源和更好的教育条件,增加其接触社会的机会和信息;精神需求是通过家庭和谐状态、家庭氛围、家风家教等家庭元素使受教育者形成价值观念,持有较高层次精神需求的家庭一般会形成积极向上的认知观、道德观、世界观,可以激励受教育者形成正确的价值观。

(三) 学校教育影响因素

学校教育是一个复杂的完整体系,教育理念、教学环节、教育制度等方面都会对学校价值观教育产生影响。然而,"不管是教学的意向,还是师生双边互动的形式或教学的具体内容,都必须符合一定文化体系中伦理规范的要求,采取一种学生在道德上能够接受的方式来进行"①。学校价值观教育形成的教育理念是实施价值观教育的前提,而在实际操作过程中,学校价值观教育易于被思想政治教育课程所取代,致使学校价值观教育被政治化。事实上,价值观教育与思想政治教育既有区别又有联系,两者共有一些价值导向性的内容,但教育内容的侧重点不尽相同。学校社会主义核心价值观教育不仅重视受教育者树立相应的价值观念,还要引导他们培育良好的思想道德品质和法律认知水平,使正确的价值观内化于心、外化为行,而思想政治教育更突出政治立场和政治态度的确立。因此,以思想政治课程代替价值观教育将"影响"后者教育目标的实现。

课堂教学是学校价值观教育的主要方式与途径,课堂教学质量会直接影响价值观教育的效果。课堂教学质量的影响作用主要体现在以下三个方面。

一是课堂环境因素的影响。课堂环境包括物质环境与人际环境两个方面。物质环境主要包括教学空间、受教人数、教室布局、教学硬件设施、教学媒体等,这些环境因素的设置会对参与学校价值观教育的师生产生隐性的影响力。人际环境是顺利完成课堂教学的重要因素,主要包括师生关系、师生角色、课堂氛围、教学语境等因素,这些因素构成课堂教学的具体环节,每个环节对师生双方情感投入都会产生重要影响。

二是教师人格特征的影响。教师在课堂教学中处于主导地位,教师的人格魅力体现在为人师表的榜样形象、高尚的道德情操以及示范性影响力。受教育者长期处于师生互动的教学环境中,当教师形象与心目中的教师角色相一致时,受教育者便会对教师所教内容产生浓厚的兴趣,"亲其师,信其道",教师的价值引导才能在受教育者身体得以实现。相反,缺乏人格魅力的教师只能宣讲一些价值理论和道德表述,导致受教育者对教师传授的内容产生逆反心理,降低学校价值观教育的实际效果。突显教师人格特征,塑造人格魅力,是成功教师从事教学工作的标志。

三是教学方法的影响。对学校价值观教育的独特的教学方式要求从教教师理解并掌

---

① 石中英.教育哲学导论[M].北京:北京师范大学出版社,2002:198.

握。呆板的教学方法会大大影响教学效果与教学质量,学生在单一的教学过程中将会产生轻视和忽视价值观教育的想法,甚至出现排斥心理。大卫·休谟在《道德原理探究》中认为,人类研究的一切对象可以自然分为理性与趣味,理性属于认识论范畴,研究对象是事物本性,即价值事实,而趣味属于道德论范畴,研究对象是心性情感,即价值判断和选择。① 教师采用形式多样的教学方法,走进受教育者的内心和头脑,创造性地进行教学设计,按照学校价值观教育目标制定教学方案,打破封闭、沉闷、流水式的教学模式,激发受教育者应对价值冲突的主动反思的能力,增强受教育者接受核心价值观念的程度,使其迸发出符合主流价值观要求的思想观念。

(四) 主体自身影响因素

价值主体自身的认知能力、知识水平、生活阅历、心理素质、道德素养等方面存在差异,这些不同之处影响着受教育者在学校价值观教育中对价值观念的接受程度。其产生的影响作用可从以下三个方面理解。

1. 主体的动机因素

动机是指为实现某种目标主体行为产生的动力,动机是建立在需要之上的,当教育内容符合受教育者自身的需要时,教学中的内容就容易被受教育者接受。学校价值观教育模式的选择及教学效果会直接影响受教育者的学习动机,以及能否产生更高层次的需要。在学校价值观教育中,教师作为施教者,应及时捕捉受教育者思想与精神方面的需求,以期激发他们的学习动机;同时,激励他们接受社会主义核心价值观的思想动机。

2. 主体的情感因素

丰富多彩的个人生活充满着主体情感的波动与变化,愿意接受某种价值观念也是以情感变化为基本条件的。"一个人只有明大德、守公德、严私德,其才方能用得其所。"②思维活跃的受教育者往往具有更为丰富的情感,更容易接受新型的价值观念,而有些受教育者能够较为轻松地分辨不同价值观念的差别,理解价值观念的实质含义。学校价值观教育要使受教育者在情感上主动接纳主流价值观,就要分析不同时代下不同主体的情感特征与表象。

3. 主体的差异因素

个体的差异性体现在学校教育过程的方方面面,任何教学活动的实施都需考虑个体的差异性。个体的差异主要表现在受教育者的心理素质结构上,现代教育理论中将受教育者的心理素质与时代要求联系起来,认为主体的心理诉求与变化是随着时代发展与社会的变革而发生影响变化的。因此,学校价值观教育实施的前提条件之一是认真考量中西文化交融背景下人与人之间的关系、教育活动主体间性的表现形态、师生主体心理素质

---

① [英]大卫·休谟.道德原理探究[M].王淑芹,译.北京:中国社会科学出版社,1999:111.
② 习近平.青年要自觉践行社会主义核心价值观[N].人民日报,2014-05-05.

的存在状态等重要因素的影响力。

四、我国社会主义核心价值观教育

社会主义核心价值观是中国特色社会主义思想体系的重要组成部分,是新时代下全国人民实现中华民族伟大复兴"中国梦"的精神支柱与强大的思想武器。培育与践行社会主义核心价值观成为我国现代教育的中心工作,是践行立德树人根本任务的重要途径。学校教育作为教育实施的主要方式必然肩负培育社会主义核心价值观的职责。

(一) 学校社会主义核心价值观教育的意义

在学校中开展社会主义核心价值观教育是传承中华传统美德、巩固中华民族思想道德根基、实施现代学校道德教育的重要方式和途径。党的十九大报告中提出,"将培育和践行社会主义核心价值观作为检查社会主义核心价值体系'基本方略'的内在要求"。这是培养担当民族复兴大任"接班人"的有力保障和时代使命。

1. 社会主义核心价值观的内涵

在实施学校社会主义核心价值观教育之前,需要理解学校社会主义核心价值观教育的本质含义。核心价值体系是价值体系中最核心的部分,"处于价值体系的统摄和支配地位,是一个社会倡导和主导的价值体系,引领一个社会各种不同的价值取向、价值追求、价值尺度和价值原则沿着一定的方向发展"①。社会主义核心价值观是新时代背景下提出的基于中华传统文化与价值体系的思想观念,是社会主义核心价值体系的内核,它体现了社会主义核心价值体系的根本性质与基本特征,是社会主义核心价值体系的丰富内涵与实践要求,是对社会主义核心价值体系的高度凝练和集中表达。从内容上看,社会主义核心价值观倡导富强、民主、文明、和谐,倡导自由、平等、公正、法治,倡导爱国、敬业、诚信、友善。其中,富强、民主、文明、和谐是国家层面的价值目标,自由、平等、公正、法治是社会层面的价值取向,爱国、敬业、诚信、友善是公民个人层面的价值准则。

社会主义核心价值观是先进文化的代表。"社会主义核心价值观是先进文化建设的根本内容,先进文化建设以各种形式实践社会主义核心价值观内含着的各种先进价值理念。"②社会主义核心价值观是将中国传统文化与现代经济全球化、文化全球化发展趋势相结合的成果。在全球思想文化交流、交融、交锋的形势下,多元价值观出现不断较量的发展态势,我国面对改革开放和社会主义市场经济发展进程中涌现出多元的、多样的、多变的思想意识的特点,提炼出共同的、公认的、时代性的社会主义核心价值观作为人们价值理想的衡量标准是十分必要的。积极培育和践行社会主义核心价值观成为巩固马克思主义在意识形态领域的指导地位、巩固全党全国人民团结奋斗的共同思想基础,是促进人

---

① 戴木才.中国特色核心价值观的传统、现实与前景[M].南宁:广西人民出版社,2011:15.
② 郑海祥,王永贵.正确认识社会主义核心价值观与先进文化建设的关系[J].思想理论教育,2011(23):8-12.

的全面发展、引领社会全面进步、实现中华民族伟大复兴"中国梦"的强大正能量与重要保障,具有重要现实意义和深远历史意义。

2. 培育社会主义核心价值观教育的意义

自党的十八大以来,我国高度重视社会主义核心价值观的培育工作。习近平总书记多次在重要场合明确提出实施社会主义核心价值观教育的要求,并发表重要论述。中共中央办公厅下发《关于培育和践行社会主义核心价值观的意见》,要求各地区各部门结合实际认真贯彻执行。在党中央高度重视和有力部署下,各级各类学校形成联动,十分重视社会主义核心价值观教育的实施,纷纷出台相应教育教学制度与实施办法,这些举措为加强社会主义核心价值观教育实践指明了努力方向,提供了重要遵循。党的十九大报告中明确指出,落实立德树人根本任务,培育和践行社会主义核心价值观,要以培养担当民族复兴大任的时代新人为着眼点,强化教育引导、实践养成、制度保障,发挥社会主义核心价值观对国民教育、精神文明创建、精神文化产品创作生产传播的引领作用,把社会主义核心价值观融入社会发展各方面,转化为人们的情感认同和行为习惯。

3. 学校社会主义核心价值观教育的意义

在学校中实施社会主义核心价值观是充分发挥学校作为教育主阵地的功能、将社会主义核心价值体系与受教育者价值观念形成有机结合的重要形式,是解决现代教育关于"为谁培养人"、"培养什么样的人"、"怎样培养人"核心问题的主要方法。社会主义核心价值观是新时代我国教育目的的基本内容,是理解如何培养有志为中国特色社会主义奋斗终生的"接班人"的价值支撑,具有丰富的价值内涵。"培养什么样的人,其核心就是价值观问题,或者说培养什么样的价值观就是培养什么样的人的问题。"[①]学校教育教学过程是有目的、有计划、有组织的培养人的实践活动,可以为践行社会主义核心价值观教育提供大量有关社会主义核心价值观的教育资源,为提升道德教育质量、树立受教育者正确的价值观念提供保障。

(二)学校社会主义核心价值观教育的向度

社会主义核心价值观是马克思主义需要理论与新时代中国特色社会主义实践相结合的产物。"建设什么样的社会、实现什么样的目标,人是决定性因素。社会主义核心价值观建设,说到底是人的思想建设、灵魂建设,聚焦的是造就具有正确世界观人生观价值观的建设者。"[②]从马克思主义需要理论视域观察学校社会主义核心价值观教育的向度,可以从人本向度、价值向度、实践向度等三个层次进行分析,理清新时代学校价值观教育实施路径中蕴含的方向问题。

---

① 刘铁芳.培养担当民族复兴大任的时代新人——论新时代我国教育目的的蕴含[J].教育学报, 2018(5):3-12.
② 中共中央宣传部.习近平新时代中国特色社会主义思想三十讲[M].北京:学习出版社,2018: 197.

1. 人本的向度

党的十九大报告中将我国社会主要矛盾的概括由之前的"人民日益增长的物质文化需要同落后的社会生产之间的矛盾"调整为"人民日益增长的美好生活需要和不平衡不充分的发展之间的矛盾"。这是基于新的历史条件和现阶段基本国情对我国社会主要矛盾作出的全新预判,为理解我国新的发展阶段现代化建设提供了全新的思路。我国社会主要矛盾发生的变化引起了社会生活各个领域本质的、内在的、理性的演变,学校价值观教育发展向度,首先要依托需要层次理论,从人本视角考察价值观教育如何契合社会主要矛盾的变化,并通过贴近生活的方式,调动师生的主动性与积极性。

一般而言,人的需要层次可分为基本需要层次与高级需要层次,随着社会体系结构的更新与体制机制的不断完善,人的基本需要如自然需要、生存需要、生活需要等得以保障,人的高级需要如精神需要、发展需要、情感需要等在实现基本满足的条件下也在不断获得提升,因为人的高级需要更能体现需要的社会性、必然性、本质性等特征。学校社会主义核心价值观教育重点关注的一是如何权衡基本需要与高级需要之间的关系,如平衡物质需要与精神需要、基础性需要与发展性需要、个体需要与社会需要之间的关系;二是将教学过程偏向于高级需要的满足,这种满足是构建社会主义核心价值观的前提条件,学校教育通过科学有效的教育模式,创造积极的环境,营造出共同发展的合力,通过有效的引导,使学校教育形成主流的、积极的、正面的引导机制和教学模式,既服务于个体基本发展需要的满足,又要立足于高级需要、更高目标的价值实现,从而调动与发挥教师与学生之间积极、主动的交流与互动。

2. 价值的向度

核心价值观统领和主导社会价值观体系。"核心价值观是一个社会中居统治地位、起支配作用的核心理念,是一种社会制度长期普遍遵循的相对稳定的根本价值准则,具有相对稳定性。"[①]社会主义核心价值观反映了社会主义本质特征与根本利益要求。学校社会主义核心价值观教育本身蕴含丰富的价值属性,是主体价值与客体价值的融合。教育者和受教育者是开展学校价值观教育的主体,扮演价值观教育的承担者与认同者的双重角色,受教育者只有在对教育者提出的价值观念认同的情况下才能成为真正的价值观念承担者。处于社会生活当中的人无时无刻不在接受外在的价值观念,影响着自身的世界观、人生观与价值观,学校价值观教育的主要作用在于筛选、厘清、提炼最符合时代要求和社会主流思想的价值观念,传输给受教育者,使其自主地、自发地接受与认可,最终内化于头脑当中。因此,学校社会主义核心价值观教育具有强烈的价值导向与价值疏导功能,即价值向度。

这里的价值向度主要包含两个方面:一是尊重受教育者主体性价值。每个生命个体具有主体性价值,在学校教育当中,主体性价值集中体现为受教育者自身的价值理想与价

---

① 戴木才,田海舰.社会主义核心价值体系建设需要深化研究的若干理论问题[J].马克思主义研究,2009(9):5-12,159.

值认同。学校价值观教育不同于生活中其他形式价值观教育,受教育者可以在教育过程中得到价值理性的锻炼,获取来自理性的认知、情感、体验等方面的提升。在当今复杂多变的社会环境中,充满着种种价值冲突与价值矛盾,价值理性思维就会在处理这些冲突与矛盾的过程中彰显其优越性。二是提升主体价值判断、价值选择的能力与水平。受教育者价值观念塑造过程就是价值判断、价值选择的过程。"作为精神性的存在物,人们总是生活在一定的理想性追求、现实性价值判断和历史性精神家园之中。"①学校社会主义核心价值观教育模式中,强调受教育者通过将社会倡导的核心价值观与接触的其他价值观进行对比,经过价值判断与选择,使主流价值观念成为受教育者头脑中稳定的价值观与道德素养,最终融入现实生活。

3. 实践的向度

学校社会主义核心价值观教育不仅是价值观念建构过程,更是提升思想道德修养、养成学习生活习惯、践行价值行为的过程。因此,学校价值观教育具有鲜明的实践向度。价值观教育的实践环境不应局限在课堂、校园范围内,而要走出去,在社会大环境中开展实践,只有在社会中亲身体悟,接受熏陶,注重观察,不断反思,才能真正悟出人生道理与生活真谛,才能对生命产生敬畏之心,对学习生活充满信心。社会主义核心价值观理论体系范畴广泛、形态多样,理论体系与实践方式之间的关系呈现抽象与具体、宏观与微观、引领与执行等特征,通过精心设计将价值观教育内容与目标具体化、行为化、生活化,增强可操作性、直观性,使受教育者能够接受价值观教育导向性的引领,"用社会主义核心价值观教育学生,引导他们扣好人生的第一粒扣子"②,在充满道德气息的教育氛围中感悟与体验人生和生命的价值,是学校社会主义核心价值观教育实践向度的目标。

学校社会主义核心价值观教育实践向度体现在实践过程中采用的一些具体办法。在学校价值观教育中,较为常用的教育模式和方法主要包括:一是选择公认的或身边的优秀、典型人物,树立模范形象,通过一个个真实的、鲜活的人物、事件传送引人深思的道理与价值观念,讲好社会主义核心价值观的个人故事、优秀事迹,延伸价值观教育的影响面和辐射面。二是带领受教育者到红色革命教育基地、博物馆、纪念馆、生产实践现场等地方开展现场教学,切身体验价值观教育、道德教育、情感教育带来的心理上、思想上的感触与变化。三是开展常规性的对话交流,针对不同年龄、心理、家庭环境、认知水平的受教育者,使用不同的语言、语气、神态,使其容易接受价值观教育中的道理、理论和观点,从大道理到小故事,从传统的教诲到思想的接受,每个环节和细节都烘托出学校社会主义核心价值观教育秉持的价值理想与实践意义。

(三)学校社会主义核心价值观教育的模式

学校教育教学活动模式因不同学科呈现多样性,社会主义核心价值观教育的内容、方

---

① 李忠军,钟启东.坚持社会主义核心价值体系基本方略论析[J].思想理论教育导刊,2017(11).
② 中共中央文献研究室.习近平关于青少年和共青团工作论述摘编[M].北京:中央文献出版社,2017:38.

法、要求、目标等具有多样性,为达到教育目标与效果,其实施过程要求采用多种教育模式与之对应。从学者对学校社会主义核心价值观教育实践探索历程来看,相关研究是围绕教育目标、知识理论、操作程序等几个方面展开的。

国内学者认为:"教育模式是在教育理论指导下,抓住特点,对教育过程的组织方式作简要概括,以提供教育实践选择。""对教育实践的经验作概括,抓住特点,得到个别的教育模式,以丰富教育理论。"①教育模式在连接理论与实践过程中,起到承上启下的作用,具有重大的意义。价值观教育实施模式主要分为理论灌输模式、实践教育模式、心理学教育模式、系统化教育模式、主体性教育模式、生活化教育模式等形式。例如,覃勇主张利用理论灌输的教育模式实施社会主义核心价值观教育,认为理论灌输是思想政治课程教学和社会主义核心价值观教育广泛使用的教育模式之一,在整个实施过程中应遵循以马克思主义理论为指导,树立国家、社会、教师在教育中的主导性与权威性,教育过程具体可分为教师接受理论阶段、向受教育者灌输价值观念阶段、受教育者内化形成价值观念阶段、受教育者依据价值观念进行行为实践阶段。张泽强主张实践教育模式,认为实践教育的中心是个人的体验环节,实施价值观教育过程中要坚持以学生为主体,以问题为导向,以思想转化为核心,按照学习理论、现场体验、抽象反思、交流应用的操作流程完成教育活动。徐园媛主张心理学教育模式,认为学校社会主义核心价值观教育需要心理学的参与与引导,形成道德与心理、德育与思想教育相结合的教育模式,将课内教学、课外活动、文化熏陶、自我修为等四个实施过程融为一体。朱益飞主张系统化教育模式,认为教育过程应体现系统化特征,建立"家、校、社会"一体化教学模式,价值观教育应充分利用学校教育、家庭教育、社会教育共同的教育资源,发挥各自的教育优势,实现教育模式从单维度向多维度转变,形成全过程、全方位、全员参与的教育模式。仇桂且主张主体性教育模式,认为社会主义核心价值观教育应首先明确受教育者的主体需要,践行"以生为本"的教育理念,从学生的思想政治素质、道德素养、身心发展等方面的需要出发,制定教育目标、教育内容、教育方法。刘继平等人主张生活化教育模式,认为社会主义核心价值观贴近人们的生活,蕴含丰富的生活化内容,应该从教育的生活化要求入手,即从教育理念、教育资源、教育方法、教育情境、学生特点等五个方面入手,在教育中融入生活要素,打造相应的教育模式。

学者们在探索符合新时代社会主义核心价值观教育时提出了各式各样的教育模式,就目前学校社会主义核心价值观教育的实施方法而言,主要体现在以下几个方面。

一是课堂教学模式。学校中课堂教学是开展社会主义核心价值观教育的主要场域,在课堂上开展价值观教育有其独特优势,在教育目标的确定、教育内容的设计、教育过程的实施等方面,体现较高的目的性、计划性、组织性等特征。当前,我国实行的课程思政教育就是以构建全员、全程、全课程育人格局的形式将各类课程与思想政治理论课同向同行,形成协同效应,把"立德树人"根本任务分解到各个科学教学过程当中,在进行思政课程的过程中,必然将一定的社会主义核心价值观念传输给受教育者。"要坚持显性教育和隐性教育相统一,挖掘其他课程和教学方式中蕴含的思想政治教育资源,实现全员全程全

---

① 查有梁.教育模式[M].北京:教育科学出版社,1996:1.

方位育人。"①在实际的课堂上,价值观教育可以激发学生的心理潜力,提高个人情感,提升思想境界,产生思想上的共鸣。在评价与考核阶段,可以从受教育者的认知、情感、行为建立多维度的考核与评价体系,进行全方位、多视角的考核,增强价值观教育产生的凝聚力和吸引力,从而打造良好的价值观教育课堂教学氛围。

二是营造校园文化。校园文化是各个学校中潜在的教育资源,彰显本校教学特色与办学特征,也是受教育者学习过程中在精神上与思想上受到的直接影响。学校应充分利用一切可以促进受教育者形成社会主义核心价值观的资源,施加正面影响。因此,学校要构建积极的健康向上的和谐的校园文化,使校园文化中弥漫着社会主义核心价值观的思想气息,对受教育者产生潜移默化的教育作用,达到"随风潜入夜,润物细无声"的教育效果。同时,需要通过优化校园内外意识形态环境抵制对学生核心价值观培育的消极影响。② 充分发挥校园文化对受教育者价值观的影响。

三是开展社会实践。受教育者参与社会实践活动是践行社会主义核心价值观最直接的方式,是行为主体从"知"到"行"的重要途径。受教育者只有从校园中"走出去",接触丰富多彩的社会,才能真正认识与理解社会主义核心价值观的真正内含,才会了解国情、体验生活、感受社会、感悟人生。社会主义核心价值观的国家、社会与个人的三个层面的要求是在认知到践行、从践行再到认知的过程中,使价值观主体不断升华价值理想,形成正确的价值观念,实现对核心价值观形成价值认同的全过程。

四是加强心理疏导。社会主义核心价值观教育是使价值主体心理上不断发生变化的过程,对受教育者的心理素质开展研究有利于价值观教育的实施。学校实施价值观教育的关键是使受教育者接受新的价值观念,改变不适应社会发展要求、民族精神需要、中华传统美德、社会主流价值观的那些陈旧的价值观念。思想意识的改变对于个人而言是十分困难的,价值观教育需促进受教育者具备接受新观念的主动性与能动性,做好受教育者的心理疏导,拓展心理素质需求,成为学校实施社会主义核心价值观教育的重点工作。

五是建设团学活动。学校教育中拥有丰富多彩的团学活动,在参与活动过程中,受教育者可以切身感受社会主义核心价值观的要求在人与人之间的沟通与交流、活动的开展、思想的碰撞等各个方面的具体体现,能够从知、情、意、行中全面理解新时代下核心价值观教育的要求与行为方式,从而达到规定性的教育效果与目标。

六是利用网络载体。目前,网络教育资源已融入学校教育的全过程,是实施价值观教育的重要手段,掌握利用网络载体开展价值观教育是各级各类学校的教师应该具备的基本教学技能。"网络这一技术实体所发挥的作用已远远突破了物质的范畴,成为承载人类语言、知识甚至思想的载体,人们在网络世界中形成了特有的语言体系、思维方式以及价值观念。"③网络教育资源具有丰富性、实时性、便捷性等特征,其中的原创作品、红色经

---

① 习近平.用新时代中国特色社会主义思想铸魂育人 贯彻党的教育方针落实立德树人根本任务[N].人民日报,2019-03-19.
② 文大山.新自由主义对大学生的消极影响及其应对[J].思想教育研究,2016(2):58-61.
③ 赵惜群,翟中杰.双刃之利剑:网络文化价值初探[J].首都师范大学学报(社会科学版),2011(2):125-131.

典、思想意识、教育教学等资源板块皆成为学校社会主义核心价值观教育的一部分,而且网络教育资源更容易被年轻的受教育者接受,引发学习兴趣。教育者通过认真筛选,将充满正能量的网络教育资源提供给受教育者,使社会主义核心价值观倡导的先进文化、先进思想、先进理念和主流意识形态输入受教育者的头脑当中,"在不同的占有形式上、在社会生存条件上","表现独特的情感、幻想、思想方式和人生观"①,在快乐与兴趣中实现价值主体的成长。

(四)学校社会主义核心价值观教育的趋势

1. 学校社会主义核心价值观教育的规范化

随着国家对学校价值观教育的日益重视,教育模式的探索从未停止,教育体系日臻完善,因此,学校价值观教育呈现规范化的发展趋势。规范化体现在两个方面。一是对学校价值观教育的认识趋于一致。社会主义核心价值观教育是思想政治建设的重要内容,属于思想政治课程重要组成部分,社会当中的各个领域都涉及价值观,价值观教育的内容渗透各学科、各专业、各门课程,彰显教育中举足轻重的地位。社会主义核心价值观教育课程的核心内容是对个人世界观、人生观、价值观的教育,是思想政治教育工作的切入点。二是教学体系进一步系统化。社会主义核心价值观教育是一个庞大的系统工程,与整个教学系统保持一致,具有专门的教学计划、教学内容、教学实践、教学监督机制等各个教学构成因素。此外,有关社会主义核心价值观教育的各类教材也在编写过程中,因材施教,注重教学实际效果成为价值观教育规范化的突出体现。

2. 学校社会主义核心价值观教育的专业化

教育教学专业化是保障教学质量的基本条件,建设一支综合素质高、业务能力水平高、教学质量高的教师队伍必然是教育教学专业化的关键。因此,学校社会主义核心价值观教育的专业化体现在三个方面:一是建设一支具备较高理论基础的教师队伍。思想理论课程教师是价值观教育教师队伍的主力军,对价值观教育的相关理论有一定的研究,能够解决受教育者出现的价值困惑、价值迷失等价值观问题。"要讲清楚中华优秀传统文化的历史渊源、发展脉络、基本走向,讲清楚中华文化的独特创造、价值理念、鲜明特色,增强文化自信和价值观自信。"②同时,注重开展价值观教育的理论研究。二是建设一支优良精干的班主任、辅导员在内的行政管理、教辅人员。这些人员对学校价值观教育具有明显的推动作用。班主任与辅导员都是具体指导受教育者学习、生活的教职人员,与学生产生零距离接触,最能体会受教育者思想的变化和发展情况,他们可以借助各种机会增强受教育者的价值认识,影响价值理想的树立,转变错误的价值取向,以提高学校社会主义核心价值观教育的教育教学效果。三是利用社会各界人士、校友、著名企业家等人员作为教师

---

① 马克思恩格斯选集(第一卷)[M].北京:人民出版社,1995:611.
② 习近平.把培育和弘扬社会主义核心价值观作为凝魂聚气强基固本的基础工程[N].人民日报,2014-02-26.

队伍的有益补充。这些人员具备较多的生活工作阅历,具有丰富的经验与教训,对生活、对理性、对价值观都有自己深刻的理解,利用他们的这些阅历、经验与成果,为受教育者提供指导和帮助,成为专任教师队伍的有益补充。

3. 学校社会主义核心价值观教育的生活化

只有贴近生活的价值观才能挖掘受教育者的潜力,引发受教育者的兴趣。生活化的价值观必然为人的发展指明方向,为人的生活提供引领,为人的成长提供精神动力,为人的道德认知提供支撑。融合生活元素的学校社会主义核心价值观教育才具有活力,教育过程才具有生命力。鲜活的生活素材都可以成为学校开展价值观教育的有效案例,从这些源于生活的事例中,"发掘优秀传统文化,滋养核心价值观之根;继承红色文化传统,传承核心价值观之脉;加强先进精神引领,凝聚核心价值观之魂"①。使受教育者可以获知社会主义核心价值观的具体表现形态,通过自我价值判断和价值选择,得出自己的结论,从而内化为稳定的价值观念。突破传统灌输式的学校社会主义核心价值观教育的教育模式,为价值观教育赋予新时代要求,不断创新生活化的学校价值观教育方法,成为学校开展社会主义核心价值观教育的明显趋势。

4. 学校社会主义核心价值观教育的信息化

当今社会是信息化社会,教育的信息化带给教育许多变革,在某种程度上,改变了传统的教育手段、教育方法、教育内容、教育评价体系。目前,教师素养中必须包含教育技术的能力与素质。教育的信息化对学校社会主义核心价值观教育也产生了重要影响,网络平台资源与信息丰富多彩,来源途径广泛,知识呈现碎片化、分散化、多样化、跨国界等特征,良莠不齐的知识充斥着互联网,受教育者获取网络资源的渠道多种多样,面对鱼龙混杂的网络知识内容很难做出判断,哪些知识是有帮助的,哪些知识是必须摒弃的,而缺乏价值判断能力的受教育者要在教师的指导下,做出辨别,做出选择。因此,学校价值观教育一要鼓励受教育者合理利用网络平台资源获取价值的、道德的认知,提高获取知识的实效性与有用性;二要改善网络环境,加强网络管理,正面引导受教育者去搜索、发现、理解、学习、掌握网络中关于价值观的积极信息、案例,使学校价值观教育符合信息化时代要求,步入现代教育技术的殿堂。

知识链接

1. "诺丁斯模式"

为改变学校教育目标,加强实施价值教育,美国学者诺丁斯提出以关心为主题的教育模式,试图转变课程与教学观念,在教育目的、教学策略、方法、手段等方面适应价值教育

---

① 教育部思想政治工作司.高校培育和践行社会主义核心价值观创新案例[M].北京:知识产权出版社,2015:4.

目标,对所倡导的价值教育具有理论与实践的示范意义。

2. 价值教育类型

价值教育的主要类型包括道德教育、思想政治教育、公民教育、生命教育、精神情感教育、心理健康教育、幸福教育、人生观教育等,除此之外,还有诸多学科课程教育中包含的专题教育活动、学校生活与文化等形式,它们都是价值教育实施过程中的非正规教学形式。

3. 价值引导

价值引导是价值教育的一种主要实施方法,是指通过对受教育者价值观念的正确引导,一方面,加强培育与价值观相关的认知、价值澄清能力与批判性思维;另一方面,重视知性思维的提升与直接的价值教学,如道德教育、品格教育、生命教育等相结合的综合教育模式。

本章小结

本章聚焦价值观与价值教育,首先围绕中西方哲学中的价值论分析了价值的内涵与本质,指出马克思主义哲学价值论是正确理解价值、价值观理论内涵与思想实质的理论基础;其次厘定了价值教育的内涵、本质与特征,指出价值教育是理想信念教育、生命教育、民族精神教育的载体;最后从价值观内涵入手,分析了学校价值观教育的时代意义、影响因素,进一步明确了社会主义核心价值观教育实施的作用、模式与发展趋势。

复习与思考

1. 结合生活实际,谈一谈如何理解价值的本质特征。
2. 马克思主义价值观如何从历史唯物主义观点出发分析价值理论?
3. 教育教学活动中价值教育的实践性主要表现在哪些方面?
4. 你认为学校价值观教育实施过程中有哪些有效的途径和方式。
5. 想一想,学校社会主义核心价值观教育实施中容易出现哪些问题?如何解决这些问题?

阅读参考资料

[1] [加]克里夫·贝克.学会过美好生活——人的价值世界[M].北京:中央编译出版社,1997.

[2] 袁贵仁.价值观的理论与实践[M].北京:北京师范大学出版社,2006.

[3] 张岱年.文化与价值[M].北京:新华出版社,2004.

[4] 刘济良.青少年价值观教育新视阈[M].北京:中国社会科学出版社,2019.

[5] 罗国杰.马克思主义价值观研究[M].北京:人民出版社,2013.

[6] 兰久富.社会转型时期的价值观念[M].北京:北京师范大学出版社,1999.

[7] 李世黎.社会主义核心价值观论——以高校思想政治理论课为视角[M].北京:人民出版社,2017.

[8] 赵馥洁.价值的历程:中国传统价值观的历史演变[M].北京:中国社会科学出版社,2006.

[9] 杨飞云.美国学校价值观教育研究[M].北京:科学出版社,2017.